L'ÉQUIPE

RACONTE

LE TOUR DE FRANCE

L'ÉQUIPE

RACONTE

LE TOUR DE FRANCE

Robert Laffont

ISBN : 978-2-221-20224-1

L'ÉQUIPE RACONTE

LE TOUR DE FRANCE

L'auteur de cet ouvrage est
l'Association Les Anciens de *L'Équipe*.

Direction éditoriale
Gérard Ernault, assisté de Jean-François
Renault et Jean-Jacques Vierne ;

Direction artistique
Olivier Marty et Pierre Brissonnet / IP-3 ;

Direction de l'éditing
Jean-Max Mayer ;

Iconographie
Dominique Danne ;

Conseillers
Jacques Augendre et Serge Laget ;

Assistante
Christine Fernandez.

L'EQUIPE

VELOSOLEX

Jacques Goddet, patron du Tour de France, dans sa voiture directoriale au départ de l'étape Lyon-Grenoble en 1947.

CÔTÉ TOUR, CÔTÉ *L'ÉQUIPE*

GÉRARD ERNAULT

« De Bordeaux à Bayonne, je me suis étonné d'être dans cette caravane qui décoiffe les filles, soulève les soutanes, pétrifie les gendarmes, transforme les palaces en salle de rédaction, plutôt que parmi ces gamins confondus par l'admiration et chapeautés par Nescafé. Je peux bien le dire, mon seul regret est de ne m'être pas vu passer. »

La rêverie vagabonde d'Antoine Blondin en forme de regret, courant sa première chronique « Tour de France » livrée à *L'Équipe* le 19 juillet 1954 – voir p. 46 –, est exactement celle qui entraîne le propos de cet ouvrage : prétendre relever de l'événement, à la fois côté Tour et côté *L'Équipe*.

Quand un Blondin déplore de ne pouvoir traverser le miroir, un Desgrange et un Goddet se confondent dans le même reflet, puis le même rôle de patron de course et de journal, *L'Auto* pour l'un, *L'Équipe* pour l'autre. Et tant d'autres confusions du genre.

Ô combien de journalistes – rédacteurs en chef, chefs de rubrique, grands reporters, reporters, rédacteurs, parfois anciens coureurs – et combien d'« administratifs » se sont confondus avec autant de contrôleurs, commissaires, *starters*, directeurs sportifs, ardoisiers, voix de Radio Tour, trésoriers, secrétaires, motards… je ne crois pas de balayeur. Combien se sont regardés agir ou écrire sur le Tour et, de fait, un peu sur eux-mêmes ? À leur manière, saint Antoine de France, ils se sont regardés passer.

Longtemps, de 1903 jusqu'au début des années 1990, l'infrastructure du Tour de France a reposé sur la ressource humaine de *L'Auto* et de *L'Équipe*, après quoi Amaury Sport Organisation (ASO) s'empara de la question au nom du Groupe Amaury, dont *L'Équipe* relève d'ailleurs. Les collaborateurs des deux journaux, enrôlés dans la grande machinerie de l'événement, épousant sa disposition de corps expéditionnaire – repérable pendant trois quarts de siècle d'abord au chapeau d'Henri Desgrange, ensuite au casque colonial de Jacques Goddet –, on en dénombre une quarantaine.

Pas « *embedded* » ou « embarqués », comme l'on dit aujourd'hui pour évoquer ces journalistes dirigés par d'autres moyens que les leurs vers les lieux sensibles de l'actualité – les zones de guerre par exemple. Mais incorporés, carrément, pour une partie de leur temps, dans l'armée du Tour. « Embarqués », toutes proportions gardées, auront davantage été les autres suiveurs accrédités de *L'Auto* et de *L'Équipe*, pris dans l'aspiration privilégiée que leur conférait l'appartenance à la maison mère du Tour, leur proximité des centres de décision, les accointances et compétences en résultant.

Pour l'Association des Anciens de* L'Équipe*, qui se trouve en être l'auteure, le besoin de projeter un livre sur une affaire, qui les accumule par milliers, emprunte uniquement à l'idée de laisser une trace de cette intimité de plus d'un siècle ; elle-même née du fait que le héros des jours est, en même temps, l'enfant de l'amour et de la presse.

L'originalité de cet ouvrage réside là : dans une vision intérieure, et sans doute exclusive, de l'épreuve par ceux qui l'ont conçue, dirigée, administrée, animée, fréquentée, commentée, je n'oublie pas de dire courue – Ali Neffati, Dante Gianello, Jean Bobet, Jean-Marie Leblanc. Vision fondée non pas sur la compilation de travaux publiés via les

Jacques Goddet, journaliste, devant sa machine à écrire, après l'arrivée de l'étape Saint-Étienne-Grenoble en 1986.

colonnes de *L'Auto* et de *L'Équipe* depuis 1903, mais sur un rapport d'intimité placé sous le signe de l'inédit et du présent.
De nombreux témoins professionnels d'un certain âge – un centenaire, quatre nonagénaires, ne parlons pas des octogénaires et septuagénaires ! – et de véritables *teenagers* – les collaborateurs actuels de la rubrique cyclisme de *L'Équipe* – ont été entendus dans le cadre de cette affaire mais leur déposition est ainsi garantie du jour.
Le Tour de France, *L'Auto*, *L'Équipe* : une affaire de famille, assurément. Et même, espérons-le pour le lecteur, de secrets de famille.

Le retour des étés, de l'amour d'un pays et de la vie d'*Équipe*

Ce livre ne peut donc dissimuler qu'il est un livre de parties prenantes, et même sans doute de parti pris. Ici, on aime ou a aimé le Tour de France avant de savoir qu'il accroissait les ventes des journaux, créait des emplois et provoquait le dopage. On l'a aimé comme on aime la fête au village, ou le charivari de la caravane.

Par-dessus tout, on le révère en confident des évolutions d'un sport et, peut-être plus encore, d'un pays ! Car si la course n'est jamais secondaire, elle met d'abord en évidence le décor dans lequel elle s'épanouit, une géographie, une histoire. Aucun événement sportif majeur n'est caractérisé par cette confrontation, en arrière-plan et à distance, d'un pays avec son propre visage.
C'est ce dont témoigne Eddy de Falz-Fein, 106 ans, doyen des auteurs de l'ouvrage, devenu correspondant de L'Auto à Berlin, au début des années 1930, par la grâce d'un certain Jacques Goddet. « Monsieur Eddy » est sans doute le dernier être humain vivant à avoir vu, de ses yeux vu, dans la même journée, le 2 août 1936, Adolf Hitler et Jesse Owens à l'œuvre, quoique séparément.

Mais il est surtout, ici, ce petit garçon qui, dès 1922, âgé de 10 ans, courait tous les après-midi consulter la vitrine du journal *L'Éclaireur* à Nice, où s'affichaient les résultats de l'étape du jour.
Tout ce qui déforme l'objet du Tour, au risque de ne plus éclairer une curiosité enfantine, est d'une nature préoccupante, et jamais la préoccupation n'a été aussi grande que ces vingt-cinq dernières années rongées par un dopage intensif – processus engagé de longue date avec les « forçats de la route » et la mort de Tom Simpson. Mais sans vouloir casser l'ambiance, à considérer le Tour de France comme un fait plus large que lui-même, reflet d'un monde et d'un temps, l'étrange est-il qu'il y ait dans ses laboratoires tant de tricheries répréhensibles ? Ou qu'il n'y en ait pas davantage ?
Comme nombre des auteurs de ce livre, je n'ai plus vingt ans depuis longtemps et il ne faut pas me la faire. Cependant, dans le *gruppetto* que nous constituons, j'en soupçonnerais volontiers plus d'un de vouloir prendre ma roue si je venais à affirmer, façon Blondin : « Je suis cet homme ancien qui touche les dividendes de l'enfant, "chapeauté par Nescafé" qu'il était, guettant fiévreusement le passage du Tour de France ; dividendes reçus sous la triple forme du retour des étés, de l'amour d'un pays et de la vie d'*Équipe*. »

FAUBOURG-MONTMARTRE, LE CŒUR DU TOUR

L'histoire de L'Auto, de L'Équipe et du Tour de France est intimement liée à la rue du Faubourg-Montmartre, à Paris. Siège des deux journaux de 1900 à 1944, puis de 1946 à 1987, ce lieu devenu mythique a non seulement hébergé toute l'année les journalistes chargés de couvrir l'épreuve, mais aussi accueilli les champions de la Grande boucle, les véhicules de la course et une foule de supporters.

1 - *La foule massée devant le siège de* L'Équipe, *10 rue du Faubourg-Montmartre, avant le départ du Tour en 1950.*

2 - *Le bureau de la rubrique cyclisme au siège de* L'Équipe *en 1954 : Albert de Wetter* (en chemise blanche) *et Michel Thierry* (de dos, à droite).

3 - *L'équipe d'Italie dans la cour de* L'Auto, *rue du Faubourg-Montmartre en 1908.*

4 - *Présentation de la Peugeot 203 de* L'Équipe *dans la cour du journal en 1954.*

5 - *La 4 CV Renault de* L'Équipe *sortant de la cour du journal en 1948.*

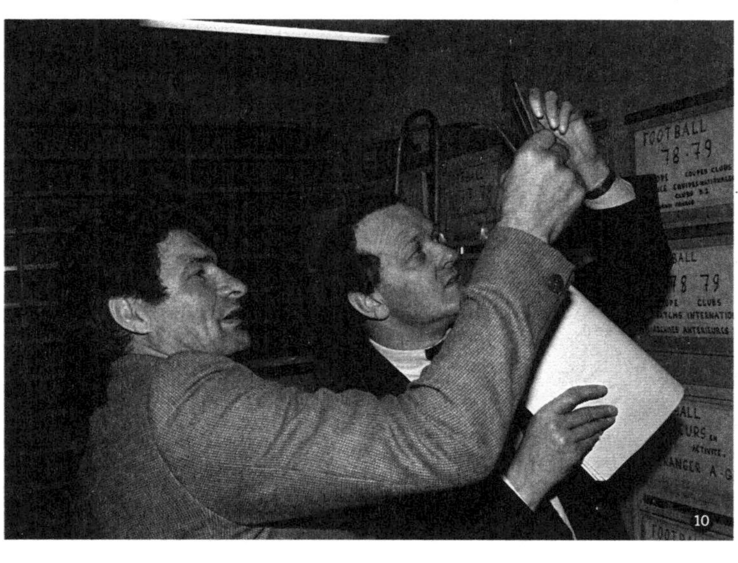

6 - *Felice Gimondi sur le balcon de L'Équipe après sa victoire dans le Tour 1965.*

7 - *La foule massée devant le siège du journal en 1923.*

8 - *Charly Gaul, vainqueur du Tour en 1958, accueilli par Jacques Goddet et Félix Lévitan au siège du journal.*

9 - *Eddy Merckx et sa femme Claudine avec Francine Amaury au siège de L'Équipe en 1971.*

10 - *Raymond Poulidor en visite aux archives photos de L'Équipe avec Jean-Marie Leblanc.*

UN ENFANT DONT DESGRANGE NE VOULAIT PAS...

JACQUES MARCHAND

Henri Desgrange, directeur de L'Auto, et Victor Goddet, administrateur du journal, sont les deux piliers de la création du Tour de France, le 1er juillet 1903.

L'histoire de la naissance du Tour de France est un véritable roman. La rivalité entre deux journaux,* Le Vélo *et* L'Auto, *mais aussi l'affaire Dreyfus, sont à l'origine de cette idée folle qui deviendra, en 1903, « la plus grande épreuve cycliste du monde ». Le journaliste Géo Lefèvre en est le concepteur ; l'administrateur Victor Goddet, le promoteur ; et le patron de presse Henri Desgrange, l'accoucheur… malgré lui, car il a longtemps refusé ce projet qui « assassinerait ses coureurs ».

Du haut de mes 96 ans et de mes 48 Tours de France, bénéficiant de la réputation que l'on a bien voulu me faire d'être l'un de ses « historiens », me voilà sollicité pour préciser les conditions de naissance de la plus grande course cycliste du monde. Aussitôt une scène interpelle ma mémoire. En fin de matinée, ce jour gris de la toute fin du siècle dernier, le téléphone sonne dans mon appartement de Chatou, ville de la banlieue ouest parisienne où je réside. Je décroche et j'entends une voix si reconnaissable, à peine altérée par le temps : « Jacques Goddet à l'appareil. Excusez-moi de vous déranger, mon cher Jacques, j'ai une question importante à vous poser sur un sujet qui a beaucoup retenu votre curiosité, je le sais.

— Je vous écoute, monsieur Goddet.

— Avez-vous entendu dire que mon père Victor avait été, en réalité, l'instigateur du Tour de France ? »

Je marque volontairement un silence. Puis je me décide à répondre : « Monsieur Goddet, vous avez dans votre bibliothèque, j'en suis certain car je l'ai vu lors de ma dernière visite chez vous, le mois dernier, un petit livre intitulé *Ceux que j'ai rencontrés (en 60 ans de vie sportive). Souvenirs et anecdotes* (éditions S.O.S.P., 1962). Il vous a été offert par Géo Lefèvre, son auteur. Vous le possédiez déjà dans la bibliothèque de votre immense bureau de directeur de *L'Équipe*, Faubourg-Montmartre. Vous pouvez y lire, page 19, les lignes suivantes :

"Chose curieuse, mais historique, ce fut le sage, le prudent, l'homme-chiffres, le si peu sportif Victor Goddet qui fit pencher la balance et qui, ouvrant son coffre-fort – toujours à portée de la main, à la droite de son bureau du premier étage – sut convaincre Henri Desgrange et emporta la décision.

Jacques Goddet lui-même n'a jamais dû se douter du rôle décisif joué par son père dans la création de l'épreuve cycliste la plus populaire du monde, qui a fait dire un jour à un président du Conseil que pendant un mois, grâce au Tour, la politique chômait et le laissait travailler en paix."

Voilà, monsieur Goddet, le témoignage que je peux vous apporter de la part de votre ancien collaborateur et ami : Géo Lefèvre lui-même. »

Au bout du fil, je soupçonne Jacques Goddet d'être profondément bouleversé par cette révélation tardive, si longtemps à portée de main, dans sa bibliothèque personnelle, mais vers laquelle, pris par d'autres devoirs sans doute, il n'a pas su se diriger, ou dont il a oublié l'existence.

Un combat sans merci contre *Le Vélo*… et le Tour est joué !

Nous n'étions plus très jeunes l'un et l'autre lors de cette conversation matinale. J'étais à la retraite, j'approchais de mes 80 ans et lui, mon grand aîné, devait frôler les 95 ans. Mais j'en garde un souvenir intact pour l'émotion qui s'en dégageait et pour l'évocation d'un fait si peu connu sur la naissance du Tour. Tout aussi méconnu, en tout cas trop mésestimé à mon sens, en tant qu'élément déclencheur de la naissance du Tour, est un autre événement, d'une autre ampleur, car empruntant à la politique de la façon la plus haute et la plus polémique qui soit. Je veux parler de l'affaire Dreyfus. Parfaitement, l'affaire Dreyfus ! Comment cela ? Comment la grande affaire du Tour aurait-elle pu naître de la grande affaire Dreyfus ?

Durant six ans, de 1892 à 1898, le comte Jules-Albert de Dion, l'un

Maurice Garin, vainqueur de Paris-Brest-Paris en 1901, futur lauréat du premier Tour de France en 1903.

Géo Lefèvre, concepteur d'une idée géniale : une course cycliste qui ferait le tour du pays !

des pionniers de l'industrie automobile, bientôt le plus grand fabricant mondial de voitures, a été le principal soutien financier du quotidien sportif *Le Vélo* et de son directeur-fondateur Pierre Giffard, véritable créateur de la presse sportive en France, si ce n'est dans le monde.

Or, Giffard, séduit – pour ne pas dire hypnotisé – par la lecture du célèbre « J'accuse... » pro-dreyfusard d'Émile Zola, paru dans les colonnes de L'Aurore, le 13 janvier 1898, décide de l'évoquer dans son propre journal. Incursion de la politique dans l'information sportive. Cris d'orfraie de ses annonceurs !

Le mélange des genres heurte le bouillant de Dion qui le reproche vertement à son « ami » avant de retirer ses billes du *Vélo*. Il entraîne alors dans son retrait un certain nombre d'industriels du cycle et de l'automobile, Edmond Michelin, le baron Zuylen de Nyevelt, le comte de Chasseloup-Lambot et Adolphe Clément, eux-mêmes agacés du « franchissement de frontière » de Giffard, de sa toute-puissance et surtout de l'envolée de ses tarifs publicitaires. À bas Giffard, son impudence et ses pubs hors de prix !
Ces billes qu'ils ont retirées du *Vélo*, de Dion et ses acolytes courent les placer dans la création de *L'Auto-Vélo*, dont ils confient la responsabilité à un homme d'influence et de caractère : un certain Henri Desgrange, 35 ans à peine.
Ancien coureur cycliste, ex-directeur de la publicité chez Clément, rival de Giffard – qui l'a empêché quelques années plus tôt de prendre le contrôle de l'Union vélocipédique de France (UVF), l'ancêtre de la Fédération française de cyclisme (FFC) –, et assisté pour la partie administrative par son ami Victor Goddet, Desgrange se lance dans un combat sans merci contre *Le Vélo*.
Si j'ose dire, dès ce jour-là, le Tour est joué. Ou va l'être.

Il cherche, il cherche, il cherche une idée... et il la trouve

Le premier numéro de *L'Auto-Vélo* paraît le 16 octobre 1900, imprimé sur papier jaune. Une concurrence féroce s'engage entre les deux quotidiens. Dénonçant le plagiat de son titre, *Le Vélo* entame une procédure judiciaire, étirée sur deux ans, au terme de laquelle le tribunal de Paris, début 1903, condamne *L'Auto-Vélo*, qui est contraint de se reconvertir et de devenir *L'Auto*.
Côté vaincu, cette « décapitation » ne manque pas d'inquiéter, tant l'automobile s'adresse alors à une classe aisée et donc à une cible étroite, quand la bicyclette – « un bienfait social », selon la pertinente formule de Giffard – est à la portée du plus grand nombre. Mais Desgrange ne désarme pas. Sans relâche, avec ses collaborateurs, auxquels il soumet une pression de tous les instants, il cherche l'idée qui fera mouche. Il cherche, il cherche, il cherche. Et il trouve... *L'Auto-Vélo* a sans doute perdu le match aller, mais *L'Auto* va gagner le retour. Car trois jours seulement après son changement de titre, le 19 janvier 1903, le journal livre

la pépite qu'il a rapportée de ses explorations : le Tour de France, « la plus grande épreuve cycliste du monde ».
C'est le 20 novembre précédent que Géo Lefèvre a lancé du bout des lèvres l'idée – « un peu farfelue », selon sa propre expression – d'un tour cycliste de la France. Aucun autre événement de par le monde n'a jamais épousé un tel objet : le tour d'un pays. C'est une folie ! D'abord offusqué par une pareille idée, si lourde d'incertitudes logistiques et si peu réaliste athlétiquement parlant pour lui, l'ancien coureur Desgrange finit par se calmer et prendre une décision inédite – ou presque –, selon les employés du journal : il invite son collaborateur à déjeuner.

C'est au restaurant Zimmer, devenu le Madrid boulevard Montmartre, que Lefèvre achève de convaincre Desgrange de son pari insensé. Selon le propre témoignage de Géo, que j'ai longuement fréquenté et interrogé au crépuscule de sa vie professionnelle, celui-ci s'est d'abord fait copieusement « engueuler » par son patron !

Toutefois, au retour du déjeuner, Desgrange semblait s'être ravisé. « En revenant au journal, me dit Géo, nous passons dans le bureau de Victor Goddet qui tient les cordons de la bourse et donc, entre ses mains, le destin du Tour de France ! » Selon Lefèvre, Victor Goddet ouvre son coffre-fort et lance à Desgrange : « J'ai constitué une petite cagnotte pour financer une opération coup-de-poing en cas de relance. Cette somme est à votre disposition. »
Au fond de lui, Desgrange refusait ce projet qui « assassinerait ses coureurs », tant il était resté sportif dans l'âme, convaincu des limites à ne pas franchir, mais Victor Goddet en jugeait autrement : si le journal ne prenait pas le taureau par les cornes, son existence s'en trouverait menacée.

« L'ÉVÉNEMENT EST VENU ME SOLLICITER SUR LE PAS DE MA PORTE »

Géo Lefèvre raconte : « Victor Goddet, qui ne connaissait rien à la course cycliste, était séduit par l'idée que ce Tour de France deviendrait pour son journal un tour de propagande. Il argumentait ainsi : "Il est indispensable de faire connaître notre titre décapité au public du cyclisme. Il n'y a pas meilleur moyen pour lui expliquer qui nous sommes et ce dont nous sommes capables. Cette course autour de la France nous permettra d'aller à la rencontre d'un lecteur éventuel en visitant sa région, en passant dans sa ville ou dans son village, et même en venant le solliciter sur le pas de sa porte." »
L'événement est justement venu me « solliciter sur le pas de ma porte » pour la première fois au Vésinet, en Seine-et-Oise, le 6 juillet 1932.

J'avais 11 ans et plus jamais je n'allais l'oublier. Le nez écrasé sur la grille du parc de mon école communale, j'ai vu Antonin Magne, André Leducq, Maurice Archambaud, Charles Pélissier, embrassés les uns après les autres par la radieuse Joséphine Baker.

Ils étaient là devant moi, presque juste pour moi, si proches qu'on aurait pu les toucher sans les maudits barreaux du parc qui nous retenaient, mes camarades et moi. Malgré mon jeune âge, j'étais déjà capable de reconnaître, en plus des champions déjà cités, des coureurs étrangers renommés : les Belges Gaston Rebry et Jean Aerts, puis les coureurs italiens et espagnols.

Henri Desgrange, l'accoucheur de la « plus grande épreuve cycliste du monde ».

Quelques années plus tard, devenu membre de l'US Vésinet – ville dans laquelle le départ réel du Tour de France a été donné jusqu'en 1939 – et, à ce titre, disposant d'un laissez-passer de l'organisation locale, j'ai enfin pu les approcher, voire les côtoyer, et aussi me familiariser avec ces journalistes, dont le métier me faisait rêver : Georges Briquet, Gaston Bénac, Jean Leulliot, Robert Périer. Mieux, en observant Henri Desgrange à la manœuvre, j'approchais « Dieu le Père » ! Et je rencontrais son jeune adjoint, Jacques Goddet, alors en période d'apprentissage, sans imaginer que, devenu plus tard son collaborateur, je suivrais après la Seconde Guerre mondiale une quinzaine de Tours dans sa voiture écarlate de directeur de course.
Quand je repense à ces jeunes années comme à la conversation de nos vieux jours et que je me pose, tel Jacques Goddet, la question des circonstances de la naissance du Tour de France, j'ai tendance à répondre que Géo Lefèvre en fut le concepteur, Victor Goddet le promoteur, Henri Desgrange l'accoucheur… malgré lui. Quant au Tour, je suis sûr qu'il est né le 1er juillet 1903 et qu'il a bouleversé la France pour longtemps.

MÉTAMORPHOSES D'UN MONUMENT

JEAN-MARIE LEBLANC

Créé en 1903, le Tour de France reste, 115 ans après, la plus grande et la plus populaire course cycliste du monde et le troisième événement sportif planétaire derrière les Jeux olympiques et la Coupe du monde de football. La Grande boucle doit son succès aux exploits de ses grands champions sur les routes, mais aussi aux constantes évolutions proposées par les organisateurs, qui ont permis de pérenniser cette épreuve pas comme les autres et de la faire entrer dans le XXIe siècle.

Mon compagnonnage avec le Tour s'est étalé sur une quarantaine d'années, à des postes d'observation ou de responsabilité différents – coureur en 1968 et 1970, journaliste de 1974 à 1988, directeur de course de 1989 à 2007 –, mais toujours dans le sentiment exaltant de participer à une aventure humaine à nulle autre pareille.
J'en ai retiré un bagage, une connaissance – on dirait de nos jours une culture – assez vaste pour appréhender objectivement l'évolution de ce monument du sport, né aux confins du XIXe siècle et projeté aujourd'hui dans le XXIe.
Il s'agit donc, au départ, d'un pari un peu insensé, une idée tant hasardeuse que, après seulement deux éditions, l'opération faillit s'arrêter, gangrenée par les faiblesses de la nature humaine, les tricheries et les combines décrédibilisant les actes de bravoure, dont étaient, en même temps, capables les pionniers du *deus ex machina* de l'entreprise, Henri Desgrange. La poigne de ce dernier lui permit de tenir la maison durant tout le temps que s'éternisa ce difficile rodage.

Le mariage heureux entre la presse écrite et le sport cycliste

Et alors, le Tour décolla ! Les « forçats de la route » le devinrent un peu moins, les routes et le matériel s'améliorant, sans pour autant que s'estompe l'admiration qu'ils suscitaient dans l'opinion.
Le mariage heureux entre la presse écrite et le sport cycliste allait, durant des décennies, porter littéralement les ventes de *L'Auto*, puis de *L'Équipe*, les journaux organisateurs. Car l'objectif initial, supplanter le concurrent, *Le Vélo,* fut atteint au-delà des espérances de Desgrange.

Le succès sportif et populaire du Tour s'accompagna du succès journalistique et commercial de* L'Auto. *Le lien ne se démentira plus entre ce qui allait devenir l'événement cycliste numéro un du calendrier et le monde de la presse au sens large.

La géographie de notre pays et, progressivement, l'histoire du Tour vont se retrouver intimement mêlées afin de façonner et promouvoir l'événement naissant. Lequel allait grandir parallèlement aux améliorations des techniques de communication : après le noir et blanc des photos, la couleur ; après les premières émissions radiodiffusées, les directs à la télévision, à partir de 1948, date de la première retransmission,

Louison Bobet et Jacques Anquetil, leaders de l'équipe de France au départ du Tour 1958.

en l'occurrence l'arrivée finale au Parc des Princes. Le Tour et la presse sportive ne se sont jamais quittés, y trouvant une forme de réciprocité gagnant-gagnant.

Faire mieux, c'est un autre pari que Desgrange réussit en 1930, via l'adoption de la formule des équipes nationales, l'objectif, avant tout, était de faire cesser la mainmise des patrons de marques de cycles et les magouilles auxquelles ils se livraient à l'occasion de son épreuve. Opération on ne peut plus opportune puisque, à son pouvoir reconquis, correspondit une magistrale domination des champions français à partir de 1930, accompagnée d'un nouveau décollage de la popularité du Tour, avec les victoires d'André Leducq, Antonin Magne, Georges Speicher et Roger Lapébie. Les exploits imputables aux étrangers avaient moins mobilisé les foules, mais n'en étaient pas moins probants, à l'image du triplé du Belge Philippe Thys, des doublés de l'Italien Ottavio Bottecchia et du Luxembourgeois Nicolas Frantz.

La caravane, un véritable salon itinérant, distractif et familial

Plus discrète mais non moins prometteuse fut, en 1930, la création de la caravane publicitaire à des fins économiques. Il fallait bien assumer les lourdes conséquences de la réforme : fourniture de vélos à tous les coureurs ; mise à disposition de véhicules suiveurs pour toutes les équipes ; prise en charge des hébergements. Nombre de marques commerciales acceptèrent donc de participer, moyennant finances, à un véritable salon itinérant sur la route de leur clientèle. Ce complément de la compétition, lui aussi, a prospéré au point d'en devenir partie intégrante, aujourd'hui encore indispensable ajout à la course, distractif et familial.
Une autre révolution, plus d'un demi-siècle plus tard, fut le changement de statut du Tour lorsque, cessant d'être un outil de promotion pour ses journaux organisateurs, il se mua en société privée autonome. Années 1990 : Jacques Goddet et Félix

Lévitan ont passé la main. L'homme fort du Groupe Amaury – propriétaire et actionnaire unique du Tour et de *L'Équipe* – se nomme Jean-Pierre Courcol. C'est du reste à lui que je dois mon poste. Il est jeune, entreprenant, ambitieux, et il mesure ce que le Tour apporte à son entreprise. Il regroupe bientôt toutes les organisations d'épreuves sportives dans une holding, au cœur de laquelle les événements gardent leur spécificité et leurs propres équipes, mais mettent en commun le marketing, le juridique, les ressources humaines, la communication et la logistique.

Jean-Pierre Courcol avait compris que le développement des canaux télévisés appelait de nouveaux contenus et le sport allait en être un, de premier choix. Et Jean-Claude Killy lui succéda avec le même credo : développement, développement, développement...

Je dois convenir que, s'agissant de cyclisme et du Tour de France, Killy nous laissa la bride sur le cou, à mes équipes et à moi-même, en vertu de l'admiration qu'il portait au vélo et de sa conviction que l'internationalisation représentait l'avenir. Moi qui avais hérité de Jacques Goddet certains principes de gouvernance, je pus ainsi continuer à les mettre en application. D'abord, le respect intangible des grands équilibres d'organisation : dans l'établissement du parcours, dosage subtil entre les étapes de montagne, de plaine et de contre-la-montre, tous les types de coureurs devant, sur le papier, être sur la même ligne de départ. Puis, sur le terrain de la course, je rompis avec la relégation au second plan des commissaires de course de l'Union cycliste internationale (UCI).
Mais revenons à la seconde entaille dans l'histoire du Tour que fut la Deuxième Guerre mondiale : sept années d'interruption, quand la première n'avait duré « que » quatre ans.

La rencontre de deux « inventions », le Tour et les congés payés

S'ouvre alors la phase moderne du Tour de France auprès d'un public recouvrant la liberté, découvrant les vacances que le Front populaire de 1936 avait ouvertes. J'ai longtemps confessé en souriant, lorsque j'étais « aux affaires », que j'aurais dû chaque matin, devant ma glace, remercier deux hommes : Henri Desgrange pour avoir créé le Tour de France et Léon Blum pour avoir instauré cette année-là les congés payés. La rencontre de ces deux « inventions » explique l'engouement du peuple de France pour ce qui deviendra une sorte de monument.
Les contraintes réglementaires se desserraient : le matériel était redevenu libre et n'allait plus cesser de progresser : le dérailleur avait fini par s'imposer et les roues libres comportaient trois pignons – après quoi ce fut quatre, six, huit et aujourd'hui dix, ce qui démultiplie les variétés de développement et facilite la répartition de l'effort ; les boyaux s'allégeaient, tout comme l'acier des cadres, avant que n'apparaissent l'aluminium, le titane et enfin le carbone, dans une recherche permanente de légèreté, de rigidité, donc de rendement.
En même temps, les constructeurs de cycles restaient les commanditaires des équipes. Dans la foulée d'Alcyon, Automoto, Peugeot, Dilecta, d'autres marques feront leur apparition après la guerre – Mercier, Helyett –, sans pour autant que les émoluments soient mirobolants.

Jacques Goddet, directeur du Tour de France (à droite), *en compagnie de Jean-Claude Killy, patron de la Société du Tour de France* (au centre), *et Philippe Amaury, P-DG du Groupe Amaury.*

Il faudra attendre l'arrivée de Bernard Tapie et La Vie Claire dans les années 1980 pour que les salaires des coureurs deviennent plus convenables et surtout plus en rapport avec les efforts fournis... sans pour autant s'approcher de ceux des footballeurs ou des tennismen.

Au plan de la course, de cette phase moderne émergent l'incroyable popularité de Jean Robic, le Breton cabochard ; la dualité Bartali-Coppi, le second aussi aimé des Français que des Italiens ; l'avènement de Louison Bobet, qui apporta à son sport la touche de professionnalisme qu'il fallait ; les règnes de Jacques Anquetil, Eddy Merckx, Bernard Hinault et Miguel Indurain, tous quintuples vainqueurs. Observons au passage la division de ces quatre champions en deux catégories : les coureurs complets, aussi à l'aise dans les longues épreuves par étapes que dans les classiques d'un jour (Merckx, Hinault), et les routiers plus métronomes, plus calculateurs, faisant la différence dans les épreuves contre la montre qu'ils dominaient de toute leur classe (Anquetil, Indurain).
Les années passant, le vélo a forcément connu de nouvelles évolutions : celle du matériel, nous l'avons évoquée, de même que sa structuration professionnelle, dorénavant fondée à 100 % sur le sponsoring et les droits télévisés, comme dans d'autres sports. Puisqu'elles payent cher, les chaînes de télévision veulent du spectacle, des étapes courtes, des sprints tumultueux, des affrontements en montagne, plutôt que de soporifiques retransmissions de contre-la-montre. Le monde entier peut ainsi vibrer en direct aux affrontements spectaculaires jaillis du sport cycliste, mieux que d'autres peut-être, grâce à la variété de ses décors naturels : la haute montagne, la moyenne montagne, les plaines, les rivières, les ponts, les châteaux, les cathédrales. L'attrait touristique s'ajoute à l'intérêt sportif et la télévision valorise ces deux dimensions consubstantielles au Tour de France. À quoi s'ajoute la ferveur populaire, aucunement diminuée par le flot des images reçues à la maison, ni par la complexe et envahissante technologie, ni par d'autres faiblesses que présente encore parfois le cyclisme.

Le public en fête sur l'étape Lannemezan-Plateau de Beille en 2002.

Un événement, partie intégrante de notre ADN sportif et social

Au podium des grands événements sportifs, le Tour de France figure sur la troisième marche, derrière les Jeux olympiques et la Coupe du monde de football. Certes, l'universalité du sport cycliste est un peu moindre ; en revanche, la périodicité annuelle du Tour le distingue des deux autres, qui sont quadriannuels. Et, autre singularité ô combien importante, il est d'accès gratuit. J'ai toujours professé haut et fort, face aux tentations mercantiles, qu'il était hors de question de changer de philosophie, sinon le peuple du vélo se considérerait trahi, cette accessibilité étant la raison majeure de sa popularité. Enfin, il faut bien évoquer ce mal qui rongea profondément la réputation du vélo à la fin du siècle dernier, bien qu'il ne fût pas nouveau : le dopage.

Un dopage organisé, méthodique, presque arrogant, faisant fi des barrières réglementaires mises en place au fur et à mesure de sa progression. Mais qui furent, hélas, contournées en permanence par ces tricheurs irresponsables, que furent certains directeurs sportifs, plusieurs médecins et beaucoup de coureurs.

Il fallut, mieux que les contrôles antidopage de l'UCI, l'énorme pression de la police américaine pour confondre le plus notable personnage de ces années noires, l'Américain Lance Armstrong, sept fois vainqueur du Tour !

Heureusement l'expérience et les compétences acquises ou façonnées en plus de cent éditions du Tour de France ont conféré à ses dirigeants un savoir-faire incontestable et incontesté. Ses paramètres majeurs d'organisation – nombre d'étapes, de journées de repos, distances maximales – sont dorénavant établis. Pour mon successeur et ami, Christian Prudhomme, les marges de manœuvre n'existent plus guère que dans un domaine : l'innovation. Je ne parle pas là des améliorations technologiques, permanentes, mais bien d'expérimentation et même d'audace ! On comprend que son passé d'homme de télévision l'ait sensibilisé aux aspects spectaculaires que doit, si possible, revêtir la course, d'où la réduction des contre-la-montre, qui n'en ont plus guère. Et aussi sa recherche permanente de sites inédits – et il en reste encore dans notre beau pays –, dès lors qu'ils puissent être accessibles à cette énorme machine matérielle et humaine qu'est le Tour. Moi qui, naguère, suis resté assez classique dans mes options – je me le reproche un peu –, je suis admiratif de la façon dont Christian a pu, en 2017, mettre en place un ultime et court test chronométré dans le Pays basque français... la veille même de l'arrivée finale à Paris, à 800 km de là, alors qu'il s'agissait de transporter dare-dare non seulement les coureurs, mais aussi et surtout les multiples autres composantes de l'opération !
Je fais partie de ceux qui souhaitent, du bord de la route ou devant leurs écrans, mais surtout du fond du cœur, que la magie du Tour de France continue d'opérer, lui qui est devenu dorénavant partie intégrante de notre ADN sportif et social.

16 OCTOBRE 1900
Parution du premier numéro de *L'Auto-Vélo* sur papier jaune.

20 DÉCEMBRE 1902
Déjeuner d'Henri Desgrange avec Géo Lefèvre au restaurant Zimmer pour évoquer la création d'un Tour de France.

15 JANVIER 1903
L'Auto nouveau titre de *L'Auto-Vélo*, après un procès gagné par son concurrent *Le Vélo*.

19 JANVIER 1903
Première annonce dans *L'Auto* de la création du Tour de France.

21 FÉVRIER 1903
Publication dans *L'Auto* du règlement du Tour. Départ le 31 mai, arrivée le 5 juillet.

1er juillet

LE JOUR J

1903

24 AVRIL 1903
Quinze engagés seulement : Desgrange songe à annuler l'opération !

6 MAI 1903
Départ du Tour reporté au 1er juillet, modification du règlement et de la liste des prix.

13 JUIN 1903
Le minimum de 50 engagés fixé par *L'Auto* est atteint. Le Tour aura bien lieu !

15 JUIN 1903
Clôture des engagements. Les volontaires sont au nombre de 80.

1ER JUILLET 1903
Départ du premier Tour de France à Montgeron avec un peloton de 60 coureurs.

Georges Abran (à droite, avec un pistolet) *donne le départ réel de la première étape du premier Tour de France, le 1er juillet 1903, à Villeneuve-Saint-Georges (Seine-et-Oise).*

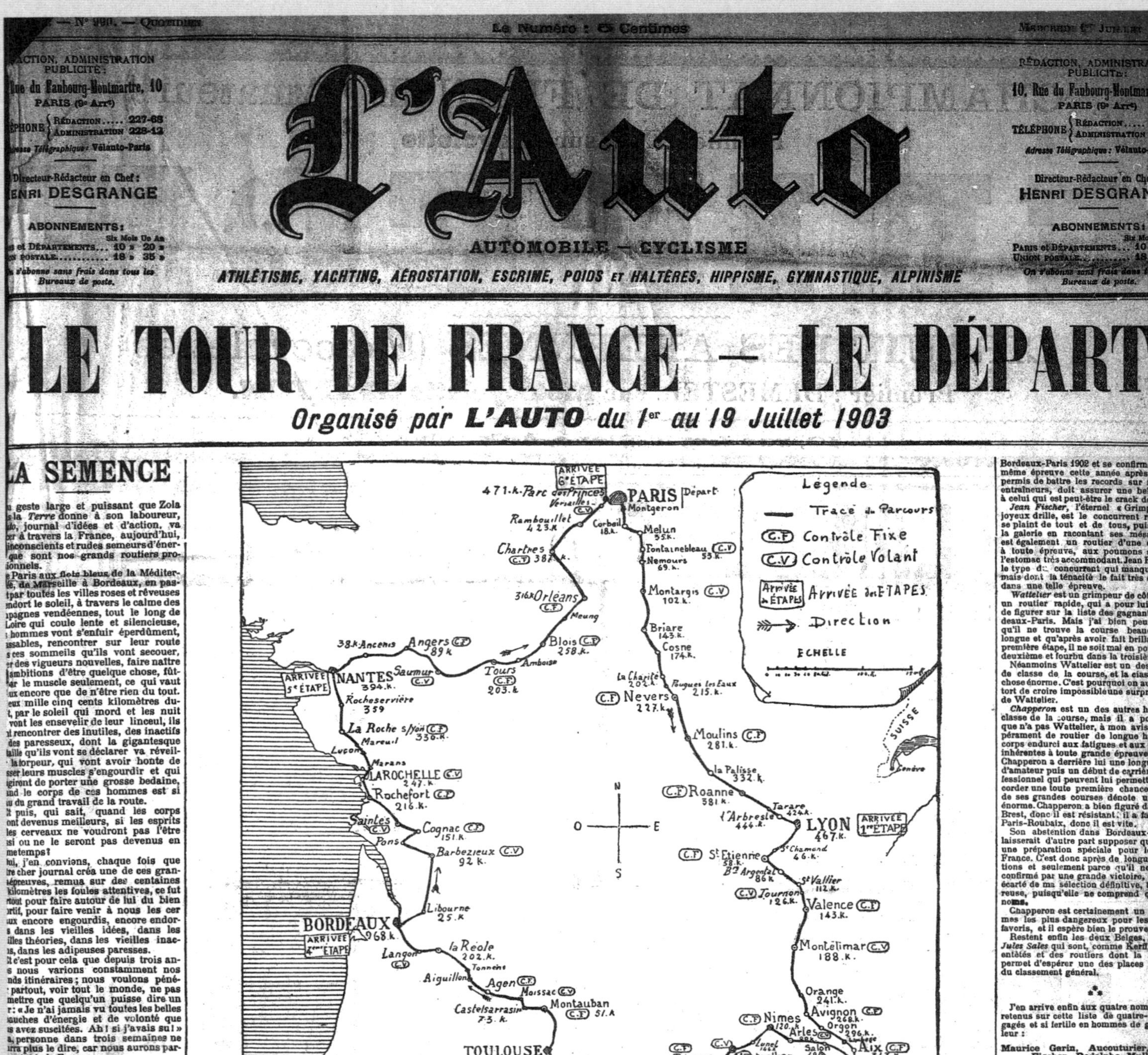

Le Numéro : 5 Centimes

L'Auto

AUTOMOBILE — CYCLISME

ATHLÉTISME, YACHTING, AÉROSTATION, ESCRIME, POIDS ET HALTÈRES, HIPPISME, GYMNASTIQUE, ALPINISME

Directeur-Rédacteur en Chef : HENRI DESGRANGE

LE TOUR DE FRANCE — LE DÉPART

Organisé par L'AUTO du 1er au 19 Juillet 1903

LA SEMENCE

L'ITINÉRAIRE DU TOUR DE FRANCE

AUCOUTURIER

Jos. FISCHER

M. GARIN

H. DESGRANGE.

QUI ?

Maurice GARIN

La une de L'Auto du 1er juillet 1903 avec l'éditorial d'Henri Desgrange et la carte du premier Tour de France. De Paris à Paris en passant par Lyon, Marseille, Toulouse, Bordeaux et Nantes : six étapes et 2 500 km.

SERGE LAGET

C'EST PARTI POUR UN TOUR !

À 15 h 16, le mercredi 1er juillet 1903, Georges Abran donne le départ de la première étape du premier Tour de France. Les soixante coureurs s'élancent de Montgeron (Seine-et-Oise) pour un parcours de 467 km jusqu'à Lyon. Une foule immense, massée autour de l'auberge Au Réveil Matin, est venue de loin, en train, en automobile ou en bicyclette, pour assister à l'envol des champions. Géo Lefèvre, inventeur de « la plus grande course cycliste du monde entier et de tous les temps », et Henri Desgrange, directeur de* L'Auto *et organisateur de l'épreuve, ont réussi leur incroyable pari.

Louis Lépine, ça vous dit forcément quelque chose. Eh bien, figurez-vous qu'avant le célèbre concours qui lui permet de traverser le temps, le préfet de police de Paris parraine, sans le vouloir, un immense rassemblement populaire. Le mercredi 1er juillet 1903, à cause de son règlement « interdisant le départ des courses cyclistes dans Paris et le département de la Seine », des trains bondés quittent les gares parisiennes, les routes sortant de la capitale vers le sud débordent de bicyclettes, de chariots et même d'automobiles. Les klaxons, les embouteillages, les algarades, les canotiers volants forment une sorte de traînée poudreuse et bruyante conduisant jusqu'à la Seine-et-Oise, très exactement jusqu'à Montgeron, à l'intersection des routes de Melun et de Corbeil. Là, des courses peuvent prendre leur envol et, en cette fin de chaude matinée, tout ce beau monde fonde, pédale, joue des coudes pour assister au départ de la plus grande épreuve cycliste de tous les temps. C'est ce qui est écrit dans tous les journaux... Les bousculades sont pires que lors du 14 juillet. D'ailleurs, avec les chansons, les flonflons, les cris des vendeurs de coco, d'éventails et de nougats, ça ressemble bien à une fête nationale où des milliers de bicyclettes auraient remplacé les pioupious en uniformes. Le lieu de ralliement ? Une auberge joliment baptisée Au Réveil Matin. On la distingue de loin, à cause de la foule tournant autour et du grand coq en couleurs peint sur une façade. La fièvre est telle que tout le monde s'égosille et que les boissons coulent à flots dans l'auberge comme dans les échoppes de circonstance. Les connaisseurs, venus très tôt pour être bien placés, laissent leurs vélos sur le talus, près d'une grange où les champions se changeront.

L'ouverture du contrôle est prévue à 13 heures et la fermeture à 14 h 30. Mais, avec en mains « le jaune », le numéro 990 de *L'Auto*, le journal organisateur, ils rongent leur frein depuis des heures. Avec aussi un verre d'absinthe, un Picon-citron, ou un Pernod. L'inamovible *starter* de *L'Auto*, Georges Abran, est arrivé par le premier train du matin pour poster ses bénévoles et mettre en place un semblant de service d'ordre autour de la table de contrôle, où Alphonse Steinès fait signer la feuille de route aux champions.

Géo Lefèvre, qui a glissé sa bicyclette dans le train, horaires des chemins de fer à la main, s'organise déjà pour accompagner les coureurs. Pas facile, sur les 467 km au menu de cette première étape se terminant à Lyon, de couvrir les deux premiers contrôles volants, puis les trois fixes. Heureusement, il est épaulé par Léon Collet qui, sur sa motocyclette, veille au grain.

Bref, tous les hommes de bonne volonté essayent de canaliser le flot de plusieurs milliers de curieux qui veulent voir le départ de « cette épreuve monstrueuse, courue sans entraîneurs ». Une révolution qui fait dire à Rodolphe Muller, à la fois coureur et journaliste, que « pour une fois, on ne connaît pas le vainqueur au départ ». Dans l'inévitable concours de pronostics qui entoure cette première mondiale, il est à 6 contre 1. Le favori, c'est Maurice Garin, les outsiders, Hippolyte Aucouturier et l'Allemand Josef Fischer.

À L'APPEL, LES SOIXANTE « INCONSCIENTS ET RUDES SEMEURS D'ÉNERGIE »

Mais voilà qu'un premier coureur se taille un passage jusqu'à la table de Steinès : c'est le petit Henri Ellinamour, pas encore 20 ans. Une fois qu'il a signé, Alphonse lui donne son brassard jaune, le 64, à épingler sur le bras gauche, et sa bande de toile rouge, également griffée 64, à accrocher au cadre horizontal de sa machine, un cycle Primo. Léon Georget arrive à son tour et se fait photographier avec Steinès. Puis voici Garin, dossard n° 1, premier inscrit, sur cycle La Française. Ils sont douze à porter les couleurs tricolores, entraînés par Delattre, qui a déjà tout organisé sur le parcours.

*Alphonse Steinès, responsable du contrôle des coureurs (*ici avec Léon Georget*), au départ du premier Tour de France, à Montgeron.*

Sur les quatre-vingts inscrits, ils sont soixante à signer, François Moulin (40 ans) s'en acquittant in extremis. Comme l'Allemand Josef Fischer (dossard 48, 38 ans), à ne pas confondre avec le Français Jean Fischer, surnommé « le Grimpeur » (dossard 12, 36 ans), qui en surprend plus d'un, cigare au bec. Avec son ami Ludwig Barthelmann, ils sont venus de Cologne à vélo. Et là, il goûte un verre de Boum Boum coco. Comme lui, Édouard Wattelier et Léon Georget se sont entraînés, mais sur les deux premières étapes du parcours. Seul Rodolphe Muller s'est offert le luxe d'un tour complet entre le 5 et le 25 juin, envoyant en prime ses impressions à *L'Auto*. La foule est aussi hétéroclite que ce peloton multicolore, international et riche des équipements les plus extravagants. Ainsi le Belge Marcel Kerff, avec deux lanternes dans les moyeux pour les départs de nuit et deux bidons avec tuyaux sur le guidon, capte tous les regards.

Soudain, on entend la voix de Georges Abran qui procède à l'appel des concurrents. L'émotion est palpable. Il est 14 h 50... Il est 14 h 52... Les soixante « inconscients et rudes semeurs d'énergie », dont Henri Desgrange a parlé dans son éditorial, se dirigent doucement vers le calicot de L'Auto qui barre la route.

C'est alors que Géo Lefèvre, à moins que ce ne soit Émile Ouzou, l'ancien coureur, qui va piloter la petite voiture Cottereau de *La Revue sportive* sur tout le Tour, fait remarquer qu'il y a d'importants travaux de voirie sur la chaussée. À 600 m, sur la route de Draveil, en face du café L'Espérance, la route est à nouveau dégagée : c'est là qu'il faut donner le départ. Et donc, la procession s'ébranle. Abran, drapeau jaune à la main, longe les tas de pierres, Steinès précède le peloton. Lefèvre, qui a pris les devants dans une auto pour couvrir les cinquante premiers kilomètres, se remémore alors, pendant ces quelques instants de répit, tout ce qu'il a vécu depuis le 20 décembre 1902, depuis ce déjeuner au restaurant Le Madrid, où il a soufflé l'idée du Tour de France à Henri Desgrange.

Des courses de longue haleine pour faire le succès de *L'Auto*

Le 13 janvier 1903, *L'Auto-Vélo* annonce qu'il devient *L'Auto*. C'est effectif le 16. Le lendemain, le journal publie son calendrier d'organisation de compétitions, annonçant une course cycliste hors du commun. Le 19, il dévoile à la « une » la création du « Tour de France, la plus grande épreuve cycliste du monde entier ». Les jours suivants, toute la presse souligne l'originalité de cette course sans précédent. Le 24 février, sous son pseudonyme de Saint-Vallier, Desgrange révèle le règlement, les détails sur les 2 200 km, les 20 000 francs de prix, les six étapes, l'absence d'entraîneurs, les dates (31 mai-5 juillet), les droits d'inscription de vingt francs et la date limite pour s'inscrire (15 mai).

Le jour J est donc fixé au 31 mai. Le problème, c'est que, le 29 avril, il n'y a que quinze inscrits, enthousiastes certes, mais au nombre insuffisant. Malgré les relances du patron et celles de Lefèvre, la trop longue durée de la course, les frais d'inscription et les dons hypothétiques pour l'hébergement ne sont guère incitatifs.

Le 6 mai, Desgrange, qui a un instant songé à annuler, reprend du poil de la bête et pond un nouveau règlement. Le 12, il repousse la date d'inscription au 15 juin et prend enfin des mesures attractives : course réduite à dix-neuf jours, frais d'inscription allégés de moitié, prime quotidienne de cinq francs pour ceux qui termineront la course.

Carte postale de l'auberge Au Réveil Matin, à Montgeron, où se sont rassemblés les coureurs, le 1er juillet 1903.

Les opposants au projet se frottent moins les mains car, dès le 27 mai, il y a vingt-quatre engagés. Le 8 juin, ils sont quarante et le 13, la barre fatidique des cinquante est atteinte ! Le Tour aura lieu, et bien lieu. Il y aura même quatre-vingts engagés au 15 juin. Abran n'aura pas fait quatre mois de reconnaissance du parcours pour rien…

Lefèvre sait bien que son idée est banale. Qu'il y a déjà eu trente-six tours de France à pied (Drouel, 1892), en auto (plus de vingt, dont le Tour en course en 1899), en draisienne (Gillet, 1830) ou même en vélocipède (plusieurs, dont un avec Clément). Que, dès 1893, *Le Journal* a projeté un tour cycliste via Nantes, Bordeaux, Toulouse, Marseille, Grenoble, Lyon, Troyes et Paris, doté de 25 000 francs de prix. Qu'en 1895, Théodore Joyeux (4 429 km en dix-neuf jours), puis Jean Corre (5 012 km en vingt-cinq jours) ont effectué des tours de France en solo. Et qu'il y a eu le Paris-Brest-Paris de 1901 avec Garin, puis le Marseille-Paris de 1902 avec Lucien Lesna. Mais lui a ressorti l'idée au bon moment et il savoure, car il a déjà compris que ce serait « cent fois plus compliqué que Bordeaux-Paris ».

Il faut organiser des courses sur route pour procurer une nouvelle clientèle aux constructeurs, en particulier aux cycles La Française, qui trusteront les cinq premières places à Paris. Et il faut aussi des courses de longue haleine, auxquelles Desgrange avait d'abord été défavorable, pour faire le succès de *L'Auto* qui, grâce à ce feuilleton de dix-neuf jours, passera de 20 000 à 100 000 exemplaires !

Géo Lefèvre en est là de son rétropédalage, quand il entend le coup de feu donné là-bas par Georges Abran. Il est 15 h 16. C'est parti pour un Tour !

Contrôle d'arrivée de la première étape à Lyon en 1903.

LES JOURS J

Dans l'immense saga du Tour, chaque jour ou presque est un jour J. En voici quelques-uns, peut-être un peu plus J que les autres…

1er juillet 1903 : Départ du premier Tour de France à Montgeron.

2 décembre 1904 : Henri Cornet, premier vainqueur sur tapis vert après déclassement des quatre premiers.

9 août 1908 : Lucien Petit-Breton, auteur du premier doublé sur le Tour (1907-1908).

1er août 1909 : François Faber (Luxembourg), premier étranger à gagner le Tour.

19 juillet 1910 : Premier passage en haute montagne au cours de l'étape Luchon-Bayonne.

19 juillet 1919 : Premier maillot jaune endossé par Eugène Christophe à Grenoble, au départ de la 11e étape.

25 juillet 1920 : Philippe Thys (Belgique), premier triple vainqueur du Tour (1913, 1914, 1920).

20 juillet 1924 : Ottavio Bottecchia (Italie), premier porteur du maillot jaune de la première à la dernière étape.

20 juin 1926 : Premier départ du Tour en province à Évian.

30 juin 1929 : Premiers reportages à la radio sur la route du Tour avec Jean Antoine et Alex Virot.

2 juillet 1930 : Départ du premier Tour disputé par des équipes nationales.

27 juillet 1934 : Premier contre-la-montre individuel entre La Roche-sur-Yon et Nantes, remporté par Antonin Magne.

20 juillet 1947 : Jean Robic, premier « régional » à gagner le Tour et premier vainqueur à n'avoir jamais porté le maillot jaune avant l'arrivée.

25 juillet 1948 : Première retransmission en direct du Tour à la télévision, avec arrivée au Parc des Princes.

4 juillet 1952 : Première arrivée d'étape en altitude au sommet de l'Alpe-d'Huez.

3 juillet 1953 : Premier maillot vert décerné au leader du classement par points.

8 juillet 1954 : Premier départ du Tour à l'étranger, à Amsterdam (Pays-Bas).

30 juillet 1955 : Louison Bobet, premier triple vainqueur successif du Tour (1953, 1954, 1955).

14 juillet 1964 : Jacques Anquetil, premier quintuple vainqueur du Tour, dont quatre consécutivement (1957, 1961, 1962, 1963, 1964).

27 juin 1975 : Premier maillot à pois décerné au meilleur grimpeur.

20 juillet 1975 : Première arrivée du Tour sur les Champs-Élysées à Paris.

23 juillet 1995 : Miguel Indurain (Espagne), premier quintuple vainqueur successif du Tour (1991, 1992, 1993, 1994, 1995).

1903, L'ÉPOPÉE HÉROÏQUE

La légende du Tour de France commence en 1903 par une première édition où les exploits et les victoires ne masquent pas les déconvenues et les abandons. Elle nous laisse en héritage de rares documents photographiques, certes de piètre qualité mais riches d'émotion et de nostalgie, qui témoignent au mieux de l'incroyable odyssée des « forçats de la route ». Les voici dans leur « jus » d'origine.

1 - *Le podium du premier Tour de France de l'histoire : Maurice Garin, le vainqueur* (en haut à gauche), *Lucien Pothier, le deuxième* (en haut à droite), *Fernand Augereau, le troisième* (en bas).

2 - *Arrivée de Maurice Garin sur le Vélodrome de Longchamp à Nantes, suivi de Gustave Pasquier et Lucien Pothier, à l'issue de l'étape partie de Bordeaux.*

3 - *Jean Dargassies, le « forgeron de Grisolles », en rase campagne sur la route entre Bordeaux et Nantes.*

4 - *Arrivée du Suisse Charles Laeser à Bordeaux. Première victoire d'un étranger sur le Tour, à l'issue de l'étape Toulouse-Bordeaux en 1903.*

5 - *Des coureurs slalomant entre les automobiles et les charrettes quelque part sur la route du Tour.*

6 - *L'Allemand Rodolphe Muller encerclé par la foule de ses admirateurs.*

7 - *Traversée d'un village par le peloton de tête au cours de la première étape.*

4

5

6

7

ET HENRI DESGRANGE SALUE LE PREMIER DÉPART...

HENRI DESGRANGE

Caricature d'Henri Desgrange.

Le 1er juillet 1903, le patron du Tour de France signe un éditorial « La semence » dans* L'Auto *pour donner le coup d'envoi d'une course de 2 500 km ouverte aux cyclistes professionnels. De Paris à Paris, en passant par Lyon, Marseille, Toulouse, Bordeaux et Nantes, la Grande boucle invite les soixante concurrents au départ à offrir à la France entière, pendant trois semaines, le spectacle d'une gigantesque bataille afin de « faire triompher la foi sportive ».

Du geste large et puissant que Zola dans *La Terre* donne à son laboureur, *L'Auto*, journal d'idées et d'action, va lancer à travers la France, aujourd'hui, les inconscients et rudes semeurs d'énergie que sont les grands routiers professionnels.

De Paris aux flots bleus de la Méditerranée, de Marseille à Bordeaux, en passant par toutes les villes roses et rêveuses qu'endort le soleil, à travers le calme des campagnes vendéennes, tout le long de la Loire qui coule lente et silencieuse, ces hommes vont s'enfuir éperdument, inlassables, rencontrer sur leur route tous ces sommeils qu'ils vont secouer, trouver des vigueurs nouvelles, faire naître des ambitions d'être quelque chose, fût-ce par le muscle seulement, ce qui vaut mieux encore que de n'être rien du tout.

2 500 km durant, par le soleil qui mord et les nuits qui vont les ensevelir de leur linceul, ils vont rencontrer des inutiles, des inactifs et des paresseux, dont la gigantesque bataille qu'ils vont se déclarer va réveiller la torpeur, qui vont avoir honte de laisser leurs muscles s'engourdir et qui rougiront de porter une grosse bedaine, quand le corps de ces hommes est si beau du grand travail de la route.

Et puis, qui sait, quand les corps seront devenus meilleurs, si les esprits et les cerveaux ne voudront pas l'être aussi ou ne le seront pas devenus en même temps ? Oui, j'en conviens, chaque fois que notre cher journal créa une de ces grandes épreuves, remua sur des centaines de kilomètres les foules attentives, ce fut surtout pour faire autour de lui du bien sportif, pour faire venir à nous les cerveaux encore engourdis, encore endormis dans les vieilles idées, dans les vieilles théories, dans les vieilles inactions, dans les adipeuses paresses. Et c'est pour cela que, depuis trois années, nous varions constamment nos grands itinéraires ; nous voulons pénétrer partout, voir tout le monde, ne pas permettre que quelqu'un puisse dire un jour : « Je n'ai jamais vu toutes les belles ébauches d'énergie et de volonté que vous avez suscitées. Ah ! si j'avais su ! » Cela, personne dans trois semaines ne pourra plus le dire, car nous aurons parcouru toute la France.

LES YEUX FIXÉS DROIT AU BUT, AVEC L'ESPOIR RÉCONFORTANT DE RÉUSSIR

Une contrée nous tenait particulièrement à cœur, celle qui va de Marseille à Bordeaux. Hélas ! Paris sera toujours l'énorme pieuvre dont les formidables tentacules attirent tout à elle, dont le pouvoir despotique n'admet pas le partage, et Paris n'avait point permis que l'on songeât au Midi. Montpellier, Nîmes, Béziers, Narbonne, Carcassonne, Castelnaudary ne savent point encore ce que c'est qu'une grande course ; toutes ces villes ignorent les grandes batailles de la région ; Agen, Marmande, Langon, La Réole vivent sur leurs courses locales et sur les records de Mousset et du papa Rousset en 1897. Comment résister au plaisir d'aller les voir et de resserrer par le Tour de France les liens qui nous unissaient à elles ?

Faire du bien le plus possible, voir nos amis les plus éloignés, telles sont les deux idées qui donnèrent naissance à la course d'aujourd'hui. Et l'on comprendra maintenant pourquoi le colossal travail d'organisation que représente cette épreuve, pourquoi le formidable effort auquel nous nous livrons depuis six mois, pourquoi tout cela nous fut agréable, pourquoi nous allâmes les yeux fixés droit au but, avec l'espoir réconfortant de réussir.

Vous, amis coureurs qui allez être trois semaines durant notre porte-parole à travers la France entière, que nos vœux les plus ardents vous accompagnent, que la grande bataille que vous allez livrer au soleil, à la chaleur, à la fraîcheur des nuits, aux traîtrises des routes obscures, que la lutte vous soit favorable ! Rapportez un peu de cette moisson dorée que je jette largement pour vous. L'œuvre que nous voulons accomplir, c'est vous qui en serez chargés pendant trois semaines.

Vous êtes les rudes et inconscients semeurs d'énergie, au passage desquels la foi sportive va triompher une fois de plus.

Éditorial publié dans le numéro de *L'Auto* daté du 1er juillet 1903.

Henri Desgrange, directeur de L'Auto et du Tour de France à son bureau.

Henri Desgrange au départ d'une étape de la Grande boucle.

UN PLATEAU DE SOIXANTE PIONNIERS

SERGE LAGET

Sur les quatre-vingts inscrits à ce premier Tour de France, soixante coureurs, dont douze étrangers, se présentent sur la ligne de départ, le 1er juillet 1903. Un tiers abandonne d'entrée, mais un autre va jusqu'au bout de l'aventure. Ce sont tous des professionnels, durs au mal, déjà rompus à des courses de longue haleine. Chacun à sa manière contribue au succès de cette épreuve sans précédent. Galerie de portraits de vingt-deux de ces « géants de la route » qui entrent dans l'Histoire.

Si le tout premier Tour de France doit beaucoup à Géo Lefèvre, Georges Abran, François Mercier ou à Léon Collet, le contrôleur à motocyclette, il doit encore plus aux quatre-vingts coureurs engagés et surtout aux soixante partants. Mais qui sont ces « inconscients et rudes semeurs d'énergie », comme les appelle Henri Desgrange, et ces « géants de la route », comme Lefèvre les baptise très vite ? Certes, ils sont tous professionnels, mais s'il y a de vrais pros, comme Maurice Garin, Léon Georget, Jean et Josef Fischer, Édouard Wattelier ou Hippolyte Aucouturier, il y a aussi des pros de circonstance, un peu aventuriers sur les bords, ayant tous ou presque un autre métier – menuisier, forgeron, boucher, mineur... Attention, qu'ils aient une vingtaine d'années (Lucien Pothier, Émile Pagie) ou qu'ils soient plus âgés (Jean Dargassies), tous sont très résistants et souvent déjà habitués à des courses difficiles.

Tous sont peut-être des « rustiques » mais, parmi les arrivants, il n'y a pas de tocards : même Arsène Millochau, qui termine lanterne rouge, est un vrai coureur. Quant à Dargassies, qui débute, il a la moelle des « tout bons » et le confirmera largement les années suivantes.

Tous à leur manière contribueront au succès de la course balbutiante, en y apportant leur courage, leur bonne humeur, leur provincialité – les quarante-huit Français sont du Nord, du Sud, du Centre, de l'Ouest ou de Paris – ou leur dimension internationale, car il y a douze étrangers de quatre nationalités au départ : deux Allemands, quatre Belges, un Italien et cinq Suisses.

Le spectacle inédit et insolite des hommes au maillot de laine

En effet, même si un tiers des partants abandonne d'emblée, un tiers ira au bout de cette aventure dans la France profonde, qui est en fait une plongée dans un monde inconnu de 2 500 km en dix-neuf jours, et bien davantage. Malgré les crevaisons, chutes, erreurs de parcours (Garin), approximations (Fischer, Georget) ou fringales, les routiers épatent et donnent un spectacle inédit et contagieux. Avec plus de 800 000 spectateurs au bord des routes et des milliers de nouveaux lecteurs de journaux, on est loin des chambrées des vélodromes. Qui plus est, cette transformation de la France en stade géant arrange aussi les affaires des constructeurs de cycles en mal de nouvelle clientèle.
Les hommes au maillot de laine que sont les routiers vont dès lors commencer à éclipser les pistards, jusque-là incontestés aristocrates aux parures de soie. Le fait que les entraîneurs soient absents de cette première édition confère au Tour davantage de suspense et une dimension égalitaire, qui sera malgré tout faussée par la présence en nombre des coureurs des cycles La Française autour de Garin. Le règlement est en effet délibérément détourné avec la complicité de l'organisateur !

Maurice Garin, vainqueur du premier Tour de France en 1903.

La manœuvre débouche sur un quintuplé final issu de la grande marque tricolore (Garin, Pothier, Augereau, Muller, Jean Fischer), par ailleurs actionnaire de L'Auto. Et sur l'abandon de Georget (cycles Aiglon) ou Aucouturier (cycles Crescent), complètement livrés à eux-mêmes, comme l'Allemand Josef Fischer, l'outsider qui terminera 15e au classement final.

Cette mainmise de la marque française et de son champion Garin peut aussi expliquer l'absence de Lucien Lesna (1863-1932) qui, malgré ses 39 ans, était encore le meilleur coureur du monde en 1902, mais il pédalait sur cycles Cleveland et dut donc renoncer sur abandon de son constructeur !
D'emblée, le Tour ne pouvait donc laisser indifférent. Il allait créer cette noblesse du muscle voulue par Desgrange.

LES FRANÇAIS

Aucouturier Hippolyte (1876-1944), surnommé « le Terrible ». 1901 : 2e de Bordeaux-Paris, 3e de Paris-Brest-Paris. 1902 : 3e de Paris-Rennes. 1903 : 1er de Paris-Roubaix et Bordeaux-Paris. Un des outsiders. Malade lors de la première étape, il en gagnera ensuite deux, mais hors classement général.

Augereau Fernand (1882-1958). 1904 : 1er de Bordeaux-Paris après déclassement. Jeune espoir, équipier « forcé » de Garin avec qui il sera en litige grave.

Beaugendre François (1880-1936). Bon coureur, d'une famille de champions, qui brillera surtout en 1904.

Dargassies Jean (1872-1975), « le Forgeron de Grisolles ». 1904 : 2e de Bordeaux-Paris. Une force de la nature qui n'avait jamais participé à une course auparavant mais se classera 4e en 1904.

Fischer Jean (1867-1935), « le Grimpeur ». 1899 : 4e des Six Jours de New-York (4 397 km avec Chevallier). 1901 : 1er de Paris-Tours, 3e de Bordeaux-Paris. 1902 : 3e du Bol d'or, 6e de Paris-Roubaix. 1903 : 6e de Paris-Roubaix. Coureur de longue haleine, mais pas un montagnard.

Foureaux Alexandre, « le Menuisier volant ». 1897 : 2e de Paris-Royan. 1900 : 5e du Bol d'or. 1901 : 6e de Paris-Roubaix. 5e de Bordeaux-Paris. 1902 : 8e de Marseille-Paris, 9e de Paris-Rennes.

Garin Maurice (1871-1957), « le Petit Ramoneur », ou « le Bouledogue blanc ». Italien naturalisé français fin 1901. 1897 et 1898 : 1er de Paris-Roubaix. 1901 : 1er de Paris-Brest-Paris. 1902 : 1er du Bordeaux-Paris de *L'Auto-Vélo*. À 32 ans, avec son 1,62 m et une volonté de fer, c'est le « coureur maison », encadré par Delattre et soigné comme personne, malgré le règlement.

Georget Léon (1879-1949). 1902 : 4e de Bordeaux-Paris. 1903 : 2e de Bordeaux-Paris, 3e des Huit Jours de Paris. Le futur « père Bol d'or » est ici en rodage.

Millochau Arsène (1867-1948). 1896 : 18e de Paris-Roubaix. 1897 : 4e du Bol d'or, 5e de Bordeaux-Paris. 1901 : 34e de Paris-Brest-Paris.

Pagie Émile (1883-1937). 1902 : 8e de Paris-Roubaix, 5e de Bordeaux-Paris.

Pasquier Gustave (1883-1963). 1901 : 7e de Bordeaux-Paris. 1902 : 1er de Marseille-Paris chez les touristes-routiers. 1903 : 4e de Bordeaux-Paris.

Pothier Lucien (1883-1957), « le Boucher de Sens ». 1903 : 4e des Huit Jours de Paris. Avec Pagie, il forme la garde rapprochée de Garin.

Wattelier Édouard (1875-1957). 1896 : 3e de Paris-Roubaix. 1901 : 1er de Toulouse-Luchon-Toulouse. 1902 : 1er de Bordeaux-Paris du *Vélo*.

Le Suisse Charles Laeser, premier étranger vainqueur d'une étape du Tour.

LES ÉTRANGERS

Catteau Alois (1877-1939), belge. Coureur très régulier, il terminera tous les Tours jusqu'en 1908.

Fischer Josef (1865-1959), allemand. 1893 : 1er de Berlin-Vienne. 1895 : 1er de Trieste-Vienne. 1896 : 1er de Paris-Roubaix. 1900 : 1er de Bordeaux-Paris. Malgré une pluie de crevaisons, l'hostilité des spectateurs (le surnommant « le boche ») et la solitude, il ira au bout (15e).

Jaeck Anton, suisse. 1902 : 3e de Marseille-Paris chez les touristes-routiers.

Kerff Marcel (1866-1914), belge. 1902 : 4e de Marseille-Paris, où son frère également coureur laisse la vie. Il sera pendu en 1914 pour espionnage.

Laeser Charles (1879-1959), suisse. Beau coureur, qui aura le mérite d'être le premier étranger à gagner une étape du Tour à Bordeaux (hors classement général).

Lequatre Marcel (1882-1960), suisse. 1902 : 1er de Romanshorn-Genève. Dans ses souvenirs, il met le doigt sur de supposées tricheries dès la première étape.

Monachon François (1871- date inconnue), suisse. 1896 : 6e du Bol d'or. 1897 : 4e de Paris-Royan, recordman des 24 Heures sans entraîneur avec 576 km. 1898 : 10e de Paris-Roubaix.

Muller Rodolphe (1876-1947), italien. 1901 : 6e de Paris-Brest-Paris. 1902 : 2e de Marseille-Paris. 1903 : 3e du Bol d'or. Un phénomène : coureur, journaliste, chroniqueur, écrivain, chauffeur de maître, il a reconnu le Tour 1903 à motocyclette.

Samson Jules (1876-1942), alias Lootens, belge. Bon coureur et conférencier en prime.

PARIS SERA TOUJOURS PARIS

Au départ de la première étape ou à l'arrivée de la dernière, la capitale a depuis plus de cent ans souvent accueilli le peloton du Tour de France et sa caravane. Le Parc des Princes, la tour Eiffel, le musée du Louvre, le Grand Palais, les quais de la Seine et surtout les Champs-Élysées ont servi de décors majestueux aux défilés des coureurs et aux triomphes des vainqueurs. Galerie de photos de la Ville Lumière de la Grande boucle.

1 - *Arrivée de la dernière étape Dunkerque-Paris sur la piste du Parc des Princes en 1920.*

2 - *Départ du Tour sur la place du Palais Royal avant la première étape vers Reims en 1949.*

3 - *Passage du peloton avenue de la Grande-Armée, en route pour la première étape Paris-Caen, filmé par les actualités cinématographiques en 1938.*

4 - *Première arrivée du Tour par un circuit sur les Champs-Élysées pour la dernière étape en 1975.*

5 - *Passage du peloton par la rue de Rivoli vers le départ de la première étape Paris-Trouville en 1948.*

6 - *Passage des coureurs devant le musée du Louvre lors de l'étape Versailles-Paris en 2013.*

7 - *Traversée par les coureurs de la nef du Grand Palais lors de l'étape Montgeron-Paris en 2017.*

8 - *Passage du peloton sur les Champs-Élysées vers l'arrivée de l'étape Rambouillet-Paris en 2012.*

9 - *Échappée de l'Espagnol Joaquim Rodriguez, survolée par la Patrouille de France sur les Champs-Élysées lors de l'étape Chantilly-Paris en 2016.*

10 - *Passage du peloton devant la Tour Eiffel avant l'arrivée de l'étape Sèvres-Paris en 2015.*

6

7

8

9

10

GÉO LEFÈVRE, L'HOMME PROVIDENTIEL

JACQUES MARCHAND

Père spirituel et inventeur du Tour de France, malgré les réticences d'Henri Desgrange, il est le directeur de course et l'homme à tout faire des deux premières éditions de l'épreuve, en 1903 et 1904. Brillant journaliste à* L'Auto, *spécialiste de cyclisme, d'automobile et de boxe, il reste toujours dans l'ombre mais souvent à l'avant-garde de son époque. Rappelé de sa retraite par Jacques Goddet après la Libération, il contribue à la naissance de* L'Équipe *en 1946.

J'ai dit un jour à Jacques Goddet, alors que nous habitions encore l'immeuble du Faubourg-Montmartre, siège de *L'Équipe* – une fois apaisés les remous de la Libération, après avoir abrité toute la vie et la carrière de *L'Auto*, avant et entre les deux guerres : « Je crois pour ma part que Géo Lefèvre aurait mérité d'avoir son buste dans le hall de notre journal, car il a été le père spirituel et l'inventeur du Tour de France contre le gré de son patron de l'époque, Henri Desgrange. Et vous précisez aujourd'hui vous-même que, sans l'aide de Géo Lefèvre que vous avez rappelé de sa retraite pour diriger votre service de publicité, vous n'auriez jamais pu lancer *L'Équipe* ! »
Jacques Goddet n'a pas semblé apprécier ma suggestion et ne lui a pas donné suite, mais il l'a loyalement justifiée en confirmant : « Il était le seul à pouvoir retrouver, joindre et convaincre les anciens annonceurs et soutiens publicitaires de *L'Auto* d'avant-guerre. Nous avions loué à l'époque un modeste appartement, rue du Faubourg-Montmartre, juste en face de l'ancien siège de *L'Auto*, alors sous séquestre. Géo m'a sauvé. Il m'apportait, chaque jour, le fruit de sa modeste récolte qui me permettait toutefois de payer les quelques ouvriers du Livre qui acceptaient de composer *L'Équipe*, très souvent réduit à une feuille unique. Oui, dans ces moments-là, j'embrassais Géo qui était mon sauveur, comme j'aurais embrassé mon père. »

Je n'invente rien, j'ai toujours en mémoire ses propos exacts. Trop importants pour ne pas les retenir et les transmettre. Le personnage est campé. Lefèvre est l'homme de la Providence. Celle dont tant de gens ont bénéficié depuis qu'il a lancé l'idée d'organiser un Tour de la France avec les coureurs cyclistes les plus doués de leur génération.

Un détail a forgé le destin du Tour. Lefèvre est né à Paris, le 12 avril 1877. En sortant du collège de Chartres, où il avait fait des études pour devenir professeur de lettres et heureusement pratiqué le sport – en particulier le rugby, son préféré, sous les couleurs du Stade français –, il est embauché comme stagiaire au journal *Le Vélo* de Pierre Giffard. Or, un jour, il a l'occasion de rencontrer Henri Desgrange, le directeur du journal concurrent, et de lui parler. Seulement de lui parler. Quand Giffard l'apprend, il entre dans une des colères dont il était coutumier. « Et, à l'instant même, m'a précisé Géo, je me suis retrouvé sur le trottoir ! »

Géo Lefevre avec sa femme lors de son 80e anniversaire, le 13 février 1957.

UN ENFANT PERDU MAIS DOUÉ, DÉBROUILLARD ET ENTREPRENANT

Bon prince, Desgrange décide de récupérer l'enfant perdu. Lefèvre était encore jeune mais doué, débrouillard et entreprenant. Le patron de *L'Auto* lui confie rapidement la direction du cyclisme, rubrique essentielle de son journal. Et aujourd'hui, on peut se poser la question : sans cet incident, apparemment banal, que serait-il advenu du Tour ? Il aurait sans doute été inventé par d'autres. Mais autrement. Ou peut-être par Lefèvre quand même, mais cette fois pour le compte de Giffard. C'est le contraire qui se serait produit : *Le Vélo* aurait alors tout simplement doublé *L'Auto*. Tout à la fin de sa vie, Lefèvre a évoqué pour moi, avec l'humour et la modestie qui étaient les traits dominants de son caractère, le fameux déjeuner du restaurant Le Madrid, en novembre 1902, si décisif dans la création du Tour :

« C'est vrai que, ce matin-là, la rédaction était en effervescence et commentait fiévreusement l'événement… qui n'était pas ma proposition de faire un tour de la France à bicyclette, jugée farfelue y compris par moi-même, mais bien l'invitation à déjeuner dont j'étais l'objet de la part du patron ! » Allusion peu voilée à la pingrerie de son ancien directeur.

Plus sérieusement, dans son livre de souvenirs paru à la même époque, Géo se retournait sur l'extravagante aventure qu'avait constituée pour lui, soixante ans plus tôt, la première édition du Tour, dont il fut – entre autres fonctions – directeur de course. « Aujourd'hui, mes 84 ans s'émerveillent encore de la mission que Desgrange m'imposa : prendre le train – avec mon vélo – avant le départ des coureurs, aller les surprendre sur la route et en pleine nuit (la longueur des étapes, la moyenne peu élevée avec des bicyclettes lourdes et des pneus de l'époque sur des routes non goudronnées exigeaient un départ en fin de journée). Les ayant contrôlés, il me fallait alors coller au peloton ou aux hommes de tête, particulièrement à surveiller, reprendre le train dès qu'une grande station me permettait de sauter dans un express ou un rapide et arriver à l'étape avant le premier des coureurs ! »
Lefèvre dirigea encore la course l'année suivante, avec une voiture à sa disposition cette fois, ce qui lui permit d'organiser un peu partout, à l'aide des correspondants du journal, des contrôles

Géo Lefèvre, journaliste à L'Auto et inventeur du Tour de France, à son bureau en 1910.

secrets. Les coureurs ne prirent guère au sérieux leur annonce avant le départ de l'épreuve. À tort, si l'on en croit les suites mouvementées de ce Tour 1904, qui faillit bien être le dernier. En 1905, Desgrange décida de prendre lui-même en charge la direction de la course et l'éclectique Géo fut jugé plus utile à la rubrique automobile qu'à celle du cyclisme...

L'un des spectacles sportifs les plus rentables du monde

Il n'en reste pas moins le père, aujourd'hui oublié, du spectacle sportif peut-être le plus rentable du monde. Il fut aussi un brillant journaliste qui s'adapta parfaitement aux sports les plus populaires de son temps. Spécialiste de cyclisme et d'automobile, il devint aussi chroniqueur de boxe. C'est à lui que l'on doit la célèbre formule au lendemain de la défaite de Georges Carpentier dans le championnat du monde des lourds contre Jack Dempsey : « On a pleuré dans les chaumières. »

Mais ce que l'histoire connaît moins du personnage, c'est qu'il est à la base de toutes les initiatives de solidarité à l'égard de la profession naissante de journaliste sportif. Cette spécialité n'était alors pas reconnue par la convention collective des journalistes. Elle ne le fut que beaucoup plus tard, après-guerre, et après des années de conciliabules avec les patrons de presse.

C'est Lefèvre qui, à son époque, prit l'initiative de créer des mutuelles de soutien pour ses confrères en difficulté. Il n'était président d'aucun de ces organismes – qu'il a fondés – mais il en était le secrétaire général actif. Il avait pris une retraite bien méritée juste avant la guerre. Rappelé par Jacques Goddet après la Libération, il reprit du service pour aider encore une autre génération de journalistes spécialisés à reconstruire tout ce que la guerre venait de détruire.

J'ai connu dans ma carrière trois générations de Lefèvre, du grand-père aux petits-enfants. J'ai retrouvé chez tous les membres de cette famille ce caractère à la fois modeste et chaleureux. Géo a toujours voulu rester dans l'ombre et, pourtant, dans l'histoire de notre profession et, bien sûr, dans celle du Tour, il a souvent été à l'avant-garde. Héros de la Grande Guerre, officier de la Légion d'honneur, il s'est éteint le 27 juillet 1961, dans la Marne, à Sompuis, village natal de son épouse Suzanne.

GEORGES ABRAN, LE MISSIONNAIRE

SERGE LAGET

Homme-orchestre de tous les Tours de France des temps héroïques, ceux de 1903 à 1914, il n'est pas seulement* le starter *présent sur toutes les photos de départ et d'arrivée des étapes, avec le drapeau jaune de* L'Auto *sous le bras. Inspecteur général du quotidien sportif, il jongle avec les horaires de trains, les classements, les règlements, les chronos. Et, chaque année en avril et en mai, il trace le parcours de la Grande boucle avec Alphonse Steinès.

Georges Abran ? Vous croyez ne pas le connaître, mais c'est faux. C'est le petit homme qui, à Montgeron, sur les photos du grand départ du premier Tour de France, le mercredi 1er juillet 1903 à 15 h 16, agite le drapeau jaune de *L'Auto*, à gauche d'une route que l'on empierre. Il libère instantanément les soixante « inconscients et rudes semeurs d'énergie », si difficilement mobilisés, en direction de Lyon, à 467 km.
Abran, c'est lui. Vous le retrouverez quasiment sur toutes les photos de départ et d'arrivée du Tour jusqu'en 1914. Il est au bord du peloton, soit à droite, soit à gauche. Ou bien, à l'arrivée au Parc des Princes, c'est souvent lui qui couve le vainqueur. Son drapeau jaune sous le bras, barbiche et lavallière au vent, chapeau tyrolien ou casquette sur ses cheveux poivre et sel, Abran est depuis 1901 l'inspecteur général de *L'Auto*, comme il a été jadis celui de *Vélo*, le concurrent de couleur verte. Et son rôle, dans ces premiers pas, est multiple. *Starter*, il seconde aussi au chronométrage Géo Lefèvre. Avec François Mercier, ils sont trois, qui doivent tout faire. Jongler avec le Chaix, les trains, les classements, les règlements, les chronos, le protocole et les comptes rendus ! Abran sera l'homme-orchestre de tous les Tours des temps héroïques, ceux de 1903 à 1914.

Son rôle ne se réduit pas – comme le fit trop rapidement dans ses souvenirs Géo Lefèvre – à « agiter aux départs et aux arrivées un énorme drapeau jaune de* L'Auto *et, pendant les journées de repos, à s'installer à la terrasse du café-contrôle devant un Pernod bien tassé… ». Avec plus de recul, Jacques May, le bras droit d'Henri Desgrange, dira de lui en 1934 qu'il était « le plus populaire, le plus allant, le plus dévoué propagateur de la bonne parole ».

Abran est le missionnaire du Tour et de *L'Auto*. C'est lui qui a le meilleur contact avec tout le monde, justement à cause de son brin de fantaisie, de son côté matamore et de sa solide expérience d'ancien de la guerre de 1870. Soucieux de briser la glace, d'établir le lien avec les correspondants, les coureurs, les clubs, les élus, il se multiplie tellement que, toujours en mouvement, on le surnommera « Un ! Deux ! ». Il œuvre tant et si bien que son Tour devient celui des correspondants locaux et des clubs cyclistes, alors qu'il manquait de relais.

Carte de presse de Georges Abran en 1913.

L'AMBASSADEUR EXTRAORDINAIRE DE *L'AUTO* ET DE LA GRANDE BOUCLE

Chanteur, fantasque, bon vivant, bavard, hâbleur, organisateur de banquets et de fêtes, corridas comprises, y participant lui-même, il a donné au Tour sa dimension humaine, essentielle dans ses balbutiements. Moyennant quoi, tout Paris et toute la province connaissaient Abran comme le loup blanc. À la terrasse du Madrid à Paris comme dans toute la France, c'est le phare de *L'Auto*, le bras et la voix de *L'Auto*, son ambassadeur extraordinaire. Son « Cyrano », dira même Desgrange.
Très proche de son patron, qui le considérait comme un grand-oncle à cause de leurs vingt ans de différence, Georges Abraham, dit Abran, est né à Paris, le 9 mai 1846. Bijoutier, marchand de draps, voyageur de commerce, il avait d'abord été recommandé à Giffard, le patron du *Vélo*, par Théo Vienne, le père de Paris-Roubaix, avant de faire bénéficier *L'Auto* de sa rondeur et de son entregent.

Fourrier, inspecteur général, co-traceur du parcours de la course avec Alphonse Steinès, il a consacré toute sa vie à* L'Auto *et le Tour. Durant deux mois, en avril-mai, il part tailler la route du futur Tour. Abran assis devant – près du chauffeur – et Steinès derrière notent, pointent, améliorant contrôles et bifurcations.

Leur départ se fait en grande pompe du Faubourg-Montmartre. Cela offre de la réclame pour la voiture choisie, une Pipe en 1906, une Germain en 1908, une Impéria en 1910, une Daimler en 1911 et, en 1913, une Hispano avec laquelle ils ont eu un accident grave dans les Ardennes, qui les a privés du Tour 1913 et occasionné bien des tracas à Desgrange.
Malgré quelques scories, le miracle eut toujours lieu et Abran noua un tel lien avec les correspondants qu'ils lui offrirent une œuvre d'art. Titulaire de la carte de journaliste, officier de l'Instruction publique, il est au sommet de son art quand la Grande Guerre brise sa carrière. Le héros de 1870 ne put jamais se remettre de cette interruption. Il était trop vieux pour s'engager, il déclina donc doucement tout retour. Dès lors, Desgrange, May ou Breyer lui ont régulièrement rendu visite dans sa maison de retraite. L'« homme-tempête » s'éteint dans son lit, et non sur la route, fin 1918, sans avoir vu repartir son jouet, sans avoir pu agiter le drapeau magique, sans avoir levé le coude à la santé de *L'Auto* et de Desgrange. Il repose au cimetière du Père-Lachaise à Paris. La caisse de retraite de *L'Auto* n'était pas encore créée, mais sa famille reçut pendant plus d'un an son salaire de 500 francs.

Georges Abran (à gauche), starter *des premiers Tours, avec son drapeau jaune aux couleurs de* L'Auto *en 1910, ici en présence d'Henri Desgrange et Octave Lapize* (au centre).

Alphonse Steinès, à l'arrière, et Georges Abran, debout dans la voiture de reconnaissance du Tour 1911, devant le siège du journal L'Éclaireur *à Nice.*

L'« ÉQUIPE » DU TOUR DE FRANCE

Pendant près d'un siècle, simultanément ou séparément, ils ont relevé à la fois de la rédaction ou l'administration de* L'Auto *ou de* L'Équipe *et de l'organisation du Tour de France, occupant au cœur de celle-ci une douzaine de fonctions, de la plus haute (direction) à la plus modeste (chauffeur). Ils sont une quarantaine. Par effet de voisinage, le rapport d'intimité avec la Grande boucle s'est étendu au-delà de ce premier cercle, plaçant de fait chacun des collaborateurs du journal dans une position privilégiée.

Georges Abraham, dit Abran *Starter*, traceur du parcours
Inspecteur général et reporter à *L'Auto*

Tony Arbona
Sélectionneur de l'équipe d'Algérie
Correspondant de *L'Équipe* à Alger

Jacques Augendre
Historien à Amaury Sport Organisation
Reporter à la rubrique cyclisme à *L'Équipe*

Alphonse Bauge
Directeur sportif, « créateur » du maillot jaune
Reporter à *L'Auto*

Jean-Christian Biville
Chauffeur
Photographe

Jean Bobet
Coureur professionnel
Reporter à la rubrique cyclisme à *L'Équipe*

Albert Bouvet
Coureur professionnel, directeur de course adjoint
Collaborateur de *L'Équipe* et de la Société du Tour de France

Philippe Bouvet
« Voix » de Radio Tour
Rédacteur en chef de la rubrique cyclisme à *L'Équipe*

Victor Breyer
Commissaire général
Reporter à *L'Auto*

Lucien Cazalis
Adjoint au directeur
Reporter à *L'Auto*

Noël Couëdel
Voix de Radio Tour
Directeur de la rédaction de *L'Équipe*
Rédacteur en chef de la rubrique cyclisme à *L'Équipe*

Jean-Pierre Courcol
Directeur
Directeur de *L'Équipe*, P-DG des Éditions Amaury

Henri Desgrange
Directeur
Directeur de *L'Auto*

Robert Desmarets
Directeur adjoint
Cadre administratif à *L'Auto*

Jean Farges
Chauffeur à *L'Équipe*
Chauffeur sur le Tour

Charles Faroux
Adjoint au directeur
Directeur de *L'Équipe*

Victor Goddet
« Promoteur »
Administrateur à *L'Auto*

Maurice Goddet
Directeur des relations publiques
Administrateur à *L'Auto*

Jacques Goddet
Directeur
Directeur de *L'Équipe*

Michel Goddet
Adjoint au commissaire général
Chef de publicité à *L'Équipe*

Dominique Grimault
Ardoisier
Reporter à *L'Équipe*

Georges Gros
Responsable de l'arrivée aux Champs-Élysées
Chef de publicité à *L'Équipe*

Jean-Marie Leblanc
Coureur professionnel, directeur
Chef de la rubrique cyclisme à *L'Équipe*

Géo Lefèvre
Fondateur, directeur de la course
Reporter à la rubrique cyclisme à *L'Auto*

Jean Leulliot
Directeur sportif de l'équipe de France
Reporter à la rubrique cyclisme à *L'Auto*

Jacques Marchand
« Voix » de Radio Tour, directeur du Tour de l'Avenir
Rédacteur en chef adjoint
Chef de la rubrique cyclisme à *L'Équipe*

Jacques Martineau
Ardoisier
Cadre technique à *L'Équipe*

Jean Mazier
Directeur sportif de l'équipe d'Île-de-France
Responsable des pigistes à *L'Équipe*

Fernand Mercier
Directeur adjoint
Reporter à *L'Auto*

Jacques Miral
Adjoint de Géo Lefèvre
Reporter à *L'Auto*

Claude Muller
Ardoisier
Secrétaire de rédaction à *L'Équipe*

Ali Nefatti
Coureur professionnel
Coursier à *L'Auto*, puis huissier à *L'Équipe*

Daniel Pautrat
Adjoint au commissaire général
Pigiste à *L'Équipe*

Christian Prudhomme
Directeur
Directeur de la rédaction de L'Équipe TV

Damien Ressiot
Responsable du contrôle antidopage
Reporter à *L'Équipe* et *France Football*

Robert Silva
Voix de Radio Tour
Reporter à la rubrique cyclisme à *L'Équipe*

Jean-Jacques Simmler
Ardoisier
Reporter à la rubrique rugby à *L'Équipe*

Guy Sitruk
Sponsor
Reporter à *L'Équipe*

Alphonse Steinès
Organisateur et « inventeur » de la montagne
Reporter à *L'Auto*

Jean-Jacques Vierne
Ardoisier
Reporter à *L'Équipe* et rédacteur en chef à *France Football*

Didier Vuillin
Chauffeur

Élie Wermelinger
Commissaire général
Collaborateur de la Société L'Équipe-Tour de France

Réunion de préparation du Tour, présidée par Jacques Goddet (de dos), *au siège de* L'Équipe *en 1949, avec les directeurs techniques : Charles Joly, directeur adjoint du Tour, Georges Cuvelier, directeur technique de l'équipe de France, Nicolas Frantz (Luxembourg), Alfredo Binda (Italie), Marcel Bidot (Centre Sud-Ouest), Marius Guiramand (Sud-Est), Sylvère Maes (Belgique), Fernand Mithouard (Ile-de-France), Dante Gianello (chroniqueur à* L'Équipe*), Henri Boudard (président du jury des commissaires), Félix Lévitan, directeur adjoint du Tour.*

LA LÉGENDE DES CYCLES

Des machines rudimentaires des temps héroïques aux montures futuristes des époques modernes, les vélos n'ont jamais cessé d'évoluer depuis la création du Tour pour permettre aux coureurs de rouler toujours plus vite, en plaine, en montagne et surtout en contre-la-montre. Une seule contrainte commune à Maurice Garin en 1903 et Christopher Froome en 2017 : pédaler ! Galerie de photos de ces drôles d'engins qui serpentent les routes.

1 - *Les mécaniciens au travail après l'arrivée de l'étape Cherbourg-Brest, en 1922.*

2 - *Vérification de vélo par Jean Malléjac après sa chute dans une étape, en 1952.*

3 - *Changement de braquet pour Omer Vermeulen, Georges Cuvelier et Fernand Moulet lors de l'étape Nice-Briançon, en 1926.*

4 - *La bicyclette de Jean-Baptiste Dortignac, en 1905.*

5 - *Entretien du matériel par les mécanos de l'équipe Gerolsteiner après l'arrivée de l'étape Brest-Plumelec en 2008.*

6 - *Le vélo de Cadel Evans avant le départ de l'étape Lannemezan-Foix, en 2008.*

7 - *Les camions ateliers de l'équipe Europcar au départ du Tour 2011.*

8 - *Le vélo de Daniel McLay lors de l'étape Granville-Angers, en 2016.*

Freddie Mercury et « la course de bicyclette »

GÉRARD ERNAULT

Le 19 juillet 1978, la 18e étape de la 65e édition du Tour de France, Morzine-Lausanne (137,5 km), croisa la route de l'auteur-compositeur de musique Farrokh Bulsara, né à Zanzibar, élevé en Inde, plus connu sous le nom de Freddie Mercury, leader du groupe de rock britannique Queen. La rencontre se produisit vers 15 h 32, au km 92, à Montreux, ville suisse du canton de Vaud où Queen, remontant d'une villégiature sudiste à Villefranche-sur-Mer, achèvait l'enregistrement de son prochain disque, tandis que le peloton, secoué par l'énergique Néerlandais Gerrie Knetemann de l'équipe Ti Raleigh, se dirigeait pour sa part vers le nord.

Rencontre de la reine et de la petite reine ? Facilité, facilité, facilité, je refuse ta tentation. Va pour « la reine et le peloton ». Elle remontait du Midi, il s'en allait vers le brouillard : improbable romance.

Selon Brian May, le guitariste de Queen, astrophysicien à ses heures, lui-même compositeur prolifique et inspiré (« We will rock you », « The show must go on »), à peine la course disparue, au passage de laquelle il avait assisté de la fenêtre de sa chambre d'hôtel, Freddie Mercury se lança dans la composition de ce qui deviendra trois mois plus tard le premier single extrait de l'album *Jazz, « Bicycle race »* (« course de bicyclette »), et un tube mondial.

« Bicyclette, bicyclette, bicyclette !
Je veux conduire ma
Bicyclette, bicyclette, bicyclette !
Je veux conduire ma bicyclette,
Je veux conduire mon vélo.
Je veux conduire ma bicyclette,
Je veux la conduire où je veux. »

Voilà le refrain pour le moins déterminé de la chanson, celle-ci emportant par ailleurs comme un torrent un ensemble de considérations sur la drogue, le Vietnam, le Watergate, John Wayne – le génial fourre-tout habituel de Queen.

Tandis que Gerrie Knetemann conduisait sa bicyclette vers la victoire à Lausanne – Joop Zoetemelk conservant le maillot jaune et Bernard Hinault sa position d'attente –, Freddie Mercury s'en allait donc mener son propre engin où il le voulait tant et tant.

Mais quelle mouche a donc piqué l'intéressé, chez lequel Brian May n'avait jamais décelé le moindre élan vélocipédique ? L'armée ambulante et chamarrée que conduisait Jacques Goddet dans son équipage de colonel – justement – de l'armée des Indes ? Le bruyant capharnaüm de la caravane qui passe ? Déjà la nostalgie des coureurs et des cuissards enfuis ? L'improbabilité tient lieu d'entremetteuse aux histoires les plus folles. L'écho de cette vieille rengaine qu'était le Tour de France – le si vieil événement d'un si vieux pays d'un si vieux continent – entraîné dans le mouv' de la pop universelle et branchée en est une.

Entre Mercury et le Tour, l'étreinte fut brève et comme partagée. Le premier apporta probablement au second un air de modernité et de mondialisation et c'est un tube que le second offrit sans doute au premier.

Le Tour de France est lui-même une chanson qui court le monde et défie le temps. Tout Freddie Mercury que tu sois, si tu ne viens pas au Tour, le Tour ira à toi !

CHRONIQUE

Du pin et des jeux

ANTOINE BLONDIN

Première chronique livrée à L'Équipe par Antoine Blondin, publiée le 19 juillet 1954 après l'étape Bordeaux-Bayonne.

Bayonne. Prendre le Tour de France en marche, c'est pénétrer dans une famille avec des gaucheries de fils adoptif, des réticences d'enfant de l'amour tard reconnu. Tout un rituel s'est instauré sans vous, dont on vous livre patiemment les clefs. Vous apprenez à mettre des noms sur des visages, et ce sont les suiveurs… des visages sur des numéros, et ce sont les coureurs. Les suiveurs s'identifient à hauteur du nombril qu'ils ont en forme de macaron à leur effigie. Les coureurs se déchiffrent du côté de la fesse gauche. Pour s'y retrouver, il faut avoir l'œil qui vole bas. Les vétérans se distinguent en ceci qu'ils regardent droit devant eux. Les nouveaux venus comme moi doivent avoir l'air plutôt sournois. Les seuls personnages que je reconnaisse sans détour, sous l'empâtement ou la calvitie, ce sont les anciens coureurs. Il est vrai que je les ai connus au maillot.
Nous avons cheminé toute la journée entre Berrendero, Sylvère Maes, Guy Lapébie, Charles Pélissier, Ducazeaux, Guiramand… et il me semblait accomplir, enfin, les rêves du cancre que je fus au temps où les meilleurs de ma classe remportaient dans des concours assez rebutants le droit prestigieux d'accompagner les « géants de la route » pendant une étape ou deux. Chez moi, la classe a parlé tardivement.

De Bordeaux à Bayonne, je me suis étonné d'être dans cette caravane qui décoiffe les filles, soulève les soutanes, pétrifie les gendarmes, transforme les palaces en salle de rédaction, plutôt que parmi ces gamins confondus par l'admiration et chapeautés par Nescafé. Je peux bien le dire, mon seul regret est de ne pas m'être vu passer.

C'est donc aux spectateurs que j'en avais, tandis que nous poussions notre troupeau de coureurs à travers ces villages où les notables s'érigent en chefs d'îlot de l'enthousiasme. Je savourais la ferveur qui s'attachait à notre transhumance. Je trouvais qu'elle était insuffisamment payée par cet éclair chatoyant et tardif que nous offrions à leur gloutonnerie. Je croyais les entendre murmurer : « Encore ! Encore !… » Et puis d'un seul coup ce fut la panique dans le cérémonial. Les géants, avantageux et bavards, se transformèrent en autant de Petits Poucets rendus à la solitude de l'effort et semant les gouttes de sueur sous leurs pas, comme des cailloux blancs.
Je disais que nous les poussions.
En fait, c'est eux qui nous tiraient.
Les perdions-nous de vue que nous continuions d'être reliés à eux par d'invisibles fils qui faisaient trembler le plancher de notre voiture, secouaient notre moteur. Nous vivions la course à travers ses convulsions. Nous suivions l'étape par le toucher. Et c'est alors que nous commençâmes de faire aux populations des Landes, qui ont du pin mais qui demandent des jeux, l'aumône providentielle d'un peloton d'attardés. Tant il est vrai qu'il n'y a rien de plus pénible pour un suiveur de répondre : « N'a plus ! » à l'interrogation désespérée des gens qui piétinent depuis deux heures pour savourer une minute de sublime.
Aujourd'hui, nous avons bien fait les choses : dix-sept minutes séparent le premier du dernier, et je crois même que nous avons laissé en pourboire à la serveuse de l'auberge où nous avons cassé la croûte les deux Hollandais Van Est et Maenen.
Pour une étape de plat, celle-ci est plutôt du genre fausse maigre, sans compter les bosses de fin de parcours et celle qui orne, ce soir, le front de Koblet. Car Koblet est tombé !

***La nouvelle s'en est répandue en fin de matinée sur le ton du « Madame se meurt !… Madame est morte !… »
Et pendant un moment, nous fûmes dans l'expectative atroce d'une femme du monde qui a laissé ses diamants sur la toilette des lavabos.***

Mais l'histoire vous dira qu'il revint très fort avec l'aide d'un Kubler en qui l'ange et le démon se livraient plus que jamais une bataille farouche. Ce qui nous rappelle qu'à défaut de Darrigade, un peu en retard pour le bouquet, l'autre régional de l'étape est François Mauriac.
François Mauriac est ce romancier qui peint des personnages en proie aux tourments d'une méforme passagère de l'âme, mais qui finissent par triompher en raison de leur classe naturelle. Il a raconté cela dans un livre intitulé *L'Enfant chargé de chaînes*, qui doit bien avoir quelque rapport avec la bicyclette…

Article publié dans *L'Équipe* daté du 19 juillet 1954, après l'étape Bordeaux-Bayonne.

Ravitaillement au cours de l'étape Bordeaux-Bayonne en 1954.

2 juillet 1903
Maurice Garin, vainqueur de la première étape à Lyon devant son élève Émile Pagie.

19 juillet 1903
Garin, grand favori, vainqueur du premier Tour de France à Paris.

2 décembre 1904
Henri Cornet, premier vainqueur sur tapis vert quatre mois après l'arrivée.

11 juillet 1905
Ascension du ballon d'Alsace, premier vrai grand col du Tour.

6 juillet 1906
Première incursion du Tour à l'étranger entre Douai et Nancy en Moselle, alors annexée par l'Allemagne.

1903

LE TEMPS DES PIONNIERS

1913

9 AOÛT 1908
Premier doublé sur le Tour signé Lucien Petit-Breton, déjà vainqueur en 1907.

1ER AOÛT 1909
Le Luxembourgeois François Faber, premier étranger à gagner le Tour.

19 JUILLET 1910
Première étape de haute montagne, Luchon-Bayonne, remportée par Octave Lapize.

10 JUILLET 1911
Premier passage du peloton au col du Galibier.

29 JUIN 1913
Départ du premier Tour disputé d'ouest en est, les Pyrénées avant les Alpes.

Georges Passerieu et Lucien Petit-Breton dans les faubourgs de Metz, alors située en Allemagne, près de l'arrivée de l'étape partie de Roubaix en 1908.

Eugène Christophe dans le col du Galibier lors de l'étape Chamonix-Grenoble en 1912

JEAN-JACQUES VIERNE

LE TEMPS DES PIONNIERS

Après le cavalier seul de Maurice Garin en 1903, le Tour frôle la disparition dès 1904, victime des débordements du public et des irrégularités provoquées par certains coureurs. Mais Louis Trousselier (1905), René Pottier (1906), Lucien Petit-Breton, premier double vainqueur (1907-1908), et François Faber (1909) relancent l'intérêt pour l'épreuve. À partir de 1910, le passage du peloton en haute montagne, d'abord dans les Pyrénées puis dans les Alpes, soulève l'enthousiasme du public et pérennise le succès de la Grande boucle.

Le 1er juillet 1903 à 15 h 16, à la sortie de Montgeron, Georges Abran, préposé aux départs et aux arrivées, abaisse son fanion et libère ainsi un hétéroclite peloton de soixante concurrents ; y voisinent, en effet, les meilleurs cyclistes professionnels du moment et de nombreux inconnus, certains n'ayant jamais participé à la moindre compétition, attirés à la fois par l'aventure et une respectable liste de prix. Dans la première voiture suiveuse de *L'Auto* ne figure pas Géo Lefèvre. Directeur de la course, chronométreur, contrôleur en chef et principal reporter du journal, l'inventeur de l'épreuve préfère combiner le train et le vélo pour accomplir ses nombreuses missions.

Premier raté : lorsqu'il débarque le lendemain à Lyon-Perrache sur le coup de 9 heures du matin et se rue vers le quai de Vaise, lieu de l'arrivée de la première étape Paris-Lyon, il trouve le vainqueur Maurice Garin... en train de se désaltérer. Le Nordiste, principal favori du Tour, a mis sept heures de moins que prévu pour accomplir les 450 km inscrits au menu !

Le champion s'est enfui dès la tombée de la nuit, quelque part entre Cosne et Nevers, en compagnie de son élève Émile Pagie, et on ne l'a plus revu. Ses principaux rivaux sont distancés, Léon Georget terminant à trente-cinq minutes et Hippolyte Aucouturier, malade, ayant abandonné. Cela n'empêche pas Aucouturier de gagner les deux étapes suivantes à Marseille, puis à Toulouse – le règlement permettait aux coureurs de s'inscrire pour certaines étapes, les « partiels », même s'ils ne peuvent plus prétendre au général. Au bout du compte, Garin s'impose facilement, raflant au passage deux victoires sur les six dernières étapes.

Cette course hors norme a passionné les foules, au vu de l'enthousiasme du public sur les routes et du doublement des ventes de *L'Auto*. Mais pareille réussite aiguise aussi les appétits des constructeurs et excite les chauvinismes locaux, très vifs au sein d'un public dépourvu d'éducation sportive. Gare au retour de bâton ! Dès 1904, le Tour frôle la disparition pure et simple, annoncée un court moment par Desgrange.

Mais par pugnacité autant que par intérêt, le « patron » revient sur sa décision et décide, en 1905, de modifier profondément l'épreuve : les parcours de nuit, principaux responsables des irrégularités, sont supprimés, le classement « au temps » cède la place à un barème de points basé sur le rang d'arrivée aux étapes tout en prenant en compte les écarts chronométriques. Par la même occasion, le nombre d'étapes passe de six à onze via Nancy, Grenoble, Nice, Bordeaux et Rennes avant de revenir à Paris, justifiant davantage le nom de Tour de France.

L'« AFFAIRE DES CLOUS » ACHETÉS DANS UNE QUINCAILLERIE

Le fantasque Louis Trousselier s'impose dans une épreuve marquée par la première ascension du ballon d'Alsace où domine René Pottier et surtout par l'« affaire des clous » qui a faussé la première étape, imposant aux concurrents de longues réparations. L'organisateur songe de nouveau à arrêter les frais, mais se borne finalement à maintenir en course tous ceux qui ont rejoint Nancy, fût-ce en chemin de fer ! Très vite, on connaîtra la provenance des clous – 125 kilos achetés dans une quincaillerie parisienne –, mais jamais les auteurs du forfait ne seront démasqués.

René Pottier, qui avait épaté les suiveurs en larguant tous ses rivaux dans le ballon d'Alsace en 1905, récidive l'année suivante, étendant cette fois sa domination au secteur alpestre – victoires à Grenoble et à Nice – avant de « dérouler » ensuite jusqu'à Paris. Mais il ne compte au final que huit points d'avance sur le second, son équipier Georges Passerieu, en dépit d'un écart de temps considérable.

Au plus haut de sa trajectoire, ce champion de 27 ans demeure très peu expansif, voire énigmatique. À la stupeur générale, son mécanicien le découvrira pendu au croc, où il accrochait habituellement son vélo, dans les locaux du service course de Peugeot, son constructeur, le 22 janvier 1907.

Lucien Petit-Breton – Mazan de son véritable nom –, lui, est le premier coureur à s'imposer deux fois, en 1907 et 1908. La première année, il est d'abord dominé dans la Chartreuse par Émile Georget, lequel paraît tenir le bon bout. Mais lors de l'étape Toulouse-Bayonne, sous la canicule, le leader, en difficulté après une crevaison, effectue un double changement de machine, frappé d'interdiction, et se voit déclassé. Aussitôt le

Georges Abran (avec chapeau et drapeau) *au départ à Neuilly de la première étape Paris-Lille en 1906. Sur la ligne* (de gauche à droite), *Édouard Wattelier, Georges Seres, François Faber, François Beaugendre, Augustin Ringeval, Eugène Christophe, Émile Georget, Georges Passeriau.*

patron de l'équipe Alcyon décide de retirer ses coureurs et Petit-Breton, qui a caracolé à l'avant, se retrouve sans adversaire.
À la suite de cet incident Georget, Desgrange supprime, en 1908, la différenciation, établie trois ans plus tôt entre les coureurs « poinçonnés » – qui devaient rentrer à Paris avec le vélo enregistré au départ par l'organisateur – et les « libres » – qui avaient droit à certains changements de machine en cas extrême : puisqu'un « poinçonné » (Petit-Breton) a gagné, tout le monde le sera. Il modifie également une nouvelle fois le système de classement par points, et pas dans le sens de la simplification.
Dès l'arrivée de la première étape à Roubaix, Trousselier se retrouve en délicatesse avec le règlement concernant le fameux « poinçon », et les Alcyon, sanctionnés, se retirent à nouveau, à l'exception de leurs coureurs étrangers.

Le vainqueur sortant, Petit-Breton, fin stratège, se tient en retrait jusqu'à Nice et marque ensuite des points décisifs, malgré l'opposition de Faber, dont Petit-Breton, à l'arrivée à Paris, annonce l'avènement en même temps que sa propre retraite.

L'« Argentin » – c'est son surnom, car il a vécu une partie de son enfance du côté de Buenos Aires – ne s'est pas trompé : le colosse franco-luxembourgeois gagne le Tour suivant à la tête de l'équipe Alcyon qu'il a rejointe durant l'hiver. Desgrange a institué deux nouvelles catégories, les « groupés », les représentants des grosses écuries – à l'exception de Peugeot, fâché avec le patron du Tour, qui ne présente pas d'équipe –, et les « isolés » qui doivent se débrouiller seuls, sur la route comme à l'étape. Vainqueur à six reprises, dont cinq de rang entre Roubaix et Nice, Faber survole la course, ses équipiers s'assurant, avec son accord, les places d'honneur et quelques succès d'étape.

Des routes défoncées plutôt familières aux troupeaux de vaches

En 1910, c'est la révolution ! La haute montagne fait son entrée dans le Tour avec le franchissement des Pyrénées. Grâce au forcing d'Alphonse Steinès, l'étape devenue classique des quatre cols – Peyresourde, Aspin, Tourmalet, Aubisque – est incluse dans le programme d'une course qui rassemble tous les précédents vainqueurs, sauf Garin, retiré, et le malheureux Pottier. Tout le monde ou presque dénonce une « folie », à commencer par... Desgrange lui-même, à la fois effrayé et fasciné par l'audace de son collaborateur Steinès.
Au petit matin du jour J, François Faber est leader, ayant réussi à contenir les meilleurs grimpeurs dans les Alpes. Mais tout change avec la bataille déclenchée dès le départ de Luchon sur des routes défoncées, plus familières aux troupeaux de vaches – certains diront même aux ours ! – qu'aux coureurs cyclistes. Les instigateurs en sont Octave Lapize et Gustave Garrigou, le premier distançant enfin le second dans la dernière partie du Tourmalet. Pourtant, c'est un « isolé », le régional François Lafourcade, qui « ramasse les morts » dans l'Aubisque avant de s'effondrer à son tour à 150 km de l'arrivée à Bayonne.
Finalement, Lapize, revigoré, et l'Italien Pierino Albini, revenu d'on ne sait où, atteignent le but dix minutes avant Faber et Trousselier, lesquels ont récupéré Lafourcade, et 56 minutes avant Garrigou (8e), le seul pourtant à n'être jamais descendu de vélo. Dix coureurs

seulement ont franchi la ligne à l'heure de la fermeture ! Mais tout le monde sera finalement repêché, même les concurrents ayant terminé cette mémorable journée... en voiture !

En raison de la formule par points, Faber conserve la tête du classement et c'est dans les deux dernières étapes, entre Brest et Paris via Caen, que l'affaire se règle entre Lapize et lui. Le Frisé – le surnom de Lapize – parvient à arracher la victoire à son coéquipier de chez Alcyon, accablé à deux occasions par des crevaisons alors qu'il était parvenu à se détacher.

Dès l'année suivante, en 1911, le Tour grimpe encore d'un échelon avec l'apparition du Galibier dans le tracé alpin. La victoire finale revient au très régulier Garrigou, présent du premier au dernier jour. Lapize, défaillant, et Petit-Breton, à peine revenu de sa retraite, ont disparu d'entrée, Faber et Georget – héros du Galibier – sont toujours là, mais le Rouennais Paul Duboc, leader de La Française, déjà en vue dans les Alpes, s'affirme au-dessus du lot dès l'entrée dans les Pyrénées. Dans l'étape des quatre cols, il distance tout le monde mais, malade, il doit s'arrêter plus d'une heure dans l'Aubisque et termine à quatre heures du vainqueur, Maurice Brocco. Il a manifestement été empoisonné par un bidon trafiqué tendu au contrôle d'Argelès. Les coupables ne seront démasqués que des années plus tard.

Les 14 km à pied d'Eugène Christophe, le vélo sur l'épaule

Si l'on excepte Faber, qui a adopté la nationalité de son père luxembourgeois mais est né et a toujours vécu en France, les « nationaux » se sont jusque-là régulièrement imposés. Mais le contingent étranger, devenu de plus en plus important, constitué essentiellement de Belges et d'Italiens, inverse la tendance dès 1912, sous la houlette du flamand Odile Defraye. Engagé peu avant le Tour par Alcyon pour aider Garrigou, l'équipier se révèle plus fort que son leader dès le début d'une course, marquée par le retour des clous sur la route qui ont retardé la majorité des favoris.

Defraye, dominé par Eugène Christophe dans les Alpes, se reprend dans les Pyrénées et profite de la bienveillance de ses compatriotes belges qui n'appartiennent pas à son équipe. Au point que, de guerre lasse, Lapize et son équipe La Française, encore en position de gagner, finissent par « mettre la flèche » pour lui dégager la route de la victoire.

L'année suivante, alors que Desgrange a enfin décidé de revenir au classement au temps et de faire pour la première fois tourner la course d'ouest en est, Lapize et La Française se retirent à nouveau dès les premiers jours de course. Defraye, leader avant les Pyrénées, est débordé par un autre jeune Belge, Philippe Thys, révélé deux ans auparavant sur le Tour des indépendants, qui s'impose largement entre Bayonne et Luchon. Car son adversaire le plus dangereux, Christophe, renversé par une voiture dans le Tourmalet, doit effectuer quatorze km à pied, sa machine sur l'épaule, jusqu'à la forge de Sainte-Marie-de-Campan pour y braser lui-même sa fourche, conformément au règlement, intraitable sur ce point ! Buysse, Faber et Petit-Breton tentent bien de contester le nouveau leader, mais Thys montre dans les Alpes qu'il est bien le plus fort, surmontant même les conséquences d'une lourde chute et d'un bris de fourche dans l'avant-dernière étape Longwy-Dunkerque.
En 1914, le Belge est victime du même incident, pratiquement au même endroit, alors qu'il semble avoir course gagnée depuis

Maurice Garin, Lucien Pothier, César Garin et Hippolyte Aucouturier, les quatre premiers du Tour 1904 avant leur déclassement pour « violation des règlements ». Au bénéfice d'Henri Cornet finalement déclaré vainqueur.

longtemps. Son rival le plus tenace, Henri Pélissier, se rapproche à moins de deux minutes. Thys doit encore enrayer une vigoureuse attaque du Français, le dernier jour, dans la côte du Cœur-Volant, tout près de Paris.
Les scandales, les incidents et les polémiques ayant proliféré tout au long de cette époque héroïque sont largement dus au développement de l'industrie du cycle et à l'omniprésence des constructeurs. La victoire dans le Tour assure désormais une caisse de résonance considérable, suscitant des comportements à l'extrême limite de la régularité sportive. Desgrange doit ainsi débattre pour conserver le contrôle de sa course et en maintenir l'esprit originel. Mais, en 1914, nul n'a guère le temps d'épiloguer sur l'évolution en cours. Huit jours après la deuxième victoire de Thys, la Première Guerre mondiale est déclarée !

DEUX INCIDENTS TRÈS GRAVES

Le Tour 1904, deuxième du nom, ressemble comme un frère à son prédécesseur. La physionomie de la course n'est guère différente : victoire de Maurice Garin à Lyon et supériorité du Nordiste, cependant accroché jusqu'à l'ultime étape par Lucien Pothier. Mais la course est le théâtre de deux incidents très graves.
Dans le col de la République, lors de la 2e étape, le peloton de tête est attaqué par un groupe de spectateurs, armés de gourdins et de pierres, qui tentent de favoriser l'échappée du Stéphanois André Faure ! Lors de l'étape suivante, entre Marseille et Toulouse, une émeute éclate au contrôle de Nîmes, fomentée par les supporters de l'Alésien Ferdinand Payan, mis hors course la veille pour avoir bénéficié plusieurs fois de l'aide d'entraîneurs. En ces deux occasions, les organisateurs et les suiveurs, également pris à partie, doivent tirer des coups de revolver en l'air pour se dégager ! D'innombrables tricheries sont commises et les polémiques se multiplient après l'arrivée. Desgrange, abattu, annonce la mort dans l'âme la fin du Tour, avant heureusement de revenir sur sa décision. L'Union vélocipédique de France (UVF), organisme tutélaire du cyclisme, prend son temps et, le 30 novembre, décide de disqualifier les quatre premiers du classement – Maurice Garin, Lucien Pothier, César Garin et Hippolyte Aucouturier –, la victoire revenant au jeune Henri Cornet.

PETIT-BRETON ET LAPIZE AU TOP

De 1903 à 1914, le Tour prend ses marques sur les routes et les chemins de France. Au-delà des victoires, des exploits et des triomphes, au-delà des défaites, des drames et des abandons, la vie quotidienne du peloton est jalonnée de contrôles au départ et à l'arrivée de chaque étape, de traversées de ponts, de passages à niveau… et de journées de repos. De jour et de nuit, la course est parfois palpitante mais souvent monotone pour les aventuriers du vélo.

1

2

3

1 - *Contrôle des coureurs par Maurice Martin au départ de l'étape Bayonne-Mont-de-Marsan en 1908, avec* (de gauche à droite) *François Beaugendre* (2e rang), *Lucien Petit-Breton, François Faber* (derrière, penché), *Georges Paulmier, Paul Chauvet, Georges Passerieu, Luigi Ganna* (derrière), *Gustave Garrigou* (à droite).

2 - *Le Belge Philippe Thys vainqueur du Tour en 1913, futur triple vainqueur après ses victoires en 1914 et 1920.*

3 - *Le peloton arrêté par un passage à niveau fermé, à Clermont, dans l'étape Paris-Le Havre en 1913.*

4 - *Octave Lapize pied à terre dans le col du Tourmalet lors de l'étape Bayonne-Luchon en 1910.*

5 - *Traversée du pont de la Jatte par les coureurs vers le départ de la première étape Paris-Roubaix en 1909.*

6 - *Alphonse Steinès* (à gauche, derrière la calèche) *pendant une journée de repos à Nantes en 1910.*

7 - *Émile Trousselier félicité par le Comte Zeppelin après l'arrivée de l'étape Roubaix-Metz, alors située en Allemagne, en 1907.*

4

5

6

7

LE TOUR DE FRANCE. — LE COMTE ZEPPELIN, PRÉFET DE METZ, FÉLICITE TROUSSELIER.

La seconde étape du Tour de France courue de Roubaix à Metz (400 kil.) a donné lieu à une belle lutte entre Trousselier et Emile Georget. Celui-ci réussit à s'assurer le meilleur par un pneumatique. Le juge à l'arrivée déclara d'abord Trousselier vainqueur, ce qui valut à l'excellent coureur les félicitations du Comte Zeppelin et une accolade de la Comtesse Zeppelin. Mais deux heures après, le juge assura qu'il s'était trompé de nom et qu'il avait pris Trousselier pour Georget. Ce résultat n'alla pas sans soulever des protestations compréhensibles. Aussi quelques jours après, le dead-heat fut-il prononcé.

ET ALPHONSE STEINÈS INVENTE LA MONTAGNE…

SERGE LAGET

La haute montagne et les grimpeurs, issus de l'imagination et de la ténacité d'Alphonse Steinès.

Journaliste à L'Auto dès le premier numéro en 1900, homme à tout faire du Tour dès le premier départ en 1903, le « petit Alphonse » convainc Henri Desgrange que seul le passage des coureurs par des cols clarifiera la course, préservera le suspense et donnera un second souffle à l'épreuve. Après le col de la République en 1904, puis le ballon d'Alsace en 1905, le peloton affronte les Pyrénées en 1910, puis les Alpes en 1911. Le Tour en sort grandi à jamais pour atteindre des sommets de popularité.

L'immense Géo Lefèvre le qualifiait de « brave Steinès » dans ses souvenirs. Le service minimum vis-à-vis de quelqu'un d'essentiel, non seulement dans l'histoire du Tour, mais aussi du sport tout entier. Négliger ainsi Alphonse Steinès était d'autant plus facile que l'homme était très discret, très philosophe, qu'il avait eu mille vies et que seule sa deuxième ou troisième vie eut pour cadre le Tour, l'espace de dix-sept années passées à *L'Auto* et au Faubourg-Montmartre. Après l'école primaire supérieure, Alphonse Steinès débarque à Paris à 14 ans, en 1887, pour gagner son pain, et non pour jouer les Rastignac. Pris dans la fièvre vélocipédique, « coursotant », suivant des cours du soir aux Arts et métiers jusqu'à devenir un excellent mécano, il entre à *Vélo*, recommandé par le journaliste Victor Breyer, qu'il retrouvera à *L'Auto* et sur le Tour.

Débauché par Henri Desgrange du Vélo, où il s'était formé au journalisme et à l'organisation pendant six ans sous la férule de Pierre Giffard, il intègre la rubrique cyclisme de L'Auto dès son premier numéro, le 16 octobre 1900, et franchit un nouveau palier. Un palier qui lui servira de façon prodigieuse dans le Tour qu'il rejoint aussitôt.

En effet, le fameux 1er juillet 1903, après avoir tenu le registre des contrôles de départ, à l'auberge du Réveil Matin, et recueilli les signatures de Henri Ellinamour, Léon Georget, puis des autres, le presque trentenaire enfourche sa bicyclette pour retourner au Faubourg-Montmartre. Desgrange et Prade l'y attendent pour lui confier une lourde mission : tester pendant quatre semaines dans les 48 cols des Alpes, dits « carrossables », la Martini, une voiture suisse dotée d'un nouveau système de freinage. Ce sera une expérience terriblement formatrice pour le toujours volontaire Alphonse, qui en reviendra résolument « montagnard ».

La bouée de sauvetage lancée par le « Sapajou des neiges »

Steinès forme alors avec Georges Abran un binôme essentiel. Ce dernier étant un peu fâché avec les bifurcations, c'est le « brave Steinès » qui remet la course d'aplomb. Abran est actif, Steinès est hyperactif, tellement qu'on le surnomme vite « le Sapajou ». Ce sobriquet – en référence au petit singe très actif d'Amérique du Sud – lui va comme un gant. Même si le petit Alphonse ne vient que du Luxembourg, il est tout aussi électrique.

Pour cet étonnant journaliste, à la fois organisateur, chronométreur et maître de la rubrique des « sociétés », c'est l'euphorie, mais en aucun cas le bazar, car Alphonse est avant tout méthodique et ordonné. Toujours bien mis, arborant pantalon de golf, veste de sport aux mille poches, canotier, casquette ou bonnet, nœud papillon ou lavallière, comme Lefèvre et Abran, il ne dépare pas dans la troupe des hommes à tout faire de Desgrange. Et, avec sa barbe et ses lunettes bien tenues, le petit Alphonse possède même de l'allure. Plus qu'Abran ou Lefèvre, il a vraiment le vélo dans le sang : il sera d'ailleurs président de l'Union des cyclistes de Paris (UCP), de 1897 à 1914.

Revenons à 1904 où, à la suite de la disqualification des quatre premiers du Tour par l'UVF, Desgrange pense que sa course est morte, tuée par le chauvinisme et les multiples tricheries. La bouée de sauvetage, c'est Steinès qui va la lui jeter en proposant, en 1905, rien moins que le franchissement de quelques montagnes impitoyables pour clarifier la course. Comme Alphonse y ajoute de redoutables contrôles, l'épreuve retrouve une nouvelle crédibilité. Le col de la République avait failli provoquer la chute du Tour en 1904, le ballon d'Alsace, mis sous la jante des géants par Steinès, le sauvera en 1905.

Oui, il y a un basculement cette année-là. Grâce à l'apport de la montagne, le Tour permet l'éclosion d'une nouvelle catégorie de champions : les purs grimpeurs. Avec l'apparition de René Pottier, qui avale littéralement le ballon, le miracle a lieu. Cette « première » – conjuguée à une meilleure organisation, une prise de conscience des coureurs et surtout de Desgrange qui met enfin le nez dans sa course – permet au Tour d'entrer dans le xxe siècle.

Au tracé, Alphonse Steinès ajoutera vite le col du Cerdon, le col de Porte ou l'Estérel, mais le succès écrasant de son ami François Faber dans le Tour 1909 le convainc qu'il faut aller encore plus loin : il n'y a que la haute montagne, qui permet de boucler le tour complet de la France, pour relancer la course et lui donner un second souffle. Même si l'idée de vrai tour du pays plaît à Desgrange, les Alpes et les Pyrénées lui font vraiment peur ; il craint que ses coureurs ne se brisent sur l'obstacle. Ce sera donc au péril de sa vie, après une reconnaissance héroïque du Tourmalet noyé sous la neige, que Steinès convaincra Desgrange de la faisabilité de son pari fou. C'est une des plus belles pages de l'histoire du Tour qui s'écrit.
En 1910, le duel entre François Faber et Octave Lapize, marqué par le franchissement très difficile des cols pyrénéens, entre dans la légende et donne à la course une impulsion nouvelle. Le suspense apparaît enfin, puisque le vainqueur ne sera vraiment connu qu'à l'arrivée au Parc des Princes. Petit détail : le vainqueur des Pyrénées et de ses premiers sommets enneigés sera Lapize, membre de l'UCP. Un couronnement pour le Sapajou, qui n'en tire ni gloire ni augmentation. Pourtant les ventes de *L'Auto* s'envolent, comme celles des cycles Alcyon ou Peugeot...

Alphonse Steinès et François Faber lors d'un contrôle en 1911.

Place aux exploits des géants de la route dans les Alpes !

Quand il n'est pas indispensable sur le Tour, Steinès déploie son savoir-faire dans des dizaines d'autres organisations cyclistes, touristiques ou automobiles, comme le Tour automobile (de 1911 à 1913). Son salaire n'évolue guère, mais il est tout à son bonheur, en particulier lors du franchissement par les coureurs des premiers cols alpins en 1911. Certes dans le Galibier, Émile Georget insulte les organisateurs, comme Lapize un an plus tôt dans les Pyrénées. Cela chagrine un peu Steinès, père de l'aventure, mais il se console en pensant que la course en sortira grandie à jamais. C'est ainsi que Desgrange, opposé au départ au franchissement des Pyrénées, sort les grandes orgues pour chanter les exploits des géants dans les Alpes et s'approprie enfin le Tour !

Mine de rien, le binôme des petits barbus, Abran-Steinès, impose le Tour à l'intérieur comme à l'extérieur. Et Desgrange se rend mieux compte de la contribution de ses deux lascars, quand ils sont victimes d'un grave accident d'auto avec leur Hispano-Suiza, lors de la reconnaissance du Tour 1913 dans les Ardennes.

Le patron compatit et fait tout ce qui est en son pouvoir pour les aider, mais il faut les remplacer pour le mois de juillet, et ce n'est pas une mince affaire. Steinès est le plus touché – fracture de l'humérus, plaie au genou. Mais sa passion met plus de baume sur ses blessures que les indemnités ou les honneurs qu'il reçoit. À *L'Auto*, on ne s'appesantit guère sur son double sauvetage du Tour, son accident de voiture ou sur les innombrables services qu'il rend, « journal du lendemain oblige ». Il est catalogué « brave Steinès » à vie. Pendant la guerre, le Sapajou s'investit comme Coubertin ou Desgrange : il crée d'abord le corps des volontaires de l'UVF, des messagers pour le gouverneur militaire de Paris, puis un corps de volontaires luxembourgeois, composé de trois mille hommes. Steinès est simplement guidé par l'enthousiasme, le souci d'être le plus utile possible au monde du vélo, à la presse ou à la France : c'est son seul plan de carrière. Il lui faut quitter *L'Auto* pour *Le Petit Journal*, où de nouvelles tâches l'attendent, comme l'organisation au printemps 1919 du Circuit des champs de bataille, symbole de la renaissance athlétique. Tout en conservant d'excellentes relations avec Desgrange, il passera au *Journal*, puis au *Touring Club de France* où, jusqu'en 1950, il multipliera articles et organisation d'excursions, circuits ou croisières touristiques.
Ses immenses services, l'organisation d'une centaine d'événements ou encore son combat pour les pistes cyclables lui vaudront, par la suite, des montagnes de décorations françaises et luxembourgeoises. Ce sera sa fierté. Il décédera en 1960, à 86 ans, après plus de soixante ans de journalisme exercé avec une modestie sans faille et une œuvre toute de probité, de courage et de grandeur. Le Sapajou repose chez lui, au Luxembourg. L'homme, qui sauva deux fois le Tour de France – et donc *L'Auto* ! –, « inventa » la montagne et créa les grimpeurs, ne sera jamais oublié.

Maurice Garin, vainqueur du premier Tour de France en 1903, ici au départ d'une étape en 1904.

MAURICE GARIN, LE NUMÉRO 1

MICHEL NAÏT-CHALLAL

***Prototype du coureur indestructible sur les longues distances, Maurice Garin remporte le premier Tour de France taillé sur mesure pour lui par Henri Desgrange. Endurant, il fait preuve d'un professionnalisme d'avant-garde en prenant soin de son alimentation et en apportant quelques modifications à son matériel afin de le rendre plus performant et résistant. Course de légende, le Tour hérite d'un champion d'exception qui assure le succès commercial de* L'Auto.**

En ce 1er juillet 1903, date du départ du premier Tour de France, Henri Desgrange a depuis longtemps désigné son favori. Son nom : Maurice Garin. Le directeur de *L'Auto* connaît aussi bien l'homme que le coureur. Il sait qu'il est né le 3 mars 1871 à Arvier, dans la Vallée d'Aoste, dans le nord-ouest de l'Italie. Son père, Maurice Clément, est laboureur et sa mère, Maria Teresa Ozello, travaille dans l'unique hôtel de ce village francophone. Maurice est le quatrième des neuf enfants et l'aîné des cinq garçons. En 1885, la famille passe la frontière qui sépare l'Italie de la France, malgré l'interdiction de la préfecture de la Vallée d'Aoste qui n'autorise pas l'émigration des habitants de la région. Mais la misère n'a que faire des frontières et des interdits !

La légende raconte que Maurice aurait été échangé, à 14 ans, contre une meule de fromage pour faire le ramoneur dans les maisons savoyardes. Sa souplesse et sa petite taille (1,63 m) le prédisposaient à cet exigeant labeur. Après la Savoie, il exerce son métier à Reims, à Charleroi et à Maubeuge. D'où un surnom qui lui restera comme la cendre sur la peau : « le Petit Ramoneur ».

C'est dans cette ville du Nord qu'il découvre le vélo, la passion de sa vie. À 18 ans, il s'offre sa première bicyclette et, dès qu'il descend de ses cheminées, c'est pour aller gravir les côtes de la région. Il s'illustre chez les amateurs puis, en 1895, il devient professionnel. Dans ce nouveau monde, Garin incarne le prototype du coureur indestructible sur les longues distances. En février 1895, il remporte l'épreuve des 24 Heures des Arts libéraux en parcourant 701 km, laissant son dauphin, l'Anglais Williams, à 42 km derrière lui. Quelques mois plus tard, il établit un record du monde des 500 km derrière un entraîneur en 15 h 2'32". Déjà endurant, il fait preuve de surcroît d'un professionnalisme d'avant-garde, soignant son alimentation et n'hésitant pas à apporter des modifications à son matériel pour le rendre plus performant.

Desgrange connaît son Garin sur le bout des doigts. Il a organisé un Paris-Brest-Paris (1 200 km) que le Petit Ramoneur a remporté en 52 h 11. Les deux hommes se retrouvent avec succès sur un Marseille-Paris. C'est sans doute pourquoi le directeur de L'Auto crée un Tour de France taillé sur mesure pour lui et pour son équipe, La Française, une société actionnaire du journal…

Cette épreuve de 2 500 km, à parcourir en six étapes, ne peut échapper au Nordiste. Grand communicant, Desgrange sait qu'une épreuve de légende doit plébisciter un champion d'exception. Le brassard numéro 1 est donc attribué à Garin, premier inscrit des 80 coureurs postulants et désigné comme le grand favori de la course. Sur des routes de terre battue chauffées aux rayons d'un soleil incandescent, les champions, comme enivrés par l'événement, se lancent dans une bataille incessante. Les attaques succèdent aux attaques. Tous veulent la peau de Garin qui colmate avec calme les premières échappées. Tel un fauve face à sa proie, il attend les premiers signes de fatigue chez ses concurrents pour porter ses crocs sur la course. L'occasion lui est offerte à Cosne, située à 174 km de Paris. Les coureurs décident de faire une pause ravitaillement dans une auberge.

Pas d'arrêt-buffet pour le Petit Ramoneur

Garin, lui, flaire la bonne affaire. Pas d'arrêt-buffet pour lui, ni pour son jeune coéquipier Émile Pagie qu'il entraîne dans une belle mais hasardeuse échappée. Un peu plus tard, le duo est rejoint par Léon Georget qui, sentant le danger, a vite quitté la table pour s'en aller rejoindre les deux audacieux. Le talent, l'endurance et un brin de chance feront le reste. Georget crève à Pouilly. À Lyon, Garin s'impose avec moins d'une minute d'avance sur son coéquipier, mais surtout 36' sur Georget. À la suite de l'abandon d'Hippolyte Aucouturier, son principal adversaire, le Petit Ramoneur sait que, sauf accident, il a course gagnée.
Au cours de la 5e étape Bordeaux-Nantes, Garin dévoile une autre facette de son caractère. Après une altercation avec son coéquipier Fernand Augereau, qui ne veut pas lui laisser la victoire d'étape, il provoque, avec l'aide de Lucien Pothier, la chute du contestataire et, pour plus de sécurité, ils roulent tous deux sur sa roue arrière ! Garin l'emporte à Nantes et sort son portefeuille quand le malheureux Augereau le menace de déposer plainte. Un incident qui lui vaudra de quitter Nantes sous les huées.

Il n'empêche qu'aux portes de Paris, une foule immense se lève avec le soleil pour saluer l'exploit d'un magnifique coureur et la naissance d'une course de légende. Garin remporte cette dernière étape et le premier Tour de France de l'histoire. Il a parcouru les 2 500 km de la course en 94 h 33'14". Il offre à Desgrange, qui jubile devant le succès commercial de son journal – 100 000 exemplaires par jour ! –, le récit de sa course, rédigé pendant les jours de repos.

L'année suivante, les deux hommes sont prêts pour un parfait *remake*. Comme prévu, Garin l'emporte devant deux de ses partenaires de La Française Pothier et César Garin, le frère de Maurice. Mais, quelques mois plus tard, la commission sportive de l'UFV déclasse les quatre premiers du classement général pour tricheries avérées. Maurice Garin est suspendu deux ans. Pour le champion, c'est la sanction qui tue. À 33 ans, il met un terme à sa carrière. Desgrange, dégoûté par tous les incidents de course et par les débordements de supporters, annonce la fin prématurée de l'épreuve. Heureusement, il reviendra sur sa décision, en faisant évoluer l'épreuve. Sans son numéro 1, le directeur de *L'Auto* n'avait plus d'autre choix que de lancer la première grande révolution de l'histoire du Tour.

Maurice Garin avec son dossard déployé sur le cadre de son vélo.

« NOUS SOMMES DE RUDES GAILLARDS ! »

Le 20 juillet 1903, au lendemain de l'arrivée du premier Tour de France, avant de rentrer chez lui à Lens, Maurice Garin, le vainqueur, rend une visite de courtoisie à *L'Auto* et tire un papier de sa poche. Un article destiné à « faciliter l'interview », dont voici quelques extraits :
« Au moment de conter ma course, tout se rapetisse dans ma mémoire : les 2 500 km que je viens de faire me font l'effet d'une grande ligne grise, monotone, où rien ne tranche sur le reste. Pourtant j'ai peiné sur la route, j'ai eu faim, j'ai eu soif, j'ai eu sommeil, j'ai souffert, j'ai pleuré entre Lyon et Marseille, j'ai eu l'orgueil de la victoire aux autres étapes, j'ai bien vu dans beaucoup de contrôles la bonne figure réjouie de mon ami Delattre, qui m'avait préparé ma pitance. [...]
Une seule chose subsiste dans mon souvenir : je me vois, dès le début du Tour de France, comme un taureau qui traîne ses banderilles avec lui sans pouvoir s'en débarrasser. À peine lancé dans l'arène, je veux dire sur cette route de 2 500 km, je les ai senties de suite qui me piquaient et qui devaient, jusqu'à la fin, m'entrer plus avant dans le cuir et dans le crâne. [...] Et maintenant que j'ai passé une bonne nuit, que mes idées comme mes muscles sont un peu reposés, que je n'ai plus l'obsession de l'étape suivante et que le Tour de France est fini, je puis bien vous le dire : votre course est la plus dure, la plus abominablement dure que l'on puisse imaginer. Je la retourne sur toutes ses faces, je l'examine de sang-froid, je ne m'illusionne ni sur ce que j'ai fait, ni sur ce qu'ont fait mes camarades, mais nous sommes tous, je le dis sans forfanterie, de rudes gaillards, et il ne doit pas y en avoir treize à la douzaine de notre trempe à nous.
Mais il faut aussi que je vous félicite de la suppression des entraîneurs : vous avez révolutionné le sport cycliste et le Tour de France marquera une date importante dans l'histoire des courses sur route. »

EUGÈNE CHRISTOPHE, LA FORGE DU DESTIN

GÉRARD EJNÈS

Aventurier pédalant au long cours, Eugène Christophe dispute onze Tours de France entre 1906 et 1925 sans jamais en gagner un. Victime d'une noire malchance en 1913, l'ancien serrurier passe des heures et des heures à réparer son vélo, ce qui le privera de tout espoir de remporter la Grande boucle. Coureur méthodique et méticuleux, au talent pur sans doute limité mais à la puissance et à la volonté extravagantes, il est entré dans la légende.

Puisque ici il n'est question que de s'apitoyer, allons-y de bon cœur ! Marié en 1904 à l'âge de 19 ans, Élie Eugène Christophe perd son fils victime d'une pneumonie en 1905, puis sa femme quelques mois plus tard d'une maladie similaire. Dans le genre « poissard », la barre est haute. Même si les drames purement sportifs pèsent peu face à ceux de la vraie vie, disons que Raymond Poulidor, notre Poupou national, est une sorte d'enfant de chœur de la déveine, un second couteau du malheur, à côté de ce type-là.
Ce livre tout entier ne suffirait pas à narrer l'intégralité d'une saga devenue légende. Rendons-nous pour l'instant en juillet 1919. Depuis la fin de la 4e étape aux Sables-d'Olonne, « Cri-Cri », alias « le Vieux Gaulois », est en tête du classement général. Et les foules en mal d'amour adorent encore plus qu'avant la boucherie de 14-18 celui qui, à 34 ans, est désormais un vétéran buriné par les emmerdes. Encore faut-il pouvoir l'identifier.

L'idée germe dans le cerveau malicieux de son directeur sportif, l'omnipotent Alphonse Baugé, qui suggère au grand manitou Henri Desgrange d'inventer un maillot distinctif pour le leader. Autorisation accordée. Le colis de six maillots jaunes, couleur emblématique du journal L'Auto, sur lesquels sont brodés les mots « Tour de France », arrive à l'étape de Grenoble.

Christophe peut dès lors parader, de Grenoble à Genève, de Genève à Strasbourg, de Strasbourg à Metz. Il ne reste que deux étapes et Cri-Cri possède 28 minutes d'avance au classement général sur son poursuivant, le Belge Firmin Lambot. Pour n'importe quel coureur, ce serait dans la poche. Sauf pour celui-là.
Lisons ce qu'écrit Desgrange, avec sa verve et son lyrisme habituels, dans l'édition du 26 juillet 1919 de *L'Auto* : « Dans le faubourg de Valenciennes, Christophe est à pied sur le trottoir, entouré de cinq ou six gamins. Il pousse devant lui, la selle retournée vers la terre, sa machine dont la fourche est cassée. Et telle que je la vois, on dirait une grande lyre dont les cordes rompues disent la misère finale. » C'est l'époque où il n'est pas encore question d'assistance technique. Christophe met 70 minutes pour effectuer, seul – règlement oblige –, la réparation dans une petite usine de cycles de Raismes. Ému au-delà du raisonnable, Desgrange lancera dans *L'Auto*, dès la fin de l'épreuve, une souscription nationale qui rapportera 13 500 francs à Christophe, finalement 3e à Paris, quand Lambot, le vainqueur, n'en a gagné que 6 775.
Christophe courra onze Tours entre 1906 et 1925 sans jamais en gagner un.

Le Vieux Gaulois, c'est bel et bien du Zola...

À 18 ans, le 1er juillet 1903, il est à Montgeron pour assister en spectateur passionné au départ du premier Tour. Trois ans plus tard, il est sur la ligne de départ, un vélo entre les jambes cette fois-ci. Il termine 9e à Paris. Il se partage encore entre le vélo et la serrurerie, son métier d'origine. Une double vie qu'il mène jusqu'en 1912 quand la course, qu'il dispute pour la troisième fois, lui offre enfin quelques quartiers de noblesse. Il enlève trois étapes consécutivement, les 3e, 4e et 5e, entre Dunkerque et Grenoble, via Belfort et Chamonix. Bizarrement, ce seront là les trois seuls succès d'étape de sa carrière. Ils lui offrent à Paris la 2e place d'un classement général, alors établi aux points, derrière le Belge Odile Defraye.
En 1913, cet homme méthodique et méticuleux, au talent pur sans doute limité mais à la puissance et à la volonté extravagantes, est encore en course pour la victoire finale quand, dans la descente du Tourmalet, il brise une première fois sa fourche. Vous connaissez tout ça par cœur : quatorze km à pied pour trouver une forge et plus de cinq heures pour réparer. Pas de bol, cette année-là, le classement se

Eugène Christophe dans l'étape Perpignan-Nîmes en 1925.

fait au temps. Juste quelques lignes pour le plaisir signées dans *L'Auto* par le témoin journaliste Robert Desmarets :

« Sa fourche est brisée. Il s'enquiert, car il est lui-même un mécanicien hors pair : "Avez-vous un tube de 22 ?" Christophe se met à la forge, se saisit de la masse qu'il a peine à soulever tant il est las, et le réduit enfumé et sale entend des cris comme en pousse Gueule d'Or dans L'Assommoir. »

Pour l'anecdote, il écopera d'une minute de pénalité parce qu'un gamin lui a tenu une perceuse... Christophe, c'est bel et bien du Zola. Il finit 7e à Paris, puis 11e en 1914. Il abandonne en 1920 et 1921 et revient en 1922, à 37 ans, pour se parer à nouveau du maillot jaune trois étapes durant, de Brest à Luchon. La chance aurait-elle tourné ? Vous plaisantez. Il est 4e au général quand, dans la 11e étape, repris par sa sale manie, il casse sa fourche dans la descente du Galibier. Pour finir à 3 h 07 de Masson, vainqueur du jour, il emprunte le vélo du curé de Valloire, change de monture à Saint-Michel de Maurienne, puis récupère un vrai vélo à Saint-Jean de Maurienne. À Paris, il termine 8e, à 3 h 25 de Lambot.
Sans doute lassé par ce comique de répétition, il annonce la fin de sa carrière. Décision sur laquelle il revient deux ans plus tard après que sa seconde épouse, dont il est séparé, lui a vidé son compte en banque ! Quand ça ne veut pas... À 40 ans, il finit 18e au Parc des Princes, à 6 h 55 d'Ottavio Bottecchia. Retiré des vélos fin 1926, ce septuple champion de France de cyclo-cross, deux fois vainqueur de Bordeaux-Paris, victorieux de Milan-San Remo et de Paris-Tours, n'en finira pourtant jamais de rouler parmi les Audax, ces spécialistes des courses au long cours. Le vélo était sa vie. Il l'accompagna dans la mort. Décédé en 1970 à Paris à l'âge de 85 ans, Eugène Christophe repose au cimetière de Malakoff, ceint de l'un de ses maillots jaunes qui furent une île enchantée dans un océan de détresse.

FRANÇOIS FABER, « GÉANT DE COLOMBES »

MICHEL NAÏT-CHALLAL

Le Luxembourgeois est le premier étranger à remporter le Tour en 1909. Il gagne cinq étapes successives, en faisant une démonstration dans le ballon d'Alsace et les cols des Alpes. Il reste leader de l'épreuve de la 2e à la dernière étape. Malchanceux l'année suivante, son duel avec Octave Lapize fait monter les ventes de **L'Auto** ***au-delà de 200 000 exemplaires. Son âge d'or passé, il continue à animer la Grande boucle par de multiples victoires d'étape jusqu'en 1914.***

François Faber à pied, au sommet du col du Galibier dans l'étape Chamonix-Grenoble en 1912.

Dans l'édition de *L'Auto*, datée du 16 juillet 1907, Henri Desgrange signait un article qui rendait hommage aux deux échappés de la 5e étape du Tour, Lyon-Grenoble : Émile Georget et François Faber. Les deux hommes avaient été héroïques sur les pentes arides du col de Porte. Le premier, leader de l'épreuve depuis la troisième étape, le restera jusqu'à son déclassement au profit de Lucien Petit-Breton lors de la 10e étape Bayonne-Bordeaux. La chance de ce beau coureur est passée. Ce n'est pas le cas de François Faber. Celui qui deviendra le premier étranger à remporter la Grande boucle n'a alors que 20 ans. Autant dire qu'il est à l'aube d'une carrière d'exception. Et son histoire reste l'une des plus belles que le Tour ait pu nous offrir. Il naît à Aulnay-sur-Iton (Eure) le 26 janvier 1887. Sa mère, originaire de Moselle, a épousé Jean-Pierre Faber, un terrassier luxembourgeois, venu chercher du travail en France. La famille s'installe à Colombes en 1891.

À 17 ans, il est embauché comme docker au port de Courbevoie et grimpe pour la première fois sur une bicyclette prêtée par un collègue. Le coup de foudre est immédiat. Deux ans plus tard, il achète un vélo et, sans complexe, s'inscrit comme indépendant pour participer au Tour de France en 1906. Un engagement qui en fait l'un des plus jeunes participants de l'histoire de l'épreuve.

En 1907, après une prestation remarquée dans le col de Porte, il termine à la 7e place à Paris. Pour accomplir son destin, il lui faut intégrer une grande équipe. Avant le départ du Tour 1908, il quitte donc La Française pour Peugeot, la meilleure formation du moment, qui compte dans ses rangs le vainqueur de l'édition précédente : Lucien Petit-Breton. À 21 ans, Faber remporte quatre étapes et termine à la 2e place du général. Une performance qui fait dire à Petit-Breton : « Je suis convaincu que cet homme-là sera imbattable l'an prochain. »

Tombé avec les honneurs sur le Tour et la bataille de l'Artois

Durant l'hiver, il rejoint la formation Alcyon, que vient de prendre en main Alphonse Baugé, son ancien mentor de chez Labor, et celui que l'on surnomme « le Géant de Colombes », en raison de sa stature physique (1,78 m et 90 kg), va confirmer de la plus belle manière la prophétie de son ex-coéquipier. Le vent, la pluie, la boue sont au rendez-vous au début de l'édition du Tour 1909. Dans ces conditions extrêmes, Faber écrase la course de toute sa puissance et de son immense talent. Il remporte successivement cinq étapes d'affilée en faisant une démonstration dans le ballon d'Alsace et les cols alpins. Pour ajouter à l'exploit, il empoche l'étape Bayonne-Bordeaux. Il aura été leader de l'épreuve de la 2e à la dernière étape.
Cette remarquable performance fait écrire au journaliste de *L'Auto*, Charles Ravaud : « Nous devons applaudir aujourd'hui un athlète superbe, le plus admirable champion que nous ayons vu jusqu'ici sur la route. »
Un an plus tard, le Luxembourgeois n'est pas loin de rééditer son exploit. Il remporte trois étapes. Leader durant onze étapes, il se laisse grignoter ses points d'avance – la course se joue aux points depuis l'édition 1905 – par son coéquipier Octave Lapize. Malchanceux en fin de course – une chute à Marans – et surtout victime de l'effort surhumain que lui a imposé la montée des Pyrénées – une première pour les coureurs –, il tombe avec les honneurs. Au final, quatre petits points le sépareront du vainqueur.

Son âge d'or est passé, mais François Faber enrichira son palmarès par de jolies classiques comme Paris-Tours, Bordeaux-Paris ou encore Paris-Roubaix. Et il continuera d'animer le Tour de France par de multiples et belles victoires jusqu'en 1914.

Cette année-là, il remporte les 13e et 14e étapes et se classe à la 9e place du général. Ce sera sa dernière course cycliste. Ce Français de naissance, qui avait opté pour la nationalité luxembourgeoise – celle de son père – afin d'échapper aux longues obligations militaires de l'époque qui auraient nui à sa carrière sportive, décide de s'engager dans la Légion étrangère lors du déclenchement de la Première Guerre mondiale. Il disparaît, le 9 mai 1915, lors de la bataille de l'Artois. On ne retrouvera jamais son corps. Pour ce fait d'armes, le Géant de Colombes obtiendra la croix de guerre. Son ultime récompense.

LA MONTAGNE, NOUS VOILÀ !

À partir de 1910, le peloton du Tour part à l'assaut de la haute montagne, malgré les réticences d'Henri Desgrange et les protestations des coureurs. Les étapes en altitude, d'abord dans les Pyrénées puis dans les Alpes, deviennent décisives pour le classement final et suscitent l'enthousiasme du public, surtout dans l'ascension des cols. Les grands grimpeurs tutoient les sommets et entrent ainsi dans la légende de la Grande boucle.

1 - *Félix Sellier et Émile Masson à pied dans l'ascension du col de Vars lors de l'étape Nice-Briançon en 1925.*

2 - *Guy Epaud dans le col de l'Iseran lors de l'étape Grenoble-Val d'Isère en 1963.*

3 - *Federico Bahamontes au sommet du col du Tourmalet dans l'étape Pau-Luchon en 1954.*

4 - *Raymond Poulidor en difficulté dans l'étape Barcelonnette-Serre-Chevalier, en 1975.*

5 - *Le peloton en haute montagne dans l'étape La Plagne-Morzine en 1984.*

6 - *Des spectateurs enthousiastes dans l'ascension d'un col en 2017.*

7 - *Les coureurs dans les paysages somptueux de la Corse dans l'étape Ajaccio-Calvi en 2013.*

8 - *Les coureurs dans la descente du col du Galibier dans l'étape Grenoble-les Deux-Alpes en 1998.*

9 - *Le peloton éparpillé dans la montée aux 21 virages de L'Alpe d'Huez en 2004.*

5

6

7

8

9

HENRI DESGRANGE, TAILLE PATRON

JACQUES MARCHAND

Henri Desgrange lors du Cross-country des ancêtres le 1er juin 1922.

Bon coureur cycliste, premier recordman du monde de l'heure (35,325 km), le clerc de notaire, puis chef de publicité, devient journaliste, organisateur de courses vélocipédiques et directeur de plusieurs vélodromes, dont le Vel' d'Hiv' et le Parc des Princes. Fondateur de L'Auto en 1900, il crée le Tour de France en 1903 et en reste le grand chef intransigeant pendant vingt-cinq ans. Il détient un pouvoir absolu sur le cyclisme international et laisse une profonde empreinte sur le sport français.

Henri Desgrange ne découvre le sport cycliste qu'en 1891, lorsque le journal *Le Vélo,* que dirige Pierre Giffard, organise coup sur coup les deux premières grandes courses d'endurance : Bordeaux-Paris et Paris-Brest-Paris. Cette révélation bouleverse le destin de ce clerc de notaire de 26 ans, né le 31 janvier 1865 à Paris, qui n'a pas souhaité reprendre l'entreprise de maçonnerie paternelle après l'obtention de sa licence en droit. Il s'inscrit sur-le-champ à l'Association vélocipédique amateur (AVA), dont il devient très vite le trésorier, et fréquente assidûment les vélodromes, notamment celui de l'Est, à Charenton, où sa présence quotidienne ne l'empêche pas d'être soumis à d'impitoyables contrôles.

Comme il s'en étonne auprès du responsable, un certain Victor Goddet, celui-ci rétorque : « Monsieur, moi je suis rétribué pour contrôler, alors je contrôle, même si cela vous paraît stupide ! » La première surprise passée, Desgrange apprécie la rigueur de son interlocuteur. Une longue et indéfectible amitié s'ensuivra, et avec quelles conséquences !

Après deux ans d'entraînement, Desgrange accède au meilleur niveau amateur de l'époque. Le 11 mai 1893, à Buffalo – un autre vélodrome de la périphérie parisienne où il a également ses habitudes –, il établit le premier record de l'heure de l'histoire en couvrant 35,325 km. Il utilise pour l'occasion un braquet de 4,70 m. En ce temps-là, les coureurs professionnels s'intéressent surtout aux records derrière entraîneur. Desgrange rejoint leurs rangs durant dix-huit mois, le temps de tenter une grosse dizaine de records et d'en battre quelques-uns, tout en se faisant une place dans le journalisme et l'organisation de compétitions et manifestations vélocipédiques. Il écrit aussi un livre consacré à l'entraînement du cycliste, *La Tête et les Jambes,* et un roman, *Alphonse Marcaux.* Il devient directeur de publicité chez l'industriel Adolphe Clément – cycles, automobiles et, plus tard, dirigeables –, puis prend la direction de plusieurs vélodromes, dont le tout neuf Parc des Princes qui accueille en 1900 les premiers championnats du monde sur piste. Tout est en place pour aboutir à la naissance de *L'Auto*, puis à celle du Tour de France, qui portera Desgrange au pinacle des dirigeants sportifs.

UN CHEF D'ENTREPRISE SÉDUISANT MAIS AUSSI « PEAU DE VACHE »

Bien que la polémique et même la bagarre ouverte ne lui fassent pas peur, comme il le prouvera au cours de sa longue lutte contre les constructeurs lors des 25 premières années du Tour, Desgrange impose à son journal, dès son premier éditorial, une règle absolue : « Il ne sera jamais, dans *L'Auto-Vélo*, question de politique. Soyez donc, ô lecteurs, pour ou contre ce que vous savez, mais ne comptez jamais sur *L'Auto-Vélo* pour vous en parler ! » On ne dérogera à ce principe qu'une seule fois, sous la plume du patron lui-même, le jour de la déclaration de la Grande Guerre, où son éditorial, appelant tout le monde au combat avec virulence, surprendrait aujourd'hui mais dont la pratique était courante à l'époque.

Quand le Tour impose définitivement sa loi aux constructeurs de cycles avec la création des équipes nationales (1930), Desgrange est devenu un grand chef d'entreprise. Par la puissance de son journal, mais aussi parce qu'il gère les vélodromes du Vel' d'Hiv' et du Parc des Princes, il détient un pouvoir absolu sur le cyclisme international. Et il entend bien que cela se sache et se voie au grand jour. C'est un homme séduisant, héroïque dans ses actes et ses initiatives, mais aussi « peau de vache » à ses heures. Il a marqué de son empreinte toute notre histoire professionnelle et sans doute l'histoire du sport français.

L'avant Grande Guerre est la période constructive de son œuvre. Une période pratiquement à contresens où Desgrange finit par accepter ce dont il ne voulait pas au préalable :

Henri Desgrange et Jacques Goddet (assis) au départ de la demi-étape Caen-Vire, avec Amédée Fournier, porteur du maillot jaune, en 1939.

D'abord la création même du Tour de France, proposée par ce gamin « hurluberlu » de Géo Lefèvre et souhaitée par Victor Goddet, le grand argentier. Comme tous les témoins, il est ébahi par le succès de l'œuvre qu'il ne cesse de construire, presque malgré lui ; puis le passage dans la montagne. Il prend les précautions qu'il estime indispensables, mais part à l'assaut de ces cols qu'il voulait préalablement éviter.

À chaque fois, son premier mouvement, très virulent, est de protéger les acteurs, peut-être parce qu'il a été l'un d'eux. « Tu es complètement fou, Géo, tu veux me tuer Garin, tu veux me tuer mes coureurs ! » Et, en écho, huit ans plus tard : « Vous êtes fou, Steinès ! » N'oublions pas cependant que Desgrange est viscéralement journaliste. Il n'a pas résisté au parfum d'épopée des 2 500 km du premier Tour, ni au charme grandiose des étapes en haute altitude. Et surtout il ne faut pas tuer la poule aux œufs d'or : la montagne est admise, elle constitue rapidement un sommet du spectacle et devient dès lors indispensable.

Un personnage mystérieux qui le restera pour l'éternité

Le grand tournant, le dernier sans doute, s'est donc situé au début des années 1930 avec l'invention, qui a tout changé, des équipes nationales et régionales, mais aussi la création de la caravane publicitaire qui ajoutait au spectacle, mais surtout contribuait à le financer. À la reprise, en 1947, les héritiers, Jacques Goddet et Félix Lévitan, ont repris exactement les derniers schémas arrêtés par l'ancien patron, disparu dans sa retraite de Beauvallon lors des premiers jours de l'Occupation. Même les Tours les plus modernes portent encore la marque de son créateur. Les grands principes du Tour sont repris et respectés par ses successeurs.
Pourtant, Desgrange n'a jamais été complètement satisfait de son œuvre. Que de fois Jacques Goddet, à propos de telle ou telle anecdote, m'a précisé : « Oui, à cette époque, Henri Desgrange voulait supprimer le Tour de France… » Pour beaucoup de raisons, à commencer par la réserve de son entourage et en particulier celle de Jacques Goddet, le personnage reste mystérieux et le restera pour toujours. On retiendra qu'il a créé et construit le Tour de France, ce qui suffit largement pour installer sa notoriété. Mais on ne connaît de lui que des détails secondaires. Par exemple qu'il était un patron autoritaire et exigeant, qu'il défendait et protégeait ses journalistes, mais qu'il les payait mal, avec cet argument : « Comme collaborateur attitré de *L'Auto*, vous rendez assez de services aux clubs et aux organisateurs de spectacles sportifs pour en tirer profit. »

Mais quel homme était-il ? Pas facile, assurément. Déroutant et énigmatique, sans doute. Pour lui, son mauvais caractère notoire a été un refuge. Qu'il soit un personnage exceptionnel, à travers ses flagrantes contradictions, voilà un fait indiscutable. Mais il a sciemment voulu rester l'homme du secret. Son œuvre suffit largement à garantir sa mémoire et sa réputation.

Pourtant, on voudrait en savoir plus, tant sa nature est complexe, parfois impénétrable, voire inexplicable. Ayant vogué plus d'une trentaine d'années sur les routes du Tour et le plus souvent en compagnie de Goddet dans la voiture de directeur de course, lorsque j'étais en charge de Radio Tour, j'étais bien placé pour essayer de percer le mystère Desgrange. Je m'y suis attaché, avec une certaine obstination même, mais son élève et héritier n'a jamais lâché plus qu'il n'en fallait sur celui qui lui a mis le pied à l'étrier. S'il racontait volontiers des anecdotes, souvent insignifiantes mais toujours pittoresques, sur son maître et mentor, il s'est toujours gardé de le juger.

Il faudra, pour l'éternité maintenant, s'en tenir à une certaine discrétion sur la vraie personnalité et le curieux destin d'Henri Desgrange. Mais l'homme avait sans doute besoin de ce mystère pour entretenir sa réputation.

Ali Neffati, « monsieur Presque »

PATRICK FILLION

Coursier à* L'Auto *puis huissier à* L'Équipe*, le Tunisien avait été un bon coureur sur la route, notamment du Tour, et sur la piste entre 1913 et 1930. Il fut longtemps considéré comme le plus jeune concurrent et le premier Africain à disputer la Grande boucle, mais ce n'est pas le cas. Sa jeunesse, sa peau noire et le fez qu'il portait en permanence sur la tête en avaient fait très vite le chouchou d'Henri Desgrange qui l'a embauché dès la fin de sa carrière.

Chaque jour, jusqu'au début des années 1960, le rituel était le même. Quand Jacques Goddet atteignait le premier étage du 10, rue du Faubourg-Montmartre, où se trouvait son vaste bureau, il était salué par l'huissier qui assurait l'accueil des visiteurs de *L'Équipe* avec un accent dont il n'avait jamais pu se départir :
— Bonjour, Missié Jacques.
— Bonjour, mon vieux.

Depuis longtemps, pour échapper à l'embarras d'oublier un nom, le patron du journal avait pris l'habitude de saluer ainsi tous ses collaborateurs. Pourtant, celui-là, il le connaissait de longue date. Goddet était jeune journaliste à* L'Auto *quand Ali Neffati tentait encore de s'illustrer sur les pistes des vélodromes.

En 1930, une fois sa carrière terminée, comme il vivait dans un certain dénuement après avoir été « presque » riche, le pistard tunisien avait été heureux d'accepter un poste de coursier à *L'Auto*. Il devait sans doute cette proposition à l'affection que lui vouait Henri Desgrange depuis sa première participation au Tour de France en 1913.

IL N'AVAIT PAS LES MOYENS DE SE PAYER LE VOYAGE JUSQU'À PARIS

Durant ses pauses, entre deux déplacements pour le journal – toujours à vélo ! –, il avait le temps de méditer sur tous ces « presque » qui avaient émaillé son parcours. Il avait déjà lu sous la plume des journalistes qu'il avait été le plus jeune concurrent du Tour de France. C'était « presque » vrai. Car Camille Fily n'avait que 17 ans 1 mois et 19 jours quand il avait pris le départ en 1904, alors que lui avait fêté ses 18 ans depuis cinq mois en 1913. Il savait que beaucoup considéraient qu'il avait été le premier coureur africain à disputer le Tour. C'était « presque » vrai aussi. Car, en 1910, trois ans avant lui, trois concurrents venus de la même rive de la Méditerranée avaient déjà participé à la course : Raphaël Galiero (né à Blida), Émile Godard (né à Alger), Frédéric Vaillant (né à Mustafa).

Il n'empêche qu'en termes de précocité, il avait quelques références à faire valoir. À une époque où le cyclisme tunisien était encore balbutiant, il semble qu'il aurait fait ses débuts en compétition à 13 ans et remporté un 50 km derrière moto à 15 ans.

Au printemps 1913, Henri Pélissier était venu disputer la course Tunis-Sousse. Impressionné par la victoire du jeune champion local, il l'avait encouragé à venir tenter sa chance sur la Grande boucle. Mais Ali n'avait pas les moyens de se payer le voyage jusqu'à Paris et, comme tous les « isolés », de faire face aux frais de nourriture et d'hébergement durant la compétition, d'autant que sa bicyclette n'avait pas la robustesse nécessaire pour affronter une telle épreuve.
Heureusement les autres sportifs tunisiens, informés de sa déconvenue, avaient décidé de lui donner un coup de main. Les recettes d'un gala qui avait réuni les champions de différentes disciplines lui avaient été versées.

Ali n'avait pas de temps à perdre : il ne lui restait que trois semaines pour rallier le Tour. Et malgré tous ses efforts, il avait « presque » failli rater le départ, ne parvenant à faire l'acquisition d'un vélo que l'avant-veille du jour fatidique !

Sa jeunesse, sa peau noire, le fez qu'il portait en permanence sur la tête en avaient tout de suite fait le chouchou du peloton et... d'Henri Desgrange. Cela n'avait pas duré plus d'une semaine, puisqu'il avait été contraint à l'abandon au cours de la 4e étape. Mais le directeur de *L'Auto* tenait à la présence du jeune Tunisien l'année suivante. Pour régler, semble-t-il, une partie de ses problèmes matériels, il lui avait proposé de devenir un « presque » journaliste : correspondant du journal dans son pays. Entre deux séances d'entraînement, il s'était acquitté au mieux de sa mission, en rendant compte des différentes manifestations sportives. Durant le Tour 1914, il aurait « presque » pu être le premier coureur africain à venir à bout de l'étape infernale des Pyrénées qui relie Bayonne à Luchon par l'Aubisque, le Tourmalet, Aspin et Peyresourde. Les trois coureurs africains qui l'avaient précédé en 1910 avaient abandonné avant d'y parvenir. Mais durant l'ascension du premier col, il avait été heurté par une voiture qui avait écrasé son vélo. Nul besoin d'entrer dans la légende en le réparant lui-même, car le véhicule incriminé appartenait à l'organisation. Or, le règlement minutieux avait prévu un tel événement : face à un tel cas, le coureur pouvait être recueilli par une des automobiles qui suivent la course et rallier confortablement l'arrivée où il se verrait attribuer au classement la place qu'il occupait au moment de l'incident (42e).

LE CIRCUIT DES CHAMPS DE BATAILLE EN HOMMAGE AUX COMBATTANTS

Ali Neffati avait échappé à la mobilisation durant la Première Guerre mondiale – la Tunisie, bien que sous protectorat français, était restée neutre. Il aurait « presque » pu enrichir son palmarès, car il était souvent au départ des 66 courses de renom qui ont été organisées durant le conflit. Le famélique peloton d'une quinzaine de professionnels était souvent vitaminé avec des coureurs

Ali Neffati lors des Six-Jours du Vélodrome d'hiver en avril 1922.

amateurs, mais Ali Neffati n'obtint jamais un meilleur classement que deux 9es places sur le Paris-Tours. En avril 1919, il avait participé à ce que beaucoup considéraient « presque » comme la course cycliste la plus difficile de tous les temps : le Circuit des champs de bataille. En hommage aux combattants, elle donna aux concurrents l'occasion de partager un peu de leur enfer : outre les routes défoncées et les problèmes de ravitaillement, ils durent, chaque jour, subir pluie glaciale, neige, grêle et bourrasques de vent...

Neffati se tourna alors vers la piste. Quatre années de suite, il prit part aux Six Jours de Paris. Mais, paradoxalement, c'est aux États-Unis qu'il avait été « presque » mieux accueilli. Sa peau noire lui avait valu une certaine célébrité et les organisateurs new-yorkais faisaient régulièrement appel à lui. Le problème, c'était le retour en bateau.

À chaque fois, il repartait « plein aux as », mais les as de la « passe », un jeu de cartes très populaire parmi les coureurs cyclistes, ne lui étaient pas favorables. Souvent, il atteignait Le Havre en ayant perdu presque tout ce qu'il avait gagné !

Voilà pourquoi il aurait « presque » pu connaître une certaine aisance. Voilà pourquoi il s'était retrouvé coursier à *L'Auto*, puis huissier à *L'Équipe*. Il lui fallait absolument travailler, d'autant que sa fille Gisèle entendait l'appel d'une vocation, celle de devenir danseuse. Après un long apprentissage, elle intégrerait le corps de ballet de l'Opéra de Paris. Elle deviendrait ainsi la deuxième artiste de la famille, puisque Ali Neffati avait épousé – ô mystères de l'amour ! – une très belle et très distinguée femme de la noblesse polonaise qui enseignait le piano.

Texte enrichi d'anecdotes, confiées par Jacques Augendre.

LES SOURIRES DE LA CARICATURE

Le Tour de France a inspiré de nombreux dessinateurs, illustrateurs et caricaturistes, qui s'en sont donné à cœur joie pour raconter la course et les coureurs à leur manière, avec beaucoup d'imagination et d'humour. Parmi eux, les « artistes » de L'Auto et de L'Équipe (Pellos, Cello, Déro, Chenez) mais aussi des invités de choix (Sempé). Échantillon de ces documents qui ont popularisé l'épopée de la Grande boucle.

1

2

3

4

1 - *L'enfer des étapes de montagne sous le regard d'Henri Desgrange en 1936 (Pellos).*

2 - *Poulidor-la-foudre avec Guimard, Thévenet, Merckx et Ocaña en 1974 (Déro).*

3 - *La voiture de Georges Abran et de Géo Lefèvre dans la cour de L'Auto (auteur inconnu).*

4 - *L'hommage de Bernard Hinault à Maurice Garin pour le 75e anniversaire du Tour de France en 1978 (Déro).*

5 - *Bernard Hinault, roi du cirque du Tour avec Félix Lévitan et Jacques Goddet en 1979 (Pellos).*

6 - *Le peloton noyé dans la foule sous une pluie battante, en 1993 (Sempé).*

7 - *Des coureurs sur les ailes d'un moulin dans un champ de tulipes aux Pays-Bas en 1996 (Bridenne).*

8 - *La fête de la Victoire (Chenez).*

« EN NE SUIVANT PAS LA COURSE ! »

HENRI DESGRANGE

Imaginez la « carafe » la plus ridicule, la plus mortifiante, la plus grotesque, la plus mal venue et vous n'aurez qu'une idée approximative de ce qui nous est arrivé aujourd'hui, à bord de notre fidèle Regina, et qui fait qu'au lieu d'écrire mon article habituel « En suivant la course », j'en fais un autre intitulé : « En ne suivant pas la course ».

Nous roulions tout doucement derrière les coureurs, ce matin, au départ de Belfort, lorsque, 3 km après Clerval, une brute de charretier entra en collision avec notre voiture et démolit complètement notre roue arrière gauche. Nous étions là, sans espoir d'en sortir autrement que par la bonne débrouillardise du troupier français.

Desmarets, qui dormait – cela ne vous surprend pas, je pense – au moment de l'accident, fonça *pedibus cum jambis* au patelin le plus proche pour réquisitionner et ramener un véhicule.

Qu'est-ce qu'il nous ramena, mon Dieu ! Du cheval, je ne dirai rien, encore qu'il parut jeter un regard de mépris sur notre pauvre Regina blessée, mais la voiture ! Un petit cabriolet tape-cul, sauf le respect que je vous dois, avec deux places à l'avant et une place à l'arrière. Nous plaçâmes nos valises à l'avant et montâmes à l'arrière, ayant devant les yeux, pour tout horizon, la capote.

Nous avons, en cet équipage, essuyé tous les sarcasmes des coureurs retardataires. L'un nous offrit un boyau de rechange, un autre nous cria : « Bravo pour la manière de suivre la course ! »

Bref, à 7 h du matin, nous nous présentons à la gare de Clerval pour apprendre que le premier train pour Besançon partait à 9 h 20. Après, je ne sais plus, tout se brouille dans ma petite tête brûlée du désir de rejoindre les coureurs.

J'ai souvenir vaguement du Café de la Paix, où nous déjeunâmes de douze œufs sur le plat et d'un gardon tiré du Doubs par Desmarets, qui n'avait jamais pêché, tandis que je faisais, moi pêcheur, bredouille complète ! Je me souviens encore d'un fruitier, où nous avons acheté des abricots, qui nous soutenait qu'il pouvait battre Petit-Breton, mais c'est tout.

Nous comptions, en arrivant à Lyon, battre les coureurs, que nous pensions avoir plusieurs heures de retard sur l'horaire en raison de la pluie. En arrivant au café Riche, trente-huit avaient déjà signé !

Pour une carafe, ce fut une carafe !

Extrait de *L'Auto* du 20 juillet 1908.

Henri Desgrange dans sa voiture de directeur de course, dans le sillage de l'Espagnol Vicente Trueba sur les pentes du Galibier en 1933.

CHRONIQUE

« Seul dans le désert glacé... »

ALPHONSE STEINÈS

Entre 1903 et 1914, Alphonse Steinès est chargé de préparer le parcours du Tour de France, notamment les itinéraires de haute montagne dans les Alpes et Pyrénées. Le « Sapajou des neiges » part à l'aventure dans les cols de Peyresourde, Aspin, Tourmalet et Aubisque, au risque d'y perdre la vie. Cinquante ans plus tard, dans* Les Cahiers de L'Équipe *en 1960, il a raconté cette reconnaissance du premier parcours en altitude qu'il effectua en 1910.

Après chaque Tour de France, il y a une véritable levée de boucliers de la part d'une foule d'historiens d'occasion, où sont contées, avec des erreurs plus ou moins grossières, de petites anecdotes sur les premiers Tours. Que n'a-t-on pas dit et écrit sur les itinéraires de haute montagne, qu'il s'agisse des Alpes ou des Pyrénées ? On me rendra cette justice que je suis bien placé pour parler de ces questions puisque avant 1914, c'est moi qui ai préparé et reconnu tous les itinéraires du Tour.

Avec une persévérante obstination, j'ai fini par convaincre le « patron », Henri Desgrange, qu'un Tour de France devait longer les côtes et escalader les montagnes par les routes et les chemins les plus rapprochés des frontières, que ce soit la plaine ou la montagne. Ce fut une première victoire qui donna à la course un lustre qu'elle n'avait pas encore.

Il y avait tant d'amour-propre à ménager, tant d'intérêts à ne pas heurter, que Desgrange hésita longtemps. Et puis qu'allions-nous rencontrer sur les nouveaux itinéraires ?

Dès l'annonce dans *L'Auto* du passage par les cols de Peyresourde, d'Aspin, du Tourmalet et d'Aubisque, nous reçûmes une avalanche de lettres nous traitant de tous les noms d'oiseaux de la création.

« Vous ne savez donc pas, écrivait un lecteur des Pyrénées assez modéré dont j'ai retenu le texte, que les passages dont vous parlez n'existent pas ? S'il y a bien un Tourmalet, il n'y a pas d'Aubisque. C'est un simple chemin par lequel les bûcherons font descendre les "billes" de la montagne dans la vallée où se trouvent les scieries, les attelages étant tirés par des bœufs. »

À la suite de quoi, j'eus une explication assez orageuse avec Desgrange, qui ne voulait plus entendre parler des Pyrénées. Pourtant, j'eus raison de son aversion pour les hauts sommets et, le soir même, je partis avec mon vélo pour aller reconnaître les parties contestées. Un raid de reconnaissance d'où j'ai failli ne pas revenir vivant. J'en subis aujourd'hui encore, à 86 ans, les conséquences.

Pour bien comprendre ce qui va suivre, il faut se reporter un demi-siècle en arrière. La circulation automobile était quasi inexistante. Par contre, il y avait déjà des millions de bicyclettes. Mais personne n'avait l'idée de s'engager dans un semblable bourbier fait de trous, de bosses, de fondrières, de ravins, de gorges. D'autre part ces chemins des grandes hauteurs n'étaient pas classés dans le réseau national. Ils étaient tous quatre baptisés « route thermale », sous prétexte qu'ils desservaient Eaux-Bonnes, Argeles-Gazost, Luz-Saint-Sauveur, Barèges et Luchon.

On sait mes mésaventures tragiques du Tourmalet où la nuit j'étais perdu et seul dans le désert glacé, à ne pas vouloir mourir dans cette montagne hostile et inconnue d'une altitude de 2 255 m, recouverte d'une épaisseur de 4 m de neige sur une étendue de 10 km. Les équipes de guides de Barèges et Sainte-Marie-de-Campan, parties à mon secours, ne m'ont pas retrouvé. Je me suis sauvé tout seul, après avoir vécu des heures durant dans une angoisse mortelle, sans aide, sans assistance, dans le silence sinistre et nocturne de la haute montagne.

Ayant le lendemain franchi les 1 750 m de l'Aubisque, je cassais la croûte à Gourette avant d'aller coucher à Eaux-Bonnes. Là, j'appris que, quelques jours auparavant, une grosse Mercedes qui avait voulu, comme moi, franchir le col, mais sur ses quatre roues et avec quatre passagers, y compris le conducteur, avait dérapé sur les cailloux roulants et s'était retournée 400 m plus bas. La voiture était en miettes et les voyageurs dans un monde meilleur. Quatre morts, cela jette un froid, surtout quand on vient de frôler la grande faucheuse la veille et l'avant-veille.

Mais je n'étais pas là pour faire du sentiment. L'après-midi, j'étais à Pau dans le bureau de l'ingénieur des Ponts et Chaussées des Basses-Pyrénées, que je connaissais et qui me connaissait. Et le dialogue suivant s'engagea :

— Qu'est-ce qui vous amène à Pau, mon cher Steinès ?

— D'abord le plaisir de vous serrer la main et ensuite pour vous demander un petit service. Et d'abord, prenez vos dispositions pour dîner avec moi ce soir.

— D'accord. Et maintenant exposez-moi l'objet de votre visite.

Je dus raconter toutes les péripéties de la nouvelle organisation du Tour de France, avec le passage par les routes thermales, et plus particulièrement les chemins de l'Aubisque qui était du ressort de mon ami.

— Mais vous n'allez pas faire passer vos coureurs par les chemins de l'Aubisque ? Vous ne connaissez pas ce col ?

— Pardon ! Je viens de le faire à pied, par conséquent je le connais.

— Vous connaissez également l'accident de la Mercedes ? La route n'est pas carrossable.

— Je connais tout cela. Il faut que vous mettiez la route en état. Les coureurs y passeront dans un mois. Vous me comprenez bien : ils y passeront !

— Mais c'est impossible ! Et d'abord, je n'ai pas de crédits...

— Si c'est une question d'argent, on vous en fournira, mais ils y passeront.

Je sentis que j'avais gagné la partie.

Alphonse Steinès lors d'une reconnaissance dans les Pyrénées en 1911.

Mon interlocuteur aussi était un sportif et il était curieux de voir les coureurs s'« expliquer » dans un pareil labyrinthe. J'appelai aussitôt Desgrange. Je lui fis un court – très court – récit de mon voyage à travers les Pyrénées, en l'assurant que tout était pour le mieux, que le Tourmalet était très bon, très faisable pour un cycliste moyen et que tout serait en état dans un mois car les ouvriers travailleraient sans relâche si nous apportions un soutien financier. Le patron se fit de nouveau tirer l'oreille, mais finit par débloquer un budget pour l'amélioration des routes thermales. Disons-le sans fausse modestie, la route des Pyrénées, sillonnée aujourd'hui par des milliers et des milliers de voitures automobiles, de scooters, de vélos, n'existerait peut-être pas sans le Tour de France. Il a fallu les passages répétés des coureurs, les campagnes de presse, le consentement tacite des populations du nouveau parcours, influant sur les autorités politiques et administratives, tant locales que départementales et nationales, pour faire entrer les routes thermales dans le réseau national, puis trouver les crédits nécessaires à leur mise en état d'abord et à leur entretien ensuite. On a dépensé des milliards. C'est de l'argent bien placé car ces travaux ont apporté la prospérité dans une région qui en était totalement dépourvue.

Récit paru dans *L'Almanach cyclisme 60*, publié par *Les Cahiers de L'Équipe* en 1960.

29 juin 1919
Départ du premier Tour d'après la Grande Guerre à Argenteuil, avec 121 coureurs.

19 juillet 1919
Premier maillot jaune de l'histoire endossé par Eugène Christophe, à Grenoble.

25 juillet 1920
Le Belge Philippe Thys, premier triple vainqueur du Tour (après 1913 et 1914).

22 juillet 1923
Henri Pélissier, vainqueur du Tour après sept victoires belges consécutives depuis 1912.

20 juillet 1924
Ottavio Bottecchia, premier vainqueur à porter le maillot jaune de bout en bout.

1919

LES ANNÉES NOIRES

1929

20 JUIN 1926
Premier grand départ en province du Tour à Evian.

18 JUILLET 1926
Aucun Français vainqueur d'étape sur le Tour pour la première fois depuis la création.

19 JUIN 1927
Première des seize étapes disputées selon la formule des « départs séparés ».

17 JUIN 1928
Expérimentation des équipes régionales, avec neuf formations de cinq coureurs.

30 JUIN 1929
Premiers reportages radio sur la route du Tour avec Jean Antoine et Alex Virot.

HOTEL CAFE du COMMERCE

Le Belge Philippe Thys, premier triple vainqueur (1913, 1914, 1920), en tête du peloton dans l'étape Les Sables-d'Olonne-Bayonne en 1924.

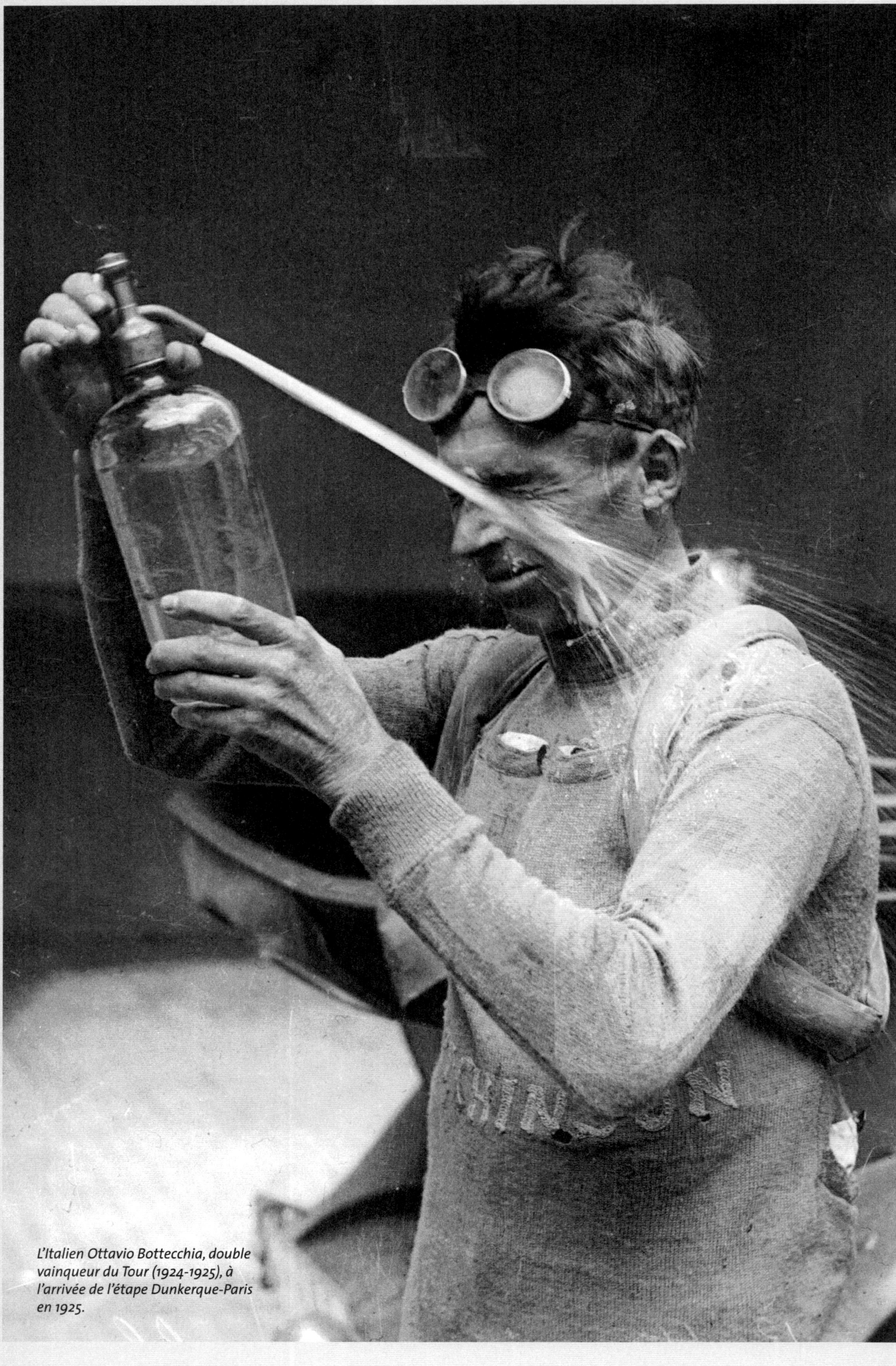

L'Italien Ottavio Bottecchia, double vainqueur du Tour (1924-1925), à l'arrivée de l'étape Dunkerque-Paris en 1925.

JEAN-JACQUES VIERNE

LES ANNÉES NOIRES

Eugène Christophe récompensé mais déçu à l'arrivée de la dernière étape en 1919.

Après la guerre de 1914-1918, le Tour reprend sa ronde, le 29 juin 1919, malgré les difficultés économiques. L'abandon des frères Pélissier et la malchance d'Eugène Christophe laissent le champ libre au Belge Firmin Lambot qui double la mise en 1922. Dans une épreuve souvent ennuyeuse, les étrangers cumulent les victoires, notamment le Belge Philippe Thys, premier triple vainqueur (1920, après 1913 et 1914), l'Italien Ottavio Bottecchia (1924 et 1925) et le Luxembourgeois Nicolas Frantz (1927 et 1928). Seul Henri Pélissier sauve l'honneur de la France en 1923.

Lorsque sonne la fin de la Première Guerre mondiale, le sport – et le cyclisme en particulier – reprend immédiatement ses droits. Le bilan humain de la guerre est dramatique – 1,5 million de morts pour la France – et le Tour pleure trois de ses vainqueurs : François Faber, fauché par un obus en portant secours à un camarade blessé, Octave Lapize, pilote de chasse abattu en combat aérien, et Lucien Petit-Breton, victime d'un accident d'auto alors qu'il se trouvait en mission sur le front.

La situation économique s'avère très délicate. Les fabricants de cycles n'ont plus les moyens d'entretenir une équipe dans les mêmes conditions qu'avant-guerre. La plupart d'entre eux décident de se regrouper dans un consortium intitulé La Sportive, qui contrôle l'équipement et les salaires des coureurs – parmi les rares réfractaires figurent les frères Henri et Francis Pélissier.

Au départ d'Argenteuil, le 29 juin 1919, ce consortium équipe une large majorité des 44 coureurs issus de la « catégorie A ». Face aux moyens mis en œuvre par La Sportive, les Pélissier ne vont pas aller loin, bien qu'Henri domine le début d'une course, rendue éreintante par l'état épouvantable des routes.

Presque seuls contre tous, étroitement surveillés par Henri Desgrange, toujours intransigeant sur le caractère strictement individuel de la course, les deux frères s'éclipsent dès l'arrivée de la 4e étape aux Sables-d'Olonne.

Eugène Christophe, le grand malchanceux de 1913, semble tenir sa revanche. Au départ de l'avant-dernière étape Metz-Dunkerque, le torse ceint du maillot jaune tout nouvellement créé, il précède de 28 minutes le Wallon Firmin Lambot, lorsque sur les pavés de Raismes, sa fourche – encore la fourche ! – rend l'âme.

La réparation lui prend moins de temps qu'en 1913 à Sainte-Marie-de-Campan. Lorsque Lambot se présente à Dunkerque, il a distancé un à un tous ses compagnons et franchi la ligne avec 2 h 37 d'avance sur son poursuivant ! Ce coureur très complet, stratège avisé, à l'aise sur tous les terrains, remporte ainsi une épreuve qui dépasse en difficulté les toutes premières éditions. En effet, six concurrents, seulement, rallieront l'arrivée !

Le Belge Sylvère Maes et Maurice Archambaud dans la demi-étape Troyes-Paris en 1939.

Henri Desgrange sous les fourches caudines d'Henri Pélissier

Déjà vainqueurs des trois derniers Tours d'avant-guerre, les Belges remportent les trois éditions suivantes grâce aux succès de Philippe Thys (1920), premier coureur à gagner trois fois l'épreuve, Léon Scieur (1921) et, de nouveau, Firmin Lambot (1922). Jugé plus solide, plus discipliné et plus malléable, le routier, qu'il soit flamand ou wallon, jouit d'une cote d'enfer auprès des constructeurs français dans leur quasi-totalité. Cette génération est décidément très talentueuse et d'autres noms pourraient s'inscrire au palmarès, comme celui d'Hector Heusghem, toujours dans le coup, mais lourdement pénalisé en 1922, alors qu'il vient de s'emparer du maillot jaune : il est accusé d'avoir changé de machine, alors que la sienne était réparable, et ses équipiers d'avoir détruit la malheureuse bécane à coups de marteau pour tromper les commissaires !
Malgré un parcours toujours plus long et plus dur sur des routes en piteux état, malgré la disparition de La Sportive (1922) et le retour – théorique – à une concurrence loyale, malgré les colères de Desgrange fustigeant le manque de combativité des acteurs, la course se révèle souvent monotone, voire ennuyeuse.
Pourtant les Français se passionnent toujours pour elle. Les ventes de *L'Auto* grimpent d'un cran chaque mois de juillet – plus de 600 000 exemplaires tirés en 1921 – et le public en redemande. D'autant qu'après deux ans de fâcherie, les frères Pélissier reviennent dans la course en 1923.
À 34 ans, Henri a tout gagné, sauf le Tour. Il vient de changer d'équipe, quittant Louvet pour Automoto. Sur ses conseils, le constructeur a fait appel, pour compléter son effectif, à un Italien inconnu, un maçon du Frioul nommé Ottavio Bottecchia, lequel s'empare du maillot jaune après avoir remporté la 2e étape à Cherbourg. Il le perd puis le reprend dans les Pyrénées, tandis que son leader reste en retrait, ayant prévu de jouer son va-tout dans les Alpes. La réussite d'Henri Pélissier est totale : il gagne à Briançon et à Genève, toujours en compagnie d'un de ses coéquipiers – Lucien Buysse, puis son frère Francis –, avant de remonter triomphalement vers Paris. Desgrange, en dépit de son caractère entier, accepte de bonne grâce de passer sous les fourches caudines du champion avec lequel il a rompu tant de lances les années précédentes.

Les « forçats de la route » immortalisés par Albert Londres

Ce ne sera qu'une courte trêve. Le Tour 1924 reste celui des « forçats de la route », en référence au spectaculaire abandon des Pélissier à Coutances, immortalisé par le grand reporter Albert Londres, bien qu'il ne soit pas l'auteur de cette formule. L'épreuve voit la domination quasi absolue de Bottecchia, maillot jaune de bout en bout, qui remporte quatre étapes. Un moment en difficulté dans l'Izoard, son avance le place déjà hors de portée de ses adversaires. Il récidive l'année suivante, où Desgrange, tout en réaffirmant le caractère individuel de la course, a décidé de « tolérer » l'esprit d'équipe. Les coureurs en profitent trop à son goût et les nombreux arrangements dépassent très largement le cadre des coéquipiers de marque.
Lors des quatre Tours suivants, le « patron » cherche en vain le remède aux processions et aux arrivées en groupe qu'il abhorre. En 1926 – année du premier départ déplacé, donné d'Evian –, il revient au « tout individuel », mais le Belge Lucien Buysse n'a besoin que d'une étape, entre Bayonne et Luchon, disputée sous des trombes

Victoire au sprint de Louis Mottiat devant Jean Rossius et Philippe Thys à l'issue de l'étape Paris-Le Havre en 1920.

d'eau et par une température hivernale, pour tuer la course en surclassant tous ses rivaux.

Desgrange ne désarme pas : en 1927, il décide que toutes les étapes de plaine, sauf quatre d'entre elles, seront disputées sous la forme d'un contre-la-montre par équipes ! Mais ces courses solitaires sont d'une valeur trop inégale et la puissante formation Alcyon truste les premières places, la victoire revenant au Luxembourgeois Nicolas Frantz.

Excellent coureur, bon grimpeur, résistant et intelligent, Frantz profite de la supériorité de sa marque pour s'imposer encore dans l'édition suivante. Malgré les critiques unanimes, l'organisateur avait reconduit sa très injuste formule pour une course et un résultat quasiment identiques.

En 1929, le directeur de la course tente un dernier effort, abandonne cette maudite formule – se gardant toutefois le droit d'y revenir chaque fois que la moyenne tomberait sous les 30 km/h – et revient à celle du « tout individuel », où la moindre entraide est formellement interdite entre les concurrents, équipiers compris. Le pari semble impossible et il l'est, en effet. Les Alcyon s'imposent à nouveau avec le Belge Maurice De Waele, brillant dans les Pyrénées – devancé par Victor Fontan, trop isolé – mais qui tombe sérieusement malade ensuite. Poussé, tiré, porté même parfois par ses coéquipiers, souvent assistés par certains des nombreux « isolés » de la marque, De Waele rallie l'arrivée sans être vraiment attaqué, à la grande fureur de Desgrange, affirmant dans *L'Auto* « qu'on a fait gagner un cadavre » !

Le père du Tour envisage sérieusement d'arrêter les frais, même si un tel renoncement va contre sa nature, aussi combative qu'autoritaire, et contre son intérêt financier en tant que directeur de journal. Il ne peut s'opposer à la dictature des marques, son rêve d'une course totalement individuelle n'est plus en phase avec l'époque. On est dans l'impasse. Pourtant, le vieux lutteur va réussir à renverser cette situation désespérée, en faisant preuve d'une audace presque aussi conquérante et insensée que celle qui avait présidé à la création de l'épreuve 27 ans plus tôt, et parvenir à relancer le Tour.

POUR FONTAN, C'ÉTAIT MOINS CINQ !

Lorsqu'il prit le départ du Tour en 1928, à l'âge de 36 ans, Victor Fontan n'en était pas tout à fait à son coup d'essai : il avait disputé l'épreuve en 1924, mais s'était éclipsé après la 5e étape à Bayonne, juste avant que le peloton n'aborde ses Pyrénées natales. Le Béarnais n'aimait guère quitter sa région, mais cette fois, il resta en course et remporta l'étape des quatre cols à Luchon devant ses supporters en délire, avec plus de sept minutes d'avance sur Nicolas Frantz, le maillot jaune et futur vainqueur. Malheureusement, au sein de l'équipe Elvish-Wolber, Fontan – déjà vainqueur à Bordeaux, la ville d'adoption de son constructeur d'origine anglaise – se trouvait trop isolé : avec la formule des « départs séparés », il perdit plus de cinq heures sur les Alcyon dans les étapes de plaine. Et, à Paris, il se classa 7e, juste derrière Antonin Magne, à 5 h 08 de Frantz. Cherchez l'erreur…

FIRMIN LAMBOT FAIT COUP DOUBLE

Le peloton du Tour de France parcourt le pays dans tous les sens. Il escalade les montagnes alpines et pyrénéennes, il longe les côtes atlantiques, de la Manche et méditerranéennes, il file à travers champs et forêts, il traverse les villes industrielles et les villages campagnards. Et parfois il s'accorde des journées de repos bienvenues pour les coureurs fourbus.

1 - *Fernand Moulet dans la montée du col du Tourmalet dans l'étape Bayonne-Luchon en 1927.*

2 - Contrôle et ravitaillement des coureurs à Granville dans l'étape Cherbourg-Brest en 1924.

3 - *Le Belge Firmin Lambot, double vainqueur du Tour (1921-1922), dans l'étape Toulon-Nice en 1922.*

4 - *Le Belge Hector Tiberghien en tête du peloton dans la traversée d'Uckange, lors de l'étape Strasbourg-Metz en 1921.*

5 - *Le peloton dans la traversée d'Honfleur lors de l'étape Paris-le Havre en 1920.*

6 - Henri Desgrange à l'arrivée de l'étape Cherbourg-Brest, remportée par Henri Pélissier en 1920.

7 - *Le Belge Gustave Van Slembrouck en tête du peloton dans l'étape Toulon-Nice en 1927.*

8 - *L'Italien Learco Guerra et Georges Speicher dans le col du Soulor en 1933.*

4

5

6

7

8

ET ALPHONSE BAUGÉ INVENTE LE MAILLOTJAUNE…

SERGE LAGET

Journaliste, écrivain et promoteur de spectacles, Alphonse Baugé devient un meneur d'hommes, à la tête de nombreuses équipes à partir de 1907, et surtout un faiseur de rois : il accompagne tous les vainqueurs du Tour jusqu'en 1926 ! Mais son chef-d'œuvre, c'est l'idée d'un maillot distinctif pour repérer le leader de la course. Cette toison d'or à la couleur de **L'Auto** ***est portée pour la première fois par Eugène Christophe, le 18 juillet 1919, à Grenoble, et sera le symbole de la renaissance de la Grande boucle.***

C'est l'homme qui fait la pluie, le beau temps, les vainqueurs et même davantage sur le Tour. Alphonse Baugé a commencé par être *stayer*, c'est-à-dire coureur derrière moto ou entraîneur humain à la fin du XIXe siècle. Sous son maillot jaune et noir, il a même battu un record du monde. Le danger croissant, l'âge venant, il passe de l'autre côté de la barrière et devient journaliste et écrivain. Il travaille alors à *La Revue sportive*, et même à *L'Auto* pendant quelques mois. Mais c'est pour le concurrent *Le Vélo* qu'il suit le Tour de 1903. Ensuite, il devient promoteur de spectacles de variétés, bourlingue avant de revenir dans le milieu pour diriger, à partir de 1907, l'équipe Labor sur le Tour. Il y fait débuter un néophyte, nommé François Faber. De cette première expérience, il tirera un superbe livre intitulé *Lettres à mon directeur sportif.* Il cherche, il innove, il comprend qu'avec des tenues de couleur jaune, ses ravitailleurs seront plus visibles la nuit, ce qui est primordial car les départs sont souvent donnés en début de soirée. Son sens de la course et son flair d'ancien coureur en font vite un meneur d'hommes tellement influent qu'on lui confie l'équipe Alcyon, en 1909. À sa tête, il retrouve et conduit à la victoire Faber, « le géant de Colombes », qu'il guide comme un fils. C'est le point de départ de sa réputation de faiseur de rois.

Alphonse Baugé, inventeur du maillot jaune, devant sa machine à écrire, après l'arrivée de l'étape Cherbourg-Brest en 1922.

Charismatique et autoritaire, on le baptise très vite « le Maréchal ». Mais on fait aussitôt suivre ce surnom de « Cézigue » pour introduire une pointe d'humour. Il fournira au Tour et à l'organisation de Desgrange, dont il finit par devenir très proche, tous ses vainqueurs jusqu'en 1926.

Il aura beau changer d'équipe, passer d'Alcyon à Peugeot, de Peugeot à La Sportive et de La Sportive à Automoto, le vainqueur sera toujours un de ses poulains. Pour gagner, il faut être dans son écurie et surtout dans ses petits papiers. Eugène Christophe n'en sera jamais malheureusement, contrairement à Octave Lapize, Gustave Garrigou, Odile Defraye, puis Philippe Thys. En 1919, on le retrouve placé par Desgrange à la tête du consortium La Sportive qui équipe quasiment tous les vaillants de cette folle reprise. Il dispose d'un budget conséquent. Cette armada, il la conduira toujours à la victoire avec Firmin Lambot, Philippe Thys ou Léon Scieur.
Après la disparition du consortium, c'est Automoto, la marque violine, qui lui confie les manettes de son équipe où il fait triompher Henri Pélissier, Ottavio Bottecchia et Lucien Buysse. Il devient également juge aux Six Jours et, en 1927, conseil de l'équipe Opel. Enfin, il s'occupera aussi de la gestion des intérêts immobiliers de Maurice Chevalier !

QUATRE EXEMPLAIRES EN LAINE D'UNE TUNIQUE DEVENUE SACRÉE

Quel parcours atypique pour cet homme presque toujours affublé d'une casquette à carreaux et protégé par un immense manteau, avec rabat de fourrure, qui le préserve du vent et du froid ! Car il est toujours sur le terrain, près de ses coureurs. Le soir, il peut leur jouer du violon pour les détendre et, pendant la guerre, il leur écrit fréquemment pour leur remonter le moral. C'est peu dire qu'il soutient *mordicus* l'organisation et *L'Auto* :

Eugène Christophe, premier porteur du maillot jaune (à droite, les mains sur les hanches) *avec, à gauche, Léon Scieur, Jean Alavoine, Firmin Lambot, à l'arrivée de l'étape Grenoble-Genève en 1919.*

il n'est que de feuilleter les chroniques d'Albert Londres sur le Tour 1924 pour voir qu'il est toujours à l'œuvre, qu'il roule – et fasse rouler – ses coureurs dans le sens de la course.

Pourtant le chef d'œuvre du Maréchal, vous l'avez toujours sous les yeux. Et c'est même une des pierres angulaires du Tour : le maillot jaune, de la couleur de L'Auto, mais aussi de la couleur la plus visible, celle qu'il avait utilisée quand il était chez Labor, Alcyon ou Peugeot.

En 1919, pénurie de matériel oblige, le cœur de la majorité des coureurs palpite sous des maillots gris et l'on a du mal à reconnaître le leader de la course, sauf Henri Pélissier, l'idole du public. Le problème se pose aux Sables-d'Olonne, quand Henri abandonne et qu'il est remplacé par Eugène Christophe, vaillant mais moins populaire.
Le leader, il faut que la foule puisse le distinguer. Baugé a alors l'idée d'un maillot de couleur jaune, il la souffle à Desgrange, qui la fait sienne dans les Pyrénées et la claironne dans *L'Auto*. Le maillot commandé à Paris devait être livré à Marseille, mais l'intendance ne suit pas, et ce sera donc un peu plus tard, le 18 juillet à Grenoble, qu'on en remet quatre spécimens en laine, couleur blé d'or. Toujours en tête du classement général, Christophe entre dans la légende : il est le premier à endosser la tunique sacrée, au cours de la 11e étape, Grenoble-Genève.
Ce maillot jaune marque le signal de la renaissance du Tour après la Grande Guerre, le renouveau après l'enfer. En fait, Baugé apporte du soleil à la course. Il va la réchauffer, l'embraser, alors même qu'elle traverse l'Alsace enfin libérée, et la sublimer quand Christophe, accidenté et retardé dans l'avant-dernière étape, alors que la course semblait gagnée, porte lui-même le maillot jaune à son nouveau propriétaire, son équipier belge Firmin Lambot.

Desgrange voulait que le Tour soit le creuset d'une noblesse du muscle, Baugé lui apporte sa toison d'or. Après la montagne d'Alphonse Steinès, qui avait sauvé le Tour, le maillot jaune de Baugé le fait entrer dans un nouveau monde et une nouvelle dimension.

Cette couleur est assurément l'une des plus prégnantes, des plus visibles de la palette. D'ailleurs, dès ses débuts en 1817, la vélocipédie avait déjà pensé à se l'approprier en peignant les premières draisiennes allemandes de jaune. Un siècle plus tard, en greffant le jaune sur les épaules du maillot du leader de 1919, Baugé y ajoute la notion d'excellence qui était jadis le signe électif de la toison d'or de Jason et des Argonautes. Une notion qui, au fil des ans, des éditions, des champions, des exploits et du phénomène de médiatisation et de mondialisation du Tour, s'imposera dans tous les domaines et dans le monde entier comme celui d'une primauté indiscutable. Idée lumineuse.
Certes, on tâtonnera encore, on le perdra ce maillot, on l'oubliera, mais il finira par s'imposer. Depuis près d'un siècle, il est celui que tous les spectateurs, massés le long des routes, veulent voir et cherchent du regard en premier. Il est devenu l'éclatant symbole de la réussite, pas seulement dans le Tour ni même dans le sport. Il est vrai que le fanion que Georges Abran brandissait aux départs et aux arrivées était déjà jaune et griffé des lettres gothiques de *L'Auto*. Mais le faire passer sur les épaules du premier, il n'y avait qu'un magicien comme Baugé pour réussir ce tour de passe-passe !

HENRI, FRANCIS ET CHARLES PÉLISSIER, LES REBELLES ET LE DANDY

DIDIER BRAUN

Cabochard, contestataire, impertinent, l'aîné des trois frères n'a de cesse de régler ses comptes avec Henri Desgrange. Avant et après sa seule victoire dans le Tour en 1923, Henri Pélissier se bat contre le patron, le règlement et la course elle-même, en dénonçant le « calvaire » et le « chemin de croix » imposé aux « forçats de la route ». Son frère Francis le suit, malgré ses abandons à la chaîne et ses querelles sans fin. Seul Charles, le cadet, évite les polémiques et devient même l'un des « chouchous » de Desgrange !

Voici trois vrais Parisiens, nés d'un père auvergnat et d'une mère ardennaise. Nourris au lait des vaches du père, fermier rue Mesnil, en plein Paris, et au parler des fortif' de la porte Dauphine, ils s'y forgent le caractère au contact d'un père impitoyable et adoptent la parole fleurie des faubourgs. Ce sont les Pélissier.
Avant 1914, Henri, l'aîné, dont le nom est apparu en gros titre dans *L'Auto* pour la première fois en 1910, lors du Tour des indépendants, était déjà professionnel. Il avait participé trois fois au Tour de France et déjà essuyé les critiques du patron, Henri Desgrange. Après la Grande Guerre, au cours de laquelle les Pélissier ont perdu leur frère Jean, tombé en Argonne en 1915, Henri, à bientôt 30 ans, est rejoint par son frère Francis, son cadet de cinq ans, dans le peloton des pros. Autant la silhouette d'Henri, dit « la Ficelle », est filiforme, autant Francis affiche une carrure solide.
Dès 1919, le Tour reprend sa ronde. Henri remporte la 2e étape à Cherbourg et prend la tête du classement général. Francis gagne l'étape suivante à Brest. Leurs victoires agacent les dirigeants de La Sportive, un consortium qui réunit les principales équipes et que les Pélissier, ces cabochards, ont refusé de rejoindre.

Lors de l'étape Brest-Les Sables-d'Olonne, Henri doit marquer un arrêt à la suite d'un incident mécanique. Les coureurs de La Sportive lui imposent une poursuite solitaire de 300 km. Henri rejoint puis sème son frère Francis, lâché par l'avant-garde des ligueurs. Desgrange vient lui signifier qu'il n'a pas le droit d'être relayé par son ami Honoré Bathélemy. C'en est trop ! Henri arrive aux Sables mais refuse de repartir le lendemain.

Dans *L'Auto*, Desgrange s'apitoie sur le sort de Francis, en qui il voit un futur vainqueur du Tour, et réserve tout son fiel à l'aîné qui a déclaré : « Le Tour de France est un truc de forçat ! » Nous lisons dans *L'Auto* du 6 juillet ce mot qui fera fureur plus tard. Desgrange écrit aussi : « Henri a pu prétendre immodestement qu'aucun de ses camarades ne le reverrait plus jusqu'à Paris ; au premier coup dur, il s'est moralement effondré. » Féroce, il le compare aux champions d'antan, morts au combat : « Il démontre

Albert Londres (à gauche) *avec les frères Francis et Henri Pélissier* (à droite), *sous le regard de Maurice Ville, au Café de la Gare à Coutances après leur abandon dans l'étape Cherbourg-Brest en 1924.*

péremptoirement en abandonnant une lutte à peine entamée que, s'il est indiscutable qu'il a hérité des jambes de nos gloires disparues, les Lapize, les Petit-Breton, les Faber, son cœur ne paraît point du même airain. »

UNE VICTOIRE QUI A LE « CLASSICISME DES ŒUVRES DE RACINE »

En 1920, Henri, qui vient de remporter deux étapes coup sur coup, abandonne de nouveau, pour avoir subi une pénalité qu'il estime injuste. La charge de Desgrange est rude :

« Le Tour de France lui est désormais, non pas musculairement, mais moralement interdit. [...] Il est déjà un peu repu de la vie. Il a moralement déjà le gros ventre et il a des allures de propriétaire quand il faut au Tour de France des états de chat efflanqué. Et puis, quelle nervosité de jolie femme ! À Morlaix, il ne veut pas, à Brest, il veut ; aux Sables-d'Olonne, il veut encore, cent km plus loin, il ne veut plus. [...] Alors, regrettons-le tous ensemble, Henri Pélissier ne figurera jamais sur la liste glorieuse. »

Après deux ans d'absence, les Pélissier reviennent sur le Tour en 1923. À l'aube du départ, Desgrange désigne un des Pélissier parmi les favoris. Ce n'est pas Henri, dont il craint les « nerfs à fleur de peau », mais Francis, récent champion de France. C'est pourtant l'aîné qui prend le pouvoir à Briançon après avoir remporté une victoire qui, écrit Desgrange, « a le bel ordonnancement, le classicisme des œuvres de Racine ». Mais, même ce jour-là, il ne peut s'empêcher de chercher « une amicale ou paternelle querelle à Henri Pélissier ». Rappelant les abandons de 1919 et 1920, il conclut que « personne ne marchera plus quand il dira, énervé, que [le Tour] est une besogne indigne de lui. [...] Mon petit Henri, il ne faut pas nous la faire, hein ! Pas de blague ! » Henri, celui qui « ne gagnera jamais le Tour », l'emporte enfin. Francis termine 23e de ce Tour 1923, avec le dossard 23.
En 1924, parmi les suiveurs se trouve Albert Londres, le reporter au long cours du *Petit Parisien* mais profane en matière de cyclisme. Plus tard, il qualifiera d'« idiotie » sa série de papiers publiés cet été-là. Mais un seul d'entre eux suffit à entrer dans l'histoire du Tour.
Pour la 3e étape, le 26 juin, le peloton est parti de Cherbourg à 2 heures du matin pour rallier Brest. Les frères Pélissier pointent à trois minutes de l'Italien Ottavio Bottecchia au classement général.
La veille, une obscure histoire de maillot abandonné a mis Henri Pélissier une nouvelle fois en pétard contre Desgrange, le règlement et le Tour.

Henri Pélissier vainqueur de l'étape Cherbourg-Brest devant son frère Francis en 1923.

Le peloton passe au contrôle de Coutances à 5 h 12. À Granville, vers 6 h, l'absence des Pélissier est constatée. Dans sa Renault, Albert Londres fait demi-tour. Il flaire la bonne histoire. Il retrouve les Pélissier et Maurice Ville, 2e du classement général, attablés au Café de la Gare. Londres sait faire parler ses interlocuteurs, et les Pélissier savent parler aux journalistes. Ils lui déversent leur bile. Pas qu'à lui : André Reuze, du quotidien *Excelsior*, a eu le même réflexe journalistique. Reuze entend les mêmes mots que Londres, mais écrit seulement : « Henri parla longtemps. Il m'a dit beaucoup de choses sur les règlements draconiens du Tour et sur les souffrances des coureurs. »

« Ce coureur mondain était le contraire d'un coureur de salon »

Londres, lui, possède davantage le sens de la mise en scène, les Pélissier celui de dialoguistes. Exemple dans le papier du 27 juin, à la une du *Petit Parisien* :
Henri : « Viens, Francis, on plaque » ; Francis : « Et cela tombait comme du beurre frais sur une tartine, car justement, ce matin, j'avais mal au ventre, et je ne me sentais pas nerveux. » Puis défilent les mots « calvaire », « chemin de croix », « cocaïne », « chloroforme », « pilules » pour marcher « à la dynamite », « diarrhée »... La description des corps fait peur. Francis : « La viande de notre corps ne tient plus à notre squelette » ; Henri : « Les ongles des pieds, j'en perds six sur dix, ils meurent petit à petit à chaque étape » ; Francis : « Mais ils renaissent pour l'année suivante ». L'aîné conclut : « Un jour viendra où l'on nous mettra du plomb dans les poches, parce que l'on trouvera que Dieu a fait l'homme trop léger. Si l'on continue sur cette pente, il n'y aura bientôt que des "clochards" et plus d'artistes. Le sport devient fou furieux ! » Albert Londres tient son papier. Nulle part n'apparaît l'expression « forçats de la route », qui lui sera attribuée et qui rappelle ses récents reportages sur les bagnes de Biribi et de Cayenne. En revanche, on lit le mot « forçat », une nouvelle fois, dans la réplique de Desgrange du lendemain : « En 1923, non seulement il [Henri Pélissier] fait un mois durant le métier de forçat pour lequel il n'est pas fait, mais encore il a gagné le Tour de France. [...] Quand Henri a-t-il raison ? Est-ce quand il abandonne ou quand il persévère ? »

En 1925, Henri revient une dernière fois sur le Tour. Percuté par une moto dans l'étape Brest-Vannes, il abandonne. Desgrange lui assène une ultime leçon : « Encore une fois, je suis sans rancune contre Henri, la lutte étant achevée, mais je voudrais que son exemple servît aux jeunes coureurs pour ne point l'imiter. »

Francis prend le départ une dernière fois en 1927. Il remporte la première étape et enfile le maillot jaune jusqu'à son abandon – un de plus – pendant une autre étape bretonne – une de plus !

Vient enfin le tour du cadet, le beau Charles, à propos duquel Jacques Augendre écrira joliment que « ce coureur mondain était le contraire d'un coureur de salon ». Avec lui, le métier de cycliste a de la tenue, jusque dans le vêtement qui n'est plus celui des forçats de naguère. Ses socquettes blanches soulignent la courbure du mollet. Le coureur a une classe aristocratique qui en fait un chouchou... de Desgrange lui-même ! En 1930, pour le premier Tour par équipes nationales, Charles parvient au paroxysme de la popularité en décrochant huit étapes, dont la première et les quatre dernières. Il en gagnera sept autres entre 1931 et 1935 et, comme ses deux frères, portera le maillot jaune.
Alors que les coups de gueule de Francis se perpétueront lorsqu'il dirigera l'équipe La Perle et le débutant Jacques Anquetil, avec Charles il n'y a plus de polémiques, plus de passes d'armes. Il est le « dandy de grands chemins », selon Blondin. Desgrange reprochait régulièrement à Francis d'obéir aveuglément à Henri, affirmant qu'il « serait un grand champion sans son frère ». Charles, justement, le fut sans ses aînés. Mais il était bien de la race des Pélissier.

PHILIPPE THYS, LE CRACK D'ANDERLECHT

GÉRARD EJNÈS

Premier triple vainqueur du Tour en 1913, 1914 et 1920, le Belge aurait pu en gagner beaucoup d'autres sans la Première Guerre mondiale et la malchance qui l'accable entre 1921 et 1925. Endurant, rapide et bon grimpeur, il est doté de toutes les qualités. Son palmarès marque le triomphe d'un modeste champion. Par son talent et son mode de vie écolo avant l'heure, il devient le précurseur des futurs vainqueurs de la Grande boucle.

Henri Desgrange avait beaucoup de défauts mais certainement pas celui de ne pas maîtriser le cyclisme et ses champions sur le bout de sa plume.
« On n'ignore pas en France que, sans la guerre, ce n'est pas à son troisième Tour de France que le crack d'Anderlecht en serait, mais au moins à son cinquième ou sixième, écrit-il fin juillet 1920 dans *L'Auto*. Il va aussi vite que le plus vite et, en plus, il est bon grimpeur. C'est un démarreur hors ligne et qui sait quand et comment il faut produire un effort. Philippe Thys est doué de toutes les qualités. »
« Le Basset », surnom né de la position très basse qu'il adopte sur sa machine à cause de sa petite taille, réussit le premier triplé de l'histoire de la Grande boucle (1913, 1914, 1920) et, au moment de le comparer à l'aune d'une histoire désormais plus que séculaire, c'est un nom flamboyant qui vient à l'esprit, celui de l'immense Eddy Merckx, pur Bruxellois comme lui, né pour la gloire du Tour comme lui. Sans la guerre…

C'est dans une étape culte, entre Bayonne et Luchon, que naît en 1913 la légende de Thys, en même temps que commence à se graver en creux celle marquée par la désolation d'Eugène Christophe. Car ce sont deux destinées qui basculent ce jour-là.

Philippe Thys en maillot jaune dans le Tour 1920.

Thys est alors au coude à coude avec son grand rival français dans la montée de l'Aubisque qu'ils effectuent de conserve, mettant pied à terre à l'occasion pour courir, vélo en main, quand la pente devient trop rude et la chaussée trop défoncée. Premier au sommet, le Belge, profitant des malheurs d'un adversaire transformé en forgeron, franchit encore en tête le Tourmalet et Peyresourde avant, à la façon du « Cannibale » roulant rageusement dans une flamboyante solitude vers Mourenx en 1969, d'aller s'imposer à Luchon avec près de 18 minutes d'avance sur son compatriote Lucien Buysse.

« UN AFFREUX PÉDARD, VIEUX, BÊTE ET LAID, ME CASSE MA ROUE »

Thys ne gagnera pas d'autres étapes quand Buysse en enlèvera cinq au total sur cette édition. Pour s'imposer à Paris, devant Gustave Garrigou, avec une avance à dimension humaine de 8' 37", il bénéficiera de l'abandon sur chute dans l'avant-dernière étape du très menaçant Lucien Petit-Breton, lequel ratera définitivement sur ce coup du sort un troisième succès sur la Grande boucle. Un honneur qui échoira donc, sept ans plus tard, à Thys. Pour l'instant, le jeune vainqueur de 23 ans n'en est pas là.
« C'est le triomphe d'un modeste autant que valeureux champion », écrit Charles Ravaud dans *L'Auto*.
Thys ne vient pas de nulle part. En 1911, il est encore indépendant quand il remporte Paris-Toulouse, puis Paris-Turin, avant de s'imposer sur le circuit français Peugeot, une sorte de Tour de l'Avenir de l'époque. Sixième de son premier Tour de France en 1912, il est choisi par Alphonse Baugé, le tout-puissant directeur sportif de l'équipe Peugeot, pour devenir son fer de lance sur le Tour 1913 avec la réussite que l'on sait. Baugé apprécie le talent de Thys mais aussi son mode de vie. Sorte d'écolo avant l'heure, adepte d'une vie saine, il se lève tôt, s'entraîne le matin, fait la sieste, enchaîne par une bonne marche régénératrice, mange équilibré et se couche tôt.

En 1914, il devient le premier vainqueur à dominer le classement général, du début à la fin de l'épreuve – quinze étapes, dont quatre à égalité de temps avec son compatriote Jean Rossius –, depuis le pionnier Maurice Garin en 1903. Mais c'est sur un écart d'à peine 1'50" qu'il devance à Paris Henri Pélissier, son dauphin et adversaire-équipier chez Peugeot.

Une courte différence en trompe-l'œil car, dans l'avant-dernière étape, Thys a écopé d'une pénalité de trente minutes pour n'être pas parvenu au but avec son moyeu poinçonné, la faute à un changement de roue.
C'est le temps magique où les champions font preuve de fascinantes qualités littéraires au moment de raconter leurs aventures dans *L'Auto* : « Maudite étape

Philippe Thys, vainqueur du premier de ses trois Tours, en 1913, à l'arrivée de l'étape Dunkerque-Paris.

que cette étape Longwy-Dunkerque ! Un affreux pédard – un nid-de-poule –, vieux, bête et laid, me casse ma roue. Je l'aurais tué, savez-vous, si je n'avais trouvé en Heusghem le plus obligeant des camarades. » Une fois encore, le Basset n'a gagné qu'une étape, la première. Suffisant cependant pour rejoindre Petit-Breton au palmarès des doubles vainqueurs.

À 30 ans, il a encore le temps de devenir Merckx avant Merckx

Mais voici venue l'heure de la guerre, du malheur et de l'horreur mêlés. Puisqu'il a des ailes, Thys s'engage dans les forces aériennes royales qui combattent aux côtés des aviateurs français. Il évitera la chute fatale. Mais le vélo ne l'a jamais quitté. Lors de ses permissions, il a remporté Paris-Tours (1917), Tours-Paris (1918) et le Tour de Lombardie (1917). L'homme à la raie au milieu sera bien entendu présent au départ du Tour 1919 qu'il devra malheureusement quitter dès la première étape pour cause de maladie.

Son chef-d'œuvre est encore à venir. Toujours coaché par Baugé au sein de La Sportive, il s'empare du maillot jaune, inventé l'année précédente, dès le terme de la 2e étape et le conserve jusqu'à Paris après avoir survolé une course écrasée par la domination de son pays – sept Belges aux sept premières places avec un dauphin, Louis Heusghem, relégué à 57 minutes.

Thys a 30 ans et encore le temps de devenir Merckx avant Merckx. Sauf qu'en 1921, il abandonne, souffrant, dès la première étape ; sauf qu'en 1922, il est accablé par un nombre incalculable d'incidents, dont un bris désastreux de machine qui lui coûte plusieurs heures – ce qui ne l'empêche pas de gagner cinq étapes avant de finir 14e à Paris ; sauf que le temps file : en 1923, il abandonne lors de la 9e étape. En 1924, s'il gagne encore deux étapes – treize victoires d'étapes au total dans sa carrière –, il finit 11e à 3 h 15 d'Ottavio Bottecchia. Et, en 1925, il renonce dès la 9e étape.
L'heure a sonné d'écrire le mot fin dans la jubilation d'un triple succès – que seul Louison Bobet sera le premier à égaler –, mais aussi dans la frustration de ne pas avoir pu faire encore mieux.

DES MAILLOTS DE TOUTES LES COULEURS

Pour distinguer les leaders de la course, noyés dans les pelotons, les organisateurs du Tour ont inventé au fil des ans des maillots de couleur : le jaune pour le classement général en 1919, le vert pour le classement par points en 1953, le blanc à pois rouges pour le meilleur grimpeur et le blanc pour le meilleur jeune en 1975. Une palette qui tranche singulièrement parmi la marée de tuniques bariolées des équipes.

1 - *Jean Robic présente son maillot jaune portant pour la première fois les initiales H. D. (en souvenir d'Henri Desgrange) à Marcel Hansenne à L'Équipe en 1948.*

2 - *Hugo Koblet en maillot jaune à l'issue de l'étape Tarbes-Luchon en 1951.*

3 - *Fritz Schaer premier porteur du maillot vert (classement par points), à l'issue de l'étape Lyon-Saint-Étienne en 1953.*

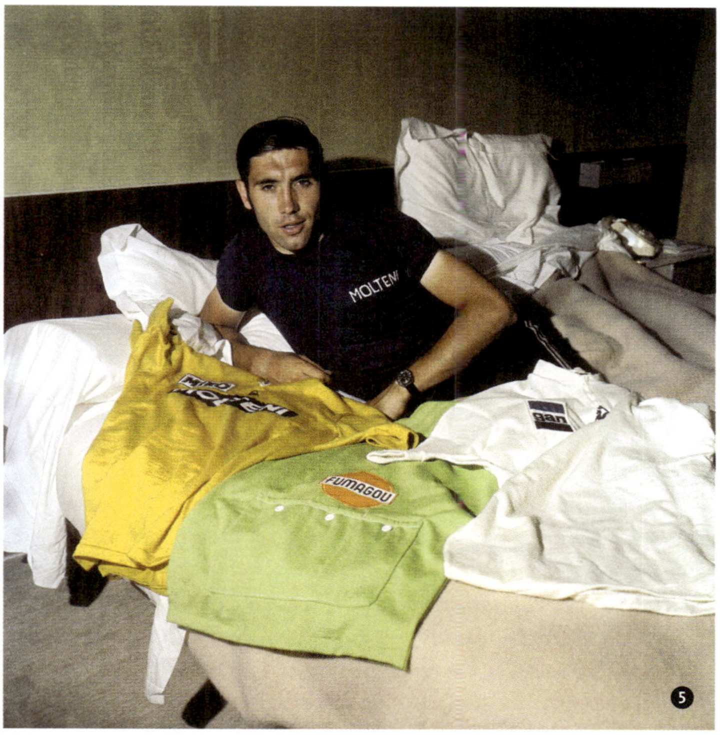

4 - *Jacques Anquetil en maillot jaune en 1957.*

5 - *Eddy Merckx, seul coureur à avoir porté trois des quatre maillots (jaune, vert et blanc) en 1971.*

6 - *Les porteurs des quatre maillots du Tour au départ de l'étape Barcelone-Andorre en 2009 : Dan Martin, Mark Cavendish, Fabian Cancellara, Stéphane Augé.*

7 - *Lucien Van Impe, porteur du maillot à pois du meilleur grimpeur, créé sur le Tour en 1975, ici précédé par Bernard Thévenet en maillot jaune.*

CHARLES FAROUX, LE BRILLANT POLYTECHNICIEN

SERGE LAGET

Particulièrement doué, cet ingénieur passionné d'automobile, de mécanique et de billard reste une des plus grandes figures de L'Auto, de L'Équipe et du Tour. Charles Faroux a illuminé le Faubourg-Montmartre par ses intuitions hors du commun, de 1904 à 1957. Journaliste-poète, il tient la plume comme le volant et raconte la course au plus près du peloton. En 1936, il est aux côtés de Jacques Goddet, qui remplace au pied levé Henri Desgrange, malade, à la direction par intérim de l'épreuve.

Probablement considéré comme l'une des plus grandes figures de *L'Auto*, de *L'Équipe* et du sport en général, Charles Faroux a laissé un nom. D'abord dans le monde de l'automobile qui fut son univers de prédilection, où la mémoire de ce polytechnicien – promotion 1892 de l'X – est encore bien vivante – 24 Heures du Mans. Mais par-dessus tout au Faubourg-Montmartre, qu'il illumina de sa présence entre 1904 et 1957 et où son souvenir était encore palpable bien longtemps après son décès survenu à l'âge de 84 ans. Esprit brillantissime, « tutoyant les étoiles », disait Jacques Goddet, Faroux pouvait traiter d'égal à égal avec Albert Einstein et montrer, dans bien des domaines, des intuitions hors du commun. Surnommé entre autres le « pape de l'automobile », il fit aussi autorité, au-delà de sa collaboration à *L'Auto* et à *La Vie automobile*, dans *La Vie au grand air*, *Très sport*, ou *Englebert magazine*. En patron pragmatique et contrairement à beaucoup de ses confrères, Henri Desgrange n'interdisait pas les collaborations extérieures à ses journalistes : cela lui permettait même de les payer moins cher !

Recruté fin 1904 par Jacques May, Faroux présente à 32 ans un pedigree propre à époustoufler la petite troupe de Desgrange : cet ingénieur passionné de mécanique et de billard – il sera champion du monde amateur – a d'abord travaillé à un projet génial mais incompris de tram monorail, avant de partir pour les États-Unis, où il a été « dessinateur industriel, chercheur d'or et même *cowboy* » !

Dans le sillage désinhibiteur de ce polyglotte, capable de piloter toutes les voitures et de vulgariser n'importe quel sujet, le journal va faire un bond en avant !

Le Tour aussi car, captivé par toutes les formes de moyens de locomotion, Charles le sera aussi par le vélo. En fait, il fera deux Tours complets en tant que codirecteur, ceux de 1906 et de 1936, où il remplace au pied levé Desgrange, tombé malade à Charleville.

Deux Tours clés à son actif, mais aussi des apparitions dans toutes les Grandes boucles jusqu'à la Première Guerre mondiale. Sitôt la saison des grandes compétitions automobiles achevée, il rejoint la route du Tour pour trois ou quatre étapes d'anthologie. Même le concurrent de *L'Auto*, *Le Journal des sports* salue alors

Charles Faroux, le « pape de l'automobile », un personnage polyvalent et truculent, ici en 1949.

les incursions « du grand poète qui, avec son Hispano, arpente la course pour veiller à sa régularité ».

UN « GRAND AIGLE ROYAL » PLANE SUR LE TOUR DU FRONT POPULAIRE

Faroux tient le volant comme la plume, et il nous entraîne donc au plus près du peloton. C'est une « première », en particulier en 1906, où, dans le ballon d'Alsace, on assiste avec lui à l'envol de Lucien Pottier. Connaisseur de la vie et de l'œuvre de tous les coureurs, il sait être technique et descriptif, tout en faisant preuve de truculence. La preuve, cette arrivée victorieuse de Louis Trousselier à Brest qu'il décrit ainsi : « Dans son bref passage à Quimperlé, Trousselier aura trouvé le moyen de tirer la queue d'une grosse vache indolente, de décocher un coup de pied sur le nez d'un assommant roquet et de pincer la taille de cette jolie fille qui en a rougi jusqu'à la chaîne d'or de son col. Et vous voudriez que l'on ne parlât point du Tour de France aux veillées de l'hiver prochain en basse Bretagne... »

En 1936, ce grand diable efflanqué, apparu incognito en 1904, est devenu un « grand aigle royal », faisant même de la réclame pour Lucky Strike, quand il ne promeut pas le judo. Mais le remplaçant du patron, qu'il vénère, ne s'écartera guère de la course dans ses papiers : il pointe les passages, note les écarts, fait des parallèles avec 1906 – on descend plus vite aujourd'hui – et balance quelques équations paradoxales...

Mine de rien, ce Tour du Front populaire, il le conduit de main de maître à Paris. Sont-ce ses remarques sur la nécessité du dérailleur qui feront enfin entrer l'ustensile dans la danse en 1937, malgré les réticences de Desgrange ? Ce n'est pas impossible. Toujours est-il que l'on peut dire, sans exagérer, que sur le Tour le « grand aigle » plana aussi.

ÉQUIPIERS

Lucien Cazalis, la voix de son maître

SERGE LAGET

Lucien Cazalis, debout sur le marchepied de la voiture, avec René Vietto (à gauche) *et Raymond Louviot* (à droite), *vers la ligne de départ de l'étape Bordeaux-La Rochelle en 1934.*

Comédien de second ordre, Lucien Cazalis trouve son grand rôle en devenant la doublure d'Henri Desgrange sur le Tour pendant quinze ans. En 1913, durant les trois étapes où il remplace Georges Abran, ce voltigeur de 35 ans séduit le patron, qui apprécie sa force d'abattage, son culot et sa grande gueule. Commissaire général de la Grande boucle, il est à la fois comptable, trésorier, contrôleur, journaliste... et parolier de la chanson officielle du Tour.

Par manque de coureurs, de matériel mais aussi d'organisateurs, le Tour 1919 a beaucoup de mal à repartir. Il s'accrochait aux barbichettes de Georges Abran et d'Alphonse Steinès, des hommes qu'on ne remplace pas comme ça. Manchon, Machurey, Ravaud, Desmarets ou Baugé montent bien au créneau, mais la succession est difficile. Comme souvent à *L'Auto*, elle viendra d'où on l'attend le moins. Avec Lucien Cazalis, ce sera du spectacle !

Est-ce grâce à sa revue *Comedia* qu'Henri Desgrange a fait la connaissance de Cazalis, ancien élève de Charles Le Bargy à la Comédie-Française ? L'acteur se donne tellement de mal pour pousser la chansonnette, ou animer les séries « Jobard » ou « Caza », qu'il a fini par taper dans l'œil du patron de *L'Auto*. Ce qui est sûr, c'est qu'il fait ses débuts sur le Tour en 1913, alors qu'Abran est toujours hospitalisé à la suite d'un accident survenu lors de la reconnaissance du parcours. En trois étapes, ce voltigeur de 35 ans séduit Desgrange, qui aime bien sa force d'abattage, son culot et, il faut le dire, sa grande gueule.

Pendant la guerre, Caza continue à tourner des courts métrages – et même un long, en 1924, *La Cité foudroyée*. En avril, il entre de plain-pied à *L'Auto*. Avec 800 francs par mois, il se retrouve au niveau de François Mercier, qui est là depuis une éternité. Il pèse d'emblée sur les 70 organisations maison, sans parler des parrainages. En fait, c'est dans le Tour que cet acteur de second ordre va trouver son principal grand rôle, devenant pendant quinze ans la doublure de Desgrange et souvent son porte-voix !

LE COMPLICE, LE CONFIDENT, LE BRAS ARMÉ, L'HOMME PROVIDENTIEL…

Desgrange a besoin d'un complice, d'un confident, d'un bras armé : ce sera Cazalis. Comptable, trésorier, contrôleur, parolier, Lucien tient 36 rôles à la fois, derrière son titre de commissaire général du Tour. Il continue de faire l'appel au départ, le drapeau jaune d'Abran à la main, et d'être à l'arrivée. Entre temps, dans la voiture n° 2, il veille au bon déroulement de la course. Même si ses relations avec les coureurs sont médiocres, y compris avec les « petits » dont il a du mal à régler les primes, il offre une seconde jeunesse à Desgrange. C'est ensemble qu'ils préparent les nouveaux règlements en s'installant Villa Mia à Beauvallon – près de Grimaud, dans le Var –, une fois le Tour fini.

Pour Desgrange, ombrageux et timide, en proie à des soucis familiaux, c'est un ballon d'oxygène ! Cazalis introduit de l'humour dans le Tour et lance chaque année la chanson officielle de la Grande boucle, dont il est le parolier attitré. Il amène également des artistes sur la course.

Il est d'autant plus l'homme providentiel qu'il trousse aussi quelques articles. Desgrange l'autorise également à avoir des activités extérieures. De fait, Caza tourne et chante toujours. Il faudra la maladie du patron pour briser ce binôme imprévu. Lucien ne survivra que cinq ans à son ami, s'éteignant en 1945 à l'âge de 67 ans. Il avait su gagner la confiance totale d'Henri. Le seul peut-être à y être parvenu...

LA COURSE EN RASE CAMPAGNE

Les plaines sont le lit le plus familier des parcours du Tour. C'est entre champs et forêts, à basse altitude et à perte de vue, que les coureurs passent le plus clair de leur temps. Les étapes s'éternisent souvent, en plein soleil ou sous la pluie, sur ces chemins de traverse qui mènent la caravane d'un village à un autre, à l'ombre de leurs mairies, de leurs écoles et de leurs églises.

1 - *Louis Heusghem sur un chemin lors de l'étape Perpignan-Aix-en-Provence en 1920.*

2 - *Traversée d'un village entre La Seu d'Urgell et Saint-Lary-Soulan en 1974.*

3 - *École buissonnière pour les écoliers de Pont-Farcy (Calvados) dans l'étape Caen-Saint-Brieuc en 1958.*

4 - *Passage du peloton sous le regard d'un berger landais dans l'étape Bordeaux-Bayonne en 1926.*

5 - *Des champs à perte de vue pour le peloton dans l'étape Dijon-Reims en 1991.*

6 - *Le serpent des coureurs dans les vallons de l'étape Tonnerre-Vittel en 2009.*

7 - *Traversée d'un village à vive allure pour le peloton dans l'étape Périgueux-Bergerac en 2017.*

8 - *Les coureurs en file indienne en pleine campagne dans l'étape Vesoul-Troyes en 2017.*

Souscription pour Christophe

GÉRARD ERNAULT

En page une du n° 6821, daté du lundi 28 juillet 1919, juste sous le titre annonçant la victoire du Belge Firmin Lambot pour le compte de la 13e édition, *L'Auto* fit paraître l'entrefilet suivant, intitulé « Une souscription pour Christophe » : « L'histoire du Tour de France ne comporte pas de malheur semblable à celui qui atteint Christophe. Malheur d'autant plus grand que, courant le classement général, Christophe ne s'est jamais inquiété de gagner une étape : il a donc disputé le Tour de France sans bénéfice. En conséquence, nous ouvrons pour lui une souscription en tête de laquelle *L'Auto* s'inscrit pour 1 000 francs » – un peu plus de 3 000 euros, en 2018. Référence était faite à la perte du maillot jaune par Eugène Christophe, sur bris de fourche, à 48 heures de l'arrivée, exactement dans les mêmes conditions qui avaient accablé le « Vieux Gaulois », lors du Tour 1913.

Lancé le 28 juillet, le mouvement de souscription se développa jusqu'au 20 août, les résultats définitifs en étant publiés en page 2 du numéro du 21 août sous le titre « Après le Tour de France » et le sous-titre « La souscription Christophe est close sur le total important de 13 241, 27 francs » : « La souscription que nous avions ouverte en faveur de Christophe, le glorieux vaincu de notre grande randonnée, au lendemain de l'arrivée du Tour de France, a été close hier soir à 18 heures, ainsi que nous l'avions annoncé. 221 francs nous étaient encore parvenus par la Poste au cours de cette dernière journée, fournissant ainsi établissement à une 19e liste ne manquant pas d'intérêt. »

Cette dernière liste s'établit de la façon suivante. Nous n'en donnons qu'un échantillon :

- les deux cuistots de la popote des Cheminots des deux, à Audun-le-Roman... 2 francs ;
- Eugène et Jeanne à Maubeuge... 2 francs ;
- un groupe de poilus, hôpital de Kronenbourg... 4 francs ;
- le vicomte de La Tour Cassée-Plantin, sergent-major et son tampon Loriot... 1,50 franc ;
- Mme Langlois et son mari, maréchal des logis et chef du 3e GHCH, SP 32... 5 francs ;
- les officiers et sous-officiers de la 42e batterie du 63e régiment d'artillerie à Dunkerque... 18 francs ;
- La Tomate, Caruso, La Binette, jardiniers à l'EMPJ de Rambouillet... 1,50 franc ;
- un « jeune » cinquantenaire, fils et petit-fils de nonagénaires, hommage au sport... 10 francs ;
- quatre poilus à l'infirmerie d'Aix-en-Provence... 0,15 franc ;

Total de la 19e liste... 221 francs.
Total des 18 premières... 13 020, 67 francs.
Total général... 13 241, 67 francs.

« Il nous reste à remercier très sincèrement, au nom de Christophe et au nôtre, tous les *sportsmen* qui ont bien voulu comprendre que la perte, pour lui, du bénéfice moral que devait lui rapporter sa victoire dans le Tour de France ne devait pas s'aggraver d'un désastre au plan financier. Merci à vous ! » concluait *L'Auto*.

Un siècle plus tard, ce morceau d'anthologie peut prêter à sourire. En même temps, comment ne pas y déceler la capacité du Tour à faire corps avec la France de son temps, resserrée sur son territoire et ses champions comme sur ses poilus ? La souscription de Christophe souscrit justement à l'idée qu'un pays se reconnaît alors profondément dans le Tour de France.

Eugène Christophe, l'éternel malchanceux, ici dans l'étape Paris-Le Havre en 1925.

Avec eux, le déluge...

PIERRE CHANY

Récit, d'après les témoignages recueillis par Pierre Chany, de la 11e étape entre Bayonne et Luchon en 1926.

Après le départ, donné à Évian comme prévu, la course avait pourtant commencé de fort belle manière, en direction de Mulhouse, Metz et Dunkerque, avec les attaques de Lucien Buysse, premier vainqueur, et de Van Slembrouck, détenteur du maillot jaune à Dunkerque. Un maillot jaune que nul ne lui disputa jusqu'au pied des Pyrénées ! Et là, en une seule journée, mais quelle journée mémorable, entre Bayonne et Luchon, Lucien Buysse parvint à établir sa supériorité d'une façon définitive.
La pluie commença à tomber peu après le départ, transformant en bourbiers les routes de montagne. Une pluie pénétrante et glaciale. Dans la montée des cols, les coureurs s'enlisaient sur le sol meuble ; dans les vallées, l'averse redoublait de violence. Un véritable déluge s'abattait sur le massif pyrénéen. Les hommes luttaient avec plus ou moins de bonheur contre les éléments et les vélos abandonnés s'agglutinaient à la porte des auberges.
Le combat commença à 125 km de l'arrivée seulement. Dans l'Aubisque, Lucien Buysse s'en fut, ayant « retourné » sa roue à la sortie de Laruns, pour franchir le sommet deux minutes environ avant Omer Huyse et Dejonghe. Il plongea alors vers Argelès et franchit le Tourmalet avec onze minutes d'avance sur Aymo. À l'arrière, la débandade se généralisait : Bottecchia abandonnait, de même qu'Adelin Benoît, éliminé par une chute. À Luchon, Lucien Buysse, méconnaissable sous sa carapace de boue, précédait Aymo de 25 minutes, Devos de 35 minutes, Beeckman de 42 minutes ! Le porteur du maillot jaune, Van Slembrouck, terminait à 1 h 50 de Buysse, son successeur au classement général.

Les concurrents, pour la plupart, avaient effectué les cent derniers km en isolés, alternant la pédale et la marche dans la nuit opaque. On glissait dans les fondrières, on pataugeait dans les rus qui coupaient les routes étroites, on s'affalait en jurant dans la bouillasse.

« De ma vie, je n'ai autant souffert sur une bicyclette, dira Marcel Bidot, le futur directeur technique de l'équipe de France, débutant dans le Tour. J'ai atteint Luchon à la nuit tombante, en compagnie du touriste-routier Rossignoli. Notre retard sur Buysse était d'une heure et demie et nous avons pourtant été classés parmi les vingt premiers ! » À 11 heures du soir, une quarantaine de rescapés seulement s'étaient présentés sur les allées d'Étigny. Des coureurs s'étaient perdus dans la montagne, en pleine tempête. Des voitures et des autocars partirent à leur recherche. Aux environs de minuit surgirent une dizaine de rescapés, parmi lesquels le Suisse Guy Bariffi et le jeune Stéphanois Benoît Faure, déjà surnommé « la Souris », eu égard à sa très petite taille. L'instant d'après arriva un homme au visage empourpré par la fureur, qui interpella les organisateurs : « C'est un scandale !... Une honte !... Ils ont refusé de me payer !... Tous des voyous !... J'en ai ramené une bonne douzaine dans mon car et ils ne m'ont pas réglé ! »
D'autres rallièrent Luchon en conduite intérieure. Pour une fois magnanime, Lucien Cazalis ferma les yeux et régla la note, Henri Desgrange ayant décidé que tout le monde serait autorisé à repartir !

Extrait de *La Fabuleuse Histoire du Tour de France*, éditions Odil, 1983, La Martinière, 2012.

Odile Tailleu, au pied du col du Tourmalet lors de l'étape Bayonne-Luchon en 1926.

2 juillet 1930
Départ du premier Tour de France disputé par équipes nationales.

1er juillet 1931
L'Autrichien Max Bula, premier leader issu d'un pays non limitrophe de la France.

1er juillet 1932
Kurt Stoepel, premier coureur allemand à porter le maillot jaune.

23 juillet 1933
Premier Grand Prix de la montagne officiel, remporté par l'Espagnol Vicente Trueba.

27 juillet 1934
Premier contre-la-montre individuel entre La Roche-sur-Yon et Nantes.

1930

L'ÂGE D'OR

1939

13 juillet 1935
L'Espagnol Francisco Cépéda, premier coureur à décéder des suites d'une chute sur le Tour !

8 juillet 1936
Henri Desgrange, malade, quitte le Tour. Jacques Goddet, son adjoint, le remplace.

23 juillet 1936
Apparition des demi-étapes, puis dans la foulée des tiers d'étape (1er août).

30 juin 1937
Le journaliste Jean Leulliot, premier directeur technique de l'équipe de France.

22 juillet 1937
Abandon de l'équipe de Belgique, s'estimant désavantagée, à Bordeaux.

Gino Bartali dans la Casse déserte du col de l'Izoard lors de l'étape Digne-Briançon en 1938.

Antonin Magne devant le Belge Jef Demuysère dans l'étape Malo-les-Bains-Paris en 1931.

JEAN-JACQUES VIERNE

L'ÂGE D'OR

La création des équipes nationales, du contre-la-montre individuel et du Grand Prix de la montagne donne une nouvelle impulsion au Tour. De 1930 à 1934, l'équipe de France remporte les cinq éditions, en s'adjugeant 54 étapes sur 112. André Leducq, Antonin Magne, Georges Speicher puis Roger Lapébie en 1937 écrasent la concurrence jusqu'à l'arrivée dans le peloton de Gino Bartali. Grâce à leurs exploits, les chiffres de vente de* L'Auto *atteignent des sommets toujours inégalés.

C'est dans *L'Auto* du 25 septembre, deux mois après le terme du désastreux Tour 1929, qu'Henri Desgrange, ayant écarté l'idée de saborder son épreuve, reprend le combat avec une véritable « bombe atomique » avant l'heure : le Tour 1930 sera disputé selon une formule entièrement nouvelle qui permettra à l'organisateur de se débarrasser de l'influence des constructeurs et de revenir à une pratique individuelle qui est la source originelle du sport cycliste. Les meilleurs coureurs seront rassemblés au sein de cinq équipes nationales, formées de huit hommes chacune – Italie, Espagne, Belgique, Allemagne, France –, et enfourcheront des vélos anonymes fournis par l'organisateur. Ce dernier prendra en charge toutes les dépenses de ces quarante « as » qu'il aura lui-même sélectionnés, les touristes-routiers, au nombre de soixante, conservant leur statut habituel.
Heureusement, le projet du « patron » ne soulève pas le tollé attendu. Mais la crise économique qui sévit limite fortement les capacités d'opposition de l'industrie du cycle. Pour faire face aux nouvelles dépenses, l'idée d'une caravane publicitaire s'impose très vite ; d'abord embryonnaire en 1930, puis très réglementée dès 1933.

Le succès sera complet. Les embrouilles des années 1920 et les treize victoires étrangères sur quatorze éditions depuis 1912 avaient fini par engendrer une certaine désaffection de la part du public. Mais celui-ci se remobilise aussitôt devant l'éclatante domination de l'équipe de France.

Les tricolores remportent en effet cinq Tours d'affilée grâce à André Leducq (1930 et 1932), Antonin Magne (1931 et 1934) et Georges Speicher (1933).
Leducq et Magne ne sont pas des inconnus, loin s'en faut, mais leur talent ne pouvait qu'imparfaitement s'exprimer au sein de l'organisation précédente du Tour. En effet, le premier appartenait à Alcyon, la marque dominante, où son rôle était celui d'équipier ; et le second œuvrait pour un concurrent insuffisamment armé. Tous deux, nés malins et excellents amis malgré leurs caractères diamétralement opposés, « Dédé » l'extraverti et « Tonin » le taciturne, comprennent très vite l'intérêt qu'ils ont à se montrer unis, sous le capitanat de Charles Pélissier, troisième rejeton de la redoutable fratrie, qui a l'avantage, contrairement à ses aînés, d'être bien vu de Desgrange. Pour sa part, Speicher constitue un miracle de génération spontanée et de culot : à 17 ans, il ne savait pas monter à vélo – ce qui ne l'a pas empêché de décrocher un emploi de... coursier ! – et il n'a intégré les rangs professionnels que dix-huit mois avant son triomphe.

De grandes péripéties gravées dans le marbre de la légende

La génération de ces premières équipes de France déborde d'ailleurs de coureurs de qualité, de Victor Fontan et Marcel Bidot à René Vietto et Roger Lapébie, en passant par Jules Merviel, Benoît Faure, Maurice Archambaud, Léon Le Calvez, Raymond Louviot et compagnie. Ils ne sont pas forcément les meilleurs amis du monde mais, sur la route du Tour, ils se montrent toujours solidaires. Grâce à leurs exploits, les chiffres de vente de *L'Auto* grimpent en flèche et atteignent très vite des sommets – 720 00 exemplaires ! – dans l'histoire de la presse écrite sportive. Les progrès des moyens de transmission permettent aux journalistes de raconter jusque dans les moindres détails les grandes péripéties de la course, aujourd'hui gravées dans le marbre de la légende. Brusquement, comme dans une véritable chanson de geste, on passe des années noires à l'âge d'or ; l'équipe de France reprenant un quart d'heure à l'Italien Learco Guerra entre Grenoble et Évian, sauvant le maillot jaune de son leader Leducq, accidenté dans la descente du Galibier, en 1930 ; la farouche défense de Magne, leader isolé par Jef Demuysère et Gaston Rebry, ses deux challengers belges, dans l'étape du Nord à deux jours de Paris en 1931 ; le double sauvetage du même Magne dans les Pyrénées – franchies, après les Alpes, pour la première fois depuis 1913 – par René Vietto, le nouveau roi des grimpeurs, tout juste révélé, en 1934...

Le Belge Romain Maes vainqueur de la dernière étape et du Tour 1935, lors de l'arrivée au Parc des Princes à l'issue de l'étape Caen-Paris.

Tous ces faits d'armes, mille fois racontés et décortiqués depuis plus de 80 ans, restent présents dans les mémoires de tous les amoureux de la Grande boucle, alors que leurs acteurs ont disparu depuis des lustres.

Mesurée à l'aune d'aujourd'hui, ou plutôt d'hier, la valeur de l'opposition peut apparaître plus qu'inégale. L'Espagne, malgré le petit grimpeur Vicente Trueba, et l'Allemagne ne jouent qu'un rôle subsidiaire. Les seuls vrais concurrents pour les Français sont italiens et belges : d'un côté Alfredo Binda, le premier des *campionissimi*, Guerra, Giuseppe Martano et le sprinter Raffaele Di Paco chez les premiers ; de l'autre Demuysère, Rebry et le rapide Jean Aerts. Mais les Italiens sont davantage concentrés sur leur Giro et les Belges, réputés plus collectifs au temps de la toute-puissance des constructeurs, sont devenus beaucoup trop individualistes avec la nouvelle formule. Du coup, l'équipe de France écrase la course entre 1930 et 1934, s'adjugeant quasiment la moitié des étapes – 54 sur 112 exactement.

Une impressionnante culbute par-dessus le parapet d'un torrent

Ce bel équilibre va pourtant voler en éclats. Les Belges renouent avec la victoire lors des éditions suivantes grâce aux deux Maes, Romain et Sylvère, portant le même patronyme mais n'ayant aucun lien de parenté. Romain, coureur musculeux et hyperactif, sème tout le monde dès la première étape en 1935 et conserve le maillot jaune de bout en bout après avoir, contre toute attente, repoussé les assauts de ses adversaires ; notamment de Speicher, qui a pris le relais de Magne, contraint à l'abandon après une chute collective avant la montagne, et de Vietto, perturbé par son nouveau statut d'idole des foules.

Sylvère, athlète moins prodigue de ses efforts mais à l'aise sur tous les terrains et remarquable stratège, lui, prend le commandement dans les Alpes et repousse Antonin Magne dans les Pyrénées en 1936. Il récidive trois ans plus tard avec une équipe moins soudée mais à laquelle il finit par imposer sa loi, devançant dans les Alpes Vietto, revenu à son meilleur niveau après une longue traversée du désert.

Entre temps, les Italiens, absents en 1936 pour des raisons politiques, ont dépêché le jeune* campionissimo *Gino Bartali pour redorer leur blason. Ce champion offre, en 1937, un éblouissant festival lors de la première étape alpestre. Mais, victime le lendemain d'une impressionnante chute par-dessus le parapet d'un torrent du côté d'Embrun, il est contraint à l'abandon quelques jours plus tard, après avoir perdu le maillot jaune.

La victoire revient alors dans le camp français, malgré l'absence des vétérans Magne et Leducq que Roger Lapébie, souffrant d'une hernie, a bien failli suivre dans leurs forfaits. C'est pourtant le très combatif Bordelais qui tire les marrons du feu, après l'abandon massif des Belges à Bordeaux qui voulaient ainsi protester contre la suppression des secteurs de contre-la-montre par équipes où ils dominaient outrageusement.
Ayant été « invité » à sacrifier le Giro au profit du Tour afin que soit chantée la gloire du pouvoir mussolinien, Bartali, lui, revient dès l'année suivante. Tenu en échec par les Belges dans les Pyrénées, le Toscan éparpille ses adversaires dans l'Izoard pour s'imposer largement à Briançon, investi par ses compatriotes en délire. Il contrôle ensuite les velléités de Julien Vervaecke et Edward Vissers, tandis que les glorieux anciens Magne et Leducq remportent exaequo, en guise d'adieux, la dernière étape au Parc des Princes.

Le Belge Alfons Schepers dans la descente sur Menton lors de l'étape Cannes-Nice en 1932.

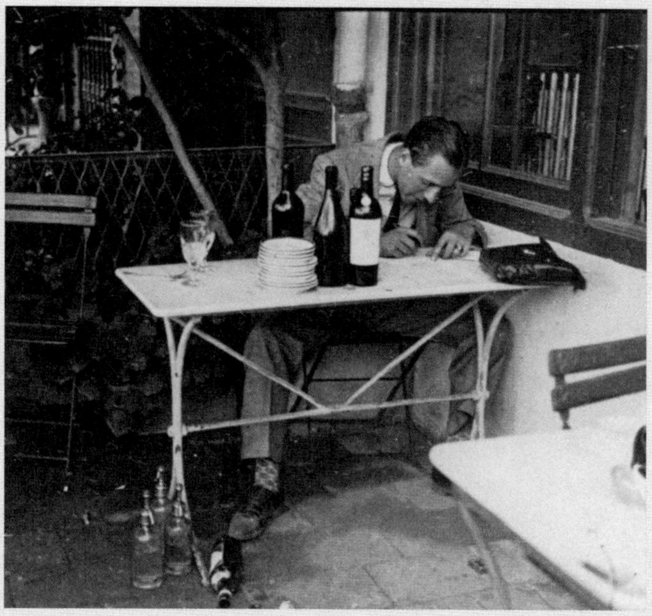

Jacques Goddet rédigeant son article pour L'Auto à l'issue d'une étape en 1930.

LE PASSAGE DE TÉMOIN D'HENRI DESGRANGE À JACQUES GODDET

La reconnaissance et le succès de la formule par équipes nationales n'empêchent point Henri Desgrange de modifier et d'affiner sans cesse son règlement au cours de cette période. Il introduit le contre-la-montre individuel et le Grand Prix de la montagne en 1934, rétablit la participation de remplaçants en 1935, accepte l'usage du dérailleur, crée des demi-étapes, fait apparaître des directeurs techniques en 1937 et, enfin, institue les équipes régionales en 1939 afin de compenser l'absence des Allemands, des Italiens et des Espagnols.

Coup de théâtre, en 1936, à 71 ans, Desgrange se voit lui-même contraint à l'abandon, dès la 2e étape à Charleville, pour avoir trop présumé de ses forces après une sérieuse opération. Jacques Goddet, son jeune bras droit – second fils de son ancien associé à l'époque de la création du Tour –, incorporé au staff directorial dès 1929, le remplace à l'improviste, avec l'appui de Charles Faroux. On aura l'occasion de le revoir.

LE CHRONO PREND SES MARQUES

Le Tour 1934 propose deux nouveautés qui séduisent immédiatement le public : le Grand prix de la montagne et la course individuelle contre la montre. En effet, les grimpeurs perdent le plus souvent dans les descentes l'avantage pris dans les ascensions. Les coureurs qui passent en tête au sommet des principaux cols bénéficient désormais de bonifications, au même titre que les sprinters, largement récompensés pour leurs victoires d'étape.

Par ailleurs, afin de favoriser les rouleurs, Henri Desgrange introduit dans la course une épreuve contre la montre individuelle dès 1934. La première est programmée à deux jours de l'arrivée, entre La Roche-sur-Yon et Nantes (80 km). Antonin Magne, qui a course gagnée depuis les Pyrénées, est le premier à s'imposer dans cette nouvelle épreuve. Le patron du Tour, ravi de l'expérience, poursuit sur sa lancée : dès l'année suivante, il impose aux concurrents six étapes ou demi-étapes en solitaire pour une distance totale de 322 km !

BIDOT, LOUVIOT ET LES AUTRES...

Dans l'ombre des champions qui dominent le Tour durant les années 1930, les outsiders français et étrangers ne manquent pas. Souvent au service de leur leader, ils tirent malgré tout leur épingle du jeu et animent la course. Marcel Bidot, Raymond Louviot, Maurice Archambaud, Jean Majerus, Francis Bouillet, Félicien Vervaecke ou Paul Egli vous saluent bien...

1

2

3

1 - *Raymond Louviot au sommet du col de l'Iseran dans l'étape Bonneval-sur-Arc-Bourg-Saint-Maurice en 1939.*

2 - *André Leducq et Marcel Bidot dans le col d'Aravis lors de l'étape Perpignan-Luchon en 1930.*

3 - *Francis Bouillet et André Leducq au Portet-d'Aspet lors de l'étape Luchon-Perpignan en 1932.*

4 - *Le Suisse Paul Egli après son arrivée en vainqueur à Lille lors de l'étape Paris-Lille en 1936.*

5 - *Le Belge Félicien Vervaecke au sommet du ballon d'Alsace dans l'étape Metz-Belfort en 1935.*

6 - *Roger Lapébie et le Luxembourgeois Jean Majerus dans l'étape Lille-Charleville en 1937.*

7 - *Le Belge Marcel Kint et Maurice Archambaud à l'entrée du Parc des Princes à l'arrivée de l'étape Troyes-Paris en 1939.*

8 - *Le peloton du Tour de France dans les Alpes en 1939.*

4

5

6

7

8

ET DESGRANGE IMPOSE LES ÉQUIPES NATIONALES...

JEAN-JACQUES VIERNE

La première équipe de France sur la ligne de départ d'une étape en 1930 : Marcel Bidot, Pierre Magne, Antonin Magne, André Leducq et Charles Pélissier (de gauche à droite).

Après un long bras de fer d'un quart de siècle avec la puissante industrie du cycle, le patron du Tour lance en 1930 les sélections nationales – Allemagne, Belgique, Espagne, France et Italie –, en assumant le coût financier de l'opération. Réussite éclatante, la formule durera trente ans et assurera définitivement la prospérité de la Grande boucle et de* L'Auto. *Elle débouchera également, dès 1931, sur la création de la caravane publicitaire.

En 1903, lorsque *L'Auto* lance son invraisemblable pari du Tour de France, le sport cycliste est déjà professionnalisé. L'industrie du cycle est d'abord surprise par la dimension du projet, mais en mesure vite les promesses économiques. Elle se rue dès l'année suivante dans le sillage de la course et engage avec l'organisateur un long et intense bras de fer qui se prolongera plus d'un quart de siècle. Au cœur de cette concurrence sauvage, les constructeurs qui financent les équipes ne reculent devant rien pour s'imposer. En dépit de leurs efforts, Henri Desgrange avait conservé l'identité individuelle de la course. Mais les innombrables incidents et conflits aboutissent finalement à la véritable révolution que constitue la création d'équipes nationales au cours de l'hiver 1930.
L'année précédente, la victoire du Belge Maurice De Waele, sérieusement malade mais « hissé » à bras d'hommes jusqu'à Paris par ses équipiers – et pas seulement par eux ! –, a provoqué une forte polémique.

Dès l'arrivée, Desgrange s'indigne dans* L'Auto *: « On a fait gagner un cadavre ! Comment un maillot jaune aussi facile à dépouiller a-t-il pu conserver la première place ? » Le patron rumine sa fureur durant deux mois avant de dégainer, le 25 septembre 1929, dans les colonnes de son journal.

« Le mercredi 2 juillet 1930, à 7 h du matin, écrit-il, la grande porte cochère de *L'Auto*, rue du Faubourg-Montmartre, s'ouvrira pour laisser passer, à destination de Chatou, par les Grands Boulevards, les Champs-Élysées et le bois de Boulogne, un cortège qui se présentera à la foule dans la formation que voici :
- huit champions cyclistes italiens aux couleurs italiennes ;
- huit champions cyclistes belges aux couleurs belges ;
- huit champions cyclistes espagnols aux couleurs espagnoles ;
- huit champions cyclistes allemands aux couleurs allemandes ;
- huit champions cyclistes français aux couleurs françaises ;
- quarante touristes routiers ayant couru en 1929 ;
- vingt touristes routiers nouveaux.

« Derrière ce cortège, les voitures de *L'Auto*, celles des confrères qui voudront bien se joindre à nous, [puis] les camions et camionnettes [du journal].
Et vous vous demandez d'abord, car ce sera la grosse innovation de 1930, quelle marque de cycle monteront les quarante "as", tant étrangers que français, qui vont former la première catégorie. Réponse : ces bicyclettes appartiendront à *L'Auto* et proviendront d'une seule marque que nous ferons (peut-être) connaître [...] quand les esprits nous paraîtront assez apaisés.
Les dépenses de ces quarante hommes, leurs émoluments, les soins à leur donner, leur hôtel, leur nourriture, leur massage, leur matériel, etc., tout cela sera payé par *L'Auto*. Ces quarante coureurs, dûment liés à notre journal par un contrat fort étudié, quelles consignes vont-ils recevoir de *L'Auto* ? Quelles recommandations ? Quelles directives ? On conçoit facilement que la concurrence des marques de cycles n'ayant plus lieu de se produire, nous n'aurons qu'une volonté très ardente : voir gagner le meilleur dans les limites du règlement.
Telle sera la formule du Tour 1930. »

LES AIGLONS ET LES CADETTI, ÉQUIPES « BIS » BELGE ET ITALIENNE

Il est probable que Desgrange s'attendait à une vigoureuse réaction des constructeurs, mais elle ne viendra jamais. La crise économique bat son plein et les industriels du cycle ne sont sans doute pas fâchés de voir leurs frais pris en charge par *L'Auto*. Beaucoup en profitent d'ailleurs pour réduire les effectifs et, par la suite, pour suspendre

Les coureurs de l'équipe de France à l'entrée du vélodrome de Charleville à l'issue de l'étape Metz-Charleville en 1931 : Antonin Magne devant Charles Pélissier et Rafaele Di Paco.

les mensualités de leurs coureurs pendant la durée de l'épreuve. Quant à l'organisateur, peu diplomate mais rusé, il choisit en toute discrétion la marque la plus puissante pour équiper « ses » coureurs... Ayant ainsi récupéré les pleins pouvoirs, d'autant qu'il est lui-même sélectionneur, Desgrange doit assumer le coût financier de l'opération. Une initiative qui ne répond pas seulement à des préoccupations sportives : les ventes du journal ont baissé et le public se lasse de voir gagner les coureurs étrangers. La réussite, on le sait, est encore plus éclatante qu'en 1903 : les ventes remontent en flèche avec les victoires françaises. Ce succès débouche quasi immédiatement sur la création de la caravane publicitaire (1930). Le commerce y est présent mais relativement marginalisé. La formule perdurera trente ans et assurera définitivement la prospérité et la prédominance du Tour.

L'inconvénient majeur est, lui, d'ordre purement sportif : si l'Italie et la Belgique sont capables de fournir des équipes compétitives, il n'en est pas de même pour l'Espagne et l'Allemagne, cantonnées à faire de la figuration. L'opposition à l'équipe de France manque singulièrement de consistance.

Jacques Goddet, qui succède à Henri Desgrange après le conflit mondial, se garde de toucher à l'esprit du Tour, mais s'attache à relancer d'abord les équipes régionales françaises, curieusement abandonnées par Desgrange après le Tour 1930. Une initiative particulièrement payante, puisque celles-ci permettent à Jean Robic en 1947 et Roger Walkowiak en 1956 de s'imposer. Goddet insère ensuite dans le peloton, entre 1948 et 1950, des équipes belge et italienne « bis » – les Aiglons et les Cadetti –, mais cela ravive inévitablement les soupçons de collusion. Toutefois, après la reprise du Tour en 1947, la montée en puissance des Suisses, des Néerlandais et des Espagnols permet de maintenir le caractère international de la course, aux dépens des deux grandes nations cyclistes que sont la Belgique et l'Italie.

Un bras de fer des sponsors qui s'achève en chant du cygne

Le paysage du cyclisme professionnel change de nouveau vers le milieu des années 1950, après l'épreuve de la guerre. En chute libre face à la démocratisation de l'automobile, l'industrie du cycle n'est plus capable de financer ses propres équipes et fait appel à des sponsors, des « extra-sportifs » comme on dit à l'époque. Très vite, ces derniers, dont la philanthropie atteint ses propres limites, supportent mal de se voir évincés de l'épreuve la plus prestigieuse et la plus populaire du cyclisme.

L'Italie proteste contre les organisateurs français et belges qui interdisent sur les maillots des coureurs toute publicité étrangère au vélo. En 1954, il n'y aura aucun coureur transalpin au départ du Tour. Le différend commercial se double d'une brouille entre les coureurs italiens et Jacques Goddet, qui les a vigoureusement « allumés » dans *L'Équipe* – Fausto Coppi en tête lors de son passage au Giro. Le *Campionissimo*, au crépuscule de sa carrière, se débat alors en pleine affaire de la « Dame blanche », l'histoire d'une liaison qu'il aurait avec une admiratrice, avant d'être victime d'une grave chute à l'entraînement, le jour même du départ du Tour. Il ne reviendra jamais sur la course.

Jacques Goddet est tout autant journaliste que chef d'entreprise. Malgré sa résistance, il est finalement forcé de capituler, d'autant que ses associés du *Parisien* semblent nettement moins intransigeants que lui sur cette question. En 1962, les équipes de marques reprennent la main – le directeur du Tour obtenant simplement un retour aux formations nationales, ultime chant du cygne, en 1967 et 1968 – entre la sortie de Jacques Anquetil et l'arrivée d'Eddy Merckx.

Le rideau vient de tomber impitoyablement sur la période la plus exaltante de l'histoire du Tour de France.

Antonin Magne au sommet du col du Tourmalet dans l'étape Tarbes-Pau en 1934.

ANTONIN MAGNE, LE DISCOURS DE LA MÉTHODE

GUY MISLIN

Cinquante-trois ans de vélo au total : dix-huit en tant que coureur, vingt-cinq en tant que directeur sportif, et dix comme dirigeant. Antonin Magne, né le 15 février 1904 à Ytrac dans le Cantal, a voué toute sa vie au cyclisme. Cet Auvergnat, fils de métayers, d'abord passionné par les trains, est vite rattrapé par la passion de la bicyclette et passe professionnel en 1926. Il court ses trois premiers Tours au sein de la modeste équipe Alléluia-Wolber, gagnant une étape et se classant finalement 5e dès sa première tentative en 1927. Mais ce champion méthodique, organisé, féru de diététique et fidèle à l'entraînement, doit attendre le passage aux équipes nationales pour occuper enfin le rôle majeur auquel il aspire.

Après avoir été l'équipier modèle d'André Leducq en 1930, il remporte son premier Tour l'année suivante. Lors de la terrible étape pyrénéenne Pau-Luchon, il endosse le maillot jaune et ne le quitte plus jusqu'à Paris.

L'avant-dernier jour, entre Charleville et Malo-les-Bains, il réalise un authentique exploit : échappé avec les deux spécialistes belges, Gaston Rebry et Jef Demuysère, il parvient à leur tenir tête sur les pavés ! L'équipe de France se partageant les victoires, il faut attendre 1934 pour voir Magne remporter son deuxième Tour. Comme en 1931, il prend très vite les commandes de l'équipe de France et ses coéquipiers brillent, notamment le grimpeur prodige René Vietto, irrésistible dans les Alpes.

« La gloire n'est jamais où la vertu n'est pas »

Après une chute dans la descente du col de Puymorens, Magne connaît une nouvelle mésaventure le lendemain dans le col de Portet-d'Aspet : il bute sur un nid-de-poule, sa chaîne saute et sa roue est vrillée. Il doit descendre de vélo. Impuissant, il est doublé par des concurrents et des motos. Mais, quelques instants plus tard, qui voit-il débouler en sens inverse du col ? René Vietto ! Averti par un motard que son leader était en panne un peu plus haut, le grimpeur a rebroussé chemin pour lui venir en aide ! Il lui cède de nouveau sa roue.

Assis sur un parapet du col, en larmes, Vietto attend de longues minutes le camion de dépannage, tandis que Magne, dans la roue d'un Roger Lapébie déchaîné qui l'a également attendu, rejoint la tête de la course.

Par la suite, l'équipe de France perdra un peu sa belle unité, à la grande fureur de « Tonin ». Éliminé par un incident de course en 1935, dominé par Sylvère Maes en 1936, Magne dispute son dernier Tour en 1938.
À l'issue de sa carrière, après avoir repris la laiterie familiale à Livry-Gargan, Magne devient tout naturellement directeur sportif chez Mercier en 1945 et, vêtu de sa légendaire blouse blanche et coiffé de son béret noir, il dirigera de nombreux grands champions comme Bernard Gauthier, Maurice Diot, Rik Van Steenbergen, Louison Bobet, puis Raymond Poulidor. En 1969, il cède son poste chez Mercier à Louis Caput et devient président de la commission des professionnels au sein de la Fédération française de cyclisme (FFC). Il en est le délégué auprès de l'Union cycliste internationale (UCI). En 1983, atteint de la maladie de Parkinson, Antonin Magne décède à Arcachon, où il a passé ses dernières années. Mais c'est à Livry-Gargan qu'ont lieu ses obsèques. Ceux qui l'ont côtoyé n'oublieront jamais la devise qu'il se plaisait à répéter et qu'il fit même graver sur les papiers des cycles Mercier : « La gloire n'est jamais où la vertu n'est pas. »

André Leducq avant le départ de l'étape Lille-Paris en 1938.

ANDRÉ LEDUCQ, DU PANACHE À REVENDRE

Lorsqu'en 1930, Henri Desgrange décide d'adopter pour le Tour la formule des sélections nationales, la première équipe de France qu'il met sur pied – car il est aussi sélectionneur ! – a fière allure : y participent André Leducq, Marcel Bidot, Charles Pélissier, Pierre et Antonin Magne, Jules Merviel, Victor Fontan et Joseph Mauclair. Bien que l'Italien Learco Guerra porte longtemps le maillot jaune, les tricolores ne cessent d'animer la course, remportant douze étapes sur vingt et une, dont huit pour le seul Charles Pélissier. Mais le grand héros reste André Leducq, le coureur le plus populaire du peloton. Surnommé « le Joyeux Dédé » par les journalistes, « Gueule d'amour » ou « Muscles d'acier » par ses coéquipiers, Leducq est une véritable vedette.

Il multiplie les conquêtes féminines. Ses exploits en font la coqueluche du Tout-Paris. Maurice Chevalier et Jean Gabin l'adorent. Il a déjà brillé lors de ses trois premiers Tours – cinq succès d'étape, 2e au classement en 1928. Il ouvre avec panache une brillante période du cyclisme français.

Le 10 juillet 1930, entre Pau et Luchon, Leducq fait partie de la bonne échappée en compagnie de l'Italien Alfredo Binda et de Pierre Magne, le frère d'Antonin. Le leader Guerra est distancé de 13' 10" et le maillot jaune atterrit sur les épaules du coureur français. Il ne le quittera plus jusqu'à Paris. Et pourtant, André a failli rendre les armes lors de la 16e étape entre Grenoble et Évian, car il chute lourdement dans la descente du Galibier. Blessé à un genou, il souffre le martyre et perd un quart d'heure alors que, devant, Guerra et le Belge Jef Demuysère se sont échappés. Pierre Magne est le premier à lui venir en aide, bientôt accompagné par tous les autres tricolores. Mais, dans le col du Télégraphe, Leducq chute une nouvelle fois et casse une pédale. Bidot la démonte et c'est avec une pédale empruntée au vélo d'un spectateur que Dédé repart pour ce qui reste comme l'un des plus grands exploits de l'histoire du Tour de France : une poursuite infernale de 75 km au bout de laquelle il remporte l'étape au sprint !

LE JOYEUX DÉDÉ NE SE FÂCHE AVEC PERSONNE

Leducq s'impose de nouveau en 1932, s'emparant du maillot jaune à Bordeaux pour le conserver jusqu'au bout. Il bénéficie du nouveau système de bonifications concocté par Henri Desgrange, soit quatre minutes octroyées au vainqueur de l'étape, deux minutes au deuxième et ainsi de suite.

Le patron espère probablement servir les intérêts de Pélissier mais, celui-ci ayant finalement décidé de passer son tour, Leducq s'impose largement, remportant six étapes.

Évincé en 1933 de l'équipe de France, Leducq donne poliment mais fermement son avis sur l'échec de 1935 où certains équipiers, dont lui-même, sont accusés de ne pas avoir franchement soutenu Georges Speicher, le tricolore le mieux placé. Selon Leducq, c'est l'incertitude régnant sur le partage des prix qui est responsable de ce manque de cohésion. La discussion reste courtoise, on sait que le Joyeux Dédé ne se fâche avec personne.

Il dispute son dernier Tour en 1938 et quitte l'épreuve avec un palmarès impressionnant : deux victoires dans la Grande boucle et 25 succès d'étapes, juste derrière Eddy Merckx et Bernard Hinault. Après avoir tenu un café-épicerie à Mériel (Val-d'Oise), puis à Maisons-Laffitte (Yvelines), tout en restant en contact avec le milieu du cyclisme – consultant sur le Tour, inspecteur des ventes chez Mercier, directeur de l'équipe de France sur la Vuelta –, il s'installe à Paris en 1961. Retrouvé inanimé chez un ami du Sud, il décède, le 18 juin 1980, à l'hôpital de Marseille avant d'être inhumé au cimetière de Bagneux (Hauts-de-Seine). Il avait 76 ans.

G.M.

GEORGES SPEICHER, LE TRIOMPHE DU «TITI»

Georges Speicher en tête devant Le Goff dans l'étape Grenoble-Pau en 1934.

Dans l'histoire du cyclisme français, l'année 1933 est à marquer d'une pierre blanche. Un coureur moins « people » qu'André Leducq et Antonin Magne, Georges Speicher, réussit cette année-là un doublé historique : vainqueur du Tour de France et champion du monde sur route sur l'autodrome de Montlhéry. Il devient le premier coureur français à revêtir le maillot jaune, puis arc-en-ciel. Georges Speicher est né le 8 juin 1907, à Paris. C'est un vrai « titi » parisien de Ménilmontant, qui va découvrir le vélo par hasard. À 17 ans, il est embauché comme coursier et sillonne la capitale, non sans se livrer à quelques acrobaties sur les trottoirs.

Attiré par le cyclisme, il devient professionnel en 1932. Intégré d'emblée dans l'équipe de France, ce coureur élégant et racé termine 10e cette année-là et connaît la consécration dès l'année suivante.

Maurice Archambaud, son coéquipier et compagnon de chambre, domine la première moitié du Tour. Mais, fatigué, il subit une contre-attaque entre Cannes et Marseille, lancée par trois tricolores, Antonin Magne, Roger Lapébie et Georges Speicher, qui s'empare du maillot jaune lors de cette 12e étape. Il le conservera jusqu'à l'arrivée à Paris, avec 4' 1" d'avance sur l'Italien Learco Guerra.

ÉMU, LES LARMES AUX YEUX SUR LE PODIUM

Sur le podium, Speicher a les larmes aux yeux, ému par l'hommage que lui rend le public parisien. Curieusement, Henri Desgrange ne montre pas le même enthousiasme… bien que *L'Auto* réalise cette année-là des ventes record. Car le patron aurait préféré voir Archambaud triompher. En outre, il reproche à Speicher d'avoir plus de muscles que de cervelle. Un jugement injuste : Speicher, féru de technologie, a de belles idées quant à l'évolution de la mécanique cycliste.

Vainqueur de six étapes dans le Tour 1934, il sera en 1935 à l'origine d'une crise profonde au sein de l'équipe de France, certains coureurs reprochant à d'autres de ne pas l'avoir suffisamment aidé. Sélectionné sept fois de suite en équipe de France (1932-1938), il est encore dans la caravane au début des années 1970, au volant d'une voiture de l'organisation. Il décède le 24 janvier 1978 à Maisons-Laffitte (Yvelines), à l'âge de 70 ans.

ROGER LAPÉBIE, UNE CONSÉCRATION POLÉMIQUE

Le cyclisme français s'est beaucoup nourri de ces fratries célèbres qui ont fait la gloire de la Petite reine. Antonin et Pierre Magne, Guy et Roger Lapébie, Apo et Lucien Lazaridès et, plus près de nous, Louison et Jean Bobet ont écrit en lettres d'or la légende du Tour de France.

Roger Lapébie, lui, est né le 16 janvier 1911 à Bayonne. Le Tour 1937 lui apporte une consécration amplement méritée, même si son succès donne lieu à de vives polémiques. Dans les Pyrénées, l'ambiance n'est pas très sereine, notamment entre les Français et les Belges. Lapébie, moins bon grimpeur que rouleur et qui accumule un gros retard au classement général, entame une longue course poursuite et reprend sept minutes au maillot jaune Sylvère Maes, successeur de Gino Bartali accidenté.

À Luchon, Lapébie s'apprête à effectuer son échauffement lorsqu'il constate que son cadre est scié juste en dessous de son guidon ! Il répare avec les moyens du bord et prend le départ de l'étape sans porte-bidon.

Roger Lapébie dans le contre-la-montre entre Mulhouse et Strasbourg en 1948.

Il perd plus de cinq minutes avant le col du Tourmalet. Pugnace, il rejoint le peloton dans le col du Soulor, mais il commet des irrégularités – Félix Lévitan lui-même, futur directeur du Tour, l'aurait poussé plusieurs fois dans l'ascension... – et prend 1' 30" de pénalité à Pau. Mais, le lendemain, dans une ambiance hostile, son rival Sylvère Maes crève, perd 2' 30" et se voit infliger une pénalité de 15 secondes à l'arrivée, à Bordeaux, pour avoir été aidé par des compatriotes extérieurs à l'équipe nationale. Déjà ulcérée par la suppression des secteurs contre la montre par équipes où elle dominait, l'équipe belge tout entière abandonne !

Accusé d'avoir contourné le règlement

Nouveau maillot jaune, Lapébie enlève deux étapes avant Paris et remporte le Tour devant l'Italien Mario Vicini. Pourtant l'ensemble de la presse minimise sa victoire. Henri Desgrange, lui-même, va l'accuser plus tard d'avoir contourné le règlement pour l'emporter ! Les Belges mettent une telle pression sur les organisateurs que Desgrange ne le sélectionne pas pour le Tour 1938. « Je suis persuadé que j'aurais battu Maes à la régulière car, à Bordeaux, j'avais déjà gagné le Tour », affirmera toujours l'aîné des Lapébie. En 1939, le Bayonnais se fracture le genou à l'arrivée de Bordeaux-Paris et met un terme à sa carrière. Il finit sa vie en Gironde. Son aura est telle que Jacques Chaban-Delmas le sollicite afin qu'il intègre son équipe municipale. Roger préfère le calme de sa maison familiale à Talence. Il décède à l'âge de 85 ans, le 11 octobre 1996, à l'hôpital de Pessac.

René Vietto dans le col du Tourmalet lors de l'étape Luchon-Pau en 1947.

RENÉ VIETTO, L'ÉLÉGANCE DU GRIMPEUR

Dans la légende des grands grimpeurs du Tour de France, René Vietto aurait sans doute pris place sur la plus haute marche du podium s'il avait pu remporter au moins une fois la Grande boucle. Las ! escaladeur exceptionnel, celui qui a exercé le métier de chasseur dans un casino de la Croisette à Cannes joue une symphonie inachevée sur les pentes impitoyables des cols du Galibier, de l'Izoard et du Tourmalet.
Vainqueur en 1934 du Grand prix Wolber, il dispute dans la foulée son premier Tour au sein de l'équipe de France. Selon la tactique prévue, les tricolores placent d'entrée Antonin Magne en position avantageuse avant les Alpes. Vietto y a quartier libre et réussit un extraordinaire festival sur son vélo très spécial, bricolé selon ses directives, très court de l'arrière, doté d'une selle étroite et d'un cintre surbaissé. Il gagne à Grenoble après avoir débordé l'Espagnol Federico Ezquerra dans la descente du Galibier et récidive le lendemain en s'envolant littéralement dans les cols de Vars et de l'Izoard. Il reprend plus de dix minutes aux premiers du classement général. Et il s'impose encore à Cannes, deux jours plus tard, devant ses concitoyens du Cannet en délire.

Le « Roi René », coqueluche du grand public

Dans les Pyrénées, il ne poursuit pas sa folle remontée, contraint de venir deux fois au secours de Magne, son leader. Mais il devient « le Roi René », coqueluche des spectateurs au bord des routes.

Le grand public est conquis par ce personnage à la Pagnol, par sa verve, sa gouaille, son inimitable accent et la belle pureté de son style, inspiré de son modèle, le campionissimo italien Alfredo Binda.

Bien que vainqueur de deux étapes en 1935 et 1936 avant d'abandonner lors des Tours 1937 et 1938, il digère mal cette soudaine célébrité. Il ne réapparait qu'en 1939 avec l'équipe régionale du Sud-Est, portant le maillot jaune durant onze jours et terminant 2e du classement général derrière le Belge Sylvère Maes. Au sortir de la Deuxième Guerre mondiale, Vietto reste le coureur préféré des supporters français. Favori du Tour 1947, il endosse le maillot jaune dès la 2e étape, mais le contre-la-montre entre Vannes et Saint-Brieuc lui est fatal. Il termine 5e de sa dernière Grande boucle.
René Vietto met un terme définitif à sa carrière en 1951. Devenu d'abord directeur sportif, il consacre la fin de sa vie à l'élevage des porcins. Le 14 octobre 1988, il décède à Orange (Vaucluse), à l'âge de 74 ans. Il reste l'égal de Charly Gaul et Federico Bahamontes, mais le temps des super-grimpeurs n'est pas encore venu.

G.M.

Gino Bartali dans le col du Galibier lors de l'étape Aix-les-Bains-Grenoble en 1937.

GINO LE PIEUX, BARTALI LE JUSTE

GUY MISLIN

Le* campionissimo *remporte deux fois le Tour à dix ans d'intervalle, en 1938 et 1948, un record qui reste inégalé. Avec Fausto Coppi, il va illuminer l'épreuve pendant quelques années. Benito Mussolini aurait aimé faire de cette idole du peuple italien un ambassadeur du fascisme, mais ce dernier a toujours refusé. Profondément croyant, il participe à la Résistance pendant la Deuxième Guerre mondiale et sauve de nombreux Juifs.

En 1936, les organisateurs du Tour, confrontés au forfait des équipes allemandes, italiennes et espagnoles, regrettent surtout l'absence du jeune Italien Gino Bartali, qui vient de remporter le Giro à 22 ans dans un style de futur grand champion. Il en gagnera d'autres et fera plus tard des merveilles aussi sur le Tour de France, établissant un record qui reste inégalé : remporter deux fois la Grande boucle à dix ans d'intervalle, en 1938 et 1948.

Né en 1914 dans le village de Ponte a Enna en Toscane, Bartali devient rapidement une idole de l'autre côté des Alpes et Benito Mussolini aimerait en faire un ambassadeur du fascisme. Ce que Gino, profondément croyant et qui nourrit des relations très étroites avec le cardinal Ella della Costa, a toujours refusé. Il est membre de l'Action catholique. Le cardinal et son disciple sauveront de nombreux Juifs : il n'hésitera pas à cacher dans son guidon et sous sa selle des faux papiers d'identité lors de séances d'entraînement improvisées.
En 1937, il remporte un second Tour d'Italie et le Duce ordonne à la Fédération italienne d'engager une équipe dans le Tour de France. Dans un premier temps, Bartali refuse l'invitation. Il a souffert avant le Giro d'une bronchopneumonie, il est fatigué et trop éprouvé physiquement pour disputer une course aussi exigeante. Il encaisse une bordée de critiques de la part de la presse fasciste. La pression est telle qu'il va finalement accepter de courir son premier Tour.

Intouchable dans les cols d'Allos, de Vars et de l'Izoard

Auréolé de ses deux succès sur le Giro, il part favori du Tour 1937, malgré sa forme précaire. Le public français le découvre lors du franchissement du ballon d'Alsace, au cours de la 4e étape entre Metz et Belfort. L'Allemand Erich Bautz remporte l'étape mais Bartali se classe 2e et monte sur le podium du classement général.

Henri Desgrange écrit dans L'Auto : « Je me moque du classement, je n'ai jamais rien vu d'aussi beau que Bartali dans le ballon d'Alsace ! » Dans la grande étape alpestre, Gino franchit en solitaire le col du Galibier, rallie Grenoble avec près de dix minutes d'avance et s'empare du maillot jaune.

Il le conserve à Briançon, malgré une chute terrible avec ses coéquipiers Francesco Camusso et Giulio Rossi dans la descente mouillée vers l'arrivée. Bartali est catapulté dans un torrent. Très diminué, marqué dans sa chair

Gino Bartali béni par monseigneur Pierre-Marie Théas, évêque de Lourdes, avant le départ de l'étape Lourdes-Toulouse en 1948.

et atteint au moral, il ne va cesser de rétrograder au classement, avant que son directeur sportif jette l'éponge à l'arrivée à Marseille.

Au départ du Tour de France 1938, malgré l'Anschluss, l'Allemagne et l'Italie sont présentes. Sur ce qu'il a montré l'année précédente, Bartali reste le favori logique. Le jeune Français Victor Cosson, rescapé d'une équipe de France bousculée, se révèle un grimpeur de grande classe. Mais sans inquiéter un Bartali intouchable dans la grande étape entre Digne et Briançon, survolant les cols d'Allos, de Vars et de l'Izoard pour s'imposer avec plus de cinq minutes d'avance. Il dépossède le Belge Vervaecke du maillot jaune et ne le lâche plus jusqu'à Paris. Cosson, finalement 3e, admire Bartali. Ils vont même devenir amis. Les deux hommes s'apprécient au point qu'à l'arrivée à Paris, l'Italien sera hébergé chez Cosson. Celui-ci confessera plus tard : « Henri Desgrange m'en a voulu car, dans les dernières étapes, je n'ai attaqué ni l'Italien ni Félicien Vervaecke. Le Belge m'avait promis l'enfer si je venais lui disputer sa 2e place au général. Je n'avais vraiment pas le choix. L'équipe de France ne comptait plus que cinq ou six coureurs et les Belges restaient au complet. Que pouvais-je faire d'autre que de plier devant lui ? »

Reconnu « Juste parmi les nations »

En 1939, Gino Bartali se distingue dans Milan-San Remo, où se révèle un nouveau venu, du nom de Fausto Coppi. Gino insiste pour que celui-ci soit engagé dans son équipe Legnano. Dès le Tour du Piémont, le jeune Coppi fait déjà preuve de caractère en s'opposant à la tactique de course décidée par son leader, avant d'obéir à la direction sportive de la formation. Mais, dans le Tour d'Italie, Coppi, mieux placé au classement général que Bartali – victime d'une chute en voulant éviter un chien ! –, crée la sensation.

Bien que souffrant, au bord de l'abandon, Gino escorte Fausto dans l'étape de Vérone, où les deux hommes faussent compagnie au peloton. Coppi remporte son premier Giro et Bartali le classement de la montagne.

Malgré un contexte géopolitique tendu, *L'Auto* maintient le Tour de France, auquel ne participent ni les Italiens ni les Allemands. De l'autre côté des Alpes, « Gino le Pieux » continue, entre deux classiques, à se mettre au service du cardinal de Florence, à aider les Juifs, à venir au secours des pauvres et des malheureux...

Une fois la guerre terminée, Bartali revient sur le Tour en 1948, sans Coppi, à la tête d'une équipe d'Italie dominatrice pour une large victoire dans une course rendue difficile par le mauvais temps. Il cède ensuite le pas à son cadet, mais se classe encore parmi les cinq premiers en 1951 et 1952. En 1950, à Saint-Gaudens, pris à partie par des spectateurs dans le col d'Aspin, alors qu'il a gagné l'étape, il décide d'abandonner, aussitôt suivi de tous les coureurs italiens. Gino quitte le Tour en 1953, seize ans après ses débuts, et le peloton professionnel en 1955, à plus de 40 ans.

Décédé le 5 mai 2000 dans sa Toscane natale d'un arrêt cardiaque, Bartali sera reconnu, en septembre 2013, « Juste parmi les nations » à titre posthume, pour son action en faveur des Juifs et sa participation à la Résistance durant la Deuxième Guerre mondiale.

EMPORTÉS PAR LA FOULE...

Le Tour est la plus grande fête populaire en plein air de France. Chaque année au mois de juillet, des millions de spectateurs se pressent le long des routes pour profiter de la caravane publicitaire et encourager les coureurs. Ce public impressionnant et enthousiaste ne manque pas d'imagination pour animer cette épreuve sportive pas comme les autres, riche en folklore.

1 - *L'italien Ottavio Bottechia et Marcel Huot dans la traversée de Sainte-Anne-d'Auray lors de l'étape Brest-les Sables d'Olonne en 1924.*

2 - *Un bal populaire dans la côte du Cœur-Volant à Marly-le-Roi en attendant les coureurs de l'étape Caen-Paris en 1947.*

3 - *La foule des spectateurs consulte la composition du peloton avant son passage dans l'étape Caen-Paris en 1947.*

4 - *Un pique-nique sur le bord de la route à Marigny-en-Orxois pendant le passage des coureurs lors de l'étape Villers-Cotterêts-Joigny en 2007.*

5 - *Des Hollandaises débarrassées de leurs vélos pour regarder passer les coureurs lors de l'étape 'S Hertogenbosch-'S Hertogenbosch en 1996.*

6 - *Des enfants dans une piscine pour se rafraîchir sous la chaleur de l'étape Tonnerre-Vittel en 2009.*

7 - *Des personnes âgées à l'ombre avec banderole et petits drapeaux lors de l'étape Blagnac-Rodez en 2017.*

JACQUES GODDET, PATRON ET JOURNALISTE

JACQUES MARCHAND

Disciple d'Henri Desgrange, rédacteur en chef de* L'Auto *à 26 ans en 1931, directeur du Tour de France à 31 ans en 1936, il en restera le patron emblématique et incontesté jusqu'en 1987, tout en dirigeant* L'Équipe *à partir de 1946. Pour lui, éditorialiste enthousiaste, la Grande boucle a toujours été au service de son journal. Organisateur respecté par toute la caravane, il a défendu avec intransigeance la régularité de la course et la sécurité des coureurs.

Il était le poulain et le parfait élève de son maître Henri Desgrange qui l'avait recueilli, encore étudiant, à la mort de son père en 1926. Le « patron » lui avait appris le métier de journaliste, en le faisant tourner à tous les postes clés de la fabrication du journal. De cette formation très poussée, il a su profiter au maximum. Au sein de cette école qui, sans en être une, a sans doute été la meilleure, Jacques Goddet a d'abord été journaliste, un vrai journaliste. Unique envoyé spécial de la presse française aux Jeux olympiques de Los Angeles en 1932, il manqua cette année-là son seul Tour de France, entre 1929 – date de son incorporation dans l'équipe rédactionnelle et le staff directorial – et 1987 – quand il devint directeur de la course.

Né le 21 juin 1905 et fils cadet de l'administrateur du journal, Victor Goddet, il suit une partie de ses études en Angleterre où il découvre avec émerveillement la place accordée au sport dans l'éducation des jeunes Britanniques bien nés.

Pour ma part, j'ai effectué une grosse dizaine de Tours de France en sa compagnie et, pour les besoins de Radio Tour, dans sa propre voiture de direction. Quand la course était calme, il lisait les journaux, réétudiait le parcours, s'endormait parfois dans les étapes de transition. On ne s'arrêtait pas le midi pour déjeuner. Son chauffeur, qui trimballait des petits haltères qu'il soulevait chaque matin, préparait les sandwiches. Il n'aimait pas trop recevoir à bord des personnalités, des « people » comme on dit. Et dès l'arrivée, il se rendait dans la salle de presse pour écrire son édito, laissant le protocole à Félix Lévitan.

Il lui confiait aussi le travail hivernal quotidien pour la préparation de la course, mais s'intéressait au tracé du parcours et participa jusqu'en 1961 à la sélection des équipes. Une fois sa tâche de journaliste achevée, il réendossait le costume de celui qui reçoit à dîner les VIP et les notables locaux dans la bonne humeur. Une ou deux fois par Tour, il consacrait sa soirée à ses collaborateurs dans une ambiance et une tenue encore plus décontractée et familière.

« C'EST UNE COURSE DE VÉLO, PAS UNE COURSE À LA MORT ! »

Le journaliste Goddet s'est toujours plié aux exigences de la fabrication du journal. Comme nous et auprès de nous, il venait s'installer à la salle de presse, crasseux lui aussi de la poussière de la route, sans même passer au préalable dans sa chambre pour se débarbouiller ou se rafraîchir. Chez lui, l'organisateur a toujours servi les intérêts du journaliste. « J'ai toujours veillé à ne pas me laisser "coloniser" par le Tour, a-t-il d'ailleurs écrit dans son livre de souvenirs *L'Équipée belle* (Robert Laffont-Stock, 1991). Je l'ai traité ainsi qu'Henri Desgrange l'avait voulu, comme un moyen d'action au service du journal. »
Personnellement, en tant que responsable, j'ai profondément apprécié ce comportement, car il créait dans notre petite rédaction ambulante – une douzaine de personnes quand même ! – un esprit d'équipe et d'indépendance.

C'était un éditorialiste enthousiaste. Son mot clé était : « Fabuleux ! » Il admirait Fausto Coppi, Louison Bobet, Eddy Merckx, les attaquants en général, et entretenait des relations de confiance avec les leaders du peloton, ce qui ne l'empêcha pas de célébrer la victoire de l'inattendu Roger Walkowiak en 1956.

Moins dictatorial que Desgrange, Goddet pouvait aller loin dans la critique et s'accrocha sérieusement avec Jacques Anquetil et Marcel Bidot lors de l'édition 1961, où le Normand et son équipe de France cadenassèrent impitoyablement la course – avec succès. Sans pour autant que le premier quintuple vainqueur du Tour renonce à collaborer à *L'Équipe* dans les années 1970.

Très respecté par toute la caravane, il était particulièrement sourcilleux sur deux points : la régularité sportive de la course et la sécurité, notamment dans les descentes de cols. Il n'hésitait pas à intervenir lui-même sur Radio Tour contre les directeurs sportifs trop audacieux : « Ne doublez pas, c'est une course de vélos, ce n'est pas une course à la mort ! »
Par souci de fidélité au passé, il a scrupuleusement repris et maintenu les structures de base imposées, à l'issue d'une très longue lutte avec les constructeurs, par Desgrange en 1930, à l'époque où lui-même débarquait dans ce qui n'était alors qu'une cellule de direction. Goddet n'a cédé qu'en 1962 sur le sujet des équipes nationales, tout en reconnaissant que les arguments développés par ceux qui prônaient leur suppression, son associé Lévitan en tête, étaient économiquement légitimes : « C'est tout le système assurant la vie permanente du sport cycliste qui était

Jacques Goddet, patron du Tour de France de 1936 à 1987, au départ de l'étape Nancy-Spa, avec Jacques Anquetil et Félix Lévitan en 1962.

en cause », a-t-il estimé. Il a juste arraché un retour à la formule précédente tous les quatre ou cinq ans qui, dans son esprit, aurait dû perdurer au lieu de ne se produire qu'une seule fois (1967 et 1968).

Un vrai caméléon suivant les milieux qu'il fréquentait

Jusqu'alors, *L'Équipe* faisait vivre le Tour. La nouvelle direction désirait l'inversion du rapport des forces. Durant les années 1980 et 1990, Goddet était encore partisan de la formule des équipes nationales, sans doute fort coûteuses pour les organisateurs par rapport à la formule des équipes de marques voulue et développée par Émilien Amaury et qui fait aujourd'hui la fortune de sa descendance. Même si les apparences ont été soigneusement sauvées, « Monsieur Jacques » a été évincé de la direction du Tour, officiellement en raison de son âge – il décédera en décembre 2000 –, mais aussi et surtout parce qu'il réservait au Tour un projet d'avenir audacieux en voulant ouvrir le principe des équipes nationales à des formations de tous les continents. Plus réaliste, plus soucieux de la rentabilité de son entreprise, Amaury préférait la formule commerciale des équipes de marques. Formule en cours actuellement et qui, ces dernières années, a contribué à assurer la survie des journaux du Groupe L'Équipe.

Quelques mois après la Libération, qui l'a dépouillé de tous ses biens du jour au lendemain, Jacques Goddet est revenu au premier plan : il a récupéré les locaux de L'Auto, dont il avait d'abord été expulsé. Mais aussi un bien de famille particulièrement précieux : l'organisation du Tour de France.

Oui, mais à quel prix ? Il a choisi la protection efficace de l'homme fort du moment : Amaury, le patron du *Parisien libéré*. Celui-ci devint donc copropriétaire du Tour de France de l'après-guerre et, comme il visait sans doute déjà une éventuelle reprise de *L'Équipe*, l'opportunité était trop belle. Quand il fait l'acquisition du quotidien de sport en 1965, il détient alors la propriété complète du Tour.

Une dernière anecdote éclaire une autre face de la personnalité de Goddet. Un jour, dans une conversation intime, il me glisse sans aucune gêne : « Vous qui êtes communiste, vous devez comprendre cela. » Un peu surpris, je lui demande : « Qu'est-ce qui vous permet de me cataloguer communiste ? » Et il me répond naturellement : « Vous êtes bien délégué syndical ? » Oui, je l'étais en effet au titre du Syndicat national des journalistes (SNJ), qui n'est pas la CGT. J'étais sidéré de devoir lui expliquer les nuances d'une situation qui lui échappait totalement. À *L'Équipe*, il laissait d'ailleurs le dialogue social avec les délégués aux mains de ses collaborateurs, d'abord Pierre Skawinski avant la fusion avec *Le Parisien* et, par la suite, René Laure ou ses adjoints. Mais Jacques Goddet, un peu caméléon suivant les milieux qu'il fréquentait, aura été un vrai et authentique journaliste. « Journaliste d'abord » est le meilleur compliment qu'on puisse lui adresser. Et celui dans lequel il se serait reconnu.

« MONSIEUR JACQUES » À JAMAIS

Jacques Goddet, directeur du Tour de France, de L'Auto puis de L'Équipe, restera à jamais le personnage emblématique de l'histoire de l'épreuve. De 1936 à 1987, ce patron incontesté a dirigé d'une main de fer la manifestation sportive la plus populaire du pays. Journaliste de grand talent, il a accompagné les plus grands champions cyclistes du xxe siècle et raconté avec enthousiasme la légende de la Grande boucle.

1

2

3

4

5

1 - *Jacques Goddet avec Antonin Magne au départ de l'étape Digne-Nice en 1934.*

2 - *Assoupi sur la banquette arrière de la voiture de L'Auto.*

3 - *Debout dans la fameuse Hotchkiss directoriale sur l'étape Lausanne-Colmar en 1949.*

4 - *Au téléphone sur une moto du Tour en 1953.*

5 - *Avec Antoine Blondin lors de la remise du Grand Prix de l'Académie française en 1979.*

6 - *Jacques Goddet au départ d'une étape du Tour en 1960.*

7 - *Avec Greg Lemond, vainqueur du Tour 1989, après l'arrivée de l'étape Versailles-Paris.*

8 - *Avec Bernard Hinault avant la première étape Nantes-Sceaux en 1986.*

9 - *Au Club de la presse, après l'étape Pau-Cauterets, avec Noël Couëdel, Christine Bravo, Laurent Fignon en 1989.*

JEAN LEULLIOT, JUGE ET PARTIE

GÉRARD EJNÈS

En 1937, Jean Leulliot dirige non seulement les coureurs de l'équipe de France sur la route, mais il raconte quotidiennement dans* L'Auto *leurs aventures et leurs mésaventures. Néophyte surdoué, le vélo n'a aucun secret pour lui : il maîtrise à merveille le dérailleur, grande innovation technique de ce Tour, qui permet à Roger Lapébie de l'emporter.

Deux Maes différents, Romain et Sylvère, viennent de remporter le Tour de France et, pour Henri Desgrange, l'omnipotent patron journaliste de *L'Auto*, c'est au moins deux de trop ! Pour faire tourner la boutique, rien ne vaut un vainqueur français. Alors, en 1937, il prend les choses en main et, non content de sélectionner lui-même les coureurs, il décide de confier la direction technique de l'équipe de France à son collaborateur, Jean Leulliot. Âgé de 25 ans seulement, ce dernier, qui a intégré la rubrique cyclisme de *L'Auto* à 21 ans, est un néophyte surdoué.

Ancien champion universitaire, Leulliot fourmille d'idées, une qualité qui ne l'abandonnera jamais, et se lance dans un incroyable challenge qu'il explicite au sein des colonnes du journal, le 11 juin 1937, dans un article, dont le titre est : « Directeur technique ? Non ! Conseiller ? Oui ! Et voici pourquoi... »

Extraits : « Ai-je tort ? Ai-je raison ? J'ai accepté [...]. Je suis persuadé que l'équipe de France a des éléments qui sont susceptibles de vaincre [...]. Pourquoi considère-t-on en France que c'est un crime irréparable d'être jeune ? [...] Je n'ai pas voulu accepter le titre de directeur sportif, mais celui de conseiller car, en vérité, je veux être le conseiller dont la seule autorité sera la confiance que lui auront librement consentie les équipiers français. Avant de répondre affirmativement à mon directeur M. Desgrange, j'ai tenu à connaître l'avis des coureurs. Je ne voulais pas leur être imposé [...]. On m'a dit que le fait d'être journaliste et de pouvoir me servir de ma plume me serait d'une grande utilité. Je ne m'en servirai qu'indirectement en accomplissant simplement mon devoir professionnel. Je demanderai donc à mes confrères de m'aider dans ma tâche en ne prêtant pas une oreille complaisante aux propos tendant à désunir une équipe de bons camarades. »
Dans le genre de demande incongrue et de pratique du grand écart, on a rarement fait mieux ! Non content de diriger les coureurs sur la route, Leulliot, à la fois juge et partie, racontera quotidiennement ses aventures et mésaventures dans le journal.

UNE AFFAIRE DE PIGNONS PLUS QUE DE POGNON !

Malgré son jeune âge, Leulliot en sait déjà beaucoup sur l'art de la manipulation des êtres humains, ainsi que sur la passion qui les anime : l'argent. À ce jeu, l'accord de Connelles, du nom d'un village de l'Eure où il a été scellé, est un chef-d'œuvre qui est depuis devenu une règle d'or au sein du peloton des grands Tours. En effet, il est prévu de partager à l'arrivée tous les gains réalisés par les tricolores de façon égale au prorata du nombre d'étapes disputées.
« Contre les Belges très supérieurs, les Français ne peuvent opposer que leur cohésion », écrit Leulliot la veille du départ. Sur ce plan, il a su y faire, même quand il aura à gérer quelques frondes menées par Georges Speicher, René Le Grevès et Maurice Archambaud, qui abandonneront en rase campagne. Pourtant avant le départ de Paris, même à *L'Auto*, Leulliot, en dépit de sa requête du 11 juin, n'a pas que des supporters.
Le 29 juin, voici ce qu'on peut y lire sous la plume de Lucien Rubech : « J'ai mon opinion. Si elle vous gêne, je le regrette. Je ne crois pas à l'équipe de France. Il y a M. Leulliot ? M. Leulliot connaîtra-t-il toute son affaire dès la première année ? Le conseiller de l'équipe belge a fait ses écoles. »
Sauf que le bizuth possède un atout considérable. Le vélo, nous parlons ici de l'objet, n'a aucun secret pour lui. Si Roger Lapébie, qui n'est pas vraiment un grimpeur, a fini par s'imposer face au jeune Gino Bartali, mandaté malgré lui par le pouvoir fasciste pour ramener au pays la tunique jaune, et à l'impressionnante armada belge, c'est autant pour une affaire de pignons que de pognon !
Car la grande innovation technique de ce 31e Tour de France est l'acceptation du dérailleur. Un outil que Desgrange a repoussé tant qu'il a pu et que le jeune et moderne Leulliot maîtrise à la perfection. Sous le titre « Les 26 jours d'un conseiller », impressionnante série de sept longs articles publiés après coup, qui plongent véritablement le lecteur au cœur de ce Tour 1937 très agité, Leulliot qui, si l'on en croit ses écrits, s'est révélé un stratège de haute volée, revient ainsi sur cette révolution technique : « Le dérailleur a joué un grand rôle dans ce Tour de France et il est pour beaucoup dans la victoire de Roger Lapébie qui a toujours eu au bon moment les développements qu'il désirait [...]. Pour l'emploi des développements, Lapébie m'a toujours écouté. Pour l'Izoard, je lui avais indiqué ainsi les bons repères et, alors que de nombreux Belges attendaient d'être en difficulté pour changer de vitesse, s'énervant, manœuvrant brutalement, oubliant de détendre leur chaîne, Roger, qui avait fait son changement au bon moment, passait [...]. Pour avoir changé de vitesse bien avant les autres, Lapébie sautait, dans un seul passage de l'Izoard, plus de trente concurrents. »

***Toujours dans cette série foisonnante de détails passionnants, Leulliot fait également l'éloge du patron : « Je tiens à remercier publiquement ici notre directeur Henri Desgrange qui, loin d'intervenir ou de me donner des directives, m'encourageait chaque jour à agir selon mon gré, sans penser que j'avais des attaches avec* L'Auto. »**

Dans le journal, Desgrange louera poliment le travail accompli par son collaborateur. Sans toutefois lui renouveler sa confiance l'année suivante et en écartant même le tenant du titre, Roger Lapébie, de sa sélection.

Jean Leulliot (debout) *en compagnie de Roger Lapébie* (à gauche), *Louis Thiétard, Pierre Cloarec, Maurice Archambaud, René Le Grevès et Georges Speicher en 1937* (de gauche à droite).

ET LA CARAVANE PASSE…

Créée en 1930, la caravane publicitaire parade pendant des heures avant l'arrivée des coureurs sur la route du Tour. Les marques commerciales rivalisent d'imagination pour attirer le chaland et se faire une énorme publicité à bon compte. Ce carnaval de véhicules bariolés en tout genre fait depuis longtemps partie de la fête qui accompagne le peloton toute la journée.

1 - *Première voiture publicitaire du Tour sur la place de la Concorde à Paris avant le départ de l'étape Paris-Le Havre en 1922.*

2 - *La caravane avant le départ de la première étape en 1952.*

3 - *Yvette Horner, célèbre accordéoniste qui a accompagné le Tour pendant des années, sur le toit d'une traction avant Citroën en 1954.*

4 - *Distribution de cadeaux du camion Champigneules lors de l'étape Dieppe-Caen en 1953.*

5 - *Passage des camions Savon Le Chat dans la foule en 1955.*

6 - *Distribution de bonbons Haribo au cours de l'étape Nice-Nice en 2013.*

7 - *Défilé des voitures Skoda au cours de l'étape Mont-Saint-Michel-Utah Beach-Sainte-Marie-du-Mont en 2016.*

8 - *Le stylo Bic pointé vers le ciel sur le toit d'une voiture au cours de l'étape Verviers-Longwy en 2017.*

Ce que sera le Tour en 1940

HENRI DESGRANGE

La réforme la plus importante du Tour 1940 consistera dans la création d'une prime journalière de 6 000 francs pour chacune des 18 étapes au profit du porteur du maillot jaune : soit un total de 108 000 francs. Elle est destinée à orienter le Tour de France vers des tactiques et vers des destins autres que ceux qui nous sont présentés par les coureurs depuis plusieurs années et qui ne sont ni dans la vérité sportive, ni dans la vérité dégagée par la course elle-même. Expliquons-nous.

Une coutume fort ancienne dans les théâtres lyriques de province veut que, chaque année, les nouveaux chanteurs engagés fassent leurs « débuts » devant les abonnés du théâtre, lesquels votent pour leur admission ou leur refus. Il faut vous dire que les abonnés connaissent leur répertoire sur le bout du doigt. Ils viennent avec leur partition sous le bras et ils attendent le ténor débutant à l'ut dièse du troisième acte, page 37. L'ut dièse est passé heureusement pour le candidat ? Bravos enthousiastes ! Le candidat fait un couac ? Sifflets, clameurs ! Le malheureux est aussitôt résilié.

L'ut dièse du Tour de France, depuis plusieurs années, s'appelle le Tourmalet quand on tourne à droite et l'Izoard quand on tourne à gauche. Voilà de quoi, selon nous, fausser l'esprit du Tour de France ! Voilà de quoi le réduire désormais à une grosse, très grosse grimpette de 20 ou 25 km. Et si nous acceptions pour notre course une telle orientation, il serait alors préférable de transporter à pied d'œuvre par le train notre caravane, tantôt au pied du Tourmalet, tantôt au pied de l'Izoard. [...]

Il faut que le Tour de France soit, pour les vainqueurs, la somme d'efforts différents, prolongés depuis le départ jusqu'à l'arrivée. Il ne faut pas que, comme Bartali en 1938, Silvère Maes en 1939, le futur vainqueur puisse rester tapi dans le gros peloton de l'arrière, en venant, une année sur les 20 km du Tourmalet, l'année suivante dans les 30 km de l'Izoard, jeter toutes ses réserves encore intactes dans une lutte devenue inégale [...].

Le Tour de France ne sera plus la course de côte qu'il devenait chaque année davantage. Il sera, nous l'espérons du moins, le triomphe de la persévérance et du courage dépensés depuis le départ jusqu'à l'arrivée.

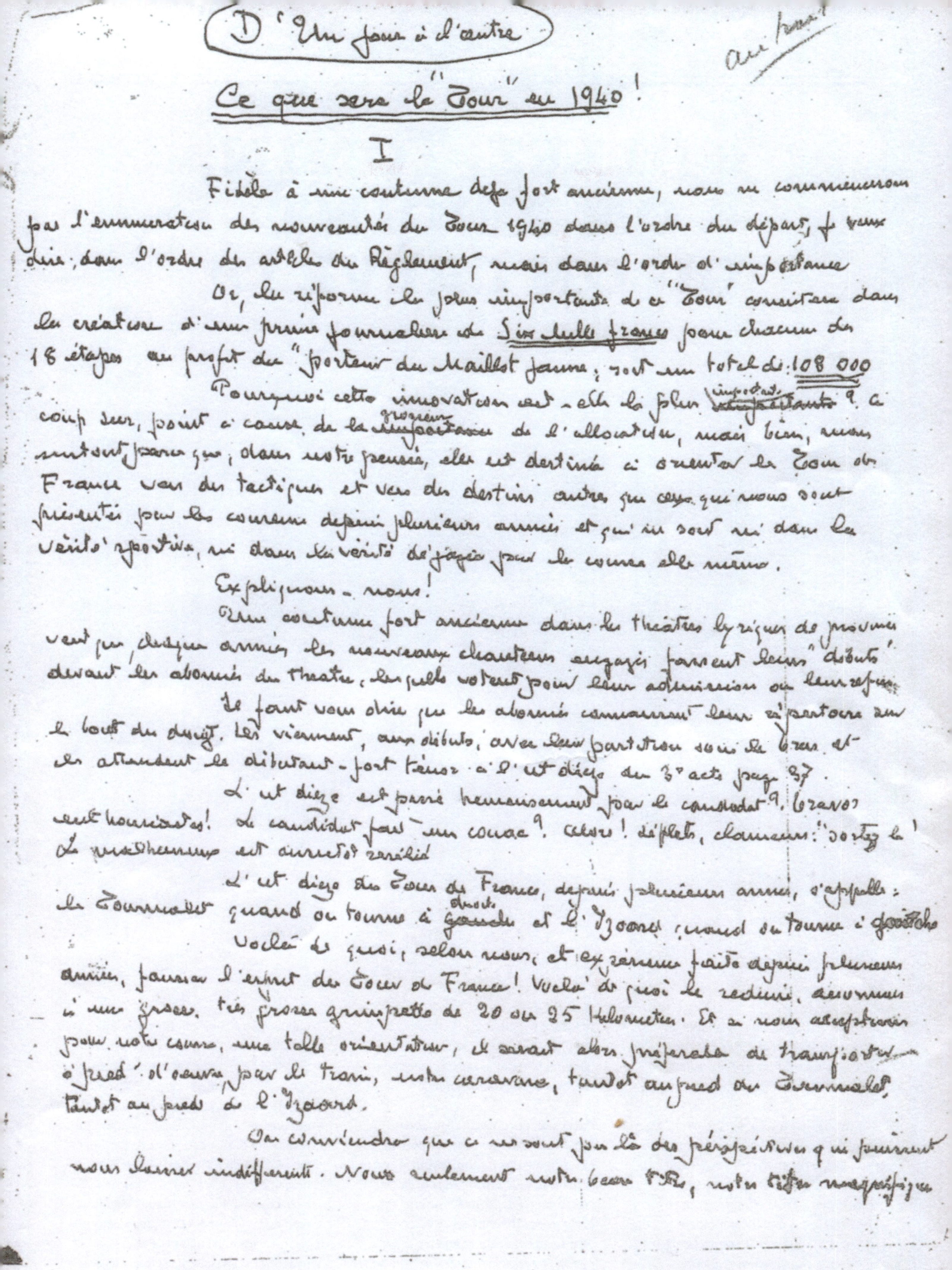

D'Un jour à l'autre

Ce que sera le "Tour" en 1940 !

I

Fidèle à une coutume déjà fort ancienne, nous ne commencerons pas l'énumération des nouveautés du Tour 1940 dans l'ordre du départ, je veux dire, dans l'ordre des articles du Règlement, mais dans l'ordre d'importance.

Or, la réforme la plus importante de ce "Tour" consiste dans la création d'une prime journalière de Six mille francs pour chacune des 18 étapes au profit du "porteur du Maillot jaune", soit un total de 108 000.

Pourquoi cette innovation est-elle la plus importante ? A coup sûr, point à cause de la grosseur de l'allocation, mais bien, mais surtout parce que, dans notre pensée, elle est destinée à orienter le Tour de France vers des tactiques et vers des destins autres que ceux qui nous sont présentés par les coureurs depuis plusieurs années et qui ne sont ni dans la vérité sportive, ni dans la vérité déjà jugée par la course elle-même.

Expliquons-nous !

Une coutume fort ancienne dans les théâtres lyriques de province veut que, chaque année, les nouveaux chanteurs engagés fassent leurs "débuts" devant les abonnés du théâtre, lesquels votent pour leur admission ou leur refus.

Il faut vous dire que les abonnés connaissent leur répertoire sur le bout du doigt. Ils viennent, aux débuts, avec leur partition sous le bras et ils attendent le débutant-fort ténor à l'ut dièze du 3e acte page 37.

L'ut dièze est passé heureusement par le candidat ? Bravos enthousiastes ! Le candidat fait "un couac" ? Cris ! sifflets, clameurs : "Sortez-le !" Le malheureux est aussitôt résilié.

L'ut dièze du Tour de France, depuis plusieurs années, s'appelle : le Tourmalet quand on tourne à droite et l'Izoard quand on tourne à gauche.

Voilà de quoi, selon nous, et expérience faite depuis plusieurs années, faussait l'esprit du Tour de France ! Voilà de quoi le réduire, avouons-le, à une grosse, très grosse grimpette de 20 ou 25 kilomètres. Et si nous acceptions pour notre course une telle orientation, il serait alors préférable de transporter à pied d'œuvre par le train, notre caravane, tantôt au pied du Tourmalet, tantôt au pied de l'Izoard.

On conviendra que ce ne sont pas là des perspectives qui puissent nous laisser indifférents. Nous voulons notre beau Tour, notre Tour magnifique

L'article manuscrit d'Henri Desgrange annonçant les réformes du Tour 1940 qui n'aura finalement pas lieu à cause de la Seconde Guerre mondiale.

« Allez, Tonin, on rejoint ou on crève ! »

JEAN BOBET

Antonin Magne, Charles Pélissier et André Leducq dans l'étape Dinan-Brest en 1931.

Récit recueilli par Jean Bobet auprès d'Antonin Magne, de l'étape décisive Nice-Gap du 25e Tour de France, le vendredi 17 juillet 1931.

C'était dans Nice-Gap, 233 km par le col d'Allos. Bien sûr, on a châtaigné un peu dans le col et, après la descente, on s'est retrouvés à trois coureurs en tête : Demuysère le Flahute, Pesenti l'Italien et puis moi le maillot jaune. Un sacré maillot que je traînais depuis les Pyrénées sans réussir à prendre plus de cinq minutes sur Jef. Jef, c'était Demuysère. Un coriace, celui-là. Fallait se le farcir. En tout cas, la journée était simple pour moi. Je n'avais plus qu'à me laisser emmener à Gap par mes deux clients. Facile comme bonjour !

Patacrac, crac, crac... ***Ma chaîne qui saute. Je descends en voltige. Les deux autres débouchent à toute allure. Je suis à moitié fou. Je tire sur la chaîne. Coincée qu'elle est, cette garce de chaîne. Je réussis quand même à la remettre à sa place. Je repars mais les autres sont loin. J'ai laissé plus d'une minute dans l'affaire.***

Et puis devant, ils s'entendent comme larrons en foire. Normal. Et moi, je suis tout seul. Le vent dans la pipe par-dessus le marché. Je me défonce, je ne regagne rien, je vais rester en litige. C'est foutu. Ils ont près de trois minutes à Barcelonnette. Et derrière ? Pas grand-chose de bon, me dit-on. Il y a bien Charles Pélissier dans un paquet de onze gars mais il est loin, à plus de cinq minutes. Tant pis, foutu pour foutu, j'attends ! Le temps passe, les mauvaises nouvelles aussi : dans le paquet de « Charlot », il y a trois Belges : Dewaele, Schepers et Vervaecke. Et trois Italiens : Orecchia, Pancera et Di Paco, forcément puisqu'il ne quitte pas Charlot d'une semelle, celui-là. Autrement dit, voilà sept gars qui vont casser le train pour nous empêcher de revenir sur leurs chefs de file. Charlot, tu pourras être le meilleur des équipiers, on est refaits. Même si les trois autres, Bulla, Péglion et Guiramand, roulent avec nous. Tu pourras rouler comme un sourd, nous serons battus par plus nombreux que nous. [...]

IL ÉTAIT GRAND, IL ÉTAIT BEAU ET IL S'APPELAIT PÉLISSIER

Charles Pélissier, je le dis franchement, était une grande vedette. On parlait beaucoup de lui dans les journaux, à la radio. Il était le chouchou de la foule, il était grand, il était beau et il s'appelait Pélissier. Dans ce Tour 1931, il avait porté le paletot jusqu'à Luchon où il perdit tout. Où je gagnais tout. Et il s'était écrié sans amertume : « Tout pour Tonin !... » Oui, c'était un bon équipier, un coureur intelligent aussi. C'est son intelligence qui avait établi sa réputation, c'est elle qui avait séduit les foules. Elle allait faire davantage en ce vendredi 17 juillet. [...]

En apprenant ma fâcheuse posture, Charlot décida de jouer le tout pour le tout. Dans une détente puissante, en faisant appel à toute son énergie, il entreprit de lâcher tout le monde pour arriver seul sur moi. Pas de gêneurs ! Ce n'est pas un équipier qui ferait cela. C'est un copain : « Allez, Tonin, dans la roue. On rejoint ou on crève... » Un seul adversaire a réagi. Ce sacré Di Paco naturellement. Aujourd'hui, Charles se fout de Di Paco. « Tout pour Tonin », c'est pas de la littérature aujourd'hui. C'est pour de bon. « Dans la roue, Tonin, on va les chercher ! » Les journalistes, à bord des voitures, sont aux cent coups. Les renseignements arrivent. « Moins de deux minutes quarante secondes, les gars. Pesenti faiblit devant. » Charles mène le train – et quel train – dans la proportion de 75 %. Di Paco, lui, fait le mort et reste dans la roue. Normal. « Demuysère a largué Pesenti, les gars ! »

JE VOUS EN PRIE, NE PARLEZ PAS DE MOI, MAIS DE CHARLES !

Pan ! Voilà Di Paco qui débouche maintenant. Frais comme l'œil, il nous prend 300 m en 2 km. Je n'ai pas besoin de faire un dessin à Charles. Il a compris. Il faut empêcher Di Paco de rejoindre Pesenti. Charles est déchaîné. Pendant vingt bornes, le nez dans le guidon...

Jean Bobet interviewant Raymond Poulidor avant l'étape Jambes (Namur)-Roubaix en 1963.

Et Di Paco est rejoint. Et au bout de la route, devant nous, on aperçoit un autre coureur, c'est Pesenti. Charles remet ça. À fond. Et moi avec. Je passerai la ligne trois secondes après Pesenti, deux minutes après Demuysère. Le maillot jaune est sauvé. Charles a encaissé sept secondes dans les 300 derniers mètres emmenés par son rival Di Paco. Charles s'en fout. Aujourd'hui il n'a pas couru pour lui. Il a couru pour moi, pour un copain. Merci, Charles. [...]

Le lendemain de ce jour mémorable, Desgrange écrivait dans** L'Auto **à propos de Charles : « ... Lorsqu'elle s'apparente à un certain instinct génial, à une présence de divination, de certitude du geste qu'il faut accomplir, là où il faut l'accomplir. » Qui, elle ? L'intelligence, disait Desgrange.

Je maintiens pour ma part que ce *elle*, c'est l'amitié. C'est l'intelligence plus la compréhension, plus la communion. Il faut avoir « senti » Charles pendant ces deux heures de corrida. Il faut l'avoir vu s'écrouler au pied d'un platane après l'arrivée. Mort. Cuit. Pour moi.

Desgrange me reprochait aussi un excès de modestie parce que j'avais déclaré à l'arrivée à Gap : « Je vous en prie, ne parlez pas de moi aujourd'hui mais seulement de Charles Pélissier. Il a fait tout le travail. » Eh bien, 27 ans après cette équipée, je maintiens ma déclaration. Elle est un hommage à un ami. Et je sais ce que je dis. L'amitié, ça ne se rencontre pas à tous les virages !

20 juillet 1947
Jean Robic, premier vainqueur à n'avoir jamais porté le maillot jaune avant l'arrivée à Paris.

25 juillet 1948
Première retransmission en direct du Tour à la télévision (arrivée au Parc des Princes).

4 juillet 1952
Première arrivée d'étape en altitude à l'Alpe d'Huez, remportée par Fausto Coppi.

17 juillet 1952
Première ascension du puy de Dôme, dominée à nouveau par Coppi.

5 juillet 1953
Le Suisse Fritz Schaer, premier porteur du maillot vert.

1947

AU FIL DE L'ÉPOPÉE

1961

26 juillet 1953
Première victoire dans le Tour de Louison Bobet à sa sixième participation.

8 juillet 1954
Premier grand départ du Tour depuis l'étranger, à Amsterdam (Pays-Bas).

30 juillet 1955
Louison Bobet, premier triple vainqueur consécutif du Tour (après 1953 et 1954).

18 juillet 1959
Federico Bahamontes, premier Espagnol à s'imposer dans le Tour.

10 juillet 1960
Chute dramatique de Roger Rivière dans la descente du col du Perjuret.

Louison Bobet dans l'étape Toulouse-Saint-Gaudens lors de l'édition 1955.

La longue procession des véhicules des directeurs sportifs derrière la voiture directoriale de Jacques Goddet en 1960.

JEAN-JACQUES VIERNE

AU FIL DE L'ÉPOPÉE

Après la Seconde Guerre mondiale, Jacques Goddet, fondateur de* L'Équipe *en février 1946, relance le Tour de France en juin 1947. Malgré la victoire de l'inattendu Jean Robic (1947), les Italiens et les Suisses prennent le pouvoir grâce à Gino Bartali (1948) et Fausto Coppi (1949-1952) d'une part, Ferdi Kubler (1950) et Hugo Koblet (1951) d'autre part. Mais Louison Bobet devient dans la foulée le premier triple vainqueur successif de la Grande boucle (1953-1954-1955). Il passe le relais à Jacques Anquetil, dont le règne sera retardé par le Luxembourgeois Charly Gaul et l'Espagnol Federico Bahamontes.

Après la Libération, le Tour doit patienter presque trois ans pour retrouver sa place. Le pays est ravagé, son réseau routier en partie détruit, son économie exsangue. Les restrictions, alimentaires ou autres, se prolongent pendant plus de deux années. Par ailleurs, l'épreuve elle-même se trouve sous séquestre puisque son propriétaire, *L'Auto*, est interdit de paraître. Son fondateur, Henri Desgrange, s'est éteint en 1940 dans sa retraite de Beauvallon.

Le temps de récupérer les actifs de son ancien journal au bénéfice de* L'Équipe*, Jacques Goddet, avec l'aide du* Parisien libéré *d'Émilien Amaury, désormais copropriétaire du Tour, relance donc la machine en 1947. Il se garde bien de toucher à une formule qui a fait plus que ses preuves.

L'inattendu régional Jean Robic, membre de l'équipe de l'Ouest, s'adjuge une épreuve passionnément suivie par le public français malgré la faiblesse de la représentation étrangère : les deux *campionissimi*, Gino Bartali et Fausto Coppi, ne sont pas venus et la *squadra* est complétée par des Italiens de France, très fraîchement accueillis par leurs compatriotes. L'un d'eux, Pierre Brambilla, qui a succédé en tête du classement au favori René Vietto – en déroute lors de la longue étape contre la montre entre Vannes et Saint-Brieuc (139 km) –, ne trouve ainsi aucun soutien pour résister à l'attaque de Robic lors de l'ultime journée. Et le teigneux petit Breton, pourtant mal parti dans la course, s'impose sans jamais avoir porté le maillot jaune.

Les Italiens prendront largement leur revanche en gagnant trois des cinq éditions suivantes. Pour eux, la pire difficulté n'est pas la course elle-même mais bien la formation de leur équipe, tant est vive la rivalité entre Bartali et Coppi, qui divise l'Italie en deux camps absolument irréconciliables.

Dix ans après sa première victoire, Bartali s'impose d'abord en 1948, à l'issue d'un Tour rendu très éprouvant par le mauvais temps. Grand favori, le vieux Gino attend sagement son heure et pulvérise tous ses opposants dans les Alpes enneigées et bourbeuses, gagnant successivement à Briançon et à Aix-les-Bains.

Entre Bartali et Coppi, un pacte écrit et signé de non-agression

Lors des deux victoires de Coppi (1949 et 1952), Gino et Fausto figurent ensemble dans l'équipe italienne, dirigée par l'habile Alfredo Binda qui a réussi à leur faire accepter en 1949 un pacte écrit et signé de non-agression. Les cinq années qui séparent leurs dates de naissance pèsent trop lourd pour l'ancien et Coppi – en dépit d'un début de Tour chaotique où il frôle l'abandon, avec vingt minutes de retard à Saint-Malo ! – finit par imposer sa supériorité lors de l'étape d'Aoste où les deux cracks transalpins sèment tous leurs adversaires. Une opportune chute de son rival permet à Coppi de rallier en vainqueur l'arrivée, où de sérieux incidents éclatent, les relations franco-italiennes demeurant tendues dans cette région frontalière depuis la fin de la guerre...

En 1952, le vieux Bartali est toujours là, mais nul ne peut rien contre un Coppi au sommet de sa trajectoire, qui écrase l'opposition dès l'entrée dans les Alpes franchies cette fois en premier : victoire à l'Alpe-d'Huez, où le Tour bivouaque pour la première fois, puis chevauchée vers Sestrières où l'attend une foule admirative. Le résultat de la course est plié quinze jours avant l'arrivée et l'organisateur doit doubler le prix accordé au 2e pour maintenir un peu de suspense !

Entre les deux triomphes de Coppi, la Suisse s'invite au banquet grâce aux victoires de Ferdi Kubler en 1950 et Hugo Koblet en 1951. Kubler, coureur complet, frénétique et ultra-offensif, profite de l'abandon de tous les Italiens dans les Pyrénées, après que Bartali a été pris à partie par des spectateurs.

Il contient le Belge Stan Ockers et lamine Louison Bobet, sans doute quelque peu impatient, dans les Alpes. Koblet, lui, merveilleux styliste et en état de grâce, s'impose d'autant plus aisément que Bobet – malade – et Coppi – accablé par la mort en course de son frère Serse – sont défaillants.
Pendant ces cinq années, les Français ne sont pas réduits à la figuration. Bobet, coureur à la fois flamboyant et méticuleux, se retrouve presque chaque année dans le coup et tente sa chance avec panache. Il multiplie les places d'honneur mais ne parvient pas dans les moments décisifs à se montrer aussi efficace que dans les classiques où il a acquis un palmarès qui en fait l'égal des meilleurs. Guy Lapébie, Jacques Marinelli, Lucien Lazarides et surtout Raphaël Géminiani, le « Grand Fusil » au tempérament de feu, goûtent également au podium. Mais l'attente commence à être longue.

Bobet au prix d'une brillante chevauchée dans le Ventoux

C'est Louison qui va y mettre fin et toucher enfin la juste récompense de ses efforts. Et quelle récompense ! L'ancien mitron de Saint-Méen-le-Grand, près de Rennes, remporte les trois Tours suivants et devient le premier coureur à aligner trois victoires consécutives. Les Belges et les Italiens étant un peu en retrait, il lui faut mater la redoutable équipe suisse, mais aussi ses propres coéquipiers. Après avoir longuement hésité à prendre le départ en raison d'une douloureuse induration qui lui pourrira la vie plusieurs années, il doit regagner leur confiance. Ce sera fait au soir d'une étrange journée conclue à Béziers où l'équipe de France, jusque-là narguée par les régionaux de l'Ouest, a tout balayé sur son passage. Au terme d'une discussion orageuse, Marcel Bidot, le directeur technique, parvient à réunir les bonnes volontés et Bobet justifie ses ambitions en surclassant tout le monde quelques jours plus tard dans le col de l'Izoard, à l'endroit qu'il a choisi et sous l'œil de Coppi – forfait – venu voir passer la course.
À la tête d'une équipe de France désormais à ses ordres, Louison récidive en 1954, en contrôlant assez facilement les Suisses et en frappant à nouveau dans l'Izoard. En 1955, de nouveau diminué par sa récurrente blessure, il écarte au courage – et au prix d'une brillante chevauchée dans l'étape du Ventoux – la double menace du solide Belge Jean Brankart, qui ne tiendra pas ses promesses, et du nouveau roi des grimpeurs, le jeune Luxembourgeois Charly Gaul, très impressionnant dans les cols.
Le Tour 1956 restera l'un des plus étonnants de l'histoire. Les grands champions qui ont brillamment meublé le palmarès depuis la Seconde Guerre mondiale – Robic, Bartali, Coppi, Kubler, Koblet, Bobet – sont vieillissants, malades ou blessés. Il s'ensuit une course magnifiquement anarchique, où chaque jour l'échappée prend dix minutes. Le sommet est atteint entre Lorient et Angers où les 31 attaquants – plus du quart de l'effectif ! – rallient l'arrivée dix-huit minutes avant le peloton. Le Lorrain Gilbert Bauvin, seul coureur de l'équipe de France présent dans le groupe de tête, semble le mieux placé, mais c'est un régional, Roger Walkowiak, qui va tirer les marrons du feu, à la surprise générale.
Le Tour revient à un déroulement plus conforme à la logique en 1957.

Raphaël Géminiani devant le Suisse Hugo Koblet dans l'ascension du mont Ventoux au cours de l'étape Montpellier-Avignon en 1951.

Bobet et Géminiani ayant un peu vite renoncé alors qu'ils bataillent au Giro, Marcel Bidot, le patron de l'équipe de France, saute sur l'occasion et construit son groupe autour du débutant Jacques Anquetil, dont la classe insolente annonce depuis déjà plusieurs années le grand champion de demain.

Obligé de s'imposer à certains de ses coéquipiers dubitatifs sur ses possibilités de néophyte, le Normand passe immédiatement à l'attaque avec son ami André Darrigade et liquide Gaul, son principal opposant, dès le deuxième jour. Les Tricolores effectuent une véritable razzia – douze victoires d'étape ! –, malgré un coup de mou de leur leader dans l'ultime étape des Pyrénées.
Bidot a gagné mais il n'a obtenu qu'un sursis. Les trois éditions suivantes sont marquées par la difficulté toujours plus vive de faire cohabiter des champions à forte personnalité qui sont adversaires tout le reste de la saison. Les purs grimpeurs, qui jusqu'alors n'avaient jamais ramené le maillot jaune à Paris, en profitent avec les victoires de Charly Gaul (1958) et Federico Bahamontes (1959).

Rivière, héros tragique dans la descente du col du Perjuret

Le petit Luxembourgeois renverse une situation désespérée dans la dantesque étape de la Chartreuse, alors que Géminiani, laissé de côté par Bidot et recasé dans l'équipe régionale du Centre-Midi, a piégé avant la montagne l'équipe de France où ni Anquetil ni Bobet ne sont au mieux. Souverain au puy de Dôme, Gaul a perdu un quart d'heure à Gap, mais il va largement le rattraper sur la route d'Aix-les-Bains, noyée sous des trombes d'eau et balayée par un vent glacial. Il met tout le monde à plus de dix minutes, avant d'estoquer l'Italien Vito Favero et Géminiani dans le contre-la-montre la veille de l'arrivée.
L'Espagnol Bahamontes, lui, profite du manque d'homogénéité d'une équipe de France à trois têtes – Anquetil, Bobet et le nouveau venu Roger Rivière – pour s'imposer face à des rivaux qui ont, comme en 1957, réussi à se débarrasser de Gaul, mais se montrent surtout attentifs à ne pas laisser un régional, en l'occurrence le Lyonnais Henri Anglade, leur refaire le « coup de Walko ». La victoire de l'Espagnol n'est donc que mollement contestée et le dindon de la farce reste

Fausto Coppi et Jean Robic au coude-à-coude dans le brouillard sur les pentes d'un col en 1952.

probablement Rivière, supérieur à un Anquetil en petite forme dans les contre-la-montre.
Ce rouleur hors pair, triple champion du monde de poursuite et recordman du monde de l'heure, reste le héros tragique du Tour suivant. Profitant de l'absence d'Anquetil – qui s'est concentré sur le Giro –, il attaque sur la route de Lorient, alors que son coéquipier Anglade est détenteur du maillot jaune, et occupe une position favorable à la sortie des Pyrénées. Mais, dans la descente du col cévenol du Perjuret, à la poursuite de l'Italien Gastone Nencini, il passe par-dessus le parapet et tombe dans le torrent en contrebas !

Colonne vertébrale brisée, Roger Rivière ne retrouvera jamais une motricité normale et doit mettre un terme à sa carrière à 24 ans. Les conséquences morales et physiques de ce terrible accident le poursuivront jusqu'à son décès prématuré en 1976. Nencini remporte ce Tour décapité en contenant aisément ses rares challengers.

Ayant obtenu les pleins pouvoirs de Bidot pour gommer ses échecs de 1958 et 1959, Anquetil revient en 1961 avec l'ambition assumée de porter le maillot jaune du premier au dernier jour. Décidée à cadenasser la course, l'équipe de France voit le reste du peloton et une grande partie de l'opinion se coaliser contre elle. Mais, dans le sillage d'un leader en très grande condition cette fois, le mur tricolore repousse toutes les attaques et use les grimpeurs, notamment Gaul surpris dès le premier jour, avant la montagne. Anquetil gagne largement son pari, rejoignant Ottavio Bottechia et Romain Maes au Panthéon des maillots jaunes exclusifs.
Ainsi s'achève la période sans doute la plus riche de l'histoire du Tour. Face à un contexte économique devenu morose au cours des Trente Glorieuses, et à la motorisation galopante, l'industrie du cycle ne peut plus subvenir aux besoins des équipes professionnelles. Quelles que soient ses préférences, Jacques Goddet, journaliste mais aussi chef d'entreprise, ne peut l'ignorer plus longtemps.

LA SENSATION WALKOWIAK

Le Tour 1956 restera sans doute comme le plus débridé de l'histoire. Dépourvu de grand favori, les échappées réussies s'y succèdent quotidiennement. Le plus assidu en tête est le régional Roger Walkowiak de l'équipe Nord-Est-Centre, dirigée par l'ancien coureur Sauveur Ducazeaux – devenu restaurateur presque en face du siège de *L'Équipe*, rue du Faubourg-Montmartre... Vainqueur à Caen, à Saint-Malo et à Lorient, « Walko » prend le maillot jaune à Angers, où le peloton se présente avec 18' 46" de retard !
Ce champion est discret, lisse, voire effacé, mais il ne manque pas de classe. Peu connu du grand public, il est pourtant professionnel depuis 1950, a disputé trois fois le Tour et terminé deuxième du Dauphiné libéré derrière Louison Bobet en personne, l'année précédente. En accord avec Ducazeaux, il ne défend son paletot que jusqu'à Bordeaux, afin de ne pas s'user trop vite et jouer ainsi une place d'honneur à Paris. Pour une place d'honneur, ce sera une place d'honneur ! Avec des précautions de dentellière, son directeur sportif amène doucement ce grand modeste à croire en ses chances. Après avoir perdu le maillot jaune dans les Pyrénées, Walkowiak le récupère dans les Alpes et l'amène jusqu'à Paris ! Malgré une chute et une crevaison sur la route de Saint-Étienne et la menace de Gilbert Bauvin – le leader de l'équipe de France, auquel il résiste en contre-la-montre –, il a tenu jusqu'au bout ! Une santé défaillante empêchera ensuite Walkowiak de confirmer cette victoire surprise. Il rentre chez lui à Montluçon pour y tenir un bistrot, puis reprend même son premier métier de tourneur. Décédé en 2017, à 90 ans, il eût sans doute mérité de laisser une autre trace dans la légende que celle de vainqueur le plus inattendu de l'histoire.

BAHAMONTES ET GAUL AU SOMMET

Derrière les grands champions qui ont dominé les années 1950, des vainqueurs moins attendus n'ont pas raté l'occasion de remporter le Tour : Ferdi Kubler, Roger Walkowiak, Gastone Nencini et, pour la première fois, de purs grimpeurs : Charly Gaul et Federico Bahamontes. Ils ont tous grandement participé à l'épopée de cette magnifique décennie.

1 - *Les Suisses acclament leur idole Hugo Koblet après l'arrivée de l'étape Gap-Briançon en 1951.*

2 - *René Privat devant Aldo Bolzan, Tom Simpson, Raymond Mastrotto et Jean Graczyk lors de l'étape Bruxelles-Dunkerque en 1960.*

3 - *Jean Le Guilly au sommet du col du Télégraphe dans l'étape Lausanne-l'Alpe-d'Huez en 1952.*

4 - *Le Luxembourgeois Charly Gaul et l'Espagnol Federico Bahamontes au coude-à-coude dans un col en 1959.*

5 - *L'Italien Gastone Nencini suivi par Henry Anglade et Imério Massignan en 1960.*

6 - *Roger Walkowiak, inattendu vainqueur du Tour en 1957.*

7 - *André Darrigade, vainqueur de l'étape Bruxelles-Gand en 1958.*

8 - *Jean Graczyk et le Britannique Tom Simpson en 1960.*

4

5

6

7

8

ET JACQUES MARCHAND LANCE LE TOUR DE L'AVENIR...

JACQUES MARCHAND

Jacques Marchand dans la voiture directoriale sur le Tour de l'Avenir en 1964.

En 1961, Jacques Goddet confie à Jacques Marchand, journaliste à L'Équipe, l'organisation d'une nouvelle épreuve cycliste réservée aux jeunes coureurs et disputée par équipes nationales. Les 14 étapes du Tour de l'Avenir – contre les 21 du Tour de France – sont disputées sur les mêmes routes que la Grande boucle, dont il précède la caravane de trois heures. Cette course permet de créer un lien entre le monde des professionnels et celui des amateurs, issus notamment de l'Europe de l'Est. Elle prépare la future mondialisation de l'épreuve et du cyclisme.

« Nous allons créer le cyclisme de demain. » C'est par cette formule visionnaire que Jacques Goddet m'annonce son projet de lancer une épreuve cycliste réservée aux jeunes sur le modèle du Tour de France. Nous sommes fin 1960. Le premier Tour de l'Avenir prend le départ en 1961. J'en suis le directeur, comme me l'a proposé Jacques Goddet quelques mois plus tôt dans son bureau.

Émilien Amaury, patron du groupe de presse Le Parisien-L'Équipe, vient de mettre fin aux équipes nationales, si chères à Goddet, pour créer des équipes de marques, bien plus rémunératrices pour l'organisateur. En retour, ce dernier obtient d'Amaury et de Félix Lévitan, codirecteur de l'épreuve, le feu vert pour créer une course par équipes nationales réservée aux jeunes coureurs. Cette nouvelle épreuve permet de créer un lien entre deux mondes, celui des professionnels à l'Ouest et celui des amateurs à l'Est. À l'époque, ces deux cyclismes se regardent en chiens de faïence par-dessus le rideau de fer.

Goddet est convaincu que le Tour a tout à gagner à devenir le théâtre de la confrontation entre des équipes des deux écoles. « Le Tour de l'Avenir est l'avenir du Tour de France », martèle-t-il. Il rêve de réunir dans une grande épreuve les meilleurs coureurs des vingt-cinq pays qui pratiquent alors le cyclisme. Il ne songe nullement à en tirer bénéfice... sauf pour les ventes de L'Équipe.

Les deux mondes cyclistes de l'Ouest et de l'Est me sont familiers. Pendant le Tour, dans la voiture de Jacques Goddet, je tiens le micro de Radio Tour, qui informe les suiveurs de toutes les péripéties de la course. Je me trouve donc au cœur de l'organisation. Puis j'ai découvert les coulisses de l'univers cycliste en journaliste, couvrant notamment la Course de la paix, et noué d'excellentes relations avec ses organisateurs polonais et tchécoslovaques. « Je vous choisis pour prendre la direction du Tour de l'Avenir, précise Goddet, car vous êtes un pédagogue, vous savez ce qu'est la formation. » Je donne effectivement des cours au Centre de formation des journalistes (CFJ) à Paris. Coïncidence, j'y accueille comme étudiant son fils, Laurent Goddet !

UNE PÉRIODE D'ADAPTATION À LA MONTAGNE QUI VA DURER LONGTEMPS

Dans la vision de Jacques Goddet, créateur de l'épreuve dont je ne suis que l'organisateur, il s'agit d'aguerrir et de préparer au Tour de France les jeunes cyclistes, dont beaucoup d'entre eux sont très bons. Le Soviétique Sergueï Soukhoroutchenkov, un coureur extraordinaire, remporte même deux fois l'épreuve. Ce sera le seul. Au début, ces cyclistes ignorent tout de la montagne. Dans leurs pays, les courses ne comportent que des étapes de plat. Et donc ils « explosent » dans les cols français. Ils ont besoin d'une période d'adaptation, qui va durer plusieurs années, avant de devenir compétitifs même en altitude. En les aidant à s'adapter, nous ouvrons la voie en quelque sorte au cyclisme universel. Ces quatorze ans à la tête du Tour de l'Avenir (1961-1975) restent pour moi des années très agréables. Tout marchait comme sur des roulettes dans un climat de solidarité, d'amabilité, de gentillesse. Ceux qui sont venus rejoindre l'organisation de l'épreuve dans cet état d'esprit étaient contents d'y participer d'une manière ou d'une autre. Ces dernières années, j'ai reçu dans mon appartement de Chatou des membres de la Fédération française de cyclisme (FFC) et des coureurs comme Joop Zoetemelk qui ont inscrit leur nom au palmarès de l'épreuve.

L'un des très rares champions qui n'y a jamais participé est Eddy Merckx. Lors d'un déjeuner réunissant les vedettes du Tour de France, des menus circulent pour recueillir les signatures. Les vainqueurs du Tour de l'Avenir signent un menu à mon intention. Lorsqu'il arrive à Merckx, j'adresse un geste de la main. « Non, pas toi. » « Pourquoi ? » s'étonne-t-il. « Tu n'as jamais voulu disputer le Tour de l'Avenir. Pas besoin de ta signature ! »

Le futur beau-père du « Cannibale », Lucien Acou, était sur le Tour de l'Avenir en tant que directeur de l'équipe nationale belge. Il vient un jour à moi, effondré. Je crois alors qu'il digère mal que Christian Robini, son poulain, ait perdu le maillot jaune. « Non, ce n'est pas du tout cela, monsieur Marchand. Je viens d'apprendre une mauvaise nouvelle. Eddy Merckx a demandé la main de ma fille aînée. Aujourd'hui, je "perds" ma fille. » J'appelle aussitôt Robert Oubron, directeur technique de l'équipe de France, et lui explique qu'on ne peut pas laisser Acou seul avec son chagrin de père. Nous avons donc dîné avec lui pour le réconforter. Nous l'avons remis en selle. Dans le droit fil de l'esprit du Tour de l'Avenir, c'était une réaction tout à fait normale.

Jacques Marchand avant le départ de l'étape Niort-Saint-Yriex-la-Perche dans le Tour de l'Avenir 1972.

Un cyclisme universel, le vieux rêve brisé de Jacques Goddet

L'ambiance générale de la course allie sérieux et rigueur sur le modèle du Tour de France, dont nous sommes tous les enfants. Nous savons ce que nous faisons avec des collaborateurs comme Claude Muller et Jacques Martineau. C'est une organisation allégée, sans caravane, ni trop de motards. Ma voiture est bien moins confortable que celle de Jacques Goddet. Par ailleurs, je fais confiance aux officiels de la Fédération nationale et de la Fédération internationale, en particulier le Polonais Wlodzimir Goleblewski, organisateur de la Course de la paix. Je respecte leurs décisions. Je refuse même de céder aux pressions du directeur des sports, Marceau Crespin, m'invitant à intercéder pour Lucien Aimar, qui a perdu le maillot jaune après avoir écopé d'une pénalité, à la suite d'une altercation avec un coureur belge.

Chacun son rôle. C'est ma conception. Il est vrai qu'il est facile de s'entendre avec les organisateurs des pays de l'Est qui sont aussi des journalistes. Goleblewski, qui combattit avec les Français pendant la Seconde Guerre mondiale, parle parfaitement notre langue.

Le Tour de l'Avenir lui donne aussi une autre dimension. Il voyage sans problème, privilège réservé aux élites à l'Est. Nous sommes devenus amis. Lorsqu'un congrès ou des réunions de calendrier se tiennent à Paris, il déjeune même avec ses compatriotes dans mon appartement de Courbevoie. Mon épouse Huguette est en cuisine. Nous avons à table la fine fleur des dirigeants de l'Est et le président de la Fédération américaine. Tout cela en pleine guerre froide ! « Madame, nous reviendrons déjeuner chez vous, car c'est de la bonne bouffe », déclare l'Américain. Ces déjeuners réputés font des envieux chez certains officiels français. Jacques Goddet et Félix Lévitan n'ont jamais interféré dans mon travail, conscients de l'importance que revêtait le développement des bonnes relations avec les dirigeants de l'Est. Et puis, un jour, « Monsieur Jacques », lors d'une réunion me souffle : « J'ai à vous parler en particulier. » Nous sortons dans le couloir. « Mauvaise nouvelle, le président Amaury a décidé de supprimer le Tour de l'Avenir ! » Tout simplement parce qu'il ne rapportait rien financièrement. L'épreuve a été vendue à une petite organisation. Ainsi se brisa le vieux rêve de Jacques Goddet de relancer un Tour de France par équipes nationales avec les coureurs de tous les pays du monde.

Louison Bobet dans la Casse déserte lors de l'étape Gap-Briançon en 1953.

LOUISON BOBET, LE CHAMPION ROMANTIQUE

JACQUES AUGENDRE

Le jeune premier du cyclisme français a tout pour plaire et séduire : l'élégance, la distinction, la volonté, le panache et surtout le talent. Révélé dès 1948, alternant les périodes d'espoirs et de doutes, il atteint la consécration suprême en devenant le premier coureur de l'histoire à remporter trois Tours de France successifs (1953, 1954, 1955). Après avoir été un champion populaire, il réussit pleinement sa reconversion : pionnier de la thalassothérapie en France, il fut un brillant patron.

J'ai rencontré Louison Bobet pour la première fois à *L'Équipe* en 1946, au lendemain de sa victoire dans le championnat de France amateur. Mais je l'avais vaguement côtoyé trois ans plus tôt au sein du peloton des jeunots du Premier Pas Dunlop, sur la route de Montluçon. Il s'était classé 6e à quelques secondes du vainqueur, un certain Raphaël Géminiani. La complicité que j'ai entretenue avec Louison date de ce jour. Née de retrouvailles impromptues, elle aura été le prélude à une amitié sans faille durant près de quarante ans. Mon apprentissage journalistique n'étant pas terminé, je n'ai pas suivi le Tour de France en 1948, celui qui propulsa Bobet vers les sommets. Je l'ai vécu au deuxième étage du siège du quotidien, en compagnie des rédacteurs chargés de relire la copie.

Le jeune premier du cyclisme avait tout pour plaire et séduire : l'élégance, la distinction, la volonté, le panache, une parfaite éducation et une conscience professionnelle exemplaire. Ce Tour 1948 révéla son vrai visage. Détenteur du maillot jaune de Biarritz à Briançon, Bobet se battit jusqu'à l'extrême limite de ses forces et frôla le point de rupture dans les derniers cols alpestres.

Après avoir surmonté le handicap d'une furonculose aiguë, il venait de réussir un incroyable rétablissement. À San Remo, au terme de la 11e étape, on le croyait au bord de l'abandon. Il s'était évanoui sitôt franchie la ligne d'arrivée.
Le lendemain, à la surprise générale, il a attaqué dans le col du Turini, gagné à Cannes et pris huit minutes de plus à Gino Bartali ! L'hommage du champion italien, finalement intouchable dans les Alpes, restera dans toutes les mémoires : « Bobet a été le meilleur de mes adversaires. Il gagnera le Tour, c'est une certitude. Et je pense qu'il en gagnera plusieurs. »
Les trois victoires successives du champion breton (1953, 1954, 1955) justifièrent ce pronostic autorisé, mais le chef de file du cyclisme français alterna les périodes d'espoir et de doute avant d'atteindre la consécration suprême. Après une saison 1949 en demi-teinte et un Tour de France calamiteux, il buta d'abord sur Ferdi Kubler (1950), ensuite sur Hugo Koblet (1951), deux athlètes en super forme, les seuls Suisses qui figurent au palmarès de la Grande boucle.
La veille du départ du Tour en 1951, à Metz, j'avais eu la joie et le privilège de l'accompagner au cours d'un dernier entraînement. Une idée d'Albert de Wetter, le chef de la rubrique cyclisme de *L'Équipe*. Sans doute se souvenait-il d'un Grand prix des gentlemen où, entraîné par Janine Lemaire, recordwoman du monde de l'heure, nous avions remporté la Coupe des journalistes devant Michel Costes, mon confrère et ami de *France-Soir*, associé à... Bartali. Wetter m'avait quand même surpris en me confiant

Louison Bobet félicité par Marcel Bidot (à gauche), *Raphaël Géminiani, Jean Malléjac et le père de Louison* (à droite), *après sa victoire dans l'étape Gap-Briançon en 1953.*

ce « sujet en or ». J'étais flatté, ravi, mais perplexe. Pédaler aux côtés de Bobet, Barbotin et Muller… N'allais-je pas me couvrir de ridicule ? Louison me rassura : « On fait cinquante km et on roule en douceur. » La réalité fut sensiblement différente… J'ai compté les bornes : plus de soixante-dix et, en fin de parcours, les mains en bas du guidon, j'avais l'impression de me retrouver dans une vraie course. « C'est bien, Jacques, me dit Louison en descendant de vélo, tu es bon pour le Tour ! »

Et lui, était-il prêt ? Son classement indigne de sa valeur intrinsèque – 20e à plus d'une heure de Koblet – traduisait une lassitude physique et morale. Cependant, en dehors du Tour de France, il accomplit une brillante saison en 1951, gagnant notamment Milan-San Remo au printemps, le Tour de Lombardie à l'automne et, dans l'intervalle, la grande étape des Dolomites du Giro, au bout d'une longue échappée avec Fausto Coppi qu'il battit au sprint à Cortina d'Ampezzo.

C'est ainsi que l'Italie adopta le* campione francese. *Je me remémore encore le jugement du grand reporter de* La Gazzetta dello Sport, *Gianni Brera : « Le cyclisme possède en Louison Bobet son champion romantique. À l'intelligence, il ajoute la ferveur, la sensibilité, le charme… et un prénom poétique. C'est la star qui nous manquait. »

Déprimé par son manque de réussite dans les épreuves à étapes, Louison décida de faire l'impasse sur le Tour en 1952 et en fut bien inspiré. Pourtant, en 1953, sa participation demeura longtemps incertaine, en raison d'une induration mal placée. À quelques jours du départ, il s'imposa une longue sortie derrière derny dans la vallée de Chevreuse.

J'avais assisté à ce dernier test plutôt rassurant. Le suspense se prolongea néanmoins quelques heures. « Je dois encore réfléchir, me dit Louison, presque en s'excusant. Ne me téléphone pas. C'est moi qui t'appellerai. Seize heures, ça te convient ? Ce ne sera pas trop tard ? »

Je me souviens de ses premiers mots à 16 heures pile : « Je pars. Il me tarde d'inscrire le Tour de France à mon palmarès. »

Et je n'oublierai jamais les derniers mots de notre entretien téléphonique : « As-tu suffisamment d'éléments pour ton papier ? » Plus de soixante ans après cette interview mémorable, je m'interroge : le champion, même le plus coopératif, poserait-il aujourd'hui cette question à un journaliste ?

« Même si j'avais mal aux jambes, je n'ai jamais douté ! »

Ce Tour 1953 fut, à mon sens, l'un des plus beaux. Passionnant de bout en bout, la stratégie y joua un rôle essentiel. C'est dans l'Izoard que Bobet s'empara du pouvoir et cisela son chef-d'œuvre, sous le regard admiratif de Coppi. Il endossa le maillot jaune à Briançon et repoussa son second Jean Malléjac à plus de 10 minutes. Mais, avant de réussir ce coup de force, le leader tricolore avait dû faire l'unanimité dans son propre camp. L'étape Albi-Béziers se révéla déterminante. Vainqueur à Luchon devant Bobet, Jean Robic s'était installé aux commandes, multipliant les provocations. Mais, à Albi, l'homme au casque, grisé par les prouesses des Bretons, prononça la phrase de trop : « Bobet et Géminiani me font rigoler. » Réaction du « Grand Fusil » : « Qu'il en profite ! Il ne va plus rigoler longtemps. Demain, tout le monde sur le pont et le "plastic" dans les musettes. On attaque au départ ! » Lancée dès les premiers kilomètres, l'offensive de la « bande à Bidot » a dynamité le peloton. Cueillis à froid et balayés par l'onde de choc, Robic mais aussi Bartali, Fiorenzo Magni et Gilbert Bauvin ont perdu très vite tout espoir de redresser la situation. Un triomphe pour l'équipe de France. Elle avait placé son carré d'as – Bobet, Géminiani, Antonin Rolland, Nello Lauredi

– dans l'échappée victorieuse. En apparence, tout allait pour le mieux... sauf que la belle aventure s'acheva sur un sprint tordu qui a semé la zizanie parmi les vainqueurs : Lauredi, le rebelle, franchit le premier la ligne d'arrivée sur la piste en cendrée du stade de Sauclières, raflant du même coup la bonification que convoitait Louison ! Il fallut toute la diplomatie de Marcel Bidot, sélectionneur et directeur technique de l'équipe de France depuis 1952, pour calmer les esprits.

Il posa la seule question qui le préoccupait : « Qui peut gagner le Tour ? » Rolland, Lauredi et Géminiani lui firent comprendre qu'ils limitaient leurs ambitions au podium, alors que Bobet rétorqua spontanément : « Moi, gagner, c'est mon objectif ! » Les Tricolores venaient de trouver leur véritable leader. Un leader unique dans tous les sens du terme.

En ouvrant les fenêtres de sa chambre à Gap, au matin du mercredi 28 juillet, Bidot vit passer la formation du Nord-Est-Centre au grand complet. Il rassembla aussitôt ses troupes : « Les gars de Sauveur Ducazeaux sont partis rouler. Ils vont sûrement flinguer au départ. Il faut les prendre de vitesse. » Le brave Adolphe Deledda fut chargé de neutraliser le premier commando adverse, puis d'épauler Bobet lors de sa contre-attaque. Une opération encore parfaitement réussie. Mais avant d'affirmer son autorité et de conclure magistralement, Bobet dut supporter et surmonter la souffrance en escaladant le col de Vars. Je l'ai vu s'accrocher et grimacer aux côtés de Jesus Lorono. Cependant il ne céda rien, et c'est lui au contraire qui lâcha le grimpeur espagnol quelques instants plus tard. Il rejoignit Deledda dans la vallée du Guil et s'envola dès le pied de l'Izoard. Quand nous évoquâmes l'épisode du col de Vars, au soir de cette étape grandiose, Louison me confia : « C'était un match au courage. Même si j'avais mal aux jambes, je n'ai jamais douté. »

« Je voulais découvrir ce grand col que je n'avais jamais grimpé »

Sa deuxième victoire l'année suivante fut la plus limpide et la plus éclatante. Maillot jaune pendant seize jours, il triompha pour la troisième fois à Briançon et prit sa revanche sur Ferdi Kubler, deuxième à plus d'un quart d'heure. Une revanche qu'il attendait depuis quatre ans. Au cours de l'été 1954, Louison, en état de grâce, atteignit le point culminant de sa carrière. Trois semaines après avoir reçu l'ovation d'un Parc des Princes survolté, il devenait champion du monde à Solingen.

En 1955, sa troisième et dernière victoire paracheva une course incertaine, parfois pathétique, difficile à contrôler. Ce Tour si compliqué lui procura aussi le bonheur d'avoir à ses côtés son frère Jean qui entra dans la Grande boucle par la grande porte. Louison fut d'abord contraint de protéger son équipier Antonin Rolland, en pole position deux semaines durant. Il dut ensuite se surpasser pour contenir les assauts du Belge Jean Brankart, menaçant jusqu'au bout. Entre temps, il déclencha sur les flancs du mont Ventoux une offensive destinée à déstabiliser les grimpeurs, Charly Gaul en particulier.

Seul au sommet du « mont chauve », handicapé par une crevaison et plus encore par une blessure à la selle, il puisa dans ses réserves pour préserver un mince avantage (49"). Épuisé mais vainqueur, il frisa la syncope et tomba à sa descente de vélo : ses jambes ne le portaient plus !

Le triple vainqueur raya de son programme le Tour 1956, puis le Tour 1957, et le Tour 1958 préfigura son déclin. Le Tour 1959 nous réserva son dernier acte de bravoure. Malade, à bout de forces, il renonça au sommet de l'Iseran, le col le plus haut du parcours (2 770 m). Il n'aurait pas accepté d'abandonner dans la plaine, en rase campagne. « Et puis je voulais découvrir ce grand col que je n'avais jamais grimpé », déclara-t-il en déposant les armes. L'attitude d'un seigneur.

L'ancien mitron de Saint-Méen-le-Grand réussit sa reconversion comme il avait réussi sa carrière sportive. Pionnier de la thalassothérapie en France, P-DG distingué après avoir été un superchampion populaire, il adopta l'avion pour ses déplacements, pilota lui-même son Jodel et communiqua sa passion pour l'aviation à son fils Philippe, commandant de bord chez Swissair. Louison Bobet nous a quittés en 1983. Comme Antonin Magne et Romain Maes, deux autres vainqueurs du Tour de France. Et comme René Fallet, le romancier qui aimait le vélo. Une année décidément funeste pour le cyclisme.

LE TOUR DE « DÉDÉ D'ENFER »

Longtemps, André Darrigade a détenu le record de victoires d'étapes au sprint dans le Tour de France : vingt-deux. Le Britannique Mark Cavendish, avec ses trente succès, a dépassé le Landais, mais peut-on pour autant le considérer comme le routier-sprinter n° 1 de l'histoire du Tour ? Difficile, voire impossible de comparer des champions de générations différentes. Les sprints de Darrigade et ceux de Cavendish ne se ressemblent pas. Pour le Britannique, ils commencent à dix km de l'arrivée, et plus précisément à la flamme rouge. Et il dispose de toute une équipe pour l'emmener. À l'inverse, Darrigade, le plus souvent, devait se débrouiller seul. Avant de songer à la victoire d'étape, il effectuait un gros travail auprès de ses leaders. À l'approche du dernier kilomètre, il évoluait à 80 % de ses possibilités, alors que Cavendish était à 100 %.
« S'il avait été individualiste, s'il avait couru pour son propre compte et si la malchance l'avait épargné, il aurait gagné dix étapes de plus », affirmait Marcel Bidot, l'ancien directeur sportif de l'équipe de France. La répartition des vingt-deux étapes victorieuses de « Dédé d'enfer », comme le surnomma un jour Antoine Blondin, dessine un véritable Tour de France. Il a en effet gagné à Granville, Saint-Malo, Saint-Nazaire, Tours, Bordeaux, Saint-Gaudens, Toulouse, Montpellier, Nîmes, Besançon, Zurich, Metz, Liège, Gand, Amiens et Paris. Et vingt-deux, cela correspond au nombre d'étapes d'un Tour.
Tandis que leurs fans s'affrontent palmarès en main, Darrigade et Cavendish ont sympathisé et André est devenu un supporter du sprinter de l'île de Man. Une belle histoire.

Fausto Coppi dans l'étape Les Sables-d'Olonne-La Rochelle en 1949.

FAUSTO COPPI, LE *CAMPIONISSIMO*

JACQUES AUGENDRE

Impressionnant d'élégance et de charisme, le champion italien va rapidement conquérir le cœur des Français. Il ne dispute que trois Tours de France mais triomphe deux fois (1949, 1952), en survolant les Alpes et ses adversaires. Il met ainsi un terme à sa mémorable rivalité avec Gino Bartali qui a embrasé l'Italie pendant plus de dix ans. Sa vie bascule dans le scandale lorsqu'il rencontre la « Dame blanche » en 1953 et s'achève dans le drame lorsqu'il meurt en 1960, terrassé par la malaria.

À l'aube du 2 janvier 1960, la nouvelle tombe et pétrifie le monde du sport. Fausto Coppi est mort. On le savait malade, on ne l'imaginait pas agonisant. Coppi venait d'avoir 40 ans. Il s'est éteint sur son lit d'hôpital à Tortona, aux confins de son Piémont natal, terrassé par un mal sournois et trahi par le diagnostic erroné de ses médecins. Une mort absurde.
Coppi ressentit les premiers symptômes de la fièvre fatale au retour d'un safari en Haute-Volta – actuel Burkina-Faso –, un voyage qu'il effectua en compagnie de Raphaël Géminiani, Jacques Anquetil, Henri Anglade et Roger Hassenforder. Peu avant Noël, à Clermont-Ferrand, Géminiani fut alité lui aussi, mais fut énergiquement soigné par le docteur Brugière, un spécialiste des maladies tropicales.
Au chevet de Coppi, le docteur Allegri et le professeur Astaldi confirmèrent leur pronostic initial : bronchopneumonie. Alertés par Anne-Marie, l'épouse de Raphaël, ils refusèrent de se déjuger et de se rendre à l'évidence. On était en présence d'un cas de malaria à évolution mortelle, faute d'un traitement spécifique à base de quinine. Saturé d'antibiotiques, Fausto fut emporté en neuf jours. Tandis qu'il rendit son dernier soupir, Géminiani, lui, émergeait de son sommeil et réclamait son petit déjeuner.

Fausto Coppi, ce coureur d'exception, était né le 15 septembre 1919 à Castellania, où il repose depuis plus d'un demi-siècle. Dans les ruelles escarpées de cet humble village, l'apprenti charcutier roulait sur un vieux vélo qu'il utilisait pour livrer les salamis et les mortadelles.

Le cyclisme le passionnait davantage : il admirait Costante Girardengo, le champion du terroir, et Gino Bartali était son idole. Il présentait une anatomie et une morphologie adaptées au cyclisme : un cœur exceptionnel, une capacité thoracique élevée, des reins puissants, des jambes fuselées et un long fémur, ce qui est essentiel pour un athlète du vélo. Son point faible : il avait souffert de malnutrition dans son enfance et sa musculature d'acier dissimulait un squelette de verre.

MI-ANGE, MI-DÉMON, GENTLEMAN À LA VILLE, BÊTE FAUVE SUR UN VÉLO

Après avoir additionné les succès chez les amateurs, il passa professionnel et rejoignit l'équipe Legnano, dont le leader était Bartali. En 1940, il remporta le Tour d'Italie auquel il participait pour la première fois. D'entrée, l'élève s'offrit

Fausto Coppi dans l'étape Le Bourg-d'Oisans-Sestrières en 1952.

le luxe de battre le maître, son modèle. Et il n'avait pas encore 21 ans. L'exploit fit sensation de l'autre côté des Alpes. Il n'eut aucun retentissement en France. Au printemps de la sombre année 1940, les Français ne s'intéressaient plus aux courses cyclistes. Ils découvrirent le nom de Coppi deux ans plus tard quand le nouveau *campionissimo* s'attribua le record de l'heure en améliorant la performance de Maurice Archambaud de 81 m (45,848 km contre 45,767).
La France libérée attendait avec impatience et curiosité la visite du tombeur de Bartali et du brave Archambaud. En provenance de Milan, il débarqua à la gare de Lyon au début du mois de septembre 1946 pour disputer le Grand Prix des nations qu'il remporta. Trois journalistes l'accueillirent à sa descente du train. J'ai partagé ce moment inoubliable avec René Mellix de *France-Soir* et Avanti Martinetti de *Sports*. Nous fûmes impressionnés par l'élégance et le charisme du champion italien. Adulé en Italie, Coppi allait rapidement conquérir le cœur des Français. D'une certaine manière, il contribua à la réconciliation franco-italienne au lendemain de la Seconde Guerre mondiale.
L'enfant pauvre de Castellania réinventa le cyclisme de haut niveau, jusqu'alors très artisanal et confiné dans un conformisme tenace. Afin de découvrir la règle d'or, le secret de la forme optimale, cet alchimiste moderne, guidé par son intelligence d'autodidacte, se concentra sur les sujets fondamentaux : l'hygiène de vie, la diététique, la préparation, l'entraînement, qu'il réforma en profondeur.

Quel homme était-il exactement ? Un être complexe dont les deux prénoms, Fausto et Angelo, symbolisent curieusement l'ambivalence. Mi-ange, mi-démon. Un gentleman à la ville, une bête fauve sur le vélo. Leader exigeant et intransigeant, il respectait pourtant ses équipiers qu'il s'appliquait à protéger. On l'a vu se réjouir quand son fidèle compagnon Adrea Carrea s'empara involontairement du maillot jaune en 1952 : « Il a bien mérité sa part de gloire. »

Fausto aurait pu et dû jouer un rôle plus important dans le Tour de France, mais il ne le disputa que trois fois (1949, 1951, 1952). Il triompha à deux reprises, lors de sa première et de sa dernière participation, remportant neuf étapes au total.

En 1949, conformément aux consignes d'Alfredo Binda, le directeur technique de la *squadra*, il accepta de coopérer avec Bartali. Sa mise en jambes laborieuse, compliquée par des crevaisons inopportunes et des chutes à répétition fissura son moral. Il songea même à abandonner. Au pied des Pyrénées, son retard sur le jeune Parisien Jacques Marinelli, révélation de l'été, atteignait trois quarts d'heure. « Rien n'est perdu », affirmait Binda, coach efficace et fin psychologue. Effectivement, le *campionissimo* retrouva ses marques en montagne. Comblant son lourd handicap jour après jour, il offrit au public admiratif un festival éblouissant dans les Alpes et laissa le vieux Bartali à plus de 10 minutes.

Le scandale de la « Dame blanche »

Trois ans plus tard, le Tour inaugurait les arrivées d'étapes en altitude. Une aubaine pour Coppi qui fut le premier vainqueur à l'Alpe-d'Huez, avant de triompher à Sestrières, puis au sommet du puy de Dôme. Dans ce Tour construit à sa mesure, le super-favori devança Stan Ockers d'une demi-heure à l'issue d'un parcours sans faute et balaya les dernières illusions de Bartali qui rata le podium pour moins d'une minute. La mémorable rivalité entre le Florentin trapu et le Piémontais longiligne, qui avait embrasé l'Italie pendant plus de dix ans, prenait fin.
Entre temps, Coppi sombra et toucha le fond durant le Tour 1951. Terriblement éprouvé par la disparition de son jeune frère Serse, humilié par un Koblet en état de grâce, il vécut un calvaire sur les chemins rugueux des Cévennes et frisa l'élimination à Montpellier mais, dans un sursaut d'orgueil, il gagna à Briançon, l'étape reine des Alpes.
Épuisé par son Giro, il renonça au Tour en 1953, celui du cinquantenaire. On le retrouva en touriste, au sommet de l'Izoard, applaudissant Bobet. Il était accompagné d'une femme au regard étrange, la « Dame blanche ». Coppi était un homme fidèle. Un bon père et un bon mari. Sa vie bascula lorsqu'il rencontra Giulia Occhini, l'épouse du docteur Locatelli, qui était – comble de l'ironie – un supporter inconditionnel du champion. Après la gloire, la consternation et le scandale !
Le mari trompé retourna une partie de l'opinion contre lui. Convoqué devant un tribunal hostile à la suite de la plainte déposée par le docteur Locatelli, le prévenu se montra digne et serein. Il écopa d'une peine de deux ans avec sursis !
Le *campionissimo* a connu la guerre et l'épreuve du feu en Afrique du Nord. Prisonnier des Anglais, transféré dans un camp militaire près de Naples et démobilisé en 1945, le caporal Coppi dut faire de l'auto-stop pour rejoindre Novi Ligure. Il trouva une place à l'arrière d'un camion dont il fut éjecté sur un dos-d'âne. Un miracle : quelques kilomètres plus loin, le camion tombait dans un ravin. Il n'y eut aucun rescapé. Fausto Coppi aurait pu mourir à 25 ans et survivre à 40 ans. Ne serait-il passé sur terre que le temps d'accomplir son œuvre ?

Hugo Koblet se recoiffe, avant l'arrivée de l'étape Dijon-Paris en 1951.

HUGO KOBLET, L'APOLLON DU CYCLISME

JACQUES AUGENDRE

Surdoué du vélo, le « Pédaleur de charme » remporte le Tour en 1951 en surclassant ses adversaires sur tous les terrains. À l'efficacité, il ajoute la grâce... et l'état de grâce. Mais, malade, il ne confirmera jamais sa victoire étincelante qui en faisait espérer beaucoup d'autres. Étoile filante du cyclisme, il meurt tragiquement dans un accident de voiture à 40 ans.

Hugo Koblet sur son vélo, c'était un enchantement, l'esthétique à son zénith. Je pense que, de tous les vainqueurs du Tour, cet Apollon du cyclisme fut le plus beau. Devant Jacques Anquetil. Jacques Grello, le célèbre chansonnier, qui signait des chroniques dans *L'Équipe*, l'avait surnommé le « Pédaleur de charme ». Le mot collait au personnage. Il est resté dans les mémoires.
Originaire de Zurich, Koblet donna ses premiers coups de pédale sur le ciment du vélodrome d'Oerlikon. C'était un pur produit de la piste et plus spécialement de la poursuite, mais ce surdoué du vélo exprima l'essentiel de son talent dans les épreuves par étapes. Vainqueur du Giro devant Gino Bartali en 1950, il partageait les faveurs du pronostic avec Louison Bobet l'année suivante au départ du Tour. Cependant, le duel qu'on se plaisait à imaginer tourna court : Koblet surclassa ses adversaires sur tous les terrains. Irrésistible en contre-la-montre, souverain en montagne, il posait aux leaders concurrents des problèmes quasiment insolubles. À l'efficacité, il ajoutait l'aisance, la grâce... et l'état de grâce. Ce styliste au punch dévastateur pédalait sans effort apparent. Jamais on ne l'a vu grimacer ou serrer les dents au cours de ce fabuleux Tour 1951. Il effectua la totalité du parcours le sourire aux lèvres et fut bien le seul. Même durant la fameuse étape Brive-Agen, on n'a jamais décelé le moindre rictus sur son visage et ni les côtes ni le vent n'ont altéré sa pédalée onctueuse.

Échappé seul pendant 130 km, il résista au peloton en offrant aux suiveurs ébahis le spectacle de la beauté à l'état pur. À proximité de la banderole, le vainqueur du jour se donna un coup de peigne et, en franchissant la ligne d'arrivée, il déclencha son chrono !

La veille, à Clermont-Ferrand, il avait remis à Bobet une gerbe de fleurs bleues, blanches et rouges. Le geste d'un seigneur. Nous étions le 14 juillet. « J'aime la France et Louison est mon ami », confia-t-il aux journalistes.
Le champion suisse remporta le Tour – sur bicyclette La Perle, tout un symbole – avec vingt-deux minutes d'avance sur Raphaël Géminiani, après avoir gagné cinq étapes, la dernière à Genève devant son public. « C'est un grand honneur pour moi de succéder à Ferdi Kubler, précisa ce vainqueur chevaleresque, mais les défaillances de Bobet et de Coppi m'ont attristé. Ils doivent être très malheureux. » Le « Pédaleur de charme » ne confirma jamais la victoire étincelante qui en appelait d'autres.
Diminué par un mal sournois contracté lors d'un séjour au Mexique, il revint dans le Tour 1953, mais fut éliminé par une chute sur les pentes du col du Soulor. Un drame derrière lequel se profilait le spectre du déclin.
Hugo Koblet est mort tragiquement le 6 novembre 1964. Quatre jours plus tôt, au volant de son Alfa Romeo, il avait percuté un arbre en roulant à vive allure. Il était horriblement blessé. Accident ou suicide ? Sa rupture pathétique avec la belle Sonja peut accréditer la seconde hypothèse. Osera-t-on parler d'une mort douce ? Le *playboy* du cyclisme rendit le dernier soupir dans les bras de sa bien-aimée à l'hôpital d'Uster où elle s'était précipitée. Il n'avait pas encore 40 ans.

LA GRANDE VADROUILLE

Le Tour de France n'a pas seulement fait le tour de l'Hexagone dans tous les sens. Il a régulièrement franchi les frontières pour rouler sur les routes des pays européens voisins. Allemagne, Grande-Bretagne, Belgique, Espagne, Italie, Luxembourg, Pays-Bas, Suisse ont accueilli chaleureusement la caravane avec leur culture, leur identité, leur folklore.

1 - *À Metz, à l'époque située en Allemagne, Lucien Petit-Breton, vainqueur de l'étape Roubaix-Metz, et Georges Passerieu, son dauphin, à l'arrivée en 1908.*

2 - *En Italie, passage de la frontière française dans l'étape Briançon-Aoste en 1949.*

3 - *En Allemagne, au pied du mur de Berlin, François Lemarchand, Robert Forest et Éric Caritoux avant le départ du circuit de la ville en 1987.*

4 - En Allemagne, traversée d'une ville par le peloton lors de l'étape Karlsruhe-Stuttgart en 1987.

5 - Aux Pays-Bas, passage du peloton devant un moulin hollandais dans l'étape disputée autour de 's-Hertogenbosch, en 1996.

6 - En Angleterre, passage du peloton sur le Tower Bridge à Londres dans l'étape Londres-Canterbury en 2007.

7 - En Belgique, présentation des coureurs devant la Grande Halle d'Anvers avant le départ de l'étape Anvers-Huy en 2015.

Félix Lévitan avec André Leducq après l'arrivée de l'étape Lille-Paris en 1938.

FÉLIX LÉVITAN, LE GOÛT DU POUVOIR

JEAN-MARIE LEBLANC

Personnage central du Tour de France pendant un bon demi-siècle, le petit-fils de cordonnier devient journaliste, homme de confiance d'Émilien Amaury, son patron au* Parisien libéré, *puis codirecteur de l'épreuve aux côtés de Jacques Goddet. Engagé dans le syndicalisme de presse, c'est un organisateur pragmatique, rigoureux et autoritaire qui inspire le respect aux coureurs et aux directeurs techniques. Sa tentative avortée de conquête des États-Unis met fin à sa carrière.

Félix Lévitan n'a pas laissé de livre de Mémoires et n'a fait l'objet d'aucune biographie. Il a pourtant été un personnage central du Tour de France durant un bon demi-siècle. Son nom est le plus souvent associé à celui de Jacques Goddet. Cet attelage de circonstance se révéla efficace, sinon harmonieux, pour assurer après la Deuxième Guerre mondiale la relance, puis le développement de la Grande boucle, chacun dans son rôle : parfois romantique pour Goddet, toujours pragmatique pour Lévitan. Leur association était à l'origine improbable : aux racines populaires et à la jeunesse plébéienne du petit-fils de cordonnier juif émigré d'Europe centrale et à ses humanités réduites à la « communale » du xve arrondissement de Paris, répondait l'éducation toute britannique que reçut son alter ego. De là naquit sans doute chez Lévitan un complexe d'infériorité qu'il n'eut de cesse de surmonter.

Dans le sillage d'un frère aîné qui fait du vélo, il pénètre le milieu cycliste, à Longchamp, au Vel' d'Hiv', et du même coup il commence à côtoyer le monde journalistique. Il s'y rend utile, d'abord comme téléphoniste et comme pigiste pour une modeste feuille intitulée *La Pédale* et collabore ensuite à *L'Écho des sports*, à *L'Intransigeant* et, un temps, à *L'Auto*, avant de se voir remercié par Desgrange.
Il est donc devenu journaliste lorsque survient la guerre. En octobre 1943, il est arrêté par les Allemands comme « israélite » et incarcéré à la prison militaire du Cherche-Midi, puis au fort d'Hauteville, près de Dijon. Mais sa mère parvient à l'en faire sortir, lui évitant ainsi d'être envoyé en camp de concentration. Il prend aussitôt le maquis et se terre ensuite, de région en région, jusqu'à la Libération.

L'inspirateur des arrivées du Tour sur les Champs-Élysées

En août 1944, l'un des hommes forts de la Résistance, Émilien Amaury, constitue une équipe de rédaction pour publier *Le Parisien libéré*. Lévitan en est. Il s'exprime dans le cyclisme, mais aussi dans la boxe et à la radio au Poste parisien pour laquelle il a des prédispositions. Il grimpe rapidement les échelons au sein du journal et sa carrière décolle. Il est l'homme lige d'Amaury au sein de l'équipe de réorganisation du Tour de France en 1947, aux côtés de Jacques Goddet.
Lévitan laisse bientôt libre cours à son penchant pour l'organisation. « Partout où il s'est investi, il fallait qu'il dirige », raconte sa fille Claudy. Et Jacques Marchand a joliment écrit à son sujet : « C'était un homme d'ordre, il savait en mettre là où il en manquait mais il passait facilement de l'ordre aux ordres. » Son titre de directeur adjoint du Tour de France se transformera vite en codirecteur.
Il va ajouter d'autres cordes à son arc dans le domaine du syndicalisme de presse, avec l'Union syndicale des journalistes

sportifs de France (USJSF), dont il fut le fondateur et le président de 1957 à 1975 – l'« œuvre de sa vie », selon ses proches – et l'Association internationale de la presse sportive (AIPS), qu'il présida en 1964. Il occupait une position stratégique pour la défense des intérêts professionnels. Je me souviens de son conseil lorsque, jeune représentant des coureurs, je le côtoyais à la commission des professionnels de la Fédération française de cyclisme : en conclusion d'un débat ou d'une discussion, toujours avoir un document de synthèse prêt sous le coude, avant l'heure du déjeuner. Histoire non seulement de gagner du temps mais plus encore de maîtriser le contenu de ce document. Il appliquait la même stratégie à la tête de l'Association des organisateurs de courses cyclistes (AOCC) que, naturellement, il présidait.
Le Tour à cette époque n'arborait pas la santé financière qu'il connut à partir de la fin des années 1990, lorsque le développement de la télévision et des droits de retransmission afférents lui permit de faire son *aggiornamento* économique. Si Goddet continuait d'en être la référence morale, médiatiquement parlant, c'est Lévitan et sa petite cellule commerciale, pilotée par sa fille Claudy, qui en assuraient l'équilibre.

C'est lui qui eut l'idée de doter le classement du meilleur grimpeur, qui existait depuis 1933, d'un maillot distinctif, blanc à pois rouges. C'est lui aussi, et on touche là un point sensible, qui eut le premier l'idée de faire arriver le Tour de France aux Champs-Élysées en 1975, le vieux vélodrome de la « Cipale » n'étant plus à la mesure de l'événement.

Plus tard, le journaliste de télévision Yves Mourousi s'arrogea la paternité de l'opération, mais Lévitan n'en a jamais démordu : le dossier « Champs-Élysées » était déjà tout prêt dans son tiroir. Rendons donc à César...

Un gros péché d'orgueil qui mit fin à son utopique rêve américain

Comme il arrive souvent dans la vie des entreprises, lorsque se profile la « fin de règne » de leurs dirigeants, réussir sa sortie n'est pas toujours le plus facile. En 1986, Lévitan avait eu la bonne idée de s'attacher les services de Bernard Hinault, lequel venait de mettre un terme à sa carrière sportive. « Le Blaireau », encore coureur, avait été missionné pour porter les couleurs de son futur employeur dans le Tour of America, sur la côte Est des États-Unis, en compagnie de son dernier conseiller en affaires, Philippe Riquois, en passe de devenir aussi celui de Lévitan. Le « rêve américain », conquête des États-Unis par le Tour de France, serait l'apothéose de sa carrière, via les télévisions américaines et les droits censés en découler. Mais l'opération fit pschitt. Riquois avait vu trop grand et Lévitan avec lui.
« Mon père a commis un gros péché d'orgueil, avoue aujourd'hui Claudy, et je ne comprends toujours pas comment lui, si précautionneux, a pu se laisser endormir par Riquois. » Toujours est-il que cette période constitue un moment charnière pour le Tour.

Nous sommes au printemps 1987. À 82 ans, Jacques Goddet a annoncé qu'il ne dirigerait plus l'épreuve. Pour Lévitan, l'heure est enfin venue, à 76 ans, de supprimer les deux lettres « co » devant le mot directeur de sa carte de visite. À lui seul les commandes ! Mais le destin ne lui a pas permis ce bonheur.

Jacques Goddet et Félix Lévitan avant le départ de l'étape Pau-Luchon en 1986.

C'est de Cannes, où il s'est replié quelques années plus tôt, qu'il a suivi les fâcheuses péripéties qui ont gâché sa sortie : il fut brutalement évincé, un mois avant le départ de ce Tour 1987, dont il devait être l'unique directeur. En effet, la gouvernance du Groupe Amaury a changé, elle aussi. Philippe, le fils, était au pouvoir et s'appuyait sur Jean-Pierre Courcol, autre homme fort qui n'appréciait que modérément le « style Lévitan », et cherchait à s'en débarrasser. Lui sont arrivés alors sur un plateau des contrats et des chiffres semblant attester que, entre le Tour de France et le Tour of America, la paroi était poreuse. Le conflit est né. Il durera presque dix ans : procès, avocats, appels, négociations... Au cours de ces années, Riquois a disparu du paysage, Courcol aussi, et Lévitan n'a cessé de se battre et se débattre pour prouver sa bonne foi.

Huit années de procédures, de rancune et d'entêtements stériles

Les tribunaux d'appel ont fini par considérer « qu'aucun élément constitutif d'un quelconque délit n'a été recueilli [...]. En conséquence, la Cour a estimé que le non-lieu devait être confirmé ». Nous sommes alors en 1995, huit ans après le déclenchement du conflit. Huit années de procédure, de rancune, de rancœur et d'entêtements stériles. Dans ce contexte, la réconciliation Goddet-Lévitan, souhaitée par Jacques Marchand, Jean-Claude Killy – qui avait pris les rênes d'Amaury Sport Organisation entre temps – et moi-même, ne fut pas possible. La transaction financière arrachée par Killy – touché par le mauvais sort qui avait été réservé à ce vieux monsieur, auquel le Tour devait tout de même beaucoup – fit office de conclusion pour les deux parties.
Mais pas pour le Tour de France. Sur proposition de Killy, invitation fut faite à Lévitan de venir assister au grand départ de Dublin en juillet 1998, ce qu'il accepta. Son dernier vœu fut de se voir remettre, comme Jacques Goddet, l'échelon supérieur de la Légion d'honneur, celui de commandeur. Je m'en ouvris à Jean-François Lamour, proche de Jacques Chirac, et m'occupai du dossier. Si bien que, le 24 septembre 2005 en mairie de Cannes, Félix Lévitan reçut la cravate de ses désirs, en présence d'un petit groupe d'amis qu'il invita ensuite à dîner en toute simplicité, dans le petit restaurant situé au bas de son immeuble de la Croisette.
C'était le commencement de la fin. Déjà faible, lui qui s'était révélé si pugnace durant toute sa vie, renonça à résister au travail de sape de la vieillesse et de la maladie. Il s'éteignit le 18 février 2007.

JACQUES MARCHAND, VOIX ET VIGIE

JEAN-FRANÇOIS RENAULT

Son histoire personnelle, son parcours professionnel et ses travaux d'historien le placent au carrefour du Tour de France, de L'Équipe et du journalisme de sport. Spécialiste de cyclisme, de boxe et de basket, il devient la « voix » de Radio Tour dans la voiture de Jacques Goddet pendant quinze ans. Ce dernier lui confie l'organisation du Tour de l'Avenir, dont il reste le directeur de 1961 à 1975. Militant syndical et associatif, il n'a jamais cessé de défendre ses convictions et les intérêts de ses confrères.

Décédé à 97 ans le 24 octobre 2017, presque au moment de la remise du manuscrit de cet ouvrage, Jacques Marchand a largement contribué à sa réalisation, tant son histoire personnelle, son parcours professionnel et ses travaux d'historien se trouvent placés au carrefour du Tour de France, du Tour de l'Avenir, de *L'Équipe* et du journalisme de sport.

En 1939, Jacques découvre le Tour, dont le départ est donné devant son école au Vésinet. Il abandonne alors ses études, renonçant à succéder à son père, chirurgien-dentiste dans le quartier des Batignolles à Paris. Il commence à écrire quelques articles, surtout des comptes rendus, pour le journal local et entre en 1942 à *L'Écho des sports*. Pas pour longtemps, car il est aussitôt enrôlé par le Service du travail obligatoire (STO). Envoyé en Allemagne, il s'en échappera, deviendra réfractaire et donc obligé de se cacher. Faute de Tour de France, annulé durant la guerre, il commence à se passionner pour la boxe.

Il devient le confident de Marcel Cerdan, suivant ses combats, ses entraînements, ses déplacements, par exemple à Casablanca, chez le champion au milieu des siens. C'est là que le boxeur va lui confier sa passion amoureuse pour Édith Piaf.

Jacques Marchand dans son bureau à L'Équipe *en 1957.*

Le revoici après la guerre sur le marché de la presse. Il passe par *Sports* (1946-1947), *Ce soir* (1948-1953), *Libération* (1953-1955), dans lesquels, outre la boxe et le basket, il suit le Tour. Étant parfois assez critique de la Grande boucle, lorsqu'on l'appela pour rejoindre *L'Équipe* en 1955, sa venue fut discutée, mais Jacques Goddet et Pierre Chany, son alter ego – si l'on peut dire tant les deux hommes se révélèrent opposés par leur tempérament et leur comportement… –, ont convaincu les réticents.

« L'ATHLÈTE A BESOIN DU POÈTE POUR QUE L'EXPLOIT SOIT CONSACRÉ »

Dès 1961, Marchand devient la voix de Radio Tour. Et le demeurera pendant 15 ans. Assis à l'avant droit de la voiture directoriale de Jacques Goddet, la voiture n° 1, il est celui qui annonce les péripéties de la course, les échappées, les chutes, les crevaisons, et ses informations sont répercutées aussitôt dans toutes les voitures, notamment celles des directeurs sportifs, qui peuvent donc intervenir très rapidement. Cette proximité avec le patron lui a permis de cerner la personnalité complexe du fondateur de *L'Équipe* – lire *Jacques Goddet*, Atlantica, 2002. Il le respectait, il l'admirait, mais il avait du mal parfois à supporter ses manques – comme le rôle de son père Victor dans la création du Tour –, ses oublis, ses faiblesses. Il reconnaissait surtout sa qualité première, celle d'être « journaliste d'abord ». Donc faire preuve d'autocritique : le journaliste Goddet a écrit des articles contre le directeur du Tour lui-même.

Chef des envoyés spéciaux du journal, Jacques Marchand fit adopter une modification symbolique dans le fonctionnement de son équipe : « Auparavant, raconte-t-il, nous allions tous dans nos chambres d'hôtel pour écrire et téléphoner notre papier. Mais, à partir du moment où une salle de presse existait, j'ai demandé à ce qu'un emplacement nous soit réservé. Cela a créé de la cohésion. Et Jacques Goddet était le premier à se mettre derrière sa machine à écrire. » C'était l'époque où Marchand, surnommé « Petit Braquet » du fait de sa foulée étroite, avait la Gauloise au coin des lèvres et où il apparaissait en une du journal dans la rubrique d'échos « Pas de fumée sans feu », aux côtés de Marcel Hansenne, Henri Garcia, Fernand Albaret ou Maurice Maurel.

Et c'est lui qui, le premier, instaura sur le vif un débat sur un fait de course qui était retranscrit dans le journal. Avant les « Questions à Anquetil », avant le « Vélo Tour » de la télévision.

Il est temps d'aborder le rôle éminent que Jacques a joué dans l'étude du rapport de la presse et du cyclisme. Son postulat de départ : « Le rapport cyclisme-presse est le fondement même de l'épopée sportive. Le sport cycliste est une invention, une entière création des journalistes. »

Il rappelait volontiers ce précepte de Pindare, valable bien sûr pour tous les sports : « L'athlète a besoin du poète pour que l'exploit soit consacré. » Et il ajoutait : « J'ai toujours été en faveur d'un objectif unique : la double reconnaissance d'une cause professionnelle [le journalisme de sport] et sociétale [le sport]. » Car il se revendiquait comme militant et syndicaliste. Ici, il faut rappeler sa présence fondamentale depuis 1958 dans l'Union syndicale des journalistes sportifs de France (USJSF, devenue UJSF). Il en fut le fondateur avec Félix Lévitan, Jacques Ferran et Maurice Vidal. Puis le secrétaire général, et enfin le président.

Il aimait le débat, pour écouter d'abord, pour convaincre ensuite

J'ai eu l'honneur de lui succéder (1992-1999), mais peut-on remplacer un tel homme ? Il a toujours été là, à nos côtés, au moment de décisions importantes à prendre. Et il a écrit plusieurs livres essentiels sur le métier de journaliste de sport et ses responsabilités. Ce qui frappait chez lui, c'était sa tolérance. Il aimait le débat, pour écouter d'abord, puis pour convaincre. Et enfin pour faire la synthèse. Toujours défendre la profession, même si parfois il était excédé par quelques comportements, du fait d'une certaine naïveté qui en faisait sa richesse. Il était surtout une vigie pour tous ses confrères. Plus tard, il faisait bon venir déjeuner et passer un après-midi dans son appartement de Chatou, auprès de sa femme Huguette, experte en cuisine et en bouquets de fleurs séchées.
Mais revenons au Tour, ou plutôt à son petit frère, le Tour de l'Avenir que Jacques Goddet décida de lancer en 1961, en en confiant la direction à Jacques Marchand. Pour lui, il s'agissait d'un « centre d'apprentissage du Tour de France ».

Jacques Marchand et Michel Clare dans la voiture directoriale du Tour de l'Avenir lors de l'étape Troyes-Paris en 1963.

Jacques Marchand avec Jacques Goddet dans une étape du Tour de l'Avenir.

Effectivement des coursiers comme Felice Gimondi, Lucien Aimar, Joop Zoetemelk, Cyrille Guimard s'y révélèrent. Mais il s'agissait aussi de préparer l'ère de l'*open*, c'est-à-dire le regroupement des professionnels de l'Ouest et des « amateurs » de l'Est. Après la disparition du Tour de l'Avenir, les coureurs de l'Est apparurent dans le peloton du Tour de France à dose homéopathique au milieu des années 1980.

En désaccord avec la direction de la rédaction de *L'Équipe*, Jacques Marchand quitta le journal en 1975 pour rejoindre *Sport Magazine*, puis *Le Matin de Paris*. Mais il eut jusqu'au bout l'oreille de Jacques Goddet. Et celle de Félix Lévitan, retiré à Cannes, alors que la famille Marchand possédait un pied-à-terre tout près, à Vallauris.

TONY ARBONA, LE MÉCONNU DE « LÀ-BAS »

PATRICK FILLION

Tony Arbona, avec Abdelkader Zaaf et Hugo Koblet.

Correspondant de L'Équipe à Alger, directeur du Tour d'Algérie, il convainc Jacques Goddet d'aligner une équipe régionale de coureurs maghrébins au départ du Tour de France en 1950. Leur présence sera surtout symbolique et anecdotique. Et l'expérience s'arrêtera trois ans plus tard. Journaliste de presse écrite et audiovisuelle, « Tonio la Tchatche » se reconvertit en devenant spécialiste du football amateur.

C'est l'histoire d'un illustre méconnu. À Alger, tout le monde savait qui était « Tonio », l'équivalent en notoriété d'un Thierry Roland local. Mais celui auquel il s'apparentait peut-être le plus était Jacques Goddet, le directeur de *L'Équipe*, le journal dont il était le correspondant. Comme lui, il avait été journaliste en presse écrite – chef des sports à *La Dépêche du Midi* –, en radio et télévision – Radio-Alger et Télé France 5. Il avait été également fondateur et directeur de publication – *Champion*, le supplément sportif de *La Dépêche* – et directeur de course cycliste (le Tour d'Algérie).
Son infatigable dynamisme, il l'avait mis au service du sport. En 1949, avec Alec Balthus, il recrée le Tour d'Algérie cycliste qui, vingt ans auparavant, avait connu une existence éphémère. Le comportement des participants maghrébins, quel que soit le profil du parcours, le conforte dans sa conviction : ils sont de taille à affronter les coureurs européens, présents en nombre. Il plaide auprès de Goddet pour qu'une équipe régionale de Nord-Afrique soit alignée au départ du Tour en 1950. Il n'a guère de mal à convaincre son patron parisien qui sait bien qu'un tel projet séduira les services de l'État, indispensables à la bonne organisation de la Grande boucle. Souligner de manière symbolique que cette partie du Maghreb est un territoire français, au moment où l'Algérie, le Maroc et la Tunisie voient croître des idées d'indépendance, ne pourra que recevoir leur assentiment.

C'est ainsi que le 13 juillet une équipe de six hommes – Max Charroin, Custodio Dos Reis, Ahmed Kebaïli, Marcel Molinès, Abdel-Kader Zaaf et Marcel Zelasco – s'élance de Paris au sein d'un peloton de 116 coureurs. Même s'il est omniprésent à leurs côtés sur sa moto, Arbona se contente de tenir au quotidien la chronique de leurs efforts.

Il n'a pas voulu être le directeur technique de la formation, rôle qui a été confié à Vincent Salazard.
Après un nécessaire apprentissage, les Nord-Africains décident de se mettre en évidence. L'étape Perpignan-Nîmes, disputée sous un soleil ardent, leur en fournit l'occasion. Zaaf se livre à une arithmétique simpliste : sachant qu'une dose d'amphétamines permet d'aller plus vite, en absorber trois lui permettra d'aller trois fois plus vite. Les débuts lui donnent raison. Échappé en compagnie de son coéquipier Molinès, il possède jusqu'à une vingtaine de minutes d'avance. Mais, soudain, à quelques kilomètres de l'arrivée, il se met à zigzaguer sur la chaussée et s'effondre, inconscient au pied d'un arbre, sous le regard inquiet d'Arbona. Les spectateurs l'aspergent avec ce qu'ils ont sous la main : du vin. Les journalistes, informés de l'incident, accourent. Les effluves du coureur leur inspireront la légende du « musulman qui buvait de l'alcool ». C'est la gloire. Elle lui vaudra de participer aux fructueux critériums d'après-Tour. Zaaf saura également l'entretenir en finissant dernier du Tour 1951. À l'époque, la lanterne rouge était une vedette !

LE TEMPS DE LA DÉCHIRURE ET DE L'EXIL

Le lendemain, les articles ne bruissent que de l'incident. Jacques Goddet, dans son éditorial, n'est pas dupe des causes de cette défaillance : « Les règlements sportifs ne devraient plus rester muets sur le chapitre du *doping*. La pratique en est trop dangereuse, tant sur la santé de l'individu – Zaaf aurait pu mourir deux fois, par intoxication et par chute en s'évanouissant – que sur la pensée du public. » La victoire d'étape de Molinès passe totalement inaperçue, comme le doublé, le lendemain, de leurs coéquipiers Dos Reis et Zelasco. Mais le peloton, accablé par la chaleur, avait décidé d'une baignade collective dans la mer, à la grande fureur du directeur de la course. Sa colère fut relayée par toute la presse.

Ce furent là les seuls hauts faits des coureurs nord-africains. En 1953, leur équipe ne fut pas admise au départ. Et le Tour d'Algérie professionnel fut supprimé juste après. Essentiellement pour des raisons de sécurité. Vint le temps de la déchirure. Vint le temps de l'exil. Pour ces pieds-noirs arrachés à leurs racines, le simple fait de prononcer les trois syllabes « Algérie » était devenu trop douloureux. Beaucoup d'entre eux prirent l'habitude d'évoquer « là-bas ».
En juillet 1962, Arbona se retrouve dans le bureau de Goddet, qui lui ouvre les portes de *L'Équipe* et de *France Football*. Mais il ne peut pas bouleverser les hiérarchies et lui offrir un poste digne de son expérience. Il lui propose de couvrir, en tant que pigiste, le football amateur.

Jean Bobet, de Colmar au Faubourg

JEAN BOBET

Le frère de Louison est encore coureur professionnel en 1955 quand Jacques Goddet lui conseille de passer le voir à L'Équipe lorsqu'il mettra fin à sa carrière. Deux semaines plus tard, Jacques Marchand lui propose d'écrire des piges dans le journal. Le 10 juin 1959, Jean dispute sa dernière course et, le 15, il entre à L'Équipe comme journaliste. En novembre 1962, il quitte le journal et devient chef du service des sports de Radio-Luxembourg, futur RTL.

C'est une scène que j'évoque souvent. 12 juillet 1955. Vélodrome de Colmar. Arrivée de la 6e étape du Tour. Les circonstances de la course me hissent à la 3e place du classement général. En ce temps-là, la cérémonie du podium n'existe pas. Les journalistes et les photographes s'en donnent à cœur joie avec le vainqueur de l'étape qui sait aussi faire le clown, un certain Roger Hassenforder.
Un peu en retrait, je suis assis sur le cadre de mon vélo en même temps que sur mon petit nuage. Bref, je me contemple en toute modestie. Déjà vainqueur de Paris- Nice et troisième de Milan-San Remo, je me prends pour un coureur. Un vrai. Cela dure l'espace d'un instant parce que l'on me saisit soudain par le bras. Je me retourne et j'entends M. Goddet : « Je vous observe avec intérêt, Jean, et quelque chose me dit que vous ne ferez pas un vieux coureur. Lorsque vous arrêterez, venez me voir. » Surpris, le vrai coureur revint sur terre. Deux semaines plus tard, à l'arrivée au Parc des Princes, Jacques Marchand, responsable du cyclisme à *L'Équipe*, me propose de raconter dans le journal l'expérience de mon premier Tour, moyennant rémunération. Je découvre ainsi le mot « pige ».

Je fais six piges à la une en six jours parce qu'à cette époque, le Tour continuait à faire l'actualité dans* L'Équipe. *Dans l'un de ces articles, je reproche assez vigoureusement aux journalistes d'avoir compliqué la course de mon frère Louison, en lui opposant chaque jour des adversaires imaginaires.

En 1957, la veille de l'arrivée, *L'Équipe* me demande à nouveau de décrire ma course, ce que je perçois comme un beau prix de consolation. Je me souviens d'un de mes articles intitulé : « Moi, j'aime bien Jacques Anquetil », sorte de réponse à Marcel Bidot qui avait mis en doute ma sportivité. En revanche, je n'ai pas l'audace d'aborder le véritable sujet du jour : c'est cet été 1957 que je découvre concrètement l'existence du dopage, au Giro puis sur le Tour. Un ressort est cassé. Je traîne ensuite ma peine dans les pelotons, me contentant d'une piètre figuration. Situation insoutenable. Le 10 juin 1959, je participe à ma dernière course. Le 15, je suis journaliste. J'entre à *L'Équipe*, au numéro 10 de la rue du Faubourg-Montmartre.

« TROIS MOIS AVANT TOUT LE MONDE, JE DÉCOUVRE *UN SINGE EN HIVER* »

Sélectionné dans l'équipe du quotidien, j'apprends, au départ du Tour à Mulhouse, que je fais chambre commune avec Antoine Blondin ! On a jugé qu'un buveur d'eau minérale serait le compagnon approprié de l'écrivain. Je comprends ma chance, en même temps que ma douleur dans les trois semaines qui suivent... À chacune de ses rentrées nocturnes, Antoine me réveille et joue

Jean Bobet, journaliste à Radio Luxembourg, interviewant le Belge Ferdinand Bracke lors de l'étape Troyes-Paris en 1963.

dans la chambre les scènes les plus désopilantes de son livre en cours. C'est ainsi que, trois mois avant tout le monde, je découvre *Un Singe en hiver*.
Pour le reste, je ne suis pas à l'aise dans ce Tour. On n'a pas voulu me diriger, me fixer un type de papier. Je ne maîtrise rien, je ne retiens que des miettes de la grande bagarre. À une exception près et laquelle ! À Clermont-Ferrand, avant l'étape contre la montre du Puy de Dôme, je cherche à rencontrer les deux rivaux, Anquetil et Rivière. À l'hôtel, Marcel Bidot m'indique le numéro de chambre de Jacques.

Je frappe à la porte et, après la permission, j'entre et je me trouve avec deux compères, assis sur le même lit, chacun une seringue à la main. Je suis manifestement le plus gêné. Devant le sourire des deux prétendus rivaux, je sors et décide de ne rien rapporter de la scène.

De retour chez moi, je me dis que je ne ferai pas un vieux journaliste. Dès l'automne, Gaston Meyer m'envoie au magazine *Sport et Vie*, où le cyclisme me rattrapera très vite.
L'ultime étape date de 1962. C'est la plus inattendue, la plus brutale. En octobre, je suis convoqué par Goddet dans son grand bureau, toujours impressionnant. « Cher Jean, c'est la dernière fois que vous venez dans ce bureau, à titre professionnel du moins. J'ai reçu pour vous une proposition de Radio-Luxembourg. Ils souhaitent vous engager en qualité de chef du service des sports. Vous n'avez pas le droit de refuser une telle opportunité : on vous propose une rémunération que je ne pourrai jamais vous offrir. Bonne chance, cher Jean. Vous êtes libre dès que vous le désirez. »
J'ai la certitude de n'être pas licencié, mais l'impression d'être transféré. Le 1e novembre 1962, je quitte le 10 du Faubourg-Montmartre pour le 22, rue Bayard. À Radio-Luxembourg qui deviendra RTL, j'accomplis l'essentiel de ma carrière de journaliste, tout en gardant une chronique à *L'Équipe*, avant de rejoindre mon frère Louison, pionnier de la thalassothérapie en France.

TOUT FINIT EN CHANSONS

Sport et musique ont toujours fait bon ménage. Sur le Tour plus qu'ailleurs, les chants et les rengaines ont accompagné le peloton et la caravane. Yvette Horner et son accordéon, Marcel Amont et les Compagnons de la chanson ont ainsi enchanté les spectateurs. Et des dizaines de « marches sportives » ont été spécialement composées pour la Grande boucle.

1

2

3

4

5

6

7

8

1 - *Ferdinand Joannoteguy,* speaker *des frontons de pelote basque, chante pour les « isolés » du Tour dans une brasserie à Bayonne en 1909.*

2 - *Couverture de la partition de la marche sportive « C'est le Tour », chantée pendant les années 1930.*

3 - *Couverture de la partition de la marche officielle « À qui le Tour ? », composée pour la Grande boucle de 1937.*

4 - *Couverture de la partition de la chanson officielle du Tour, écrite par Lucien Cazalis.*

5 - *Yvette Horner joue de l'accordéon pour Raphaël Géminiani en 1952.*

6 - *Couverture de la partition de la marche « Les Routiers de France », pour le Tour 1948.*

7 - *Les Compagnons de la chanson poussent la chansonnette avec Yvette Horner (à gauche) après l'arrivée de l'étape Chalon-sur-Saône-Dijon en 1959.*

8 - *Affiche du film de Jean Stelli* Pour le maillot jaune, *avec Albert Préjean et Meg Lemonnier dans les premiers rôles.*

Quand le Tour s'arrête pour saluer de Gaulle…

JACQUES MARCHAND

La vérité sur le fameux arrêt du Tour de France à Colombey-les-Deux-Églises, le 16 juillet 1960, je la connais mieux que quiconque. Je me trouvais alors dans la voiture directoriale de Jacques Goddet, que j'assistais pour informer sur Radio Tour les membres de la caravane du déroulement de la course. Nous recevons soudain, via la gendarmerie, une information selon laquelle le général de Gaulle est sur le bord de la route, mêlé à la foule à la sortie de Colombey. Jacques Goddet me demande : « Faut-il arrêter la course pour saluer le président ? » J'ai compris après coup qu'il voulait connaître mon avis sur le plan de la décence politique, sachant que, sur ce terrain, nous n'étions pas du même bord.

Mais je suis aussi le responsable de la rubrique cyclisme à *L'Équipe* et, à l'arrivée de l'étape, je vais devoir, avec la dizaine de collaborateurs qui suivent la course, remplir les quatre pages du journal qui nous sont quotidiennement réservées. Or il ne s'est strictement rien passé et nous sommes dans la dernière heure de course. Dès la question de Jacques Goddet, j'imagine une grande photo à la une, avec la caravane arrêtée devant le Général. C'est ma seule préoccupation. Goddet paraît déconcerté par ma proposition d'arrêter le Tour en pleine étape – fait unique dans son histoire – et Félix Lévitan, joint dans sa voiture à l'avant de la course, est lui aussi pris de vitesse, ce qui n'est pas habituel. Nous approchons de Colombey, il faut agir vite. Je suggère à Jacques Goddet : « Allons dans le peloton et utilisez votre porte-voix pour expliquer l'arrêt aux coureurs. » Ce que nous avons fait, mais peu d'entre eux ont pu capter le message diffusé en plein vent par un vieux porte-voix nasillard. La preuve : certains ont interprété cet arrêt inopiné comme un « arrêt pipi » collectif et ont soulagé leur vessie sous le regard bienveillant du Général !

Quelques coureurs ont toutefois réagi en créant spontanément un protocole : un peloton réduit à quelques éléments, mené par le maillot jaune Gastone Nencini et le champion de France Henri Anglade, s'est avancé vers le Général pour lui tendre la main. Le président a appelé chaque champion par son nom propre : « Je vous connais, monsieur Nencini, je vous connais monsieur Anglade, je vous vois et je vous suis le soir à la télévision. » Et, à Jacques Goddet, qui avait quitté la voiture directoriale pour le saluer, le Général campé sur son talus a dit textuellement : « Monsieur le directeur, il ne fallait pas, il ne fallait surtout pas vous arrêter pour moi ! Repartez vite pour ne pas fausser la course ! » En effet, après cette péripétie devenue historique, un certain Pierre Beuffeuil, sympathique régional français, a profité de la confusion générale pour s'échapper et gagner l'étape en solitaire. Avec une telle dernière heure de course, nous avions enfin matière à commenter ! Nous avions créé l'événement, c'est notre destin de journaliste. Sur le Tour comme ailleurs…

Le général de Gaulle au milieu de la foule saluant les coureurs à Colombey-les-Deux-Églises en 1960.

HELYETT
LEROUX

CHRONIQUE

UN ACTE DE FOI

JACQUES GODDET

Pour la renaissance du Tour, Jacques Goddet emmène le peloton lors de la première étape Paris-Lille, en 1947.

Premier éditorial de Jacques Goddet en qualité de directeur du Tour de France, publié dans* L'Équipe *du 25 juin 1947.

Alors que notre pays, brisé par tant de dures années, grince et gémit, supportant les convulsions qui le secouent, le Tour de France, cette grande fête populaire, reprend sa place. Le Tour, c'est un message de joie et de confiance. Son existence même évoque intensément l'idée de paix. Parce que, au moins, l'une de ses missions est d'apaiser les nerfs et les esprits. Parce qu'il remet en mouvement cette énorme machine dont le moteur accélère l'économie de notre pays. Parce qu'il plaque sur tous les décors radieux de notre pays la frise émouvante, enthousiasmante, étonnante, d'une chevauchée héroïque dont la haine est exclue.

Oui, nous le savons bien, ceux qui ne sont pas touchés par la grâce sportive sourient déjà de nos superlatifs, de nos émois, du lyrisme qui ornementent les « papiers » des suiveurs du Tour. Allez ! Nous avons beau nous méfier de nous-mêmes, nous recommander la prudence dans nos réactions : nous sommes déjà des prisonniers du Tour…

Nous recevons depuis deux jours tous ceux qui, à l'appel lancé par *Le Parisien libéré* et *L'Équipe*, accourent de tous les points d'Europe. Les anciens, parmi les journalistes et les officiels, ont dans le fond de la prunelle cette petite flamme qui dévoile l'énorme brasier que contient leur cœur. Quant aux « bleus » de la caravane – et ces huit années en ont augmenté sérieusement le peloton – leur surexcitation sympathique ajoute à la fièvre qui brûle le Faubourg.

Le patron du Tour en tenue coloniale au départ de l'étape Paris-Reims en 1949.

Mais voilà les coureurs ! La différence est plus accentuée encore entre chevronnés et nouveaux. Ceux-là, généralement, se taisent. Le Tour, tout proche, les oppresse. Ils renferment en eux le secret de leur ignorance. Ce Tour, il faisait partie de la légende de leur jeunesse. L'inaccessible odyssée, l'aventure qui mène au bout de la gloire...

UN BARTALI RICHISSIME QUI N'ÉMET AUCUNE PRÉTENTION FINANCIÈRE

Pourtant, ce ne sont pas les néophytes qui retiennent l'attention. Avez-vous sondé l'âme mystérieuse et complexe de René Vietto ? N'est-ce pas la renaissance du Tour qui avait transfiguré Sylvère Maes et remis en selle le vainqueur de 1939 qui, il y a huit ans, déclara que le Tour était à tout jamais fini pour lui ? Et l'inattendu désir de Gino Bartali, lequel, il y a cinq jours encore, suppliait à nouveau son patron de lui laisser le droit de venir une deuxième fois gagner le Tour ? Un Bartali richissime, obtenant une petite fortune pour courir cent km autour d'un lac suisse, qui n'émettait aucune prétention financière pour prendre le départ de Paris !

Il y a une mystique Tour de France. Il y a un moral Tour de France. Il va falloir réapprendre la leçon patiemment enseignée par l'usage. La course, en vingt-six jours sur des terrains variés, est farcie d'embûches. Il ne s'agit plus de foncer tête baissée, de pousser comme une brute d'une arrivée à l'autre. Le Tour a crevé le cadre du sport pour s'installer sur un plan totalement humain.

L'homme, avec son caractère, son intelligence, son esprit de solidarité, son aptitude au commandement ou sa propension au dévouement, l'homme se superpose au coureur. Celui qui veut rapporter le maillot au Parc des Princes doit tout connaître, tout mesurer et appliquer.

Henri Desgrange, dans sa tenue familière et un peu négligée de touriste cycliste à la mode de 1900, est empêché d'être là par le seul adversaire qui lui ait fait toucher les épaules. Mais c'est lui qui continuera à nous conduire. Il conduit le cortège né, grâce à ses facultés de divination, de projets si audacieux que le monde entier cria à la folie lorsqu'il voulut les réaliser. Il le conduira jusqu'au sommet des Alpes et des Pyrénées, définitivement conquis par les minuscules « géants » de la route.

Songez à un Tour qui ne serpenterait qu'à travers les plaines ! Il n'aurait pas de visage.
Ce fut, cette expédition vers la haute montagne, la grande idée du père de Tour. Non seulement elle passionna la bataille et auréola les grimpeurs ailés, chouchous des foules, mais elle permit d'utiliser à plein la configuration périphérique du pays, comme préparée pour le développement le plus harmonieux et le plus scénique de cette course à répétition. Nous verrons si le type 1947 modifie quelques données de l'épreuve. Nous avons voulu que six terrifiantes étapes de montagne soient pour une part compensées par une étape de terres basses, étape dont les effets risqueraient d'être tout aussi meurtriers que trois ou quatre cols répétés. Le grimpeur devra réaliser tout son bénéfice dans les ascensions. Et le rouleur, terminant le Tour en bolide, peut espérer rattraper ses chances à quarante-huit heures de l'arrivée, dans la traversée durement ondulée de la Bretagne.
Chaque jour, le Tour va donner la réponse à des questions que nous nous posons depuis huit ans.

14 JUILLET 1963
Jacques Anquetil, premier quadruple vainqueur du Tour.

14 JUILLET 1964
Jacques Anquetil, premier quintuple vainqueur du Tour.

28 JUIN 1966
Premier contrôle antidopage à Bordeaux, suivi d'une courte grève des coureurs le lendemain.

29 JUIN 1967
Premier prologue de l'histoire du Tour, remporté par l'Espagnol Errandonéa.

13 JUILLET 1967
Mort du Britannique Tom Simpson, décédé dans l'ascension du mont Ventoux.

1962

LE RÈGNE DES TYRANS

1974

23 JUILLET 1967
L'Allemand Rudi Altig, premier vainqueur de la dernière étape arrivant au vélodrome du Parc des Princes.

21 JUILLET 1968
Jan Janssen, premier coureur néerlandais à gagner le Tour.

20 JUILLET 1969
Eddy Merckx, vainqueur de son premier Tour en remportant tous les classements annexes.

11 JUILLET 1971
Abandon de l'Espagnol Luis Ocaña, qui a distancé Merckx, après une chute dans le col de Mente.

21 JUILLET 1974
Merckx quintuple vainqueur du Tour, égalant le record d'Anquetil.

Jacques Anquetil et Raymond Poulidor au coude-à-coude dans l'ascension du puy de Dôme lors de l'étape Brive-Clermont-Ferrand en 1964.

TOUR DE
115
ACTUALITÉS TÉLÉVISÉES
RTF
TOUR DE FRANCE 1964
118
FILM DE L'
TOUR DE FRANCE 1964
124 PRESSE

Le cavalier seul d'Eddy Merckx pendant près de 140 km lors de l'étape Luchon-Mourenx en 1969.

JEAN-JACQUES VIERNE

LE RÈGNE DES TYRANS

Pendant cette période de treize ans, qui voit le retour aux équipes de marque, deux champions d'exception écrasent la concurrence : Jacques Anquetil (1957, 1961, 1962, 1963, 1964), puis le Belge Eddy Merckx (1969, 1970, 1971, 1972, 1974) sont les premiers à remporter cinq Tours de France. Ils laissent la voie libre à quelques outsiders qui tirent leur épingle du jeu : un Italien, Felice Gimondi (1965), deux Français, Lucien Aimar (1966) et Roger Pingeon (1967), un Néerlandais, Jan Janssen (1968), et un Espagnol, Luis Ocaña (1973).

En 1962, les organisateurs ne peuvent résister à la pression des entreprises « extra-sportives », ces sponsors devenus indispensables à l'existence des équipes professionnelles que l'industrie du cycle ne suffit plus à financer depuis sept ou huit ans. La mort dans l'âme, Jacques Goddet concède donc le retour aux équipes de marques. Désormais, c'en est fini des longues et délicates négociations pour faire cohabiter les principaux champions – Coppi-Bartali, Kubler-Koblet, Bobet-Anquetil – dans une seule équipe. Chaque leader possède sa formation et peut établir sa stratégie avec son directeur sportif et ses coéquipiers habituels. Dans ces conditions plus confortables, les meilleurs coureurs, qui sont souvent les mieux entourés, peuvent exprimer leur supériorité. Et au cours des treize années qui suivent, le record de trois victoires dans le Tour de France, détenu par Philippe Thys et par Louison Bobet, est battu successivement par Jacques Anquetil et Eddy Merckx, cinq fois couronnés chacun.

Lorsque survient cette révolution, Anquetil s'est déjà imposé deux fois – 1957 et 1961 – avec l'équipe de France. Il récidivera trois fois en continuant à museler les grimpeurs Charly Gaul et Federico Bahamontes, auxquels s'ajoute un débutant de 26 ans nommé Raymond Poulidor, avant de les terrasser dans les étapes contre la montre.

En 1962, alors que le Normand attaque le Tour dans une forme incertaine, Rik Van Looy et son équipe imposent une impitoyable course de mouvement, avant que le Belge ne chute lourdement dans les Pyrénées. Anquetil a bien résisté et la plupart des grimpeurs sont épuisés ou distancés. Seul Poulidor parvient à briser l'étau sur la route d'Aix-les-Bains, mais ne peut qu'accéder au podium derrière Anquetil et le Belge Joseph Planckaert, dépouillé de son maillot jaune dans le contre-la-montre disputé deux jours avant l'arrivée à Paris.

L'Espagnol Luis Ocaña vainqueur de l'étape Grenoble-Orcières en 1971 et futur vainqueur du Tour en 1973.

LE LÉGENDAIRE COUDE-À-COUDE DU PUY DE DÔME

Rebelote l'année suivante où le Normand porte sa tactique à son plus haut degré de perfection. Afin de contrarier sa domination, les organisateurs ont réduit d'un tiers les contre-la-montre et rapproché les arrivées du sommet des derniers cols, mais Anquetil s'adjuge non seulement tous les chronos, mais aussi deux des principales étapes de montagne à Bagnères-de-Bigorre et Chamonix ! Van Looy, à nouveau intenable dans la plaine, et Bahamontes, un peu vieillissant mais toujours alerte, se contentent des miettes.
En 1964, toutefois, c'est une autre paire de manches. Poulidor, en progrès sur tous les terrains, s'annonce comme un rival plus que dangereux pour Anquetil et les siens, éprouvés par un Giro victorieux mais terriblement ardu face à l'habituelle coalition italienne. Ni les Alpes, ni les Pyrénées ne départagent les deux belligérants – le mot n'est pas trop fort tant leur rivalité exacerbée divise l'ensemble du public français. Pas même la fameuse étape de l'Envalira où Anquetil – ayant inconsidérément assisté à un méchoui lors du jour de repos à Andorre ! – est lâché dans le col, avant d'effectuer une effrayante descente à tombeau ouvert dans le brouillard et de rejoindre, puis distancer à son tour Poulidor, légèrement accidenté. L'affaire se joue donc dans l'ascension du puy de Dôme, l'avant-veille

Roger Pingeon en solitaire dans l'étape Roubaix-Jambes (Belgique) avant sa victoire dans le Tour 1967.

du retour à Paris, attaquée par le Normand avec 56 secondes d'avance sur son adversaire. Moment légendaire, suivi en direct par des millions de téléspectateurs, où Anquetil, à demi inconscient, cède en vue du sommet à l'issue d'un long coude-à-coude et concède exactement les trois quarts de son maigre avantage, désormais réduit à 14 secondes. Il doit encore neutraliser une tentative du Limousin au cours du dernier chrono sur la route du Parc des Princes pour savourer la plus difficile et la plus emblématique de ses cinq victoires.

Cinq années plus tard, Eddy Merckx entre avec fracas. Rarement un coureur de 24 ans n'est arrivé au sommet aussi vite que ce Belge au tempérament magnifique. Infatigable attaquant, il est bon sur tous les terrains et présent sur tous les fronts d'un bout à l'autre de la saison.

Il collectionne les succès dans les classiques comme personne avant lui. Ses deux premières victoires dans le Tour (1969-1970) sont écrasantes et parfois assorties d'exploits d'autant plus admirables qu'ils ne sont pas nécessaires, comme sa chevauchée vers Mourenx lors de son premier triomphe qui jette un pont avec la grande époque de Fausto Coppi, Hugo Koblet et Louison Bobet.

Merckx, un Dieu vivant, au plus beau palmarès de tous les temps

Eddy ramène enfin le maillot jaune en Belgique trente ans après Sylvère Maes et devient un Dieu vivant dans son pays, d'autant plus adulé qu'il est brabançon, donc « acceptable » pour les Flamands comme pour les Wallons. Dirigeant d'une main de fer son équipe de « Flahutes », durs au mal et sans états d'âme, il se forge le plus beau palmarès de tous les temps, dominant d'abord la vieille garde – Roger Pingeon, Raymond Poulidor –, puis les adversaires de sa génération – Joop Zoetemelk, Lucien Van Impe.

Pourtant, dès 1971, il trouve à qui parler, subissant sa première grande défaite dans le massif de la Chartreuse où un Luis Ocaña en état de grâce lui prend 9 minutes à Orcières-Merlette. Seul opposant déclaré au roi du Tour, le fier Espagnol semble hors de portée, malgré les réactions de Merckx, lorsque le destin l'accable. Sous un orage de fin du monde, une chute l'envoie à l'hôpital dans la descente du col de Mente alors qu'il suit son rival, toujours à l'attaque. Comme Ferdi Kubler en 1950 après le retrait des Italiens, Eddy refuse d'endosser le maillot jaune le lendemain, mais il triomphe largement à Paris. Et il reprend l'année suivante la série de ses victoires sans opposition majeure : Ocaña tombe dans l'Aubisque, puis attrape une bronchite dans les Alpes et abandonne. Seul le meilleur sprinter français, Cyrille Guimard, époustouflant vainqueur au mont Revard au nez et à la barbe du roi Eddy, apporte la contestation mais, souffrant des genoux et incapable de marcher, il est contraint de se retirer trois jours avant l'arrivée, alors que la 2e place et le maillot vert lui étaient acquis.

Absent en 1973 où il s'est consacré au doublé Vuelta-Giro, Merckx s'impose une cinquième et dernière fois l'année suivante et rejoint Anquetil au palmarès. Son plus coriace adversaire reste l'inusable Poulidor (38 ans) qui déjoue plusieurs fois la surveillance du Belge, notamment en s'imposant à Saint-Lary.

Malade et surmené, Ocaña est absent, mais il a profité un an plus tôt de l'année sabbatique de Merckx pour remporter une victoire très convaincante, surprenant d'abord ses adversaires en début de course sur la route de Reims, puis survolant la montagne et les contre-la-montre pour terminer avec un quart d'heure d'avance

Lucien Aimar dans un col de l'étape Luchon-Mourenx en 1969, trois ans après sa victoire dans le Tour en 1966.

sur Bernard Thévenet, le champion de France, de plus en plus ambitieux. Le flamboyant Espagnol, souvent malchanceux mais toujours prêt à croiser le fer, a largement mérité ce Tour de gloire.

Ni Tour de France ni maillot jaune pour l'infortuné Poulidor

Raymond Poulidor n'a pas connu la même réussite. Entre la sortie d'Anquetil et l'avènement de Merckx, le très populaire Limousin est chaque année le principal favori de la course et son personnage central. Mais le sort ne cesse de s'acharner sur lui.

Il commence en 1965 par sous-estimer le débutant italien Felice Gimondi qui l'a surpris sur le plat en début de Tour et lui résiste ensuite dans les cols et les contre-la-montre. L'année suivante, Anquetil, sentant pour sa dernière apparition dans la course qu'il ne possède plus les jambes pour gagner, favorise la fuite victorieuse de son jeune lieutenant Lucien Aimar entre Briançon et Turin et « Poupou » s'aperçoit trop tard des dégâts.

En 1967, les rebondissements d'un Tour de bonne cuvée sont quelque peu éclipsés par le décès en course du Britannique Tom Simpson dans l'ascension du mont Ventoux, effectuée comme souvent par un temps caniculaire. Ce n'est évidemment pas la première fois qu'on évoque le dopage, mais on commence à mesurer l'ampleur du fléau.

Cette année-là, la course est revenue pour deux ans à la formule des équipes nationales. Poulidor est de nouveau favori, mais il crève puis tombe avant l'ascension du ballon d'Alsace, premier secteur stratégique, lors duquel il s'effondre totalement et perd onze minutes. Il se met alors au service de Roger Pingeon, le mieux placé des tricolores qui va effectivement l'emporter en repoussant les assauts de Gimondi.

Enfin, en 1968, alors que l'équipe de France est en bonne position, le Limousin est accroché par une moto de presse sur la route d'Albi et, blessé, doit renoncer le surlendemain. Le maillot jaune termine sur les épaules de Jan Janssen, premier Néerlandais à gagner le Tour, qui domine le Belge Van Springel dans le contre-la-montre final. Eddy Merckx arrive et Raymond Poulidor ne gagnera jamais le Tour qu'il méritait. Il ne portera même pas le maillot jaune… sauf lors d'une fiesta privée organisée chez Anquetil pour la réconciliation d'un duo de champions qui avait coupé la France en deux.

Le peloton pied à terre

Ce fut, en 1966, la première « grève » du Tour. Une loi antidopage a vu le jour un an auparavant, mais elle est imprécise et mal ficelée, en l'absence de définition claire du phénomène. Elle prévoit des contrôles inopinés entre les étapes et le premier a lieu à Bordeaux, le 28 juin au soir. Très mal vécue par certains coureurs, cette intrusion provoque une riposte immédiate le lendemain sur la route de Bayonne. Peu après le départ, en vue de Gradignan, tout le peloton met pied à terre et parcourt lentement une centaine de mètres le vélo à la main, en scandant des slogans hostiles aux contrôles, avant de reprendre la route. Furieux, les organisateurs demandent une enquête aux commissaires de course afin que les meneurs du mouvement soient sanctionnés. En vain. Des cas de coureurs positifs aux amphétamines sont établis, mais la loi exigeant de prouver que le produit a été pris sciemment pour qu'il y ait sanction, il n'y eut finalement aucune suite.

DARRIGADE, VAN LOOY ET ALTIG AU SPRINT

Les grimpeurs et les rouleurs ont souvent été les grandes vedettes du Tour. La période 1962-1974 a mis en valeur Felice Gimondi, Luis Ocaña, Bernard Thévenet ou Lucien Van Impe, dans l'ombre de Jacques Anquetil et Eddy Merckx. Elle a aussi révélé une exceptionnelle génération de sprinters : André Darrigade, Rik Van Looy, Rudi Altig… Ces acrobates de la dernière ligne droite ont enthousiasmé les foules à l'arrivée des étapes.

1

3

2

4

1 - *L'Italien Felice Gimondi, vainqueur du Tour 1965 (à droite), dans l'ascension du mont Ventoux, avec le Néerlandais Jan Janssen, vainqueur du Tour 1968, et Jean-Claude Lebaube, à la fin de l'étape partie de Marseille.*

2 - *L'Anglais Barry Hoban vainqueur au sprint de l'étape Avignon-Montpellier, devant Jacques Esclassan en 1974.*

3 - *L'Allemand Rudi Altig vainqueur au sprint de l'étape Nancy-Spa en 1962, devant André Darrigade et le Belge Rik Van Looy.*

4 - *Les Belges Martin Van den Bossche et Lucien Van Impe avec Raymond Poulidor, le Néerlandais Marinus Wagtmans et Raymond Delisle dans l'ascension du mont Ventoux lors de l'étape partie de Gap en 1970.*

5 - *Les Italiens Gianni Motta et Felice Gimondi avec Raymond Poulidor lors d'une étape de montagne en 1965.*

6 - *Jacques Anquetil et toute l'équipe de France avant le départ du Tour en 1958.*

7 - *L'Anglais Tom Simpson devant le Belge Rik Van Looy et l'Allemand Rudi Altig dans l'étape Charleville-Tournai en 1966.*

5

6

7

L'ÉVÉNEMENT

ET LE TOUR DÉBARQUE EN ANGLETERRE...

MICHEL GODDET

C'est une manifestation de producteurs d'artichauts, en 1961, qui est à l'origine du premier passage du Tour de France en Angleterre ! Afin d'attirer l'attention sur les difficultés économiques de la Bretagne nord et « vendre » la région aux médias, Michel Goddet est mandaté auprès de son oncle Jacques : il doit le convaincre de faire traverser la Manche à la caravane. Mission accomplie, le 28 juin 1974, à Plymouth.

Lorsqu'il prend d'assaut la sous-préfecture de Morlaix et y déverse plusieurs tonnes d'artichauts en juin 1961, Alexis Gourvennec est loin de penser qu'il va, treize ans plus tard, être à l'origine du premier passage du Tour de France en Angleterre. Et pourtant... Cette manifestation spectaculaire est moins un acte de colère et de désespoir qu'un événement destiné à attirer l'attention des autorités nationales et régionales sur la situation dramatique dans laquelle vivent les producteurs de légumes du pays de Léon et de Bretagne nord. Gourvennec, ses amis agriculteurs et quelques jeunes économistes bretons avaient un plan qu'ils vont mettre à exécution. Gourvennec crée d'abord la SICA de Saint-Pol-de-Léon, une société d'intérêts collectifs agricoles, pour regrouper autour de lui d'autres organisations de légumes et de fruits de Bretagne nord. Il met en place un marché au cadran qui remplace les anciennes transactions de gré à gré entre agriculteurs et négociants-expéditeurs, où les producteurs sont souvent dans l'impossibilité de défendre leurs intérêts. Des campagnes de publicité sont menées pour l'artichaut et le chou-fleur de Bretagne. Un groupe de jeunes économistes a aidé à désenclaver la région, si loin des zones de consommation de ses légumes. Tout d'abord est décidée la construction d'une « voie express » reliant Brest à Rennes. Mais il faut aussi penser au désenclavement de la région vers le nord, c'est-à-dire vers la Grande-Bretagne.

Descente des véhicules du Penn Ar Bed *de la Brittany Ferries lors de l'arrivée de la caravane du Tour en Angleterre en 1974.*

En 1972, Gourvennec obtient qu'un port en eau profonde soit construit à Roscoff, à quelques kilomètres de Saint-Pol-de-Léon. Une compagnie de car-ferries, la Brittany Ferries, est créée et financée par la SICA de Saint-Pol-de-Léon. Davantage paysan qu'armateur, Alexis fait appel à un spécialiste, Christian Michielini, qui est en train de bâtir un empire maritime.

Comme l'agence de communication Hautefeuille, où j'exerce le rôle de planneur stratégique, a mené des campagnes de communication réussies pour les artichauts et les choux-fleurs de Bretagne, les deux compères nous demandent de trouver des solutions à leur problème : lancer la marque Brittany Ferries, la ligne Roscoff-Plymouth et, accessoirement, la ligne Roscoff-Cork en Irlande. Il n'existe pas de médias spécialisés capables de toucher ces cibles et le budget disponible ne peut être que minime. Bonne chance...

QUE TRANSPORTER DE ROSCOFF À PLYMOUTH ? POURQUOI PAS LE TOUR ?

J'adore les missions impossibles. Un soir, en regardant un débat à la télévision après la projection du film *Topkapi* de Jules Dassin, il me vient une idée. Le film, qui relate le vol d'une dague incrustée d'une émeraude unique au musée Topkapi d'Istanbul, a déclenché un intérêt incroyable des médias pour le musée et de nombreuses visites de touristes en Turquie. En transportant un objet très connu et insolite entre Roscoff et Plymouth, on peut peut-être créer une histoire qui intéresserait la presse et la télévision. Que transporter ? Qu'est-ce qui peut déplacer les journalistes et les cameramen ? Et pourquoi pas le Tour de France cycliste ? Mon oncle est le directeur du Tour, j'ai collaboré à l'organisation de six éditions entre 1960 et 1966, je connais tous les rouages de la caravane. Rien d'impossible à tenter l'aventure.

Premier passage du Tour de France en Angleterre sur un circuit autour de Plymouth en 1974.

Dans ce projet fou, j'hérite des négociations avec le Tour et l'Angleterre. Mais les démarches locales et nationales menées par Gourvennec et Michielini sont bien plus importantes et difficiles. Me voici donc dans le bureau de mon oncle, rue du Faubourg-Montmartre à Paris, pour lui présenter l'idée du passage de la Grande boucle en Angleterre. Je sais qu'il a terminé ses études secondaires au début des années 1920 dans un collège près d'Oxford et qu'il voue à l'éducation anglaise une grande admiration, éducation dont il respecte encore la règle de vie. Il trouve l'idée intéressante et alerte immédiatement Félix Lévitan, qui accepte le challenge. J'effectue ensuite plusieurs voyages à Plymouth et à Londres pour convaincre les autorités locales et nationales, voyages lors desquels le Tour me sert souvent de très efficace sésame.

Tout est finalement organisé pour que le vendredi 28 juin 1974 dans l'après-midi une grande partie de la caravane du Tour et quelque 500 passagers – organisateurs, suiveurs, VIP régionaux, journalistes – embarquent à Roscoff sur le* Penn-Ar-Bed *de la Brittany Ferries en direction de Plymouth.

La traversée dure un peu moins de six heures durant lesquelles toute la gastronomie bretonne est présentée aux passagers, arrosée de centaines de bouteilles de vins et spiritueux de haute qualité.

Les coureurs passent en Angleterre en avion. Lévitan leur explique qu'ils auront à couvrir dix km dans chaque sens sur une autoroute à la sortie de Plymouth et effectuer ainsi huit tours de circuit, selon une formule « critérium » qui ne les enthousiasmera pas. Mais on ne peut à l'époque rouler sur les routes anglaises. L'objectif, c'est que les Anglais comprennent qu'on ouvre un nouveau marché pour eux. Si le cyclisme professionnel se développe en Grande-Bretagne, des courses seront organisées, de grandes marques créeront des équipes professionnelles et peut-être qu'un jour des cyclistes britanniques gagneront des Tours de France. Lévitan n'avait pas tort ! La caravane du Tour défile dans Plymouth et les coureurs s'élancent sur l'autoroute devant un public ravi. Le Néerlandais Henk Poppe gagne l'étape. Le Tour regagne ensuite le continent, les concurrents en avion, la caravane par le bateau de la Brittany Ferries au cours d'une traversée où l'on récupère des agapes plus qu'on ne festoie.

Ma mission impossible s'est finalement déroulée sans problème. Alexis Gourvennec a pu faire la promotion de la Bretagne nord auprès de tous les passagers à bord du bateau des Brittany Ferries. Christian Michielini est content aussi : sa compagnie et sa ligne Roscoff-Plymouth sont dorénavant connues de toute l'Europe. Le budget investi a été raisonnable. Les élus locaux ont mis la Bretagne nord en évidence. Et mon oncle Jacques Goddet a embarqué « son » Tour de France dans l'Angleterre de son adolescence.

JACQUES ANQUETIL, CONQUÉRANT DE L'ESPACE

DANIEL PAUTRAT

Jacques Anquetil avec le cosmonaute soviétique Youri Gagarine, premier homme dans l'espace, et le boxeur américain Sugar Ray Robinson en octobre 1963, à Paris.

Débutant surdoué du cyclisme, « Maître Jacques » remporte son premier Grand prix des nations à 19 ans et son premier Tour à 23 ans pour sa première participation en 1957. Il récidive quatre ans plus tard en endossant le maillot jaune de la première à la dernière étape en 1961. Plus personne ne l'arrête et il enchaîne les victoires dans la Grande boucle au cours des trois éditions suivantes (1962, 1963, 1964), devenant ainsi le premier coureur quintuple vainqueur de l'épreuve.

Je n'ai jamais vu Jacques Anquetil aussi ému que ce jeudi 3 octobre 1963 à Puteaux, à l'occasion du Grand Prix de l'Amitié. Carmine Preziosi venait de l'emporter, mais lui avait couru la tête dans les étoiles ! Le départ de la course avait été donné par la seule personne au monde qui ait jamais suscité son admiration : le cosmonaute Youri Gagarine, premier homme dans l'espace. « Si je n'avais pas fait de vélo, je ne vois aucune autre activité qui aurait pu m'intéresser. J'ai connu une telle ivresse à dépasser un par un les coureurs partis devant moi, à franchir en vainqueur les lignes d'arrivée… Il n'y a qu'une aventure qui m'aurait vraiment excité : la conquête de l'espace… » Dans sa propriété de La Neuville-Chant-d'Oisel, près de Rouen, Anquetil passait des nuits entières devant son télescope à observer les anneaux de Saturne ou la ceinture de Kuiper – rien à voir avec le champion du monde de 1975. Être le premier, se distinguer des autres, c'était la seule chose qui comptait pour lui dès son plus jeune âge. Il n'était pas mauvais en classe, mais il ne voyait pas son avenir sur les bancs de cette école de Quincampoix. Il voulait du concret et, après son certificat d'études, il se retrouva au lycée professionnel de Sotteville pour apprendre le métier de tourneur-ajusteur-fraiseur. Cela ne s'invente pas : son père cultivait les fraises !

Mais quand son copain d'atelier Maurice Dieulois l'eut convaincu de venir faire du vélo avec lui, quand il eut vite gagné des courses, un autre fruit guida sa carrière : il n'avait jamais voulu courir pour… des prunes ! En fait, il avait répondu à Robert Chapatte dans une interview télévisée « qu'il ne voulait pas courir pour une médaille ou même un maillot de champion de France qui ne lui rapporterait pas un centime de plus ».

On lui a reproché d'être calculateur mais, contrairement à Merckx et à son appétit « cannibale » de vouloir tout gagner, Anquetil a mesuré ce qui pouvait être le plus rentable dans ce dur métier, en sacrifiant le moins possible son plaisir personnel.

Il respectait un certain régime mais il ne voulait jamais se priver de manger des frites ou des moules à la crème, ni de boire du champagne, ni de se coucher à 3 heures du matin et se lever à 11 heures.

Des conseils que le jeune homme n'avait pas l'intention de suivre

Anquetil avait quand même une idole dans le cyclisme : Fausto Coppi, le seul à qui il ait demandé une photo dédicacée. Après avoir surclassé tous ses adversaires dans son premier Grand prix des nations, en 1953 – il n'avait que 19 ans et seulement deux ans de vélo derrière lui ! –, il avait réussi son pari : se distinguer des autres… et gagner beaucoup d'argent ! Mais il voulait être le premier à détrôner le *campionissimo*, à ses yeux le meilleur coureur de tous les temps, qui venait de remporter à 34 ans le championnat du monde.

Et l'idée lui vint, prétentieuse pour un débutant, d'aller rencontrer Coppi chez lui en tête à tête. Coppi accepta, il reçut Anquetil à Novi Ligure, il lui prodigua les mêmes conseils qu'à Louison Bobet quelques semaines plus tôt… et que le jeune homme n'avait pas l'intention de suivre. Quatre jours plus tard, Coppi et Filippi remportaient le Trophée Baracchi devant Anquetil et Rolland. La succession se présentait bien.

Anquetil décrocha son premier Tour de France en 1957 à 23 ans. Bobet lui avait dit qu'on ne pouvait pas gagner la Grande boucle à sa première tentative. Le Normand en avait donc conclu qu'il allait le faire, d'autant qu'il eut bientôt le champ libre après que Bobet eut prématurément renoncé. Il gagna au sprint chez lui à Rouen, endossa son premier maillot jaune deux jours plus tard à Charleroi, gagna encore dans le Jura, après avoir grillé un contrôle de

Jacques Anquetil, premier quintuple vainqueur du Tour de France, dans le contre-la-montre Versailles-Paris en 1964.

ravitaillement et s'être contenté d'un bidon de bière sucrée, tint tête aux grimpeurs dans les Alpes, montra son courage et ses facultés de récupération dans les Pyrénées, avant de parachever son triomphe dans le contre-la-montre de Bordeaux et d'arriver au Parc des Princes avec un quart d'heure d'avance sur Marcel Janssens. Pari réussi ! Les anciens Bobet et Géminiani, neuf ans de plus que lui, n'avaient plus rien à dire !

En 1961, Jacques se fixa un nouvel objectif : porter le maillot jaune du premier au dernier jour ! Pari réussi encore, grâce à une super-équipe de France qui remporta neuf étapes, le maillot jaune, le maillot vert (André Darrigade) et le classement par équipes.

Et puis ce furent les « Trois Glorieuses », les trois années du duel Anquetil-Poulidor qui passionneront la France et permirent à Maître Jacques d'entrer dans l'histoire en remportant cinq Tours de France. En 1962, Anquetil imposa son talent inégalable de rouleur. En 1963, il devança en plus tous les grimpeurs dans deux des principales étapes de montagne. Mais, en 1964, ce fut l'apothéose !

Anquetil vient de gagner le Tour d'Italie, Poulidor le Tour d'Espagne. Ils se livrent le duel le plus enivrant et le plus serré de l'histoire du Tour, un duel où tous les détails vont compter.

Neuvième étape entre Briançon et Monaco. Les Alpes n'ont pas fait de différence. Sur la piste du stade Louis-II, Poulidor sprinte et croit passer la ligne en vainqueur, mais il a oublié qu'il lui restait encore un tour à parcourir. Anquetil gagne finalement et empoche la minute de bonification. À l'arrivée à Paris, il n'y aura que 55 secondes d'écart entre les deux hommes !

Journée de repos à Andorre. Anquetil a du mal à dormir. Le mage Belline prédit que le champion normand sera victime d'une grave chute dans les Pyrénées. Pour lui changer les idées, son directeur sportif, Raphaël Géminiani, et sa femme Janine l'emmènent au méchoui organisé pour les suiveurs. Contrairement à tout ce qui put être raconté alors, Jacques ne commit pas d'excès, il se contenta d'un morceau de mouton, d'un verre de sangria et de quelques pêches, son fruit préféré. Mais, le lendemain matin, dès la sortie d'Andorre, il fallait escalader le col d'Envalira dans le brouillard.

Il offre un maillot jaune à « Poupou »… qui en a la chair de poule !

Jacques n'aime pas ces départs à froid et n'a toujours pas l'esprit tranquille.Les Espagnols attaquent, Poulidor les suit, Anquetil est lâché, le fidèle Rostollan à ses côtés. Au sommet, Poulidor compte quatre minutes d'avance, mais la fierté d'Anquetil reprend le dessus et il va jusqu'à défier le mage en prenant tous les risques dans une descente vertigineuse où l'on ne voit pas à dix mètres. Après une poursuite de 100 km, le groupe d'Anquetil rejoint le groupe de Poulidor. « Poupou », malchanceux, crève, tombe en repartant et perd une minute à Toulouse, alors qu'il aurait pu y gagner le Tour.

On connaît la suite : Julio Jimenez et Federico Bahamontes empêchent Poulidor de prendre des bonifications au puy de Dôme, qui n'arrive à lâcher Anquetil qu'à un kilomètre du sommet, échouant de 14 secondes dans sa conquête du maillot jaune. Douze ans plus tard, pour réaliser une séquence du documentaire *Les Étapes de la gloire* – le Tour raconté par ceux qui l'ont vécu –, je fis revenir Anquetil et Poulidor dans le puy de Dôme. À l'issue de cette reconstitution, Jacques offrit un maillot jaune à Raymond qui le refusa d'abord, puis accepta finalement de l'endosser… « J'en ai eu la chair de poule ! » me répète-t-il souvent.

Jacques Anquetil disputa sa dernière course sur le vélodrome d'Anvers, le 27 décembre 1969, après avoir créé la polémique en déclarant « que l'on ne peut pas gagner le Tour avec un morceau de sucre » et qu'il avait pris des stimulants pour faire, au moins une fois, « comme tout le monde » !

Il fut ensuite heureux de gérer sa propriété de La Neuville, ses champs, ses bois, son bétail, ses carrières. Il commenta le Tour sur Europe 1 et sur France Télévisions, collabora à *L'Équipe*. Il eut une vie privée agitée et deux enfants, une fille, Sophie, avec Annie, la fille de sa femme, et un garçon, Christopher, avec la belle-fille de Janine qui, elle, ne pouvait plus avoir d'enfant. Et il perdit son dernier combat, contre le cancer, le 18 novembre 1987 à Rouen à 7 heures du matin.

L'ancien coureur Eugène Letendre, qui faisait depuis toujours partie du premier cercle de ses proches, me réveilla à 7 h 20. C'était un mercredi, les enfants n'avaient pas école et je dormais encore. « Gégène » m'annonça la mort d'Anquetil qu'il venait d'apprendre par Luis Ocaña, lui-même prévenu par Dominique, la dernière compagne de Jacques. J'appelai aussitôt Jean-Claude Narcy, présentateur du journal du matin sur TF1, qui annonça la nouvelle à 8 heures. Un scoop dont nous nous serions bien passés…

Raymond Poulidor, vainqueur du contre-la-montre sur un circuit autour de Vals-les-Bains en 1966.

RAYMOND POULIDOR, LES PODIUMS DE LA GLOIRE

GUY SITRUK

Souvent battu par des champions hors norme, Jacques Anquetil et Eddy Merckx, « Poupou » n'a jamais gagné le Tour, ni même porté le maillot jaune, mais il détient un record inégalé : huit places sur le podium en quatorze participations. Grâce à sa longévité exceptionnelle chez les coureurs professionnels (1959-1976) et à sa malchance rédhibitoire dans la Grande boucle, il reste le champion le plus populaire de sa génération et a réussi sa reconversion : consultant, il a participé aux 41 dernières éditions du Tour depuis qu'il a tiré sa révérence de coureur.

Les hasards de la vie font que je suis entré dans la carrière quand Raymond Poulidor en sortait, lors du Tour 1977. Mon premier en tant que journaliste et, pour lui, rangé des pelotons depuis fin 1976, le premier en tant que consultant radio. Le « Poupou » que j'ai découvert était différent de celui que j'imaginais. C'était bien le même accent nasillard et traînant, trahissant son Limousin natal. Mais, pour le reste, il faisait moins « France profonde » que son image. Meilleur bluffeur qu'Anquetil au poker et surtout doté d'un sens de l'humour aiguisé. Rapidement, il m'a identifié comme un spécialiste en calembours, discipline dans laquelle il excelle également, et pas seulement en raison d'une proximité régionale avec Antoine Blondin.

Au début des années 1990, je suis revenu sur le Tour comme sponsor, pour le Crédit lyonnais. Là, j'ai retrouvé un Poulidor très pointu sur l'actualité, faisant tous les matins l'ouverture du Village Départ, afin d'y éplucher consciencieusement la presse du jour. Depuis, pour lui, les Tours se suivent et se ressemblent : ses cheveux ont blanchi, mais il est toujours là ! Depuis qu'il a tiré sa révérence comme coureur, il n'a pas raté une seule des 41 éditions suivantes. Après ses années de consultant radio, les années « tête de gondole » ont pris le relais. Raymond a eu plusieurs marques dans ses cordes : pâtisseries surgelées, boulangerie industrielle, café, banque. Joli clin d'œil que de défendre désormais les couleurs, ou plutôt « la » couleur, de LCL, sponsor de ce maillot jaune qu'il n'a jamais porté en course !

À 81 ans passés, après ces 55 étés à parcourir cette France des villages qui l'a vu grandir, sa motivation est intacte. Raymond n'aime rien tant que s'assurer que son inoxydable « poupoularité », comme disait Blondin, a traversé le temps. Certains croient déceler sa volonté de toujours faire marcher le « terroir-caisse ».

En réalité, Poulidor n'a pas besoin d'argent, mais en gagner encore est une manière de se rappeler qu'il restera à jamais un « ancien pauvre », pour reprendre le mot de Coluche.
En bon grand-père de famille, il continue d'entretenir son fonds de commerce de glorieux perdant, de capitaliser sur cette appellation qui lui colle à la peau : l'« éternel second ». Car s'il a gagné plus de courses qu'il n'a eu de secondes places, c'est son record inégalé de podiums dans le Tour qui a fait sa réputation. Des échecs qu'il a toujours assumés avec le sourire car, au fond, il ne les a jamais considérés comme des échecs. Émile Besson, journaliste à *L'Humanité* à l'époque de sa rivalité avec Anquetil, a fait un jour ce constat étonnant : « Les soirs de ses grandes défaites dans le Tour, on pensait trouver Raymond abattu le soir à l'hôtel. Et non, il était satisfait du travail accompli, comme peuvent l'être les agriculteurs le soir en allant se coucher. »

Embauché par Antonin Magne en 1959 pour un salaire dérisoire

Poulidor a lui-même avoué s'être contenté de ses accessits. L'explication tient dans son extraction modeste. Fils de métayers, il n'aurait pas eu une vie aussi confortable s'il n'était pas devenu cycliste professionnel. « Quand j'étais coureur, a-t-il reconnu, on ne comprenait pas pourquoi je ne râlais jamais. Pourquoi l'aurais-je fait ? Quand j'étais gosse, je me sauvais de la ferme avec le vélo de ma mère, car j'avais compris qu'en une seule course, on pouvait gagner plus qu'en une année dans les champs. Quand je suis passé professionnel, on me nettoyait mon vélo, on me massait tous les soirs, j'étais logé, je mangeais bien, c'était la vie rêvée. »
Cette « vie rêvée » débute en 1959, quand Antonin Magne l'embauche chez Mercier. Pour un salaire mensuel dérisoire de 25 000 francs (421 € en 2017 !), mais qui fait son bonheur. En bon maquignon, le madré Antonin évite de « griller » un talent qu'il sait perfectible. Il lui laisse deux ans pour « apprendre le métier » avant de le lancer sur le Tour en 1962, à la faveur du retour des équipes de marques. Mais quatre jours avant le départ, Poulidor chute à l'entraînement. Un plâtre à l'avant-bras gauche lui fait perdre 8' 11" dès la première étape. Il doit ravaler ses ambitions, se contentant de remporter la grande étape des Alpes pour terminer 3e à Paris, à 10' 24" d'Anquetil.

Raymond Poulidor, Eddy Merckx, Jopp Zoetemelk, Felice Gimondi en 1972.

En 1964, à deux jours de l'arrivée à Paris, les deux hommes sont au coude-à-coude dans le puy de Dôme. Un terrain que Poulidor assure bien connaître : n'a-t-il pas confié à Antonin Magne avoir reconnu le parcours quelques semaines plus tôt ? Dans les dernières rampes, Anquetil, leader depuis trois jours avec 56 secondes d'avance, offre un masque impassible. Or, il est au bord de la rupture. Bluff gagnant.

Craignant de se faire contrer, Poulidor ne l'attaque qu'à un kilomètre du sommet : trop tard ! Les 42 secondes qu'il lui prend ne suffisent pas. Anquetil sauve son maillot jaune pour 14 secondes ! Plus tard, le Limousin avouera une erreur : il n'a pas choisi le bon braquet pour l'escalade. Et un mensonge : il n'avait pas reconnu l'ascension. Le jour de son passage en Auvergne, le col était fermé… Dans l'ultime contre-la-montre, Versailles-Paris, Anquetil reprendra, à une seconde près, le temps concédé sur le puy de Dôme.
En 1965, Anquetil fait l'impasse sur le Tour. Mais Poulidor est piégé dès la troisième étape par un jeune Italien inconnu : Felice Gimondi. En 1966, Anquetil revient… pour propulser son lieutenant Lucien Aimar, qui piège à nouveau Poulidor. En 1967, retour des équipes nationales, Poulidor est leader de l'équipe de France. Mais il subit une défaillance dans le ballon d'Alsace, la première difficulté du Tour, et son équipier Roger Pingeon, échappé en début de Tour, endosse un maillot jaune que Poupou l'aidera à défendre. En 1968, la victoire lui tend enfin les bras… mais renversé par une moto dans l'étape d'Aurillac, il doit abandonner.

Poulidor endure ensuite les « années Merckx ». La suprématie du Belge le réduit à d'autres places d'honneur : 3e en 1969 et 1972, 2e en 1974, encore 3e en 1976, l'année de ses 40 ans ! Après avoir encore frôlé le maillot jaune pour 80/100e de seconde en 1973, devancé par Joop Zoetemelk dans le prologue ! Un destin…

QUAND POUPOU BLUFFAIT MAÎTRE JACQUES…

GUY SITRUK

Il en va du Tour de France comme des amours. Le premier a toujours une saveur particulière que les autres n'auront jamais, celui de l'inédit. Mon « dépucelage » a lieu durant l'été 1977. À peine débarqué, au détour d'une conversation entre mes grands anciens Pierre Chany et Christian Montaignac, je capte le mot « poker » et, crânement, je m'invite à leur table !
Le soir même, je me retrouve avec cinq convives, dont la simple énumération me fait aujourd'hui regretter que les selfies n'aient pas été inventés à l'époque. Par ordre d'entrée en scène : Chany et Montaignac, bien sûr, mais aussi Jean Amadou, humoriste bien connu et chroniqueur vedette de RMC, puis – j'ai gardé les meilleurs pour la fin – Jacques Anquetil et Raymond Poulidor !
Anquetil et Poulidor désormais retraités mais toujours rivaux en tant que consultants pour des radios concurrentes : Maître Jacques sur Europe 1 aux côtés de Fernand Choisel, Poupou sur RTL avec Guy Kédia.
J'allais avoir 26 ans, l'âge qu'avait Anquetil en 1960, année de sa première victoire dans le Giro. Et me voilà assis à la même table que mon idole de jeunesse, prêt à faire un poker avec lui, peut-être même à lui prendre de l'argent, car nous avions décidé d'intéresser – un peu – la partie.

Depuis cinq ou six ans, Anquetil était également consultant pour *L'Équipe*, même si le mot n'était pas encore entré dans le langage courant. Il signait une rubrique éminemment importante, deux colonnes plongeantes en page 2 : les fameuses « Questions à Anquetil ». Le Minitel et Internet n'existant pas encore, les lecteurs téléphonaient au journal pour poser une question sur la course. Nous sélectionnions les plus pertinentes et, après l'étape, je les posais à Anquetil, dont je recueillais les réponses.

« Nègre » d'Anquetil, la promotion suprême pour moi qui, pigiste, avait d'abord été simplement au bout du fil pour recueillir les questions des lecteurs. Du coup, nous fréquentant quotidiennement, le tutoiement était devenu naturel, à l'initiative de Jacques d'ailleurs.

Il m'avait même demandé de lui donner, avec l'accord de ma hiérarchie, un coup de main pour une chronique qu'il livrait à un journal espagnol, en la rédigeant pour lui. J'ai bien sûr accepté, trop heureux de lui rendre service.

Coupés du monde jusqu'à une heure très avancée de la nuit

Évidemment, quatre décennies s'étant écoulées depuis cette demi-douzaine de soirées, je n'en conserve qu'un souvenir fumeux. Néanmoins, une image forte demeure : alors qu'en course, Anquetil avait tendance à en imposer à Poulidor, comme dans la mémorable montée du puy de Dôme en 1964, au poker

Jacques Anquetil et Raymond Poulidor complices mais adversaires au poker, ici avec Jean Stablinski et Raphaël Géminiani.

c'était plutôt le contraire. Sur certains coups, on pouvait lire dans le regard d'Anquetil comme dans un livre ouvert. Montaignac le qualifiait de « romantique ». À l'inverse de Poulidor, qui conservait toujours son regard marmoréen.
Jusqu'à une heure très avancée de la nuit, nous restions coupés du monde… ou presque !

Les portables n'existant pas encore, le personnel de l'hôtel venait parfois nous interrompre. « Monsieur Anquetil, on vous demande au téléphone. » Ce soir-là, Jacques avait donc quitté la table quelques instants, en nous lançant un mot involontaire : « Faites un tour sans moi. » Éclat de rire général : les quelques fois où Poulidor avait fait « un Tour sans lui », il n'était pas parvenu à s'y imposer.

Un souvenir précis et cuisant me revient : n'ayant pas emporté beaucoup d'argent liquide avec moi, j'ai dû, à la fin du Tour, faire un chèque de 1 000 francs à l'ordre de Pierre Chany, grand vainqueur de nos parties de « poker mon Tour ».
Quelques semaines plus tard, j'en étais encore à me demander ce que j'étais allé faire dans cette galère, lorsque ce même Chany vint me voir : « Tiens, j'ai passé le week-end en Normandie chez Jacques. Il te transmet le bonjour et m'a remis ça pour toi. » « Ça », c'était une enveloppe blanche, à l'intérieur de laquelle il y avait un chèque de 2 000 francs signé Anquetil. Le remerciement pour le coup de main que je lui avais donné sur le Tour, en étant persuadé de le faire à titre gracieux…

EDDY MERCKX, « CANNIBALE » ET SEIGNEUR

DANIEL PAUTRAT

Eddy Merckx avec son directeur sportif Guillaume Driessens dans le col de l'Aubisque au cours de l'étape Luchon-Mourenx en 1966.

En remportant cinq Tours de France, dont quatre successifs (1969, 1970, 1971, 1972, 1974) et en s'imposant dans trente-quatre étapes, Eddy a rejoint Jacques Anquetil au Panthéon de la Grande boucle. Pour lui, premier vainqueur belge depuis Sylvère Maes en 1939, chaque course était une bataille contre les autres et contre lui-même. À force de courage, de volonté et de talent, il a gagné 358 des 1 070 épreuves disputées au cours de sa carrière fulgurante, bâtissant le palmarès le plus riche de l'histoire du cyclisme professionnel !

« Le Cannibale ». Ce surnom avait été donné à Eddy Merckx – qui n'était pas encore Édouard, Louis, Joseph, baron Merckx, chevalier de la Légion d'honneur – par Brigitte, la fille de Christian Raymond, son coéquipier chez Peugeot en 1966.

— Dis, papa, pourquoi c'est toujours Merckx qui gagne ?
— Parce qu'il est le plus fort !
— C'est un vrai cannibale, il ne laisse rien aux autres !

Elle avait raison, la petite Brigitte. Eddy Merckx a remporté 358 des 1 070 courses qu'il a disputées durant son septennat gargantuesque. Une course victorieuse sur trois, 130 à 150 jours de compétition par an et au moins autant à l'entraînement, qu'il pleuve ou qu'il vente, sur la route et sur la piste, onze mois sur douze. Il passait plus de temps sur son vélo que dans son lit. Et il ne calculait pas comme Jacques Anquetil à son époque ou Christopher Froome aujourd'hui. Non, pour Eddy, chaque course était une bataille contre les autres et contre lui-même, un acte de bravoure et d'audace, et il fallait chaque jour se surpasser pour vaincre parce qu'il n'y a que la victoire qui compte !

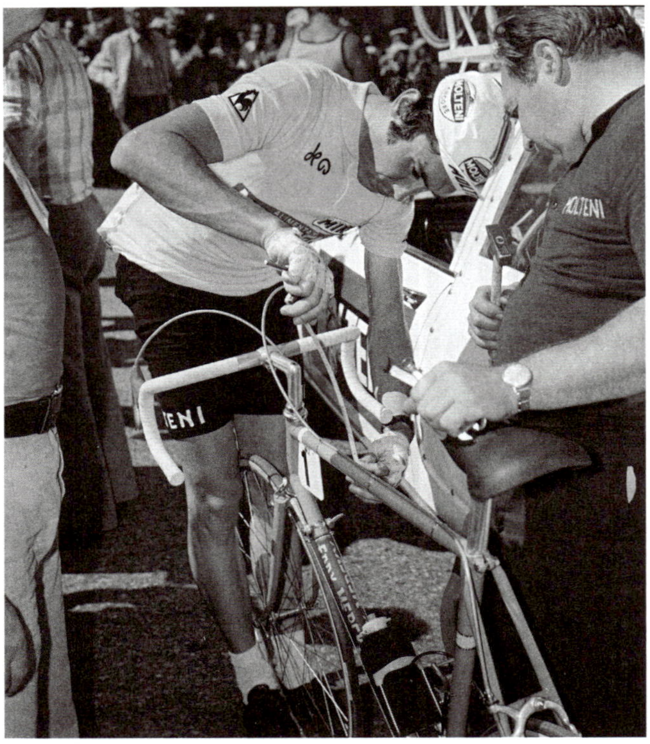

Eddy Merckx préparant son vélo au départ de l'étape Savines-le-Lac-Orange en 1974.

Le vélo, c'était sa passion et il s'était condamné à réussir vers 1960, le jour où, à l'âge de 15 ans, il avait dit à ses parents qu'il ne voulait plus aller à l'école et qu'il souhaitait devenir coureur cycliste ! Maman Jenny n'était pas d'accord mais Papa Jules, lui, avait couru dans sa jeunesse, il savait que ce sport était difficile mais il se disait que ce serait une belle école de la vie pour Édouard.

De son père, le fiston avait hérité la volonté, le courage, la force et, de sa mère, le visage aux pommettes hautes mais aussi l'inquiétude, l'anxiété. À l'arrivée, lors de ses innombrables victoires, il se contentait d'un bras levé, rarement les deux, puis d'un timide sourire. Une fois descendu de vélo, il avait horreur des bains de foule, il appréhendait les journalistes. On ne le voyait décontracté et souriant que le matin avant le départ, au milieu des coureurs, son véritable milieu. Docteur Merckx et M. Eddy, l'invincible champion du siècle et l'homme réservé qui n'arrêtait pas de se poser des questions, m'ont permis de réaliser la plus émouvante interview de ma longue carrière de reporter, le mardi 15 juillet 1975, à l'issue de la 17e étape Valloire-Avoriaz du 62e Tour de France.

Eddy n'a jamais été aussi grand qu'en ces cinq longues minutes

C'était pour Eddy le commencement de la fin. Pour la première fois, il allait être battu dans le Tour. Il n'allait pas réaliser son rêve de faire mieux que son idole et modèle Jacques Anquetil. Bernard Thévenet l'avait dépouillé de son maillot jaune sur la route de Pra-Loup, il l'avait encore distancé le lendemain dans le mythique col de l'Izoard et, là, dans la montée vers Avoriaz, il avait répondu à toutes ses attaques.

Ce 15 juillet 1975 restera sans doute le jour le plus long et le plus pathétique de toute la carrière d'Eddy Merckx. Le matin à Valloire, en se rendant au départ réel, il s'était accroché avec le Danois Ole Ritter et était tombé lourdement, la tête la première. Commotionné, défiguré, la pommette gauche enflée, Merckx avait reçu les soins du docteur Dumas. Mais la douleur ne l'avait pas quitté de toute la journée : 225 km, 4 cols, 7 h 27' 22" sur le vélo sans pouvoir s'alimenter, tout juste capable de boire. C'était pire que ce qu'il endurait depuis quatre jours, depuis ce coup de poing au foie qu'un imbécile de spectateur lui avait décoché dans la montée du puy de Dôme et qui était à l'origine de sa défaillance de Pra-Loup ! Dans ce « Face au Tour », où il avait accepté de venir aussitôt après l'arrivée de l'étape malgré ses souffrances, il a contre-attaqué, répliqué à chacune des questions implacables que je me sentais obligé de lui poser dans ce combat inégal face à un champion diminué. M. Merckx n'a jamais été aussi grand qu'en ces cinq longues minutes. Qu'elles semblaient alors banales les interviews des soirs de victoire – et j'en avais réalisé des dizaines avec Eddy depuis la première à Sallanches, en 1964, quand il était devenu, à 19 ans, champion du monde amateur. Presque tout de suite il y en avait eu d'autres, beaucoup d'autres. Aucun de ses compatriotes n'avait pu remporter la Grande boucle depuis Sylvère Maes en 1939. Eddy voulait et allait être celui qui redonnerait sa fierté et son honneur au cyclisme belge.

Cinq fois, il ramènerait le maillot jaune au pays, s'étant seulement abstenu en 1973 pour cause de doublé Giro-Vuelta. Il avait cette année-là laissé le champ libre à Luis Ocaña, le seul qui avait failli le battre en 1971, avant l'épisode dramatique du col de Mente. Et le Cannibale, insatiable, avait décidé en 1975 de faire mieux encore et de troquer son maillot arc-en-ciel de champion du monde contre un sixième maillot jaune.

Cette année-là, il avait gagné son 6e Milan-San Remo, son 5e Liège-Bastogne-Liège, ses 2es Tour des Flandres et Amstel Gold Race et une trentaine d'autres courses. Il était sur son vélo toujours présent aux avant-postes depuis le 1er février. Et j'allais lui parler de son déclin, lui demander si c'était la fin du grand Eddy Merckx, ce champion que j'admirais. J'étais fou, sadique ou quoi ? Non, mais le champion déchu s'était tellement battu que je ne pouvais pas imaginer à quel point l'homme était touché dans sa chair.

Il est venu me rejoindre sur l'estrade en plein air de TF1, protégé de la fraîche altitude par un simple imperméable transparent et, machinalement, j'ai posé mon bras protecteur sur ses épaules. Proche de Gaston Plaud, j'avais pu nouer des relations amicales avec Eddy lors de son passage dans l'équipe Peugeot.

« Ce n'est pas une question d'être fou ! »

— Eddy, je ne vous ai jamais connu un visage comme celui-là, le visage de la souffrance.

— J'ai énormément souffert, avec le soleil je ne savais plus où j'étais, j'étais commotionné. J'ai vomi et craché du sang, le docteur m'a conseillé d'arrêter mais ce n'est pas dans mon intention, je veux continuer jusqu'à la fin.

— Mais est-ce que vous allez pouvoir continuer ?

— Je vais continuer par n'importe quel moyen. Abandonner ce n'est pas dans mon habitude, ce n'est pas dans mon caractère.

— Mais si la douleur est trop terrible demain...

— Écoutez, il faut savoir souffrir, c'est un métier où l'on souffre beaucoup.

— Vous avez attaqué aujourd'hui encore, vous avez pris des risques dans les descentes, on peut se poser une question : vous êtes fou quand vous êtes sur un vélo ?

— Mais ce n'est pas une question d'être fou ! Je crois que, dans la descente, je ne prends aucun risque parce que je sais très bien ce que je fais. Disons que je suis désavantagé par mon poids dans les

Luis Ocaña et Eddy Merckx au coude-à-coude dans l'étape Revel-Luchon en 1971.

côtes, en revanche je suis avantagé dans les descentes. Je connais assez bien mon métier et pour l'instant je n'ai encore jamais raté un virage. C'est donc que je ne prends pas de risques. Je vais vite bien sûr, mais c'est mesuré.

J'avais osé demander à Merckx s'il était fou, comme on dit à un ami : « Tu es fou de faire ça ! » Aux yeux des supporters belges, j'avais commis un crime de lèse-majesté. Ils m'en ont longtemps voulu. J'ai ainsi été accueilli par des sifflets et des huées quelques semaines plus tard à Yvoir en Belgique au départ du championnat du monde. J'ai même reçu des dizaines de lettres d'insultes d'outre-Quiévrain, alors que d'habitude je recevais de France des messages fustigeant mon idolâtrie « merckxiste » !

L'interview se poursuit, Eddy Merckx parle lentement, sur un ton meurtri. Il grimace de douleur. La radio, le soir, allait révéler une fracture du maxillaire.

— Eddy, quand un garçon est touché physiquement comme vous, il est difficile de poser une telle question, mais est-ce que vous ne vous la posez pas vous-même : ce Tour, est-ce un tournant dans votre carrière, est-ce la fin d'Eddy Merckx ?
— Écoutez, la fin, on en parle depuis longtemps. J'ai tout de même gagné quatre grandes classiques cette année, je fais un beau Tour de France. Alors si c'est cela la fin, je ne sais pas ce que sont les autres…

— Mais, dans ce Tour, pour la première fois, vous ne dominez pas le peloton.
— Je crois que je suis un homme comme les autres. Depuis dix ans, je suis sur la route de février à novembre, alors qu'il y en a beaucoup qui se réservent pour le Tour de France. Dans ma carrière, je n'ai jamais eu de cadeaux, j'ai toujours roulé seul pour gagner. Je suis aujourd'hui battu par plus fort que moi, je l'admets. Thévenet est un redoutable grimpeur. Dans ce Tour fort montagneux, il était plus avantagé que moi. Mais c'est la course.

L'interview terminée, Eddy se lève et descend de l'estrade… au moment où Thévenet arrive ! Je veux les faire se rencontrer, je veux ce scoop. Je rappelle Eddy en criant sans trop y croire… et, au lieu de vite aller soigner ses blessures, il revient féliciter le maillot jaune, son tombeur ! Par sympathie sans doute mais aussi parce qu'il savait qu'en affichant son courage et en admettant ses faiblesses, il pouvait gagner le cœur de tous ceux qui, en France, l'admiraient mais ne l'aimaient pas !

Blessé, il n'a pas pu prendre sa revanche en 1976, mais il est revenu en 1977 pour la septième et dernière fois. Malade dans les Alpes, il a perdu un quart d'heure et toutes ses illusions. Épuisé mentalement et physiquement, c'est en costume-cravate qu'Eddy Merckx a annoncé sa retraite le 18 mai 1978, au terme d'un printemps où, pour la première fois, il n'avait pas cueilli le moindre bouquet.

Bernard Thévenet l'a fait trébucher en 1975 mais il n'était pas tombé de son piédestal : cinq Tours de France et 34 étapes, cinq Tours d'Italie, un Tour d'Espagne, quatre championnats du monde, sept Milan-San Remo, cinq Liège-Bastogne-Liège, trois Paris-Roubaix, trois Flèches wallonnes, deux Tours des Flandres, deux Tours de Lombardie, un record du monde de l'heure, 445 victoires chez les professionnels : il ne lui manque que Paris-Tours.

Eddy Merckx restera le meilleur coureur de tous les temps.

BALADES EN BORD DE MER

Le Tour de France ne se contente pas de traverser les campagnes et de franchir les montagnes. Il ne rate pas une occasion de longer les côtes pour flirter avec la mer « qu'on voit danser le long des golfes clairs ». De la Manche à la Méditerranée, en passant par l'Atlantique, le peloton sillonne les plages, les criques, les ports, même s'il n'a guère le loisir d'apprécier ces splendides paysages.

1 - *Bain de mer des coureurs lors de l'étape caniculaire Toulon-Menton en 1950.*

2 - *Le peloton dans la traversée de Veulettes-sur-Mer lors de l'étape Paris-Le Havre en 1924.*

3 - *Passage le long de la Méditerranée dans l'étape Toulon-Nice en 1921.*

4 - *Traversée du port de Boulogne-sur-Mer dans l'étape Dunkerque-Paris en 1927.*

5 - *Passage au bord de la Manche dans l'étape Dunkerque-Le Tréport en 1958.*

6 - *Le peloton, le long de la Mer du Nord dans l'étape Utrecht-Zélande en 2015.*

7 - *Départ du peloton sur le Vieux Port de Marseille dans l'étape Marseille-La Grande-Motte en 2009.*

8 - *Des baigneurs au passage du peloton dans l'étape Porto-Vecchio-Bastia en 2013.*

9 - *Le peloton en surplomb de la Méditerranée dans l'étape Ajaccio-Calvi en 2013.*

10 - *Passage du Gois par les coureurs dans l'étape Challans-Saint-Nazaire en 1999.*

6

7

8

9

10

ANTOINE BLONDIN, L'ENVOYÉ TRES SPÉCIAL

JACQUES AUGENDRE

Antoine Blondin avec Jacques Anquetil avant le départ de l'étape Marseille-Alès en 1957.

Le célèbre écrivain reste le plus talentueux et le plus fidèle chroniqueur du Tour de France et de* L'Équipe*. Dans ses colonnes, entre 1954 et 1982, il écrit 524 articles, régalant ses lecteurs de son humour et de ses jeux de mots. Membre du mouvement littéraire des Hussards, le meilleur héraut de la littérature sportive est un truculent compagnon de route de la Grande boucle. Il a pris le Tour en marche, il le termine sur un piédestal.

Auteur de romans anticonformistes et impertinents, Antoine Blondin découvre le Tour de France en 1954 à Bordeaux, au départ de la traditionnelle étape des Landes. Un double bonheur pour cet écrivain passionné de cyclisme et de rugby, ami de Louison Bobet et de Guy Boniface. Sa première chronique, rédigée à Bayonne, paraît dans *L'Équipe* du 19 juillet. Voir p. 46.
Le chroniqueur aux yeux neufs, qui s'installe dans la voiture 101 de *L'Équipe*, réalise un rêve de gosse. Dans un essai intitulé *Sur le Tour de France*, l'ancien potache de Louis-le-Grand évoque le souvenir d'un concours réservé aux lycéens qui devaient traiter du sport cycliste en cent lignes, les lauréats étant invités à suivre une étape de la Grande boucle. « Cette apothéose me fut refusée au

profit des premiers de la classe qui n'en avaient que faire, raconte le parangon des lettres. Chez moi, la classe a parlé tardivement. Ma madeleine de Proust, si elle dégage un parfum d'embrocation, a aussi une lointaine saveur de revanche. » Et quelle revanche ! De 1954 à 1982, Blondin rédige plus de cinq cents chroniques. Le joyau de la littérature sportive. Une fresque incomparable, dont Stéphanie Rysman a publié l'intégrale aux éditions de La Table ronde.

Ce suiveur attentif – qui mérite d'être suivi – partage d'abord la compagnie de Marcel Hansenne et de Bernard Krouchtein. Dès 1955, l'année de la troisième victoire de Louison Bobet, il poursuit son exploration de la Grande boucle aux côtés de Pierre Chany et Michel Clare. Les trois mousquetaires de* L'Équipe *sont quatre, comme dans le roman d'Alexandre Dumas.

Ou plutôt cinq. Jean Farges, qui tient le volant, est totalement intégré à ce club privé auquel j'ai la chance d'appartenir. J'occupe le plus souvent le tansad de la moto 101, arrimée à la voiture 101, mais il m'arrive d'abandonner cet excellent poste d'observation pour rejoindre mes amis dans la Peugeot décapotable que notre conducteur pilote en virtuose. Je me sens bien dans ce salon itinérant qui ressuscite l'ambiance joyeuse des trains de plaisir de la Belle Époque. J'ai savouré dans cette atmosphère chaleureuse les moments les plus riches de ma collaboration à *L'Équipe*.

« Vous buvez de l'encre ? – C'est pour vous pisser de la copie... »

Les escapades nocturnes d'Antoine se prolongeaient fort tard. Il rejoignait souvent son hôtel à l'aube, après avoir multiplié les « verres de contact » dans les bars de la ville-étape. Ce noctambule hyperactif jubilait à l'idée de faire la fermeture des cabarets. Il s'était d'ailleurs surnommé le « gentleman-fermeur ». Avant de s'assoupir sur le siège arrière, il chaussait ses lunettes noires qu'il appelait ses « lunettes de sommeil ».
Par une étrange coïncidence, la capitale mondiale du vin est associée aux extravagances de « Monsieur Jadis ». Bordeaux fut le point de départ de son voyage initiatique à travers la France du vélo. C'est également à Bordeaux qu'il avala de l'encre, ainsi que l'avait fait son ancêtre Alfred Jarry cinquante ans auparavant. Antoine ne fit que confondre une bouteille de pomerol et son flacon de Waterman. Traditionnellement, la rédaction de *L'Équipe* était logée au Splendide, le palace du centre-ville. Pris de vomissements dans sa chambre, notre ami salopa la moquette, ainsi que les rideaux, et fut interdit de séjour par la direction de l'hôtel.
Le lendemain matin, nous tombons nez à nez devant la porte de l'ascenseur. « J'ai mal dormi, me dit-il. Je me fais un sang d'encre. » Il cherche surtout à éviter Jacques Goddet... qui le croise dans le hall. « Alors, Antoine, le pastis et la bière ne vous suffisent plus ? Vous buvez de l'encre, maintenant ? » La réponse, instantanée, est du pur Blondin : « Oui, patron. C'est pour vous pisser de la copie. »

C'est à l'intérieur de la voiture 101, bercé par la chaleur humaine, qu'il a goûté ses vrais bonheurs. Cependant, son visage se figeait quand nous passions devant le panneau « Arrivée à 20 km ». La perspective de sa chronique quotidienne le torturait. En dépit de son immense talent, il ressentait beaucoup plus que d'autres la hantise de la page blanche.

Antoine Blondin, sur une moto durant l'étape Bordeaux-Bayonne en 1962.

À la salle de presse, il disposait devant lui une petite sacoche contenant ses « lunettes de sommeil », un paquet de cigarettes, un dictionnaire de poche et *Le Journal* de Jules Renard qu'il lisait et relisait. Formalité préliminaire, rituel nécessaire à la concentration. Il allumait sa Gauloise et prononçait le sésame de circonstance avant de porter la canette de bière à ses lèvres : « Et maintenant, au goulot ! »
L'envoyé très spécial de *L'Équipe* s'attelait à sa tâche avec application. Il rédigeait lentement, d'une écriture ronde et régulière. Chez lui, la pureté du style et l'esthétique de la calligraphie procédaient du même souci de perfection. Après avoir noirci un feuillet, il se levait et s'adressait à ses voisins : « Mi-temps. Excusez-moi, je m'absinthe un instant. » C'était l'heure du pastis.
Antoine passait allègrement du pastis au pastiche. Son originalité majeure, son innovation la plus spectaculaire aura été de raconter le Tour de France à la manière des grands écrivains, parmi lesquels François Villon, Mme de Sévigné, Jean de La Fontaine, Victor Hugo, Verlaine, Charles Baudelaire, Edmond Rostand – qu'il rebaptisa Rose-Tendre –, Charles Péguy, Georges Courteline, Jacques Prévert, Georges Simenon et son ami Marcel Aymé. C'est justement ce dernier qui lui inspira son chef-d'œuvre, *Le Passe-montagne*, une étincelante parodie du *Passe-Muraille* : l'histoire « d'un brave garçon nommé Martin », un coureur cycliste animé d'une foi à soulever les montagnes... qui pédalait indéfiniment sans jamais atteindre le sommet des cols. Mme Marcel Aymé pleura d'émotion en lisant ce poème en prose. « J'ai cru que c'était un conte inédit de mon mari », confia-t-elle à mon oncle, l'acteur Henri Crémieux, qui interpréta plusieurs pièces de l'auteur franc-comtois.

« L'Académie française ? Je préfère le maillot jaune à l'habit vert »

Un soir, notre confrère du *Dauphiné libéré*, Roger-Louis Lachat, assis sur un banc devant son hôtel, contemplait le ciel étoilé qui disposait à la rêverie. Dans l'obscurité, on ne voyait que son visage écarlate, boursouflé par les coups de soleil. Antoine le reconnut

Lors de l'étape de transfert à Sens sur le Tour 1982, Antoine Blondin pensif.

néanmoins et s'esclaffa : « Lachat pèle au clair de lune. » Alphonse Allais aurait aimé.

En 1962, l'Allemand Rudi Altig, qui débutait dans le Tour, remporta la 1re étape Nancy-Spa en battant au sprint André Darrigade, Rik Van Looy et une vingtaine de coureurs. D'entrée, il s'imposait en favori du classement par points. Il justifia d'ailleurs ce pronostic puisqu'il ramena le maillot vert à Paris. Sa performance suscita d'abondants commentaires. Blondin, qui avait choisi de faire court, résuma l'événement en quatre mots : « Un Rudi vert s'annonce. » Cet orfèvre de l'écriture possédait l'art du titre : « L'ironie du sport », « Le col tue lentement », « Aravis sans fin », « Bussang à la une », « L'Iliade et Le Dissez », « Les belles musettes du 14 Juillet », « Un Namur comme le nôtre, chronique belge », « Le temps de Sade, dédié aux motards »... Il avait surtout le culte de la belle phrase. Florilège : « Le miel de la tendresse humaine » ; « l'amitié des autres est mon manteau et ma maison » ; « le Tour, c'est la fête et les jambes » ; « la rumeur soyeuse des boyaux sur l'asphalte » ; « l'argent liquide est fait pour être bu » ; « l'Homme descend du songe » ; « je ne suis pas un écrivain qui boit, je suis un buveur qui écrit ».

Le chroniqueur espiègle et bon enfant, qui mettait de la poésie dans le Tour, se glissait quelquefois dans la peau du critique. Il n'était ni « anquetiliste » ni « poulidoriste »... à moins qu'il fût les deux. Il éprouvait de l'admiration pour l'aristocrate normand et de l'affection pour l'agriculteur limousin, en rejetant toute forme de complaisance. Il reprochait au premier son manque de panache et au second, sans jeu de mots, son manque d'audace.

Mais Monsieur Jadis s'est imposé comme devoir de conférer à ces deux super-héros de la légende des cycles une vraie dimension historique. Quand on relit cette phrase, « Anquetil est un coureur de style gothique et Poulidor un coureur de style roman », on se dit que seul Blondin pouvait concevoir une telle définition.

En dépit de ses soirées arrosées et de ses nuits blanches, Antoine n'a pas subi de grosses défaillances sur la route du Tour. Le seul jour où il se révéla incapable d'écrire, Jacques Goddet classa l'affaire sur-le-champ : « Ce n'est pas grave, je ferai plus long. » Le patron de *L'Équipe* pardonnait tout à son chroniqueur familier. Un lien intangible les unissait : la « complicité calembourdienne » (*dixit* Blondin). Le Hussard avait pris le Tour en marche, il l'a terminé sur un piédestal.

Pourquoi n'est-il pas entré à l'Académie française ? À cette question pertinente, l'incorrigible farceur apporta une réponse conforme à son personnage : « Il y a trop de bistrots autour de la Coupole. J'y aurais fatalement laissé mon bicorne et mon épée. De toute façon, je préfère le maillot jaune à l'habit vert. »

ALBERT BOUVET, PÈRE LA RIGUEUR

PHILIPPE BOUVET

Self-made man *bâti à la force du poignet puis des mollets, cycliste professionnel sur la piste et sur la route pendant une dizaine d'années (1953-1963), journaliste au* Parisien *en 1964, il devient l'un des piliers de l'organisation du Tour à partir de 1967 sous la houlette de Félix Lévitan.*

Au mur de son bureau du Faubourg-Montmartre à Paris, au sein des locaux que la Société du Tour de France occupait alors dans l'immeuble historique de *L'Équipe*, il y avait cette immense photo sur bois où Jacques Anquetil rayonnait à l'issue de son tour d'honneur au Parc des Princes, en 1964. Elle était dédicacée de la main même du quintuple maillot jaune, mais aussi de personnalités qui étaient passées là au fil du temps : Antonin Magne, Georges Speicher, Jean Robic, Felice Gimondi, Pedro Delgado et bien d'autres signatures plus ou moins lisibles.

Cette photo murale – qui n'a jamais effectué le déménagement dans les nouveaux bureaux d'Issy-les-Moulineaux et a vécu quelques années de purgatoire dans le garage du pavillon familial, mais se trouve désormais en lieu sûr – incarnait au fond tout un pan de culture. La nôtre.

Des années plus tard, d'autres autographes, ceux des coureurs du Tour 1994, noirciront le maillot jaune que Miguel Indurain était venu personnellement lui offrir alors qu'il agitait, à travers le toit ouvrant de sa voiture de direction, le drapeau du départ de la dernière étape où il officia, de Marne-la-Vallée aux Champs-Élysées. Ainsi s'achevait le parcours professionnel d'Albert Bouvet, autodidacte bâti à la force du poignet puis des mollets, un *self-made man*, mais cette expression ne lui disait rien. Ancien tailleur de pierre du bassin granitier de Louvigné-du-Désert en Ille-et-Vilaine, il avait mené sa carrière à l'organisation du Tour le nez dans le guidon, comme lorsqu'il fonçait autrefois vers ses plus beaux succès dans les Boucles de la Seine (1955) ou Paris-Tours (1956) qu'il remporta d'un souffle. Ce qui lui permettait de dire, dans un de ses traits d'humour notoires : « Avec Eddy Merckx, on a gagné toutes les classiques ! », car cette dernière course est la seule que le champion belge n'a jamais remportée.

La trace et l'affection qu'il aura laissées au sein du peloton et de la famille cycliste sont largement supérieures à son palmarès, pourtant très respectable ; puisqu'il fut dans la deuxième moitié des années 1950 l'un des meilleurs Français, challenger malheureux mais surtout valeureux des deux « super », Jacques Anquetil dans le Grand Prix des nations contre la montre et Roger Rivière, qui le priva deux fois du titre de champion du monde de la poursuite sur piste.

Albert Bouvet avait son caractère et ses coups de gueule retentissants sont restés dans toutes les mémoires de la caravane du Tour : « Voitures à l'avant, avancez ! Les coureurs sont sur vous ! Il y en a qui passeront me voir à la permanence ce soir. » Mais sans rancune !

Albert Bouvet, sur sa moto lors de l'étape Brest-Saint-Pol-de-Léon en 1974.

Par atavisme, j'aurai suivi tout ce parcours au plus près, puisque les métiers de mon père, coureur puis organisateur, s'invitaient chaque soir à notre table. C'est à travers lui que j'avais connu ma première expérience avec le journalisme, à l'âge de 6 ans, du côté de La Rochelle, où ma mère et moi l'avions rejoint sur une étape du Tour 1962, le sixième et dernier qu'il allait disputer sur un vélo.

« Quel est ton coureur préféré ? » m'avait demandé un radio-reporter, venu faire un sujet sur la famille d'un coureur du Tour, persuadé que j'allais dire : « Papa. » Mais le scoop fut que je répondis : « Darri-dade », car il ne m'avait pas échappé que le sprinter landais gagnait plus souvent qu'à son tour.

Le Tour, ce n'était pas la tasse de thé d'Albert Bouvet comme coureur, mais ce fut pourtant sa vie. Quand il eut raccroché son vélo début 1964, c'est le journaliste Georges Pagnoud, surnommé « l'Oreille en coin » parce qu'il était toujours aux aguets sur l'info, qui lui proposa cette reconversion au *Parisien libéré*, à laquelle il n'était nullement préparé. Fort de son certificat d'études, de son écriture appliquée mais surtout de sa faculté d'adaptation, le voici bombardé « localier » pour l'édition de l'Essonne à Juvisy, où il couvre les « chiens écrasés » selon sa propre expression. Son sens du contact et des journées à rallonge lui permet de compenser son manque de « métier », appris sur le tas. L'ironie du sort voulut que ce soit le même Pagnoud, parvenu au crépuscule de sa carrière, qui me mette aussi le pied à l'étrier du journalisme, pour « dépanner » le dimanche après-midi sur un match de foot de banlieue, à la bonne école du *Parisien*...

« Paris-Roubaix est foutu ! Trouvez-moi des pavés ! »

Le journalisme, il ne s'y attarda pas. Sous la houlette de Félix Lévitan, la logique voulait qu'il emprunte la passerelle qui menait du *Parisien* à l'organisation du Tour, où il entra comme adjoint de Jacques Lohmüller aux services sportifs en 1967. La mission de sa vie lui fut confiée, le jour même de son arrivée au Faubourg-Montmartre, par Jacques Goddet : « Albert, Paris-Roubaix est foutu... Prenez votre bâton de pèlerin, trouvez-moi des pavés... » Et s'engagea alors une course-poursuite, comme au Vel' d'Hiv' naguère, mais contre la goudronneuse, et le plus beau fut qu'il finisse par relever ce défi qui semblait perdu d'avance. Sur le Tour, il fut sûrement le membre de l'organisation le plus proche des coureurs qui étaient pour lui, c'est tout bête à dire, au centre de tout. « Il était dur dans le travail, exigeant, il ne lâchait jamais rien, se souvient son collaborateur Jean-François Pescheux. Mais j'ai appris de lui la rigueur dans la convivialité. »

Albert Bouvet nous a quittés en mai 2017, à l'âge de 87 ans, mais l'idée lui plaisait, je crois, que nous comptions 71 Tours à nous deux ; 36 pour lui – six comme coureur, deux comme journaliste et 28 à l'organisation –, 35 pour moi comme reporter – cinq au **Parisien*****, le reste à*** **L'Équipe*****.***

Même la famille Sudres – Claude, chef de presse du Tour, puis son fils Philippe, directeur de la communication d'ASO – n'a pas fait mieux ! Et, au final, depuis ses débuts de coureur en 1954 jusqu'à ma propre retraite en 2016, il y aura eu six Tours seulement sans que l'un de nous deux, au moins, soit dans la caravane – ceux de 1956, 1958, 1960, 1963 et 1964 pour lui, 2012 pour moi...

JEAN-JACQUES VIERNE, L'ARDOISIER

JEAN-JACQUES VIERNE

Comme plusieurs jeunes reporters de L'Équipe, Jean-Jacques Vierne a suivi deux Tours de France assis à l'arrière d'une moto, chargé de renseigner les coureurs sur les écarts de temps entre eux tout au long des étapes. Son meilleur souvenir reste l'ascension des cols pyrénéens, au coude-à-coude avec Eddy Merckx, en 1969.

Au carrefour des années 1960-1970, plusieurs jeunes reporters de *L'Équipe* ont bouclé le Tour à moto, collés aux basques des coureurs. L'organisation leur avait confié le rôle d'ardoisier : un motard chargé de renseigner les coureurs sur les positions de la course. Il effectuait des pointages qu'il transcrivait à la craie sur son ardoise, puis présentait celle-ci aux coureurs en remontant jusqu'aux hommes de tête. Il cumulait cette fonction avec son travail de journaliste et il avait parfois accès à des situations ignorées de ses confrères, ce qui permettait accessoirement au quotidien d'économiser un poste.
J'eus la chance d'être un de ceux-là lors des deux premiers Tours que j'ai suivis en 1969 et 1970. Je succédai à mon ami Jean-Jacques Simmler, lequel avait acquis une certaine renommée dans le petit monde des motards : il était capable de piquer une sieste en roulant, la tête entre les omoplates de son pilote, pour compenser une nuit trop courte à l'étape précédente – ce qui était fréquent.

La première année, mon conducteur était un Belge charmant et placide du nom de Georges Quaremme, qui passait ses vacances à satisfaire sa passion du Tour. C'était la première fois que je montais à moto pour de longs parcours mais, grâce à sa maîtrise du pilotage, mon apprentissage s'avéra assez rapide.

Mon plus fort souvenir reste la fameuse étape de Mourenx en 1969, où le grand Eddy Merckx, bien qu'ayant largement course gagnée, apposa une marque indélébile sur sa première victoire. Cela commença, après les ascensions des cols de Peyresourde et d'Aspin, par une accélération du maillot jaune dans le dernier kilomètre du col du Tourmalet. Il souhaitait surtout se ménager une descente confortable. Mais à Barèges, au bas du col, il se retrouva, sans l'avoir vraiment cherché, avec plus de deux minutes d'avance et sembla hésiter sur la conduite à tenir. Devait-il continuer tout seul ou attendre des coureurs pour l'accompagner ? Il resta en dedans dans la vallée entre le Tourmalet et l'Aubisque, mais l'écart demeura stable, comme je le constatai à travers mes pointages.
Je laissai Eddy s'engager dans le col de Soulor, le « marchepied » de l'Aubisque, et j'effectuai un nouveau point. En revenant vers le maillot jaune, j'aperçus, deux lacets au-dessus de moi, toute la colonne des voitures arrêtées, car Merckx, ayant crevé, changeait de bicyclette. Un pointage pour rien ! J'en mis aussitôt un nouveau en route et j'attendis les poursuivants. Mais ils n'arrivaient pas et, penaud, je m'adressai à mon pilote : « Georges, excuse-moi, je me suis planté avec le chrono. Il faut courir après Eddy et recommencer. » « Pas de problème, on y va ! » répondit-il.

IL LUI RESTE UNE HEURE À SOUFFRIR ET NON PAS UN QUART D'HEURE

Je rejoignis à nouveau le champion belge et déclenchai ma trotteuse. Mais lorsque le premier groupe de poursuivants se présenta, je dus me rendre à l'évidence : je ne m'étais pas trompé et, malgré son arrêt forcé, Merckx avait engrangé une grosse minute de plus ! Puis ce fut l'Aubisque et la longue descente vers Laruns. Je continuai mon labeur de fourmi et retrouvant une nouvelle fois Eddy, qui commençait à en avoir plein les bottes, je lui présentai l'ardoise en auxiliaire consciencieux, même si je savais que Guillaume Driessens, son directeur sportif, qui ne quittait pas son sillage, le renseignait sans cesse. L'ayant lue, il m'interpella :

— Qu'est-ce que ça veut dire "kilomètre –35" ?
— 35 km avant l'arrivée, Eddy.
— Mais non, il en reste à peine dix !
— Non, Eddy, non, c'est bien 35.

Un patelin s'annonçait avec son traditionnel panneau de signalisation. Merckx sortit de la poche arrière de son maillot le parcours détaillé fourni au départ de l'épreuve à tous les coureurs et suiveurs et constata qu'il lui restait bien une heure à souffrir et non pas un quart d'heure, ainsi qu'on venait sans doute de le lui indiquer. Tandis que je me laissais glisser vers l'arrière pour un ultime pointage, le maillot jaune appela sa voiture. L'explication fut, paraît-il, musclée et se prolongea sur le même ton le soir à l'hôtel ! Mais c'était le prix de cette incroyable chevauchée, qui entrait de plain-pied dans la grande légende du Tour.

Pour l'édition 1971, je passai le relais à un autre journaliste et néanmoins ami, Dominique Grimault. Parti bravement vêtu d'un léger T-shirt à l'assaut du col de Mente le jour de la chute d'Ocaña, il ressortit de cet après-midi apocalyptique avec une bronchite carabinée qui lui valut de quitter la course plusieurs jours. Mais si c'était à refaire, et surtout si les incontournables oreillettes n'avaient pas expédié l'ardoisier au musée, « Doumé » recommencerait. Et moi aussi...

Jean-Jacques Vierne, ardoisier au côté d'Eddy Merckx dans l'étape Luchon-Mourenx en 1969.

L'ÉQUIPE
51 à 0
29 70 67 59
21 78 114 à 6'30"
Le Parisien
GIMONDI à 8'3
cyclisme
TOUR DE FRANCE
44 OFFICIEL

APRÈS L'EFFORT, LE RÉCONFORT

Pour récupérer de la fatigue des longues journées de course, les champions se réfugient dans leurs chambres d'hôtel dès la ligne d'arrivée franchie. Au programme : repos, massage, soins, télévision, lecture, le plus souvent en compagnie d'un équipier. Ces moments de détente sont indispensables pour attaquer l'étape du lendemain.

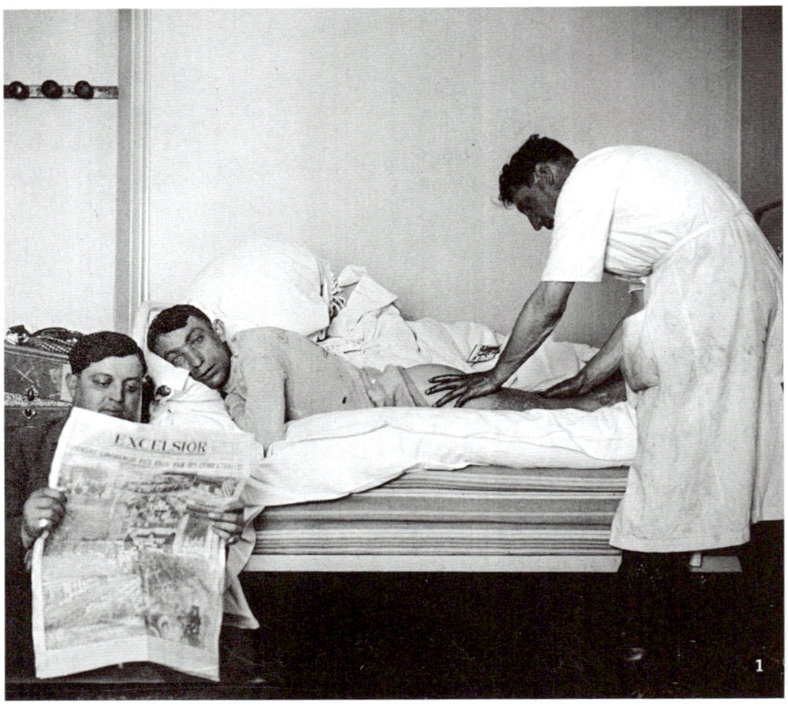

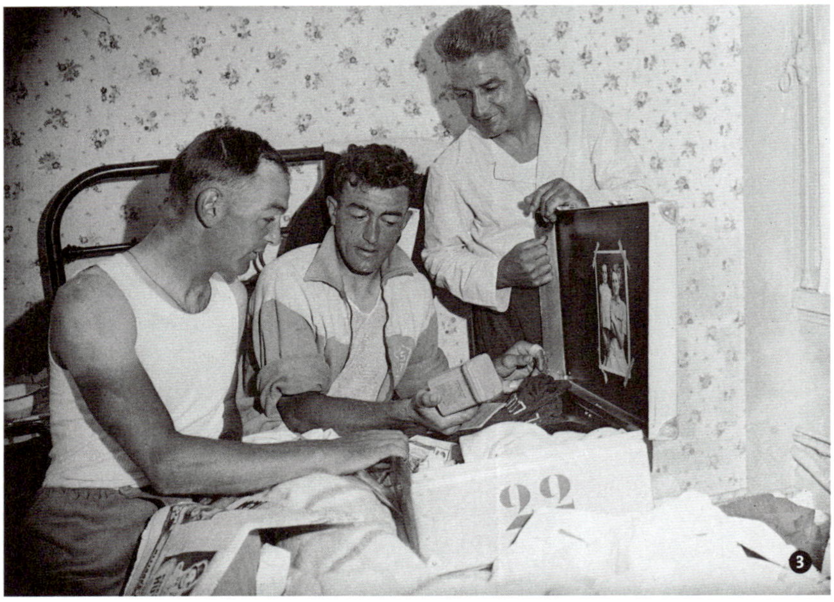

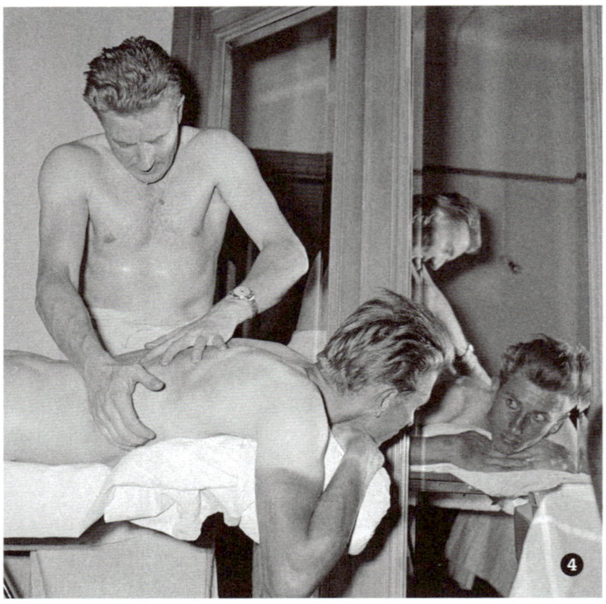

1 - *Adelin Benoît au massage après l'étape Cherbourg-Dinan en 1927.*

2 - *Jean Robic dans la baignoire de sa chambre d'hôtel avec son coéquipier Raoul Rémy en 1952.*

3 - *Louison Bobet avec son coéquipier Louis Deprez et son masseur Raymond Le Bert lors de la journée de repos à Reims en 1950.*

4 - *Jacques Anquetil sur une table de massage avec Pons son soigneur, après l'étape Clermont-Ferrand-Saint-Étienne en 1959.*

5 - *Eddy Merckx dans son lit, étudiant le parcours du lendemain après l'étape Limoges-La Rochelle en 1970.*

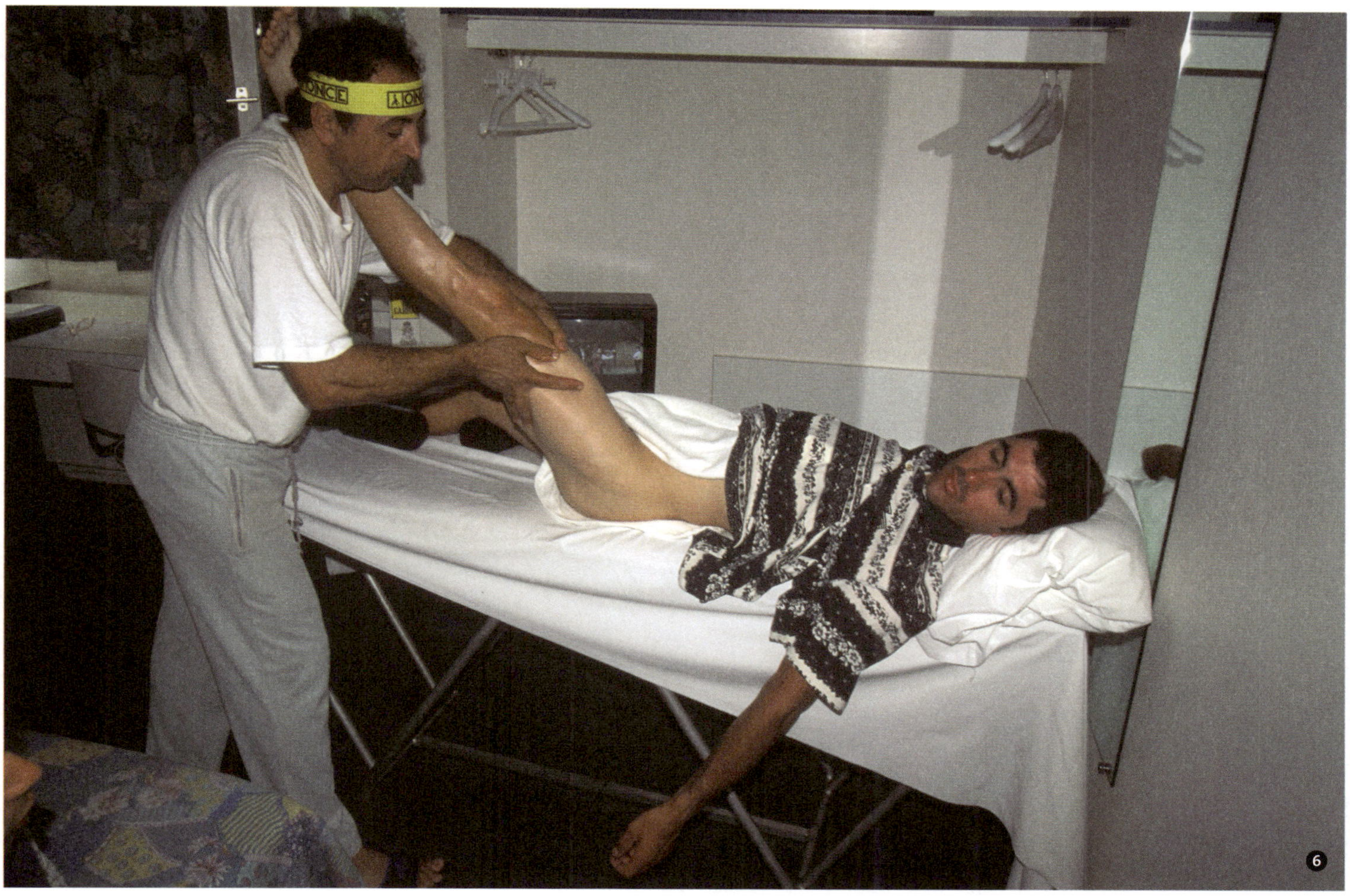

6 - *Laurent Jalabert au massage après l'étape Mayenne-Alençon en 1995.*

7 - *Jens Voigt au repos après l'étape Luxembourg-Luxembourg en 2002.*

8 - *Cyril Gauthier devant la télévision lors du jour de repos à Morzine en 2010.*

9 - *Adrien Petit dans sa chambre avant le départ de la première étape en Angleterre en 2014.*

Dalida, une femme dans le Tour !

JACQUES AUGENDRE

C'est un temps que les moins de 50 ans ne peuvent pas connaître. 1964, le sommet de la rivalité Anquetil-Poulidor. Le Tour de France est encore accusé de misogynie, comme sous Henri Desgrange. Les femmes, à l'exception des journalistes professionnelles – carte de presse exigée –, n'étaient toujours pas acceptées dans la caravane. En dépit de ce règlement draconien, Dalida, la célèbre chanteuse, qui participe au spectacle du soir, rêve de voir les champions en action.

Elle en parle à son ami Antoine Blondin qui l'invite à bord de la voiture 101, avec la complicité de Pierre Chany, et lui réserve la surprise d'une étape exceptionnelle. Celle du puy de Dôme. À Brive, au matin du 12 juillet, un beau dimanche ensoleillé, on frappe à la porte de la chambre que je partage avec Chany. Dalida vient choisir l'équipement de circonstance. Pierre lui prête une combinaison noire. Elle dissimule sa longue chevelure sous une casquette à large visière et ses yeux derrière des lunettes noires. Elle savoure les bons mots d'Antoine et la conduite à la fois souple et sportive de Jean Farges qu'elle songe à engager comme chauffeur personnel.

La vedette de la chanson apprécie l'ambiance de cette voiture de presse remarquable entre toutes. Un lieu privilégié qui baigne dans la bonne humeur. Cette visite guidée de la Grande boucle passe évidemment par une halte gastronomique. Les passagers de la voiture 101 s'arrêtent pour déjeuner dans une auberge de campagne. Mais après les charcuteries du terroir, alors qu'ils s'apprêtent à déguster l'omelette aux cèpes, une information tragique répercutée par les transistors abrège la fête. À l'avant de la course, un camion fou a percuté la margelle d'un pont, provoquant la mort de huit spectateurs.

Bouleversée, Dalida quitte brusquement la table et commande un taxi pour rejoindre Clermont-Ferrand. Elle laissera une lettre à ses amis pour les remercier et leur demander de comprendre la raison de son départ précipité. Cette femme de cœur s'est cachée pour pleurer en silence.

Dalida avec Jacques Anquetil après l'arrivée de l'étape Versailles-Paris en 1964.

St RAPHAËL GITANE

Les dérapages de la voiture 101

GUY LAGORCE

Révélation par Guy Lagorce de la genèse d'une célèbre chronique d'Antoine Blondin, parue dans* L'Équipe *du 28 juin 1966.

Tentant de mettre un peu d'ordre dans les livres qui serpentent n'importe où dans la maison, je tombe sur un roman de Pierre Chany, édité par les éditions La Table ronde en 1971, ainsi dédicacé : « Pour Guy Lagorce, cette *Longue Échappée* qui me permet de lui dire toute mon affection. Compagnon attentif et prévenant du Tour de France, où, je l'espère, nous allons nous retrouver avec Antoine à l'intérieur de la cabine rouge 101. »

Coup au cœur... Souvenirs... Témoigner tant que c'est possible... Le Tour de France, j'ai eu la chance de le suivre plusieurs fois, à partir de 1966. La chance surtout d'habiter cette fameuse voiture-leader de* L'Équipe, *la 101, conduite par l'exquis Jean Farges, avec Pierre Chany à ses côtés, Blondin et moi à l'arrière.

Claude Muller et Antoine Blondin (debout), *Roger Frankeur et Pierre Chany* (assis) *dans la voiture 101 lors de l'étape Dijon-Paris en 1959.*

Le Tour 1966, le premier avec contrôles antidopage – déclenchant une courte grève des coureurs –, fut à mes yeux le plus marquant. Un Jacques Anquetil finissant y plaça l'inattendu Lucien Aimar, son coéquipier chez Ford France, peu marqué par les autres équipes, en bonne position avant de se retirer à la 19e étape. Aimar fut un beau vainqueur après bien des péripéties façon poker menteur. Mais je me souviens surtout du 27 juin.
À l'issue de l'étape Angers-Royan, Blondin écrit un papier qui marquera à tout jamais – rappelons-le aux plus jeunes ou aux plus étourdis – l'histoire du journalisme et de la littérature. Cet article se compose de deux parties : la première s'intitule « Foucher dans le coin » et dessine les contours d'un coureur modeste ; la seconde parle d'un cultivateur, l'autre métier de Foucher. Mais, dans chacune des deux parties, ce sont les mêmes phrases, démembrées par des contrepèteries savantes, des coquilles tragiques, des anagrammes bien tordues et d'étincelantes erreurs volontaires qui constituent l'ensemble. Pour comprendre et mesurer l'énorme difficulté technique et inventive de la tâche, il faut lire les premières lignes de chacun des récits.

« Le plus bel exploit du Tour est signé Antoine Blondin »

Les voici :
« FOUCHER DANS LE COIN. André Foucher, qui s'illustra naguère sous le nom de Père Lafouche, a fait une réapparition timide au détour du Bocage vendéen avant d'être renvoyé à ses chères études. La part du gâteau est désormais coriace pour les dents usagées. Cette course fermée, repliée sur elle-même comme un mouchoir dont on aurait noué les coins, place le champion sous l'éteignoir et décourage les foules curieuses. Mais sans doute y verrons-nous plus clair après la pause à Turin... »
« COUCHÉ DANS LE FOIN. André Foucher, qui s'illustra naguère sous le nom de Père-La-Fourche, a fait une réapparition humide au détour du bocal vendéen, avant d'être renvoyé à ses chères étuves. La barre du râteau est désormais coriace pour les gants usagés. Cette cour de ferme, repliée sur elle-même comme un séchoir où l'on aurait rentré les foins, place le lampion sous l'éteignoir et décourage les fouilles curieuses. Mais sans doute y verrons-nous plus clair après la fosse à purin... »

Et ainsi de suite en deux fois trois feuillets. Le fameux critique, écrivain et éditeur Jean Paulhan, qui aimait le Tour de France, mais qui surtout régnait sur la république des lettres, écrivit peu après : « Le plus bel exploit du Tour est signé Antoine Blondin. »
C'était peu dire. Car ce record, non pas poétique pour une fois mais purement technique, n'a depuis, même par Antoine, jamais été égalé ni même approché.

Antoine Blondin (penché à droite) *avec Jacques Augendre, Pierre Chany et Jean Farges, au volant dans la célèbre voiture 101 de* L'Équipe *dans l'étape Troyes-Paris en 1963.*

Je vais profiter de cette occasion pour tordre le cou à une légende qui dit que Blondin accoucha de ce papier comme ça, au débotté, en moins de deux heures. C'est inexact. C'est, à y réfléchir, impossible. Mais la légende s'est installée. Or les choses se sont passées autrement.

Dès la première étape Nancy-Charleville, le 21 juin, Pierre Chany est victime d'une coquille – quelque chose comme « untel fait l'amour » alors qu'il fallait lire « untel fait la moue » – qui dénaturait le sens d'une phrase de son article. Cela nous fit rire. Pour passer le temps dans la 101, nous nous sommes mis à inventer d'autres contrepèteries, des jeux de mots.

Antoine, on le sait, adorait ça. Nous lui suggérons alors de faire un jour un papier sur ce thème. Il renâcle. « Trop fatigant, trop difficile. » Mais nous ne le lâchons plus. « D'accord, dit-il. Mais il faut m'aider. Il faut tout noter. » Alors cela devient notre sport quotidien. Et c'est Blondin qui recueille les meilleures perles, les plus belles étant bien sûr les siennes. Au fil des jours, il se passionne et dit qu'il va y arriver. Et puis un soir, à Royan donc, il accouche de son « monstrueux » papier en partie prérédigé dans le secret. Nous sommes tellement épatés, lorsque nous le lisons avant qu'il ne le donne au fax, que nous le serrons dans nos bras. Nous nous attendions, certes, à un papier drôle, mais pas à une telle performance !
Le lendemain soir, à Bordeaux, je cherche un titre pour mon propre papier. Je dis à Antoine qu'il s'agit d'une description des vignobles où l'on voit plus de châteaux d'eau que de châteaux tout court.
« Ton titre c'est : "D'un château l'autre". T'inspirer un peu de Céline ne te ferait pas de mal. » Je téléphone mon papier et le titre. Une heure plus tard, Blondin me prévient : « Précise que c'est bien : "D'un château l'autre", sinon à Paris, ils vont titrer : "D'un château à l'autre". » Je téléphone pour préciser : « C'est bien : "D'un château l'autre". » Et le lendemain, mon papier paraît sous le titre : « Bien d'un château l'autre »... La boucle était bouclée. Nous avons dignement arrosé ça.

20 JUIN 1975
Apparition du maillot à pois porté par le meilleur grimpeur, le Belge Lucien Van Impe.

13 JUILLET 1975
Bernard Thévenet domine Merckx dans la montée vers Pra-Loup et prend le maillot jaune.

20 JUILLET 1975
Première arrivée « monumentale » du Tour sur les Champs-Élysées.

12 JUILLET 1978
Annulation de la demi-étape Tarbes-Valence d'Agen, à la suite d'une grève des coureurs.

21 JUILLET 1979
Même podium que l'année précédente à l'arrivée du Tour (Hinault / Zoetemelk / Agostinho).

1975

LE FEU D'ARTIFICE TRICOLORE

1985

25 JUIN 1981
Jonathan Boyer, premier coureur de nationalité américaine au départ du Tour.

30 JUIN 1981
L'Australien Phil Anderson, premier coureur de l'hémisphère Sud à porter le maillot jaune.

1ER JUILLET 1983
Première participation d'une équipe nationale amateur, celle de Colombie.

22 JUILLET 1984
Duel entre les deux derniers vainqueurs du Tour, Laurent Fignon et Bernard Hinault, remporté par le Parisien.

21 JUILLET 1985
Bernard Hinault, quintuple vainqueur du Tour, qui rejoint Anquetil et Merckx sur les tablettes.

Bernard Hinault, quintuple vainqueur du Tour de France, ici dans l'étape Lourdes-Luz-Ardiden en 1985.

Bernard Thévenet, double vainqueur du Tour en 1975 et 1977, ici devant les Belges Eddy Merckx, en fin de règne, et Lucien Van Impe, vainqueur du Tour en 1976.

LAURENT REVEILHAC

LE FEU D'ARTIFICE TRICOLORE

Entre 1975 et 1985, une nouvelle génération de champions français met fin à la monarchie absolue d'Eddy Merckx. Bernard Thévenet (1975, 1977), Laurent Fignon (1983-1984) et surtout Bernard Hinault (1978, 1979, 1981, 1982, 1985), troisième quintuple vainqueur de l'histoire du Tour, remportent neuf éditions sur onze. C'est un nouvel âge d'or que seuls le Belge Lucien Van Impe (1976) et le Néerlandais Joop Zoetemelk (1980) parviendront à contrecarrer.

En 1975, la santé du Tour de France semble moins florissante que celle d'Eddy Merckx. Depuis la première victoire du Cannibale en 1969 et la disparition des équipes nationales, le Tour compte 130 coureurs au départ – 140 en 1975, mais seulement 100 en 1977. La caravane publicitaire s'étiole, les prix accordés aux coureurs stagnent et l'intérêt de l'opinion semble petit à petit se détourner vers d'autres disciplines.
En outre, les coorganisateurs, *L'Équipe* et *Le Parisien libéré*, sont secoués par un grave conflit social qui oppose le Groupe Amaury, leur propriétaire, et le syndicat du Livre CGT, tout-puissant dans la fabrication et la distribution de la presse.

En janvier 1977, la disparition accidentelle du patron Émilien Amaury déclenche un conflit entre ses héritiers qui ne connaîtra sa résolution qu'en 1983. Dans l'intervalle, malgré leurs différends, les dirigeants historiques de l'épreuve, Jacques Goddet et, surtout, Félix Lévitan vont de nouveau rendre progressivement l'épreuve rentable.

Le tracé du Tour part résolument à la découverte des nouvelles stations construites dans les Alpes et les Pyrénées et court au bord des plages. Les sponsors y retrouvent un public d'estivants. En 1975, afin de rendre la compétition plus attrayante, apparaissent les nouveaux maillots du meilleur grimpeur et du meilleur jeune. Géniale inspiration enfin : l'arrivée de la course aura lieu définitivement sur les Champs-Élysées, à Paris.
La télévision française qui a étendu sa couverture du territoire compte désormais trois chaînes autonomes qui se partagent les retransmissions en couleurs. On découvre la concurrence. De nouveaux commentateurs et consultants apparaissent aux côtés de Léon Zitrone et de Robert Chapatte. Les nouveaux moyens techniques mis en place rendent l'épreuve plus spectaculaire et toujours plus populaire.
En 1975, au départ donné devant son public à Charleroi, la victoire semble promise à Eddy Merckx qui veut chercher ici son sixième triomphe en six participations. Le Belge, auteur en 1974 de son troisième doublé Giro-Tour, porte le maillot arc-en-ciel et vient de gagner Milan-San Remo, l'Amstel Gold Race, le Tour des Flandres et Liège-Bastogne-Liège. À 30 ans, c'est le plus beau début de saison de sa carrière et il ne donne pas précisément des signes de déclin...

Victoires partagées entre deux champions et une immense star

Pourtant Bernard Thévenet, âgé de 27 ans, est le premier à provoquer l'échec de l'immense favori. Le grimpeur bourguignon, vainqueur de six étapes depuis 1970, grignote son retard dans le puy de Dôme, puis arrache le maillot jaune à Merckx dans une contre-offensive fulgurante vers Pra-Loup, alors qu'il avait semblé céder à l'assaut initial du Belge. Thévenet couronne même son œuvre le lendemain par une échappée solitaire dans l'Izoard. Le Cannibale s'incline les armes à la main – il finit 2e aux classements des grimpeurs et des sprinters – et salue son vainqueur, sans trop s'attarder sur le coup de poing qu'il a reçu d'un spectateur dans la montée du puy de Dôme, ni sur la fracture de la mâchoire causée par une chute.
On ne le réalise pas sur le coup : il s'agit de la fin d'une monarchie absolue. Et le cyclisme français entre alors dans un nouvel âge d'or : neuf victoires tricolores dans le Tour, partagées entre deux grands champions, Thévenet puis Laurent Fignon, et une immense star, Bernard Hinault, pour onze éditions disputées entre 1975 et 1985. La France espérait la victoire d'un de ses coureurs depuis sept éditions et le succès de Roger Pingeon en 1967. L'attente la plus longue jusqu'alors dans l'histoire du Tour – depuis celle entre les victoires de Gustave Garrigou (1911) et d'Henri Pélissier (1923).

En 1976, diminué par une blessure endurée sur le Giro qu'il a terminé à la 8e place, Merckx déclare forfait. Mais le Français Thévenet n'en profite pas pour s'installer en nouveau suzerain. Lui aussi affaibli, il doit abandonner dans la 19e étape du Tour.

Joop Zoetemelk, vainqueur du Tour de France en 1980, devant Raymond Martin et le Néerlandais Hennie Kuiper dans l'étape Morzine-Prapoutel.

Assez logiquement, le 3e de l'édition précédente, le Belge Lucien Van Impe, réussit à s'imposer.
Le petit grimpeur gère parfaitement sa course, selon les plans de Cyrille Guimard, tout nouveau directeur sportif. Pour une fois, il se risque à l'attaque et domine Joop Zoetemelk dans les Pyrénées.
Durant l'édition 1977, Thévenet remonte sur le trône en s'imposant à Dijon, sur ses terres, dans un contre-la-montre décisif. Il repousse Van Impe à la 3e place et Merckx à la 6e. Le leader des Peugeot joue désormais la défensive en montagne et l'attaque dans les chronos. Les projecteurs s'éloignent pourtant très vite de lui, car sa santé est défaillante et sa carrière vit trop à l'étroit entre le règne du plus grand coureur de tous les temps et celui du plus grand champion cycliste français avec Jacques Anquetil.

Déjà vainqueur à 23 ans de sa première Vuelta en 1978, Bernard Hinault s'impose sur le Tour devant Zoetemelk, alors âgé de 32 ans, et Joachim Agostino, âgé de 36. Il les domine encore l'année suivante. Sous la houlette de Guimard chez Renault-Gitane, il confisque les contre-la-montre – treize succès en tout ! – avec puissance et hargne.

Sans oublier, mû par un fort caractère, de produire quelques coups d'éclat çà et là au gré des opportunités. Sa pression constante sur la concurrence s'exerce depuis le prologue (1980, 1981, 1982, 1984, 1985) jusqu'à la ligne des Champs-Élysées, où il s'impose en 1979 et 1982.

Mais son premier succès n'a pas été si aisé. Le Belge Michel Pollentier, vainqueur du Giro (1977) et du Dauphiné (1978), s'est puni tout seul. Il est pris en flagrant délit de fraude au contrôle antidopage à l'Alpe-d'Huez, où il venait de gagner l'étape et de prendre le maillot jaune !

LE PRINCIPAL ADVERSAIRE DE BERNARD HINAULT, LUI-MÊME !

En 1980, la moisson semble devoir continuer : une victoire écrasante dans un Liège-Bastogne-Liège, rendu dantesque sous la neige et le froid. Puis une première victoire au Giro. Cette omniprésence a sans doute trop sollicité son organisme. Hinault démarre le Tour en trombe, avale le prologue et deux étapes. Il porte le maillot jaune, mais il abandonne en catimini à Pau au terme de la 12e étape, découragé par une tendinite au genou droit. Malheureux 2e à cinq reprises, Zoetemelk décroche enfin une victoire qu'il n'espérait plus !
Vite guéri, Hinault ne tarde pas à reprendre sa place au sommet, après avoir obtenu à la fin de l'été le maillot arc-en-ciel à Sallanches. En 1981, il rafle Paris-Roubaix et l'Amstel Gold Race, puis le Dauphiné. Après un succès sur le Giro, les Tours 1981 et 1982 n'échappent pas à sa razzia. Comme toujours, le principal adversaire d'Hinault est sa prodigalité. Éreinté par sa victoire dans la Vuelta, obtenue

face à une coalition déchaînée et au prix d'un coûteux exploit montagnard, Hinault doit renoncer à l'édition 1983 et faire opérer son tendon abîmé.

Place de nouveau à l'incertitude sportive et au spectacle, pour la première fois une équipe d'amateurs venus de Colombie participe au Tour. Pascal Simon de l'équipe Peugeot, ancien vainqueur du Tour de l'Avenir, est un solide maillot jaune au sortir des Pyrénées. Mais une chute provoque une fissure de son omoplate gauche. Il doit abandonner sur les pentes de l'Alpe-d'Huez après une semaine de souffrances. Laurent Fignon, jeune équipier de Bernard Hinault chez Renault-Gitane – déjà en vue sur le Giro en 1982 et la Vuelta en 1983, mais privé d'une victoire dans Blois-Chaville par un incident mécanique –, rafle la mise après s'être imposé dans le dernier contre-la-montre.

En 1984, Fignon, alors nouveau champion de France, est assisté du champion du monde américain, Greg LeMond, dans l'équipe de Guimard, qui s'est brouillé définitivement avec Hinault. Homme d'affaires très médiatique, Bernard Tapie met sur pied une équipe, La Vie Claire, et mise sur le retour du coureur breton.

Fignon, spolié d'une première victoire sur le Giro quelques semaines auparavant, prouve sa grande valeur. Il repousse tous les assauts de son ancien patron et s'impose sans discussion dans les trois contre-la-montre et lors de deux arrivées au sommet.
En 1985, le champion francilien doit, à son tour, passer sur le billard pour réparer un tendon. Dès lors, personne ne pourra s'opposer au cinquième succès de Bernard Hinault. « Le Blaireau » vient de remporter son troisième Giro et bénéficie désormais de l'appui de LeMond. Mais pour calmer les velléités offensives de ce talentueux équipier, on a dû lui garantir qu'il bénéficierait d'un soutien total l'année suivante pour le mener à la victoire.
L'été 1982 moissonne la dernière récolte des chroniques d'Antoine Blondin qui a commencé sa carrière à *L'Équipe* avec Louison Bobet et l'a terminée avec Bernard Hinault. Le cyclisme français peine depuis à retrouver ses champions et ses chantres. Jacques Goddet quitte la direction de *L'Équipe* en 1984 où il est remplacé par Jean-Pierre Courcol. Au journal comme sur le Tour, une nouvelle ère commence.

L'INVENTION DU MAILLOT À POIS

À la suite d'une géniale inspiration de Félix Lévitan, le leader du classement de la montagne porte, à partir de 1975, un maillot distinctif, blanc à pois rouges, jusqu'au podium nouvellement installé sur les Champs-Élysées. Le public du Tour prend aussitôt en affection un coureur ainsi bariolé, y compris quand il ne dispose pas d'un pur talent de grimpeur. Cette promesse d'immense popularité devient l'enjeu d'une lutte acharnée. Les Français y brillent souvent quand ils ne sont pas en mesure de briguer la victoire finale.
Avec sept maillots à pois, Richard Virenque détient le record de succès au classement du meilleur grimpeur, juste devant l'Espagnol Federico Bahamontes – le classement existait, mais pas encore le maillot – et le Belge Lucien Van Impe, qui a été le premier à l'endosser. Laurent Jalabert, lui, a illuminé sa fin de carrière en dominant le classement en 2001 et 2002. Il fut par ailleurs deux fois détenteur du maillot vert de meilleur sprinteur, en 1992 et 1995.

Laurent Fignon, double vainqueur du Tour en 1983 et 1984, ici dans le contre-la-montre de l'étape Dijon-Dijon en 1983.

Les Italiens Francesco Moser et Felice Gimondi avec Joop Zotemelk en 1975.

PASCAL SIMON, LA MALCHANCE

Dans le sillage des grands champions de cette période très riche en exploits, marquée notamment par le duel entre Bernard Hinault et Laurent Fignon, plusieurs coureurs ont tiré leur épingle du jeu : les Français Jean-René Bernaudeau, Jean-Pierre Danguillaume, Jacques Esclassan et Pascal Simon ; l'Irlandais Stephen Roche, le Néerlandais Hennie Kuiper et le Portugais Joaquim Agostinho.

1 - Pascal Simon soigné par le Docteur Gérard Porte dans l'étape Bagnères-de-Luchon-Fleurance en 1983.

2 - Jacques Esclassan vainqueur au sprint de l'étape Versailles-Le Mans en 1975.

3 - Joaquim Agostinho et Hennie Kuiper dans l'étape Morzine-Prapoutel-Sept-Laux en 1980.

4 - Raymond Martin devant le Néerlandais Joop Zoetemelk, vainqueur du Tour en 1980, et le Portugais Joachim Agostinho.

5 - Jean-René Bernaudeau dans l'étape l'Alpe-d'Huez-Morzine-Avoriaz en 1982.

6 - L'équipe Peugeot dans le contre-la-montre par équipes à Angers avec Guy Sibille, Jean-Pierre Danguillaume et Bernard Thévenet en 1977.

7 - Bert Oosterbosch dans l'étape Flers-Saint-Malo en 1980.

8 - Gilbert Duclos-Lassalle, de retour sur ses terres, à l'attaque dans l'étape Lourdes-Pau en 1990.

4

5

6

7

8

ET LA COLOMBIE MONTE VERS LES SOMMETS...

GUY ROGER

Le Colombien « Lucho » Herrera, leader du classement de la montagne, dans la roue de Bernard Hinault lors de l'étape Pontarlier-Morzine-Avoriaz en 1985.

« Cochise » Rodriguez et « El Diablo » Flores ont ouvert la voie à des générations de coureurs colombiens qui ont pris d'assaut le Tour de France à partir des années 1980. Après Luis Herrera, Fabio Parra, Martin Ramirez, Patrocinio Jimenez, Pacho Rodriguez, c'est le petit Nairo Quintana qui est monté trois fois sur le podium (2013, 2015, 2016), imité par Rigoberto Uran (2017).

En Colombie, pour tous ceux qui rêvent de devenir coureur cycliste, l'histoire du vélo commence presque toujours par des ampoules aux mains. Nairo Quintana, déjà trois fois présent sur le podium du Tour de France (2013, 2015, 2016), a travaillé dans les champs de patates dès l'âge de huit ans. Rigoberto Uran, 2e du Tour en 2017, a accumulé les petits boulots dès 13 ans... quand son père a été assassiné par un groupe de paramilitaires.
Quintana et Uran n'ont fait que suivre l'exemple de leurs aînés qui avaient mis les mains dans le cambouis avant d'être aspirés vers le sommet de la pyramide.
« Cochise » Rodriguez, recordman de l'heure, fidèle équipier de Felice Gimondi dans les années 1970 et champion du monde de poursuite, et Alfonso Flores, vainqueur du Tour de l'Avenir en 1980, ont été sans aucun doute les deux grands pionniers de leur sport. Le vélodrome de Medellin porte le nom de « Cochise ». Flores, lui, était surnommé « El Diablo », il a ouvert la voie en Europe à la génération des Luis Herrera, Fabio Parra, Martin Ramirez, Patrocinio Jiménez et autre Pacho Rodriguez – avant d'être abattu par deux *sicarios* à moto en 1992.
Ces nouveaux coureurs ont, eux, basculé du bon côté, mais tout le monde sait qu'en Colombie le renom ou l'anonymat, le contrat professionnel ou le plat de pois chiches, ne sont séparés que par l'épaisseur d'un papier à cigarette. À l'arrivée d'une course amateur, le jeune Luis Alberto Herrera, pas encore devenu « Lucho », croise le journaliste Julio Arrastia de la Radio Colombia Nacional (RCN) : « Don Julio, je ne marche pas trop mal, j'aimerais faire le Classico RCN mais je n'ai pas d'équipe. Si vous entendez dire qu'il y a une place... » Le soir même, dans son émission, Arrastia envoie le message suivant au jeunot :

« Si le petit Herrera m'écoute, qu'il appelle ce numéro de téléphone parce que je lui ai trouvé une équipe. » C'est ainsi que le futur vainqueur de l'Alpe-d'Huez du Tour 1984 effectuera ses grands débuts sous le maillot des Pantalones Valyin.

Même si l'on n'est plus à l'époque du Far West, le pays reste pauvre, avec un PIB de 4,6 dollars par jour et par habitant en 1980, et le manque de travail demeure le souci principal : « Dans une course classique vers Manizales, le peloton n'est jamais arrivé, m'a raconté un jour Rodriguez. Quand les gars se sont rendu compte qu'ils ne rattraperaient pas les échappés, ils ont

L'équipe de Colombie sur le Tour en 1982 : Alfonso Lopez, Cristobal Perez, Patrocinio Jiménez, Edgar Corredor, Fabio Casas Buitrago, Samuel Cabrera, Alfonso Florez.

fait demi-tour. La plupart habitaient Bogota, à cinq heures de route, et on embauchait le lendemain de bonne heure. »

Pour la grande majorité de ces coureurs amateurs souvent très modestes, le vélo qui est un outil la semaine est une fête le dimanche. Tous rêvent de gagner une course. Jimenez est passé, comme tant d'autres, par ces *turismeros*, épreuves d'un jour alignant au départ 300 coureurs montés sur un vélo équipé d'un seul plateau et d'un seul pignon, puisque c'est la règle. « À 10 ans, j'allais à l'école le matin, à la mine l'après-midi piquer le charbon, témoigne Jimenez, premier Colombien à revêtir le maillot à pois dans un Tour, en 1983. J'ai déménagé à Bogota pour travailler comme maçon mais la passion du vélo, je l'avais dans le ventre. Je m'entraînais à 3 h du matin à la lueur de la lune et je me prenais pour Eddy Merckx ! »

« Un pistolet entre les galettes de maïs dans la poche du maillot »

Il existe en Colombie un autre examen que les meilleurs ont dû valider, franchir la cordillère des Andes et ses cols monstrueux : Letras, altitude 3 187 m, 81 km de long, 11 % de moyenne ; La Linea, surnommée « le Stelvio colombien », 3 265 m, 21,7 km, 13 % de moyenne ; Minas, 2 466 m, 42,2 km, 11 % de moyenne. Comptez 95 % d'humidité et une température voisine des 30 degrés et vous comprendrez que ces grands cols ont mis des générations au supplice. Mais celle des Herrera, Parra et Ramirez, la plus douée de l'histoire, a été reçue avec mention.

L'évolution des Colombiens vers le professionnalisme, qui interviendra en 1985, se nourrit aussi d'anecdotes, comme cette réunion secrète chez Bernard Hinault en 1982, à l'issue du Tour. Le directeur sportif Raul Mesa, alors consultant radio, et le journaliste Hector Urrego, la voix du Tour pour RCN depuis 1972, ont demandé audience au Blaireau. Ils veulent connaître dans le détail ses plans d'entraînement, son alimentation, etc. Hinault joue le jeu, leur ouvre ses carnets. « Cette rencontre a tout changé pour nous, m'a assuré Mesa. Nos succès dans le Tour en 1985 – deux étapes et le maillot à pois pour Lucho, une étape pour Parra –, c'est à sa générosité qu'on les doit. » Parra, 3e du Tour en 1988, qui regagnait les bancs de l'université à chaque fin de saison, est plus mesuré : « Ce changement, c'était une vraie révolution et il ne s'est pas fait si facilement. Les bordures, les pavés, rouler en peloton, les pâtes, le riz, les sucres lents, ça en faisait des choses à assimiler pour des coureurs dont la culture était d'attaquer au départ et de se nourrir d'infusion de *panela* [canne à sucre], de soupe, de fromage et de chocolat ! »

Mais le talent est un sacré accélérateur de notoriété. Les plus grands sponsors s'engouffrent derrière les triomphes d'Herrera et de ses frères. Les radios et les télés suivent en continu et douze heures durant chaque étape du Tour !
En 1985, Lucho et l'équipe Cafe de Colombia rentrent au pays en avion présidentiel.

Fusées, bombes, tambours, pétards, Bogota est en folie. Le délire dure six jours. À Medellin et Cali règne encore la guerre des cartels. Alirio Chizabas, modeste professionnel entre 1985 et 1989, continue de s'entraîner « avec un pistolet glissé entre les galettes de maïs dans la poche arrière du maillot ».

Mais doucement, faute de résultats et de sponsors assidus, le cyclisme colombien s'enfonce de nouveau dans l'anonymat. Il faudra patienter jusqu'en 2010 pour voir surgir, au bout de la dernière ligne droite, le petit Quintana, vainqueur du Tour de l'Avenir. Comme Esteban Chaves en 2011, Miguel Angel Lopez en 2014 et Egan Bernal en 2017. Seront-ils enfin les nouveaux champions que la Colombie attend depuis bientôt trente ans ?

L'ÉVÉNEMENT

ET UN VENT D'EST SOUFFLE SUR LE PELOTON...

CHRISTOPHE WYRZYKOWSKI

Le Polonais Lech Piasecki en maillot jaune dans l'étape Karlsruhe-Stuttgart en 1987.

Dans le sillage du Polonais Czeslaw Lang, les coureurs des pays de l'Est ont débarqué sur le Tour de France dans les années 1980. Ce sont surtout ses compatriotes qui ont tiré leur épingle du jeu : Lech Piasecki, premier maillot jaune en 1987, Zenon Jaskula, premier podium en 1993, Rafal Majka, deux fois meilleur grimpeur en 2014 et 2016. Les Allemands de la RDA puis de la RFA se sont également distingués : Jan Ullrich, vainqueur du Tour en 1997, Olaf Ludwig et Erik Zabel.

Plus de 30 ans se sont déjà écoulés depuis que le premier coureur professionnel des pays de l'Est de l'Europe a pris le départ du Tour de France. Le Polonais Czeslaw (César) Lang, 27 ans à l'époque, cheveux blonds et bouclés, vice-champion olympique à Moscou en 1980, choisit l'Italie pour signer son premier contrat pro en 1982. Pendant sept ans, il eut comme coéquipiers Francesco Moser, Giuseppe Saronni ou Roberto Visentini. Le Giro devint son jardin privilégié et le pape Jean-Paul II un de ses supporters – la famille Lang lui rendant visite au Vatican en 1985. Excellent *gregario*, puis redoutable rouleur en fin de carrière, il devint d'abord directeur sportif, puis propriétaire du Tour de Pologne – une entreprise familiale, car sa femme Ela, sa fille Agata et ses multiples cousins et cousines en forment le noyau.
Première participation pour Lang en 1984 : « Je me souviens de mon dossard, le 163 », dira-t-il quelques années plus tard. Premier maillot jaune pour son compatriote, coéquipier et ami Lech Piasecki en 1987, qui endossa la tunique à Berlin pour deux jours seulement, mais j'eus le temps de le mettre en valeur en proposant ce titre à la une de *L'Équipe* : « Piasecki passe le Mur ». Premier podium en 1993, quand un autre compatriote, Zenon Jaskula, mena la vie dure à l'Espagnol Miguel Indurain et au Suisse Tony Rominger dans les Pyrénées, remportant l'étape du Pla d'Adet et terminant 3e à Paris.
Pour compléter ce tour d'horizon des Polonais, n'oublions pas Rafal Majka, à qui reviennent les deux premiers maillots du meilleur grimpeur, en 2014 et 2016. Il a remporté également trois étapes de montagne et rêve désormais du maillot jaune. Avec Michel Kwiatkowski, l'ex-champion du monde en 2014, ils peuvent prétendre à des places d'honneur dans n'importe quelle course du calendrier.

Il faut aussi rappeler que, juste après la Seconde Guerre mondiale, plusieurs coureurs d'origine polonaise brillèrent sur les routes de France. Ils venaient en majorité du Nord, tels Jean Stablinski (Stablewski à l'origine), mais aussi Roger Walkowiak, vainqueur du Tour en 1956, Jean « Popoff » Graczyk, deux fois maillot vert, Anatole Novak et bien d'autres.

Le Russe Djamolidine Abdoujaparov vainqueur au sprint de l'Italien Stefano Colage et Frédéric Mocassin dans la dernière étape Viry-Chatillon-Paris en 1993.

Si le vélo figure depuis toujours parmi les sports les plus populaires en Pologne, c'est grâce à de nombreux champions locaux, mais aussi aux coureurs polonais de France qui disputaient la Course de la Paix dans les années 1950.

De véritables spécialistes des victoires d'étape et du maillot vert

Concernant les « premières » sur le Tour, il faut évidemment ajouter la première victoire d'étape et le premier maillot vert remportés en 1990 par Olaf Ludwig, l'Allemand de la RDA, originaire de Gera, champion olympique à Séoul. Au palmarès, ces deux « premières » ont été suivies par les succès d'Abdoujaparov, Ekimov, Jaskula et Ugrumov pour les victoires d'étape et Abdoujaparov, Zabel et Sagan pour le classement par points. La victoire du « Bel Olaf » sur les Champs en 1990 – le premier de ses trois bouquets – et son record de victoires d'étape dans la Course de la Paix (38) lui ont valu les plus grandes récompenses dans son pays. Toujours en RDA, Jan Ullrich, originaire de Rostock, fut professionnel entre 1995 et 2006. Si Lance Armstrong n'avait pas existé et triché, il aurait pu remporter plusieurs fois le Tour. Mais lui aussi fut pris la main dans le pot de confiture. Il se contenta finalement d'une victoire et de cinq places de 2e, dont trois derrière l'Américain. Une 3e place lui a été retirée en 2012 mais, au total, il est monté sept fois sur le podium en huit participations. Jan Voigt n'a pas eu un palmarès aussi fourni. Il a gagné deux étapes et porté le maillot jaune à deux reprises en 2001 et 2005. Il détient aussi, avec trois autres coureurs (l'Américain Hincapie, l'Australien O'Grady et Sylvain Chavanel), le record de participations au Tour : 17 fois présent au départ.

Les coureurs de l'Est sont devenus de véritables spécialistes du maillot vert : Erik Zabel l'a remporté six fois – un record, Peter Sagan cinq fois – série en cours – et Djamolidine Abdoujaparov trois fois. Originaire de Berlin, très fier de son fils Rick, lui aussi professionnel, Erik Zabel fut l'un des meilleurs sprinters du peloton dans les années 1990 et 2000. C'est son père Detlef, lui-même ancien coureur de la Course de la Paix (9e en 1955), qui lui a transmis l'amour du vélo. Il remporta, en plus de ses six maillots verts, vingt victoires d'étape dans les grands tours – douze sur le Tour de France et huit au Tour d'Espagne – et neuf classiques, dont quatre Milan-San Remo. C'est en Touraine qu'il termina sa carrière en octobre 2008. Cinq ans plus tard, dans un entretien accordé au *Süddeutsche Zeitung*, il avoua s'être dopé entre 1996 et 2004 et abandonna alors toutes ses fonctions dans le cyclisme, y compris celle de membre du conseil de l'Union cycliste internationale.

Curieusement les Soviétiques puis les Russes n'ont pas marqué l'histoire du Tour : même Viatcheslav Ekimov, triple champion olympique et sextuple champion du monde sur route et sur piste, ne remporta qu'une seule victoire d'étape sur le Tour.

Cependant, Djamolidine Abdoujaparov, un Ouzbek de Tachkent, né d'un père turc et d'une mère tatare, très rapide au sprint, s'adjugea trois fois le maillot vert et neuf étapes en prime. Mais c'est d'abord sa chute très spectaculaire sur les Champs-Élysées en 1991 qui est restée dans les mémoires.

Pour terminer et regarder vers l'avenir, il faut citer le Slovaque Peter Sagan, qui possède déjà un de plus beaux palmarès actuels. Double champion du monde en 2015 et 2016, quintuple vainqueur du maillot vert, il peut prétendre bientôt à une très belle place dans l'histoire du Tour. Il suffit d'un peu de patience…

BERNARD HINAULT, LE MASQUE ET LE MUSCLE

GILLES COMTE

Bernard Hinault, vainqueur de son 1er Tour à 23 ans en 1978.

Quintuple vainqueur du Tour de France (1978, 1979, 1981, 1982, 1985), comme Jacques Anquetil et Eddy Merckx avant lui, dernier coureur français à ramener le maillot jaune à Paris, le Blaireau a un tempérament de feu. Bluffant d'assurance et d'orgueil, il défie ses adversaires avec un œil noir qui a valeur de mise en garde. Après sa brillante carrière, il devient « ambassadeur » de la Grande boucle, chargé d'expliquer les subtilités du cyclisme à ses invités dans la caravane.

Chez Bernard Hinault, le masque précède le propos. La mâchoire se crispe, le sourcil se cabre, le poing se serre, puis arrive la parole. C'est comme ça que je le préfère. Bernard, de prendre un air méchant, ça ne le vieillit pas, non, au contraire, il rajeunit. Il a la tête qu'il avait quand il grimpait les cols, toujours en première ligne. Il y avait lui et les autres, dont on entendrait presque l'ahanement rien qu'à voir leur visage défait sur les photos. Et quand Hinault parle, c'est au présent. Il émaille son discours de « boum », « bing » et autres onomatopées qui suggèrent les coups, les chocs. Ceux bien sûr qu'il inflige à ses adversaires.
Le Blaireau ne raconte pas son passé, il le vit. C'est lui qui m'a donné envie de venir au journalisme. Ou plutôt au journalisme cycliste, comme s'il s'agissait là d'un genre à part. Tout est parti de Sallanches. 1980, Hinault, champion du monde. Moi, encore mineur, à gueuler avec les autres : « Hi... nault... Hi... nault... Hi... nault ! » Deux syllabes qui tombaient avec la régularité de son coup de pédale, brut et massif. Rien qu'à la clameur qui enflait, on savait où il en était de sa progression dans la côte de Domancy, une montée vacharde comme on n'en avait jamais vu lors d'un championnat du monde.

Bernard Hinault sur les pavés du Nord dans l'étape Lille-Compiègne en 1980.

Hinault pouvait compter sur ma voix. Depuis 1977, l'année où son avènement n'avait pas été perçu à sa juste dimension. La presse belge – qui avait eu le culot de titrer : « Au royaume des aveugles, les borgnes sont rois » – s'était émue de voir un inconnu de 22 ans s'imposer dans Gand-Wevelgem et, moi, je m'étais ému que l'on puisse faire la fine bouche au prétexte que quelques grands étaient absents.

Hinault, lui, ne s'était ému de rien du tout. Quelques jours après, il gagnait Liège-Bastogne-Liège, détaché devant Eddy Merckx, Roger De Vlaeminck, Freddy Maertens, et l'affaire était réglée. Je voulais me gaver d'instants comme ceux-là et, après ma « révélation de Sallanches », le journalisme m'était apparu comme la voie royale pour y parvenir.
Quand, enfin, j'ai pu mettre ma roue dans la sienne, Hinault avait terminé sa moisson : quintuple vainqueur du Tour (1978, 1979, 1981, 1982, 1985), après Jacques Anquetil et Eddy Merckx mais avant Miguel Indurain. Dernier coureur français à avoir ramené le maillot jaune à Paris, il était devenu un « ambassadeur » du Tour. Encore et toujours à l'avant de la course, un regard tourné vers l'arrière. Cette fois, il ne s'agissait plus de défier des adversaires avec un œil noir qui avait valeur de mise en garde, mais d'expliquer les subtilités du cyclisme à des invités découvrant la Grande boucle à travers les vitres d'une puissante berline.

« Attention, les gars, ne vous arrêtez pas pour pisser ! »

En riant, il m'avait dit un jour : « En trente Tours de France dans une voiture de relations publiques, j'ai eu affaire une seule fois à un invité qui visiblement n'avait pas envie d'être là : il n'a eu ni à manger, ni à boire ! La plupart du temps, les invités pensent qu'il faut pédaler sans jamais réfléchir. Un truc tout con : les grandes routes sont bordées de lignes téléphoniques ; si tu aperçois, loin devant, les fils à droite ou à gauche, c'est que la course change de direction. Et là, boum, tu prépares ta bordure ! C'est ce genre de choses que j'explique. »

Ont-ils eu droit, ces invités, à l'anecdote de la bordure du Marais poitevin en 1979 ? C'est ma préférée. Elle met en scène l'équipe néerlandaise TI-Raleigh et ses solides rouleurs qui maîtrisaient comme personne l'art de se servir du vent latéral pour contraindre le peloton à rouler en file indienne sur le bas-côté de la route, dans la « bordure », créant ainsi d'inévitables cassures.

« Je me laisse glisser en roue libre vers l'arrière du peloton tout en pissant et je vois les Raleigh qui organisent une bordure. Je pisse tranquille, je repars dans les dernières positions, je remonte le peloton qui est à la queue leu leu, j'arrive à la hauteur des Raleigh, je les regarde, et *fouuffff* – il avait émis le bruit d'un souffle puissant –, un coup à droite, je mets tout le monde dans le jardin ! J'ai gueulé : "Attention, les gars, à partir d'aujourd'hui, ne vous arrêtez pas pour pisser ! Moi, je suis rentré, mais vous, je vous promets, vous ne rentrerez pas !" Le reste du Tour, tout le monde était sur le qui-vive, on sentait la trouille. »
Dans cette équipe TI-Raleigh, il y avait Joop Zoetemelk, l'homme à qui il a soufflé le Tour un an plus tôt, à deux jours de l'arrivée à Paris : « J'ai 23 ans, je découvre le Tour qui se joue dans le contre-la-montre de Metz. Avant le départ, je patiente dans la voiture et je m'endors du sommeil du juste. On vient tapoter à la vitre. C'est l'heure d'y aller ? Ben, on y va... » Neuf jours plus tôt, le néophyte

Bernard Hinault et Laurent Fignon roue dans roue, avec l'Allemand Raimund Dietzen, dans l'étape Grenoble-L'Alpe d'Huez en 1984.

a été le meneur d'une grève à Valence-d'Agen, où les coureurs ont franchi à pied la ligne d'arrivée pour protester contre les conditions de course : ils s'étaient levés à 5 heures du matin pour une journée divisée en deux demi-étapes. « Comme j'ai le maillot de champion de France sur le dos, les anciens me disent : "Allez, va nous défendre !" Félix Lévitan refuse la discussion : "Je n'ai pas à parler avec vous ! – Pardon ? On est deux et on va parler !" J'ai dû également affronter le député-maire, Jean-Michel Baylet, je l'ai revu des années après et je lui ai dit : "Si on n'avait pas fait grève chez toi, ton bled on ne le connaîtrait même pas !" »

« La boule à l'estomac ? Je n'ai jamais vraiment connu ça... »

La bordure dans le Marais poitevin, la sieste de Metz, la grève de Valence-d'Agen : à mes yeux, tout Bernard Hinault est résumé dans ces trois actes aux ressorts différents. Il était bluffant à force d'assurance et d'orgueil. Entre journalistes, il nous arrivait régulièrement d'échanger sur le stress qui contaminait notre travail sur le Tour et j'avais été scotché le jour où le Breton m'avait confié sur le ton de l'évidence : « La boule à l'estomac ? Je n'ai jamais vraiment connu ça... » Il avait ajouté : « Je ne pense pas que Michel Platini tremblait avant de taper le ballon ! » Finalement, seul un genou allait perturber sa carrière. En 1980, la douleur articulaire devenant trop vive, le maillot jaune quitta de nuit son hôtel de Pau : « Si un ouvrier se blesse à l'usine, on ne le plaint pas. Moi, c'est pareil, je ne voulais pas que l'on me plaigne », avait coupé le Blaireau alors que je lui faisais remarquer qu'un départ en catimini lui correspondait bien peu. Trois ans plus tard, le mal revenait, le contraignant à renoncer au Tour et à se faire opérer. Personne ne croyait plus en ses chances de gagner un jour un cinquième Tour de France.

C'était exactement ce dont il avait besoin pour se relever ! Blessé dans son amour-propre, il rejoignit Bernard Tapie – qui se faisait fort de remettre à flot les entreprises au bord de la faillite – et remporta l'édition de 1985. Il en revit, toujours au présent, le matin décisif du 9 juillet : « Les gars, c'est là que j'attaque ! Au passage à niveau. »

Carte routière en main sous les yeux de ses équipiers, il avait posé son doigt à l'endroit même où une ligne de chemin de fer coupait les premières pentes du pas de Morgins : « Les chevrons [pictogrammes indiquant un degré de déclivité] montraient que l'ascension se durcissait d'un coup. Personne ne pouvait imaginer que j'allais attaquer quasiment au pied du tout premier col du Tour. Seul Lucho Herrera a suivi et on s'est payé un raid gagnant de soixante bornes ! Voilà ce qu'il manque aujourd'hui, l'audace ! » Ce jour-là, il m'avait tapoté l'épaule pour me désigner Alberto Contador qui se dirigeait vers la ligne de départ : « Lui, il me plaît bien. Il prend une branlée et, le lendemain, il essaie encore. Il est tel que j'avais été face au Laurent Fignon de 1984 – le Francilien avait gagné son deuxième Tour alors qu'Hinault revenait de blessure. L'autre coureur que j'aime, c'est Peter Sagan. Il n'a pas besoin d'oreillettes pour savoir ce qu'il a à faire ! » En s'éloignant pour rejoindre ses invités du jour, Bernard Hinault s'était retourné, l'œil pétillant : « N'oublie pas une chose : le vélo est un jeu ! »

LAURENT FIGNON, L'ÉTOILE FILANTE

DANIEL PAUTRAT

Vainqueur du Tour à moins de 23 ans, dès sa première participation en 1983, il est promis au plus bel avenir, d'autant qu'il récidive dès l'année suivante en reléguant Bernard Hinault à plus de dix minutes ! Mais le duel entre « l'Intello » et « le Blaireau » tourne court, victimes tous deux de problèmes de santé. Sacré caractère, l'homme aux cheveux longs et aux idées fortes ne cherche pas à plaire et dit toujours ce qu'il a sur le cœur.

« Espèce d'imbécile, tu vas voir si je suis lâché ! » Vous en connaissez beaucoup des reporters qui ont eu la chance de voir leurs commentaires retoqués en direct par celui dont ils étaient en train de narrer les exploits ? C'est ce qui m'est arrivé dans la 20e étape Morzine-Crans Montana du Tour 1984 avec Laurent Fignon ! Dans la montée vers la station suisse de sports d'hiver, il s'était échappé avec l'Espagnol Angel Arroyo et, sur la moto de TF1, je mesurais régulièrement l'écart – une petite minute – qui le séparait de Bernard Hinault, son ancien coéquipier et désormais principal rival. Je venais d'effectuer un dernier pointage à deux km de l'arrivée et, en revenant sur les deux leaders, à la sortie d'un virage, je découvre Laurent distancé de trois longueurs par l'Espagnol et je m'exclame au micro, en arrivant tout près de lui : « Oh là là ! Fignon vient de se faire lâcher par Arroyo... » Il m'a entendu, m'a répondu vertement et il a bondi aussitôt comme une fusée pour aller décrocher la victoire et consolider son maillot jaune. Il s'était juste laissé distancer pour mieux surprendre Arroyo !
Rarement coureur a dominé autant le Tour que Fignon en 1984. Un triomphe à la Merckx – il avait des jambes aussi puissantes que le Cannibale –, agrémenté de six victoires d'étapes. Comme il avait déjà remporté son premier Tour l'année précédente, à moins de 23 ans, tous les commentateurs se disaient qu'il collectionnerait les maillots jaunes et que le duel Fignon-Hinault nous rappellerait la belle rivalité Anquetil-Poulidor. Cela ne s'est pas tout à fait passé comme cela... Quand il est apparu dans le peloton professionnel en 1982, Laurent détonnait avec ses cheveux longs, son catogan et ses fines lunettes. Bachelier, parlant anglais et espagnol, il a vite été baptisé « l'Intello », « *il Professore* » en Italie quand il a remporté le Giro et deux Milan-San Remo, et « Filet Mignon » par une jeune et jolie journaliste, en Colombie, où il était idolâtré.
C'est là-bas, en 1984, que j'ai pu sympathiser avec lui et devenir son ami et complice, lors du Classico RCN où j'étais allé pour mieux connaître ces grimpeurs du Nouveau Monde, les Fabio Parra, Lucho Herrera, Alfonso Florez, Samuel Cabrera qui avaient débarqué en Europe l'année précédente. Nous étions deux journalistes français, Jean-Marie Leblanc, envoyé spécial de *L'Équipe*, qui se levait tôt pour faire son footing, et moi qui me couchais tard pour découvrir la Colombie en compagnie le plus souvent de Cyrille Guimard, directeur sportif de l'équipe Renault.
À Bogota, la veille de la dernière étape, en rentrant un peu avant minuit à notre hôtel, nous tombons sur Fignon et son coéquipier Christian Corre qui, eux, sortaient « pour aller boire un verre dans la boîte de nuit voisine : il fait tellement chaud qu'on n'arrive pas à dormir ! » Guimard avait en face de lui le vainqueur du dernier Tour, son leader, parfait ambassadeur de Renault en Colombie – c'était le but du voyage –, même s'il n'avait pas particulièrement brillé durant la course. Il a magnifiquement maîtrisé la situation : « OK, on va avec vous, mais demain il faut que tu gagnes l'étape ! » Ce que Laurent a fait après avoir dormi trois petites heures ! Il n'avait pas eu peur d'affronter son directeur sportif, avec qui il allait rapidement s'associer dans la gestion de leur équipe. C'était un sacré caractère. Il ne cherchait pas à plaire et clamait toujours ce qu'il avait sur le cœur.

Battu par Greg LeMond de huit petites secondes pour l'éternité

Le jeune Fignon avait aidé le Breton Hinault, son aîné de six ans, à gagner la Vuelta en mai 1983. Victoire au courage pour Bernard qui avait mal au genou droit et dut renoncer au Tour de France. Laurent s'est retrouvé leader de son équipe pour sa première Grande boucle. Il ne savait pas ce qu'il valait en haute montagne et s'était fixé comme objectif une victoire d'étape. Surprise : à la sortie des Pyrénées, il était 2e du classement général derrière Pascal Simon... qui tombait le lendemain, se fracturait l'omoplate, luttait pendant quatre jours, mais dut abandonner sur la route de l'Alpe-d'Huez, où Laurent revêtait son premier maillot jaune.

Première participation, première victoire : Fignon rejoignait ses plus glorieux aînés, Fausto Coppi, Hugo Koblet, Jacques Anquetil, Eddy Merckx et... Bernard Hinault, encore lui ! Celui-ci quitta Guimard pour Bernard Tapie et l'équipe La Vie Claire et devint l'adversaire de Laurent en 1984 avec le résultat que vous savez.

L'année suivante, après le genou d'Hinault, c'est le tendon de Fignon qui céda. Bernard remporta son cinquième Tour avec l'aide de Greg LeMond, qui venait à son tour de changer de camp et, en 1986, il renvoya l'ascenseur à l'Américain, alors que Laurent, malade, abandonna dans les Pyrénées. Il abandonnera encore dans les Alpes en 1988, après s'être contenté d'une modeste 7e place en 1987. Bronchites et sinusites ont eu raison de ses ambitions hégémoniques. Un furoncle « mal placé » le fera entrer dans la légende en 1989, quand il perdit le Tour le dernier jour pour huit petites secondes, le plus mince écart de toute l'histoire de l'épreuve ! Il pédalait de travers dans la dernière étape contre la montre vers les Champs-Élysées, alors que son bourreau, LeMond, utilisait un vélo avant-gardiste plus aérodynamique.
Quand il s'est arrêté de courir en 1993, après une dernière victoire au Tour du Mexique et une ultime course à Plouay, je venais de lancer Eurosport et je l'ai engagé comme consultant en langue française, aux côtés de Rudi Altig en allemand, Joop Zoetemelk en néerlandais et Stephen Roche dans un sabir « anglo-franco-irlandais »... J'étais assez fier de mon casting !

Miné par un cancer, il a courageusement commenté son dernier Tour en juillet 2010. Un mois avant son ultime abandon, à deux jours de son 50e anniversaire. Sur un dernier coup d'éclat, la sortie de son autobiographie à succès *Nous étions jeunes et insouciants* (Grasset).

TOUR DE FÊTE DANS LA ROUE DE FIGNON

PATRICK LEMOINE

Le 5 juillet 1984, le champion français s'impose dans l'étape contre la montre Alençon-Le Mans, reléguant Sean Kelly à 16 secondes et Bernard Hinault à 49 secondes. Il confirmera dans les Alpes et remportera son 2e Tour de France. Un reporter de* L'Équipe Magazine *l'a suivi au jour le jour, recueillant ses confidences.

Quinze mètres après la ligne d'arrivée, vingt tout au plus, un mur de photographes, radio-reporters, cameramen, journalistes s'est dressé sur la chaussée. Laurent Fignon s'y serait fracassé ce jeudi 5 juillet 1984 s'il n'avait bloqué ses freins. Une fois stoppé, le vainqueur du Tour précédent est englouti, malaxé, broyé par une meute où ça frotte à l'excès. Tel micro veut le premier mot, tel objectif le meilleur cliché, tel stylo une sensation à chaud.

Après 67 km d'un contre-la-montre sous le soleil entre Alençon et Le Mans, le tout récent champion de France ne s'appartient plus. Il n'a surtout plus le mètre carré nécessaire lui permettant de descendre de vélo et de respirer un peu. Victorieux quatre jours auparavant de l'étape se terminant à Louvroil dans le département du Nord, Marc Madiot m'avait assez bien résumé la situation : « Lorsque tu gagnes, l'émotion te prend une dizaine de mètres avant la ligne et ça dure deux ou trois secondes ensuite. Après c'est la cohue. Tu n'es plus maître de rien. » Alors, quand une caméra manque de lui cogner le visage, Fignon s'emporte : « Soyez corrects, merde ! Moi je suis d'accord pour bosser avec vous. Mais attendez tout de même une minute. »

De minutes, il y a en a, quoi ? deux, trois, pas plus, après qu'il a terminé son étape en solitaire, et nous voulons déjà tous savoir s'il est « content d'avoir gagné ». Car bien que n'étant pas le dernier à arriver, puisqu'il ne porte pas le maillot jaune, il a gagné, c'est sûr. Son temps l'affirme !

En 1984 j'étais reporter à *L'Équipe Magazine* et détaché, le temps du Tour de France, pour donner un coup de plume à la rubrique cyclisme du quotidien, comme cela se faisait à l'occasion des grands événements. Jean-Marie Leblanc, rédacteur en chef adjoint du journal et patron de ce service, m'avait demandé de pister chaque soir le vainqueur de l'étape ou le nouveau leader au classement général, afin de rédiger un article tenant la route. C'est-à-dire écrire un « papier » tournant autour de « quatre ou cinq feuillets », une distance courante à l'époque, soit environ deux fois plus que les 3 000 ou 3 200 signes exigés aujourd'hui pour le même exercice.

Pour cela, il fallait donc, selon le jargon de la profession, « avoir des biscuits ». Et trouver autant de combines permettant de remplir le carnet de notes, d'autant qu'aucune conférence de presse formelle n'était alors dans les habitudes de la maison. En clair, il fallait s'affranchir de plusieurs interdictions empêchant de fourrer son nez un peu partout. Pas question, ainsi, de forcer la porte de l'Algeco, dans lequel les coureurs à l'honneur se frictionnaient le torse à l'eau de Cologne, avant de se changer pour être présentables en recevant les bouquets sur le podium. Ni de squatter la tribune dite « de l'Eurovision », point de passage obligé des héros du jour, deux étages démontables édifiés après la ligne d'arrivée où s'installaient les commentateurs. Enfin, ce que l'on nommait la « caravane pipi », incontournable elle aussi pour les premiers de la classe convoqués au contrôle antidopage, n'était pas non plus approchable.

Laurent Fignon, double vainqueur du Tour en 1983 et 1984, ici avec Charly Mottet dans l'étape Montpellier-Marseille en 1989.

ET GREG LEMOND M'OFFRE SON MAILLOT DE CHAMPION DU MONDE...

C'est pourtant dans ce véhicule qu'au Mans j'ai longuement « opéré » Laurent. Dans ce qui était bel et bien une caravane, plutôt d'un petit modèle, pareille en somme à celles stationnant dans les campings. Toute juste aménagée en conséquence. Deux cabines fermant de l'intérieur, un lavabo, un frigo, une table minuscule, derrière laquelle se tenaient le médecin et une infirmière, et un petit banc où s'asseyaient les impétrants en attendant leur tour. La « roulotte », garée loin de l'effervescence, était au calme. On pouvait y discuter en paix. Et la « sécurité », assurée par des bénévoles engagés par l'organisateur, fermait les yeux lorsque je venais rôder. Elle était bonne mère. Et les coursiers, des types qui savaient vivre...

Quatre mois plus tôt, par exemple, j'avais appelé chez lui Greg LeMond, champion du monde en titre, pour réaliser un long entretien à publier dans le *Mag*. Il avait lui-même décroché et m'avait reçu quelques jours après dans la sobre maison qu'il louait, le temps de la saison, près de Courtrai en Belgique.

C'était un lundi, jour de lessive, et deux tuniques arc-en-ciel séchaient sur un fil dans le jardin. Aucun de ce genre de maillots, pas plus que ceux d'une équipe nationale de foot ou de rugby, n'était alors commercialisé. Comme je lui disais mon rêve depuis l'enfance d'en posséder un, il m'avait offert l'un des deux. Jamais auparavant je n'avais rencontré ce garçon...

Mon chemin n'avait jamais non plus côtoyé celui de Robert Chapatte avant ce mois de juillet 1984. Et pour cause. Patron du service des sports d'Antenne 2, c'était un géant du métier. Il était aussi, à la radio et à la télévision, la grande « voix du cyclisme » depuis plus de deux décennies, admirée et respectée par tous.

Laurent Fignon en maillot jaune sur le Tour 1984.

Or, il m'avait vite eu à la bonne. Les jours où aucune échappée n'avait choisi de mettre le feu, la voiture de *L'Équipe* conduite par Christian Boulnois, que je partageais avec Patrick Chêne, prenait le large sitôt la course « lancée » pour filer au « kilomètre 92 » du parcours où le conseil général des Hauts-de-Seine avait installé un buffet, sur lequel cochonnailles, fromages et pinards du coin régalaient les journalistes. Parfois jusqu'à plus soif… J'y retrouvais souvent Robert Chapatte, Jacques Anquetil, son consultant, et Raphaël Géminiani, leur… chauffeur et dévoué ange gardien. Et je les écoutais…

« Quand, après être revenu, il a attaqué, je me suis marré… »

À La Léchère-en-Chartreuse, un gros village posé à 1 200 m au-dessus de Grenoble, c'est planqué derrière eux, tous près d'autres papes du direct, Adriano De Zan de la RAI, Théo Mathy de la RTBF ou encore Fred De Bruyne, son confrère flamand, que j'ai suivi l'ascension victorieuse de Laurent Fignon sur les 22 km du contre-la-montre en côte. Griffonnant sur mon calepin tout ce qui nourrirait plus tard ma copie : cette remarque de « Gem' » notant qu'il « y a[vait] à la fois du Gaul et du Bahamontes » dans l'époustouflant « Lucho » Herrera, la fine analyse de « Maître Jacques » quant au style de Fignon, mais aussi cette pointe de tristesse dans la voix de Robert constatant que « le Tour [était] joué, [qu'] Hinault ne le gagner[ait] pas ».

Ce que me confirma Laurent le lendemain dans sa chambre, deux heures après avoir enfilé le maillot jaune à l'Alpe-d'Huez. Allongé, en T-shirt et caleçon, il parla doucement. Fermement aussi. Assis sur l'autre lit, Pascal Jules, « Julot » son pote, vainqueur à Nantes – aujourd'hui décédé, lui aussi –, écoutait tomber ses vérités.

Hinault ? « Quand après être revenu sur "Lucho" et moi dans la vallée, il a attaqué au pied de l'Alpe, je me suis marré. Véridique. Lorsque tu te fais larguer, la moindre des choses, c'est de te rebecter quand tu rentres […]. Tactiquement, je suis plus fort que lui […]. Je n'ai pas de pitié, pas par méchanceté mais parce que je tiens à ma place. » Le retour vers Paris ? « Je sais que je ne casserai pas […]. Que je n'aurai pas de jour sans. » Un deuxième Tour d'affilée ? « Je crois qu'il n'y a que le premier qui reste gravé pour la vie. Comme on se souvient toujours du prénom de sa première femme… »
Quarante-cinq minutes partagées. Sans chichi ni cachotterie. Juste pour dire les choses telles qu'il les ressentait. Une sorte de confession, au fond. Ce qui ne tombait pas si mal. À l'Alpe d'Huez, c'est l'église qui, en ces temps reculés, était réquisitionnée pour faire office de salle de presse…

BERNARD THÉVENET, LA SIMPLICITÉ DES GRANDS

JEAN-LUC GATELLIER

Double vainqueur du Tour en 1975 et 1977, « Nanar » est le premier coureur à battre Eddy Merckx dans cette épreuve. Par pudeur naturelle et par respect pour le Cannibale, il en est fier mais ne s'en vante pas. Fils d'agriculteurs, il n'est pas destiné à devenir un grand champion cycliste. Avec patience et ténacité, il finit par participer à 45 Grandes boucles, 11 comme coureur, 34 comme suiveur.

Allongé sur l'herbe d'un camping de Cayeux-sur-Mer, face à la Manche, je réglais fébrilement sur RTL l'objet le plus important de mes après-midi de juillet : un petit transistor. Ce 13 juillet 1975, Bernard Thévenet réalisait l'impensable : il rattrapait Eddy Merckx dans la montée de Pra-Loup et le distançait. Le Cannibale continuait à me faire peur, presque autant qu'au leader de l'équipe Peugeot-BP. Le lendemain, mon cœur boxait ma poitrine dès que la voix de Guy Kédia occupait l'antenne, exalté pour chaque seconde arrachée sur les pentes du col de l'Izoard par Thévenet à Merckx.

En 1978, l'année suivant son second succès, j'aperçus Thévenet dans le peloton traversant ma petite ville de Beaumont-sur-Oise. Son visage creusé était charbonneux comme le ciel de crachin ce jour-là. Même fugace, l'impression ne trompait pas : il abandonna dix jours plus tard dans les premiers lacets du col du Tourmalet, où tout avait commencé pour lui en 1970 à La Mongie, lorsque l'« appelé de la dernière minute » montra quel grimpeur il était déjà. Je fis concrètement sa connaissance lors du Tour 1988.
Il n'était plus coureur, sortait d'une courte expérience de directeur sportif et Jean-Pierre Danguillaume, son complice chez Peugeot – neuf Tours consécutifs ensemble –, lui avait trouvé un boulot saisonnier de relations publiques pour la marque Coca-Cola.

Bernard Thévenet suivi par Joop Zoetemelk dans le tour 1975.

Bernard retrouva vite la place qui était la sienne, aux premières loges de la course, en occupant le fauteuil de consultant pour France Télévisions pendant dix ans.

En 2003, alors qu'il partageait les commentaires du direct avec Christian Prudhomme, il vécut un moment émouvant et inoubliable pour lui. La course passait à Saint-Julien-de-Civry, en Saône-et-Loire, dans le hameau du Guidon, un nom prédestiné, où il avait grandi auprès de ses parents agriculteurs, Alice et Henri.

Ce père vers lequel il s'était tourné, les yeux embués, deux ans plus tôt, après avoir été distingué : « Papa, moi j'ai gagné le Tour de France, j'ai la Légion d'honneur. Toi, tu as été maquisard, tu as risqué ta vie pour ton pays, mais tu n'as rien eu. Cette Légion d'honneur est à toi. »
Le Guidon. C'est là, à 13 ans, que l'enfant de chœur vit pour la première fois le Tour en 1961. Il en garde un souvenir poétique. « Le curé avait avancé l'heure de la messe pour que nous puissions assister au passage des coureurs. Le soleil faisait briller les cale-pieds argentés et le chrome des fourches. Je rêvais déjà d'être coureur cycliste et cette vision magique m'avait définitivement convaincu. »

Tout au début, ses parents comprenaient mal qu'on puisse délaisser les travaux de la ferme pour enfourcher une bicyclette. Lorsque Louis Richerot, P-DG du *Dauphiné libéré*, pour le premier sacre de leur fils sur les Champs-Élysées, leur proposa de se rendre à Paris à bord du bimoteur du quotidien régional – ils n'avaient encore jamais pris l'avion –, le père avait accepté à une condition : être de retour le soir même à la ferme, car la traite des vaches n'attend pas ! Simplicité et ténacité sont les mamelles de son éducation.
Bienveillant pour chacun, sans distinction, aussi à l'aise avec un ministre sous les ors de la République qu'avec un cyclotouriste croisé à la Semaine fédérale, il reconnaît : « Je n'ai jamais été méchant, on ne change pas son caractère », comme s'il n'y était pour rien. « Un grand coureur et un seigneur », ajoute Jean-Pierre Danguillaume.
On ne l'a jamais entendu dire du mal de quelqu'un, encore moins d'un ancien adversaire. Bien sûr, il est fier d'avoir été le premier à battre le grand Merckx dans le Tour, mais sans jamais le crier sur le toit des Alpes. Par pudeur naturelle et « par respect » pour son prestigieux rival, il ne lui a jamais parlé du Tour 1975. « On a bien d'autres souvenirs communs, pas besoin de remuer le couteau dans la plaie, glisse-t-il. Les gens me parlent toujours de Pra-Loup, mais c'est dans l'Izoard que j'ai définitivement distancé Merckx, même si avec Eddy il fallait se méfier jusqu'au bout ! Quand le Tour est arrivé dans l'Izoard en 2017, je me suis revu sur la route, bien qu'elle ait beaucoup changé entre les sapins après Brunissart – où la pente se raidit brutalement : elle était deux fois moins large. Et cette Casse déserte ! » Bernard était ravi d'y retourner pour son 45e Tour. « J'y ai fait presque tous les métiers : coureur, directeur sportif, caravanier, consultant, organisateur… »
En janvier 2018, les anciens membres de l'équipe Peugeot – « Damiers » pour la vie ! –, ceux des joies et des souffrances, des rires et des engueulades, entouraient leur Nanar pour le 70e anniversaire du double vainqueur du Tour de France.

JOOP ZOETEMELK À L'OMBRE DES GÉANTS

DANIEL PAUTRAT

Vainqueur d'un seul Tour de France, en 1980, mais six fois 2ᵉ de l'épreuve, le Néerlandais est le vrai « éternel second » de la Grande boucle. S'il n'avait affronté successivement Eddy Merckx et Bernard Hinault, il aurait sans doute signé le plus beau des palmarès, qui compte pas moins de 428 victoires toutes courses confondues. Champion olympique à 21 ans, il devient champion du monde à 40 ans. Avec 16 participations, il est le seul coureur à avoir terminé tous ses Tours.

Joop Zoetemelk et Bernard Hinault dans l'étape Metz-ballon d'Alsace en 1979.

Raymond Poulidor rêve du jour – il me l'a souvent dit – où une antonomase du *Petit Larousse* fera de son patronyme un nom commun et où l'on parlera d'un « poulidor » – sans majuscule – pour évoquer un éternel second, un deuxième, un perdant, comme on dit un triple salchow, un double Ricard ou un simple Opinel ! Mais dans la légende du Tour de France, le vrai « poulidor » reste Joop Zoetemelk : si le Limousin a terminé trois fois 2ᵉ de l'épreuve, le Néerlandais de Germigny-l'Évêque (Seine-et-Marne), lui, a occupé cette place à six reprises !

Imaginez un peu son palmarès s'il n'était pas tombé sur deux phénomènes, Eddy Merckx et Bernard Hinault : il aurait peut-être gagné sept ou huit Tours et on l'encenserait aujourd'hui… alors que l'on se contente de rappeler que sa seule victoire est due au nez de Cléopâtre, je veux dire au fameux genou récalcitrant d'Hinault en 1980. Sans compter que sa grave chute avec fracture du rocher au Midi libre en 1974, alors qu'il venait d'arriver dans l'équipe GAN-Mercier de Poulidor et qu'il avait dominé toutes les courses par étapes du début de saison – Paris-Nice (devant Merckx), Tour de Romandie, Semaine catalane (devant Merckx) –, l'a peut-être empêché d'être le premier à mettre fin au règne du Cannibale qui n'était pas invincible cette année-là.
Il n'est même pas le premier Néerlandais maillot jaune, car Jan Janssen l'a précédé en 1968. Avec 16 participations, il fait mieux que Voeckler (15), Poulidor, Darrigade, Van Impe et Deloffre (14) et, s'il est devancé par Hincapie, O'Grady, Voigt et Chavanel (17), il est le seul coureur à avoir terminé tous ses Tours !

Je me suis amusé à attribuer dix points, neuf, huit, sept… et un point aux dix premiers coureurs de toutes les Grandes boucles depuis 1903. Savez-vous qui arrive en première position ? M. Zoetemelk avec 94 points, nettement devant Poulidor (76), Van Impe (70), Hinault (68), Garrigou (66), Merckx (64) et Anquetil (58). Joop ! Joop ! Joop ! Hourra !!!

Tout cela ne trouble pas sa sérénité ni son doux regard – Zoetemelk se traduit par « lait sucré » –, comparables à ceux de Poulidor – avec majuscule : « Quand j'ai commencé à courir, je n'imaginais pas que je pourrais porter un jour le maillot jaune. Et puis j'ai gagné le Tour, la Vuelta, Paris-Nice, la Flèche wallonne, l'Amstel Gold Race, Paris-Tours et j'ai fini champion du monde à près de 40 ans, après avoir été champion olympique par équipes à Mexico en 1968 à 21 ans. Je n'ai pas à me plaindre ! »

10 ans de Merckx + 10 ans d'Hinault = 20 ans de Zoetemelk

Après le décès de sa femme Françoise en 2008, Zoetemelk est resté à Germigny et il a refait sa vie avec une autre Française, Dany, mais il parle toujours français avec son drôle d'accent. Comme tous les Néerlandais, il était doué pour le patinage de vitesse mais il a choisi le vélo. Il continue à pédaler régulièrement sur les routes de Seine-et-Marne et son besoin de se dépenser l'amène aussi à faire des footings régulièrement. Il a même participé au Marathon de Paris en 2010 avec son fils Karl. Il pesait 68 kg quand il courait, il ne dépasse pas les 72 aujourd'hui.
Je l'avais engagé comme consultant à Eurosport en 1991 en langue néerlandaise aux côtés de Laurent Fignon, Rudy Altig et Stephen Roche. Mais, contrairement à ses trois amis, il n'est pas resté longtemps : il préférait continuer à pratiquer son sport plutôt que le commenter.

En s'installant en France, Zoetemelk n'a pas bénéficié dans son pays de la notoriété qui aurait dû lui permettre d'être aussi populaire que les deux idoles du sport batave, le patineur Ard Schenk et le footballeur Johan Cruyff.

Et quelle est son idole à lui, Joop ? « Le coureur qui m'a le plus impressionné est Bernard Hinault. Bien sûr le palmarès de Merckx est exceptionnel, il voulait tout gagner tous les jours. Hinault était moins gourmand, mais quand il disait je vais gagner, personne ne pouvait s'y opposer. Il avait un sacré caractère et une volonté incroyable ! »
Bernard Hinault m'a souvent répété qu'il regrettait de n'avoir pas pu se mesurer à Merckx. « Il a deux jambes comme moi, on se serait bien amusés ! » Finalement Joop Zoetemelk est heureux d'avoir eu le privilège de les affronter tous les deux : dix ans de Merckx plus dix ans d'Hinault, cela fait vingt ans de Zoetemelk dans l'histoire du vélo !

« LUCHO » HERRERA SAUVÉ PAR LE TOUR

GUY ROGER

Meilleur grimpeur du Tour durant les années 1980, le Colombien est enlevé par des guérilleros des FARC en mars 2000, mais libéré vingt-quatre heures plus tard grâce à sa notoriété en Amérique latine… et à l'admiration de l'un de ses geôliers, supporter inconditionnel de ce mythe vivant du cyclisme !

La Colombie ne produit pas tant de héros sportifs que cela. Au cours du demi-siècle dernier, on en dénombre deux : Carlos Valderrama, footballeur, ancien capitaine de l'équipe nationale, pied droit de virtuose, issu du misérable quartier de Barranquilla, sur la côte atlantique ; et Luis Alberto Herrera, surnommé « Lucho », cycliste devenu le meilleur grimpeur du monde au cours des années 1980. Dix-huit ans après la fin de sa carrière, achevée en 1992, le grand coureur a été enlevé par les guérilleros des FARC. Il peut se vanter d'être le seul otage à avoir été libéré, sous la pression populaire, 24 heures plus tard. Aujourd'hui, il est convaincu que, sans ses prestigieuses victoires dans le Tour de France, son sort aurait été différent : « Il y en a tellement, des riches et des célèbres, qui ne sont jamais revenus… »

À chacune de mes visites, pendant et après sa carrière, le Tour accaparait longuement nos échanges. Herrera n'est pas peu fier de me révéler un jour que son maillot à pois de meilleur grimpeur en 1985, le premier remporté par un coureur colombien, est « accroché dans le bureau du président de la République, entre un tableau du Greco et un de Botero ».

Forcément le nom de Bernard Hinault, à qui il voue une grande admiration, revient souvent, même si les premiers contacts entre ces deux champions furent un peu vifs, durant le Tour de cette année-là : « Au début de l'ascension d'Avoriaz, nous étions échappés tous les deux et il a voulu m'intimider. "Je vais gagner là-haut !" me lance Hinault en italien. Je lui ai répondu par un démarrage. Quand il est revenu dans ma roue, il m'a dit : "T'as pas compris ? " J'ai redémarré et, 200 m plus loin, il m'a confié : "Bon, ça va, on monte à deux." J'ai remporté l'étape et, lui, il a augmenté son avance sur Greg LeMond au classement général. »
Est-ce une coïncidence ? Mais, par amour de la nature et de la liberté, Lucho et le Blaireau ont choisi de se reconvertir dans le métier d'éleveur. Celui que l'on surnommait à ses débuts « le *Jardinerito* », parce que jeune il travaillait dans des pépinières, a agrandi, année après année, son cheptel pour être aujourd'hui un prospère *gentleman-farmer* qui possède plus de 200 têtes de bétail, deux fermes, des dizaines d'hectares de cultures, mais aussi deux motels et, depuis peu, un nouvel hôtel-restaurant, baptisé Los Alpes, évidemment.

UN DE SES GEÔLIERS EST SON PLUS FERVENT ADMIRATEUR

C'est au moment où sa nouvelle vie a commencé à prendre un peu d'envergure que le drame s'est produit. Le 4 mars 2000, un samedi en fin de matinée, il rend visite à ses parents à la ferme de La Aguadita, où il a grandi. « On parlait de la pluie et du beau temps quand des types ont fait irruption dans la cuisine. Ils étaient armés et j'ai compris tout de suite. Ils m'ont réclamé une grosse somme d'argent au nom de l'armée révolutionnaire. Comme si on pouvait cacher des milliers de dollars dans un placard ! » s'exclame-t-il. Lentement, il continue d'exhumer d'autres détails : « Ma mère finissait de faire le café. Elle a saisi le téléphone, mais ils le lui ont arraché et m'ont poussé dehors, un fusil dans le dos, vers un 4x4. On a dû rouler une demi-heure en direction de la montagne. Celle qu'on voit là-bas, au fond. »
La cordillère des Andes et ses pitons violacés, en forme de mâchoire de requin, émergent des nuages gorgés de pluie. Au pied, la forêt, couleur vert épinard, camoufle des kilomètres et des kilomètres de pistes épineuses, impénétrables, inaccessibles, sauf pour les FARC. Le paysage est titanesque. Maintes fois, Herrera l'a trouvé d'une beauté absolue.

« Mais là, ironise-t-il, je ne suis pas là pour contempler le paysage. J'avance les yeux bandés. Dans ma tête, j'ai repensé à cette interview, parue un mois auparavant, où l'on énumérait tout ce que je possédais. C'est sûr, je me dis, ils m'ont pris pour Crésus ! » Sa pire crainte dans l'immédiat ? « Tomber sur une patrouille partie à ma recherche et être pris entre deux feux. »

Bientôt, dans le pays, on ne parle plus que de cela. L'enlèvement de Luis Herrera fait l'ouverture de tous les journaux radio et télévisés. Le doute et la peur transpirent parmi tous les commentaires. Dans cette zone, la faction commandée par le commandant Negro Antonio, équipée d'un système de communication haut de gamme – radars, radio-téléphones par satellite, beepers –, est très difficile à déjouer.
Mais, au sein de la petite colonne qui le retient prisonnier, Lucho découvre alors, avec stupéfaction, qu'un de ses geôliers est son plus fervent admirateur. « Et en marchant, le voilà qui commence à me poser des questions sur le Tour de France, l'Alpe-d'Huez, les cols, les braquets. Comme si on était là pour ça ! »

Au terme de leur randonnée, Herrera est enfermé dans un cabanon. « De là, j'entendais mes ravisseurs qui discutaient. Au bout d'une heure, leur chef est venu m'ouvrir et m'a dit : "Tu es libre. Tu peux partir." Je crois qu'ils avaient réalisé qu'ils s'étaient trompés. J'ai préféré me reposer. On a reparlé encore vélo, j'ai dormi un peu et, au petit matin, j'ai appelé mon frère Rafael pour lui annoncer la nouvelle. Je sais que certains se sont posé la question, mais je n'ai jamais versé de rançon. »
Revenu au milieu des siens, Lucho a repris sa vie paisible et tranquille, comme avant, sans garde du corps. « Pourquoi ? feint-il de s'étonner. Ici, je suis chez moi, je ne risque rien. »

ÉQUIPIERS

Philippe Bouvet, la voix de Radio Tour

PHILIPPE BOUVET

Comme d'autres journalistes de* L'Équipe *avant lui, Philippe Bouvet a été le spectateur privilégié du Tour pendant onze ans, celui qui tient le micro et renseigne les officiels, les journalistes et surtout les directeurs techniques de l'évolution de la course, de la composition des groupes de coureurs et des écarts de temps entre eux. Toujours aux premières loges, il a vécu en direct les moments les plus cocasses et les plus dramatiques de la Grande boucle.

J'ai eu ce privilège inouï d'être sur le Tour, onze années durant, le spectateur du premier rang. À la place du passager de la voiture n° 1 de la direction de course, aux côtés de Robert Lelangue, ancien directeur sportif d'Eddy Merckx, puis d'Augustin Corteggiani, autrefois champion de France amateur, qui n'étaient pas de simples chauffeurs mais des as du volant – la nuance est essentielle quand on suit les coureurs d'aussi près, surtout dans les descentes de col... Derrière moi se trouvait le président du jury des commissaires et, sur la gauche de la banquette arrière, le directeur de la course – Xavier Louy en 1988, Jean-Marie Leblanc les années suivantes et enfin Jean-François Pescheux quand il eut pris assez de grade. Une sorte de « PC » mobile situé immédiatement derrière le gros peloton en plaine, ou le groupe principal en montagne. Bref, au cœur de l'action.
Je m'inscrivais alors dans une longue tradition qui voulait que l'un des membres de la rubrique cyclisme de *L'Équipe*, sans préjudice au détriment de son travail de reportage, tienne le micro de Radio Tour, ce canal interne qui abreuve en continu les différentes familles de suiveurs : officiels, journalistes souvent éloignés du cœur de l'événement et auxquels il s'agit de faire « vivre » la course. Et surtout, il s'agit d'informer en temps réel les directeurs sportifs afin qu'ils puissent adapter leur stratégie selon la composition des groupes et l'évolution des écarts communiqués en permanence.

C'est pourquoi, il s'agit de ne pas céder au style du radio-reportage et d'adopter un ton relativement neutre, même si nos intonations réveillent la caravane quand surviennent des incidents : « Castorama, un coureur arrêté sur la droite de la route, roue arrière ! » ; ou bien le soudain : « Attention, chute ! »

Pour avoir déjà occupé ce poste sur de nombreuses classiques, je succédai ainsi à mes aînés, Jacques Marchand, Robert Silva, Noël Couëdel et Jean-Marie Leblanc, qui me passa le relais en 1988, peu avant de quitter le journal pour accéder à la direction du Tour.
Les propos prononcés dans l'habitacle de cette voiture ne devaient pas en sortir et il était tacite qu'il fallait faire la part des choses entre le rôle de journaliste et celui de témoin privilégié. Je permis juste, une fois ou deux, au journal de se tenir en alerte, sans pour autant que *L'Équipe* prenne une longueur d'avance sur l'information, ce qui aurait constitué à mes yeux un « délit d'initié ».

ET SOUDAIN, LE CORPS RECROQUEVILLÉ DE FABIO CASARTELLI...

Me revient à l'esprit cette scène surréaliste, tellement révélatrice d'une époque : nous attendions, moteur déjà en marche, que le peloton s'élance sur la ligne de départ en Andorre, lorsque le Colombien Nelson Rodriguez, fouillant dans ses poches à la recherche d'un petit encas, fit tomber... une seringue qui roula tout doucement pour venir s'échouer contre notre pneu avant. Un grand moment de solitude pour le coureur tout penaud. Avant que Lelangue ne mette fin au malaise en ramassant l'objet du délit et en le restituant, magnanime, glisse à son propriétaire : « Tiens, on a été coureur ! »
Nous ne connaissions pas encore l'usage de l'EPO, mais je sentis une forte gêne quand je vis en 1996 le Danois Bjarne Riis monter vers la station d'Hautacam en grand plateau et me demander par la fenêtre ouverte et sans aucun signe d'essoufflement : « Combien ? », à propos des écarts qu'il était en train de creuser.

Il y eut des moments chauds. Notre voiture eut ainsi du mal à suivre Miguel Indurain, particulièrement pressé, qui reprit une minute à Tony Rominger entre le sommet du Tourmalet et Barèges. Notre compteur affichait 100 km à l'heure, tandis que le châssis de la bagnole raclait la route à chaque cahot.

Des drames aussi. En 1995, au détour de ce virage du Portet-d'Aspet, je vois le Belge Johan Museeuw qui se relève d'une chute et, soudain derrière lui, le corps de l'Italien Fabio Casartelli, recroquevillé comme un fœtus, avec ce pressentiment que c'est grave, très grave, peut-être même que tout est déjà fini... J'ai aussi ressenti des frissons en suivant le sillage du peloton qui remonte et descend les Champs-Élysées comme s'ils n'appartiennent qu'à vous. Bref, malgré quelques étapes lancinantes où il fallut contenir une irrépressible envie de pisser autre chose que de la copie, ce fut d'incomparables émotions.
Je connus enfin jusqu'à la haine. Au Tour 1998, je croisai le regard féroce d'un grand-père pourtant bien ordinaire, tenant son petit-fils par la main, qui cognait de toutes ses forces sur notre voiture parce que les organisateurs avaient flanqué Richard Virenque à la porte !
L'année suivante, l'ineffable Manolo Saiz, patron de l'équipe Once, vint se plaindre auprès de Leblanc qu'un journaliste « partisan » – partisan d'un cyclisme assaini, oui – tienne le micro de Radio Tour. Aussitôt, je remis ma démission au patron du Tour, qui l'accepta. Je fus ainsi le dernier journaliste de *L'Équipe* à occuper la fonction qui revient désormais à un indépendant. À aucun prix, il n'aurait fallu permettre aux mauvais esprits de croire au mélange des genres.

LES PASSAGES À NIVEAU

Rien n'arrête le peloton et la caravane du Tour de France, sinon les passages à niveau. Depuis plus de cent ans, ils bloquent les coureurs à l'arrivée des trains mais n'empêchent pas les plus intrépides de franchir les barrières, même fermées, à leurs risques et périls. Ces obstacles ont souvent coupé la course et permis à certains coureurs opportunistes de se lancer dans une échappée.

1 - *Alois Catteau franchit un passage à niveau à Pont-l'Evêque dans l'étape Caen-Paris en 1908.*

2 - *Des concurrents impatients passant sous la barrière dans l'étape Rouen-Rennes en 1959.*

3 - *Les coureurs bloqués par l'arrivée d'une locomotive dans l'étape Metz-Dunkerque en 1925.*

4 - *Des coursiers intrépides à cheval sur une barrière à Mège dans l'étape Toulouse-Bayonne en 1939.*

5 - *Passage en force des voitures de la caravane dans l'étape Bayonne-Pau en 1956.*

6 - *Les coureurs à l'arrêt en attendant le passage d'un train en 1965.*

7 - *Traversée d'un passage à niveau à Écueillé dans l'étape Tours-Saint-Amand-Montrond en 2013.*

8 - *Michael Gogl et Alberto Contador retenus par la police dans l'étape Pau-Peyragues en 2017.*

9 - *La caravane à l'arrêt dans l'étape Liège-Seraing en Belgique en 2012.*

10 - *Les coureurs bloqués au départ de l'étape le Cap-d'Agde-Perpignan en 2009.*

11 - *Traversée d'un passage à niveau par le peloton à Arcalis dans l'étape Luchon-Andorre en 1997.*

PIERRE CHANY, LE JOURNALISME DANS LE SANG

JACQUES AUGENDRE

Pendant un demi-siècle, ce surdoué de l'écriture raconte l'épopée du Tour de France, principalement dans les colonnes de* L'Équipe*. Forçat de la plume au style coloré et vigoureux, il est embauché par Jacques Goddet dans des circonstances étonnantes. Tous deux hommes de fort caractère, leur collaboration est parfois orageuse mais toujours respectueuse. « Le Vieux Playboy » est le seul journaliste qui a suivi 49 Tours d'affilée de 1947 à 1995.

« La vie de Pierre Chany est un roman », affirme Jacques Marchand, son ami de toujours. Pendant un demi-siècle, ce journaliste surdoué a raconté l'épopée sportive, le Tour de France en particulier, en mêlant savamment passion et réalisme. Son style expressif, ses images percutantes, son sens de l'accroche et de la chute méritent d'être cités en exemple dans les écoles de journalisme qu'il n'a jamais fréquentées. Pour tout bagage, il ne possédait que le certificat d'études.

Né le 16 décembre 1922 à Langeac (Haute-Loire), au cœur de l'Auvergne profonde, le petit Pierre est élevé à la dure. Ses premières joies, ses premières émotions, il les puise dans la chasse et la lecture du *Miroir des sports* qui relate les exploits d'Antonin Magne, son idole. Il pratique différents métiers – serrurier, facteur rural – avant de découvrir l'univers journalistique. Mordu de vélo, compétiteur le dimanche, il s'illustre sur les routes rugueuses du Gévaudan, au temps de l'Occupation, mais quitte les pelotons pour rallier le maquis où il se comporte en héros.

Au lendemain de la Libération, le jeune Pierre, alors âgé de 22 ans, rencontre Albert Baker d'Isy, un ancien reporter de* Paris-Soir*, qui lui ouvre les portes de la presse. Il travaille d'abord à* Ce soir *et à* Sports*, mais c'est à* L'Équipe *qu'il va s'épanouir.

Il a le journalisme dans le sang et son destin doit s'accomplir. L'irruption de Chany au 10 de la rue du Faubourg-Montmartre, en 1953, fut un événement dans notre profession. Évoquons les circonstances de ce transfert inattendu.

En 1952, Chany couvre Bordeaux-Paris pour *Ce soir*. Il a 30 ans, il est dans la force de l'âge, soigne sa forme physique et gagne, entre deux reportages, le championnat cycliste des journalistes. Mais, dans la nuit qui précède la prise des entraîneurs, il va « pédaler utile ». Ce reporter de terrain, déguisé en coureur, s'introduit au cœur du peloton afin d'écrire un magazine d'ambiance original. Ayant identifié l'intrus, Jacques Goddet lui ordonne de regagner immédiatement sa voiture. Cependant, après l'arrivée au Parc des Princes, il lui dit : « Chany, le directeur de la course vous adresse un blâme, mais le journaliste vous félicite. » Superbe réaction, qui définit mieux qu'un long portrait la double personnalité du patron de *L'Équipe* et du Tour, partagé entre sa vocation journalistique et sa fonction d'organisateur. Selon Monsieur Jacques, le talent de Pierre Chany doit s'exprimer dans *L'Équipe* : il l'embauche aussitôt.

JACQUES GODDET S'EXCUSE SANS S'EXCUSER TOUT EN S'EXCUSANT...

Le patron et son nouveau collaborateur étant des hommes de caractère, leur cohabitation se révéla compliquée. Le premier Tour de France de Chany à *L'Équipe* en 1953 faillit être le dernier. Je me souviens du violent accrochage qui se produisit à propos de Roger Hassenforder. L'Alsacien s'était glissé dans une échappée qui creusa un écart de huit minutes : l'équivalent de son retard au classement général. À l'arrivée, Jacques Goddet avise Chany : « Restez à ses côtés. Ne le quittez pas. » Mais Pierre, emporté par un mouvement de foule qui renverse les barrières, perd un instant le contact. Grosse colère de Monsieur Jacques qui l'engueule : « C'est inadmissible ! Quand je donne un ordre, j'entends qu'il soit respecté. » Chany n'accepte ni la remontrance, ni le ton du boss, encore moins l'offense qui lui est faite en public : il menace de prendre le premier train pour Paris. Décontenancé par cette réaction brutale, Goddet lâche du lest, s'excuse sans s'excuser, tout en s'excusant : « Je suis spontané. Vous apprendrez à me connaître. » La réplique fuse : « Et réciproquement ! » Le lendemain, le patron semble avoir oublié l'incident. D'autant que « le suspense des huit minutes » est parfaitement traité.

Curieusement, sa relation orageuse avec le directeur du Tour préfigure celle qu'il va entretenir avec Jacques Anquetil. Le Normand et l'Auvergnat ne sympathisèrent pas immédiatement, c'est le moins qu'on puisse dire. Le jeune régional de Quincampoix s'étant offert une langouste mayonnaise et une fillette de muscadet en guise de petit déjeuner avant le départ d'un Grand Prix de Cannes, Pierre n'hésita pas à l'allumer dans les colonnes de *L'Équipe*.

Son commentaire ironique jeta un froid qui dura ... un certain temps. Mais en son for intérieur, Chany souhaitait renouer avec le champion rebelle et anticonformiste, qui préférait le foie gras aux carottes râpées et le kir au Vittel-cassis. Ils se réconcilièrent un soir, devant une bouteille de scotch.

Le Tour de France a également tissé une profonde amitié entre Pierre Chany et Marcel Bidot, directeur technique de l'équipe de France. Ce dernier suivait certaines étapes du Dauphiné libéré et du Midi libre, notamment, en compagnie de Pierre dans la voiture de *L'Équipe*, afin d'élaborer sa sélection définitive. D'aucuns ont insinué que l'équipe tricolore de Marcel Bidot était une équipe composée par Chany. Le directeur technique a démenti en précisant : « Nos idées se rejoignent. Nous sommes d'accord sur l'essentiel. »

La confection du « chapeau », c'est-à-dire l'article-leader de la rubrique, est un exercice complexe et stressant que Chany maîtrisait totalement. Imprégné de son sujet, fort de sa culture vélocipédique, il attaquait son papier avec la motivation du maillot jaune au départ d'un contre-la-montre. Je ne l'ai jamais vu sécher devant la page blanche, sauf une fois, lors d'un Tour en trompe-l'œil dont les invraisemblances déroutèrent l'opinion. « Tu y comprends quelque chose à cette course ? Moi, je n'y comprends rien », me dit-il au comble de la perplexité.

Il venait de froisser une demi-douzaine de feuillets à peine noircis. Et soudain, le déclic ! Le cinéphile qui pointait sous le cyclophile se remémora un film des années 1930 : *Pépé le Moko*, avec les dialogues étincelants d'Henri Jeanson et la savoureuse réplique de Jean Gabin : « Ce gars-là, c'est une pendule qui marque deux heures et qui en sonne quatre quand il est midi moins le quart. » Dans le premier paragraphe de son commentaire sur cette course étrange, il cita Gabin avant de mentionner le vainqueur du jour et jubila de

Pierre Chany sur une moto au cœur de la course.

parodier Jeanson : « Le classement général du Tour de France, c'est la pendule de *Pépé le Moko*. » Magnifique.

La plus belle réussite d'un autodidacte dans la presse sportive

Quand il avait terminé son article de *L'Équipe*, ce forçat de la plume n'était pas libéré pour autant. Il cumulait les collaborations extérieures et jonglait avec les pseudonymes. Jacques Périllat, Paul Parrot (*Miroir-Sprint*) et Pierre Dauvergne (*Paris-Presse*) s'appelaient en réalité Pierre Chany. Lequel entretenait de surcroît des correspondances étrangères. On le lisait à Lausanne et à Bogota. Il prenait néanmoins le temps de faire la fête et de se ressourcer en pêchant la truite dans les rivières du Velay et du Vivarais. Indépendamment de son grand ouvrage sur *La Fabuleuse Histoire du Tour de France*, Pierre Chany a aussi publié entre autres un *Arriva Coppi ou les Rendez-vous du cyclisme*, son titre le plus accompli à mon sens, et une fresque sobrement intitulée *Le Tour de France*, récompensée par le Grand Prix de littérature sportive, ainsi qu'un roman autobiographique nominé au prix Interallié, *Une longue échappée*.
Cet homme rare, qui a renouvelé la technique du compte-rendu, représente la plus belle réussite d'un autodidacte dans l'histoire de la presse sportive. C'est le seul journaliste qui a suivi 49 Tours de France d'affilée, de 1947 à 1995. On s'apprêtait à célébrer son jubilé, mais la fête orchestrée par Claude Sudres n'a pas eu lieu. Emporté par un mal sournois, Pierre nous a quittés à la veille du Tour 1996. J'ai sous les yeux le livre d'entretiens que Christophe Penot lui a consacré au crépuscule de sa vie, *L'Homme aux 50 Tours de France* (éditions Cristel, 1996).

Il se referme sur cette question : « Acceptez-vous qu'il ne reste rien de Pierre Chany ? » Sa réponse fuse : « Il en restera d'autant moins que je me ferai incinérer. Pourquoi voudriez-vous qu'il en reste quelque chose ? »

L'observateur le plus perspicace peut se tromper dans ses pronostics. Depuis trois décennies, le prix Pierre-Chany récompense chaque année le meilleur article de cyclisme. Pierre, qui habite nos mémoires, survit aussi sur ses terres : le stade de Langeac porte son nom. On l'appelait affectueusement « le Vieux Playboy », mais, à 60 ans, il était plus fringant que jamais. Que de fois nous nous sommes interrogés : qu'aurait-il pensé, le Vieux Playboy, des victoires récurrentes de Lance Armstrong et de Chris Froome ? Et des performances de Romain Bardet, l'enfant de Brioude, situé dans la région natale de Chany ?
« Meurs et deviens », disait Goethe.

ÉLIE WERMELINGER, LE TROISIÈME HOMME

MICHEL GODDET

Élie Wermelinger est embauché par Jacques Goddet et Félix Lévitan en 1948 pour prendre en charge la lourde organisation du Tour. Il en deviendra le commissaire général dix ans plus tard. Pour assurer cette logistique, il a l'idée de demander aux villes-étapes une contribution financière. Et pour médiatiser les régions traversées par la course, il rédige un petit topo touristique, historique et économique à l'usage des journalistes.

Élie Wermelinger avec Fausto Coppi à l'arrivée de la dernière étape Vichy-Paris en 1952.

Une fois la France libérée, le Tour 1947 a pu se dérouler sans gros problème sous la houlette de Jacques Goddet et Félix Lévitan, mais ils avaient besoin d'un organisateur à plein temps, qu'ils rencontrent en 1948. Licencié ès lettres, en droit, en histoire et en géographie, Élie Wermelinger avait été officier méhariste, mais avait aussi occupé un rôle important au sein de la Résistance en tant que colonel. Après la guerre, il fut nommé directeur du casino de Biarritz, mais cette situation ne cadrait pas avec le dynamisme et l'amour du sport de cet ancien champion de France universitaire d'athlétisme.

À l'époque, la caravane du Tour était moins garnie qu'aujourd'hui et les organisateurs devaient fournir beaucoup de services aux coureurs : les voitures techniques, les maillots des équipes tant nationales que régionales, le ravitaillement, les chambres d'hôtel, les repas dans les villes-étapes, ou encore l'assistance médicale…

Les moyens étaient limités, il fallait trouver des ressources. Une des premières missions de Wermelinger fut de demander aux villes-étapes une contribution financière que les hôteliers et les restaurateurs récupéreraient largement. Socialiste convaincu, Élie ne pouvait se voir refuser une aide des élus de gauche. Ancien résistant, il n'avait aucun mal à obtenir l'appui des gaullistes. Cela permit au Tour de limiter les pertes financières.
Élie Wermelinger connaissait la France sur le bout des doigts. Il pensait qu'outre l'intérêt que le public portait à la course, on pouvait l'initier à une meilleure connaissance des villes et des régions. Il rédigea donc pour chaque étape un petit topo touristique, historique et économique qu'il mit à la disposition des journalistes. Le radio-reporter Georges Briquet et l'écrivain Antoine Blondin puisaient souvent des informations dans « Le Petit Wermelinger » – c'est ainsi que l'ensemble des suiveurs avait baptisé ses chroniques.

Dans une Panhard, le bureau central ambulant de la course

La préparation du Tour de France par Élie ne se limitait pas seulement aux choix des villes traversées et des routes empruntées. Elle comprenait aussi toute l'organisation logistique dans les villes-étapes : les arrivées sur une avenue, un vélodrome ou même parfois une piste en cendrée, les emplacements réservés aux spectateurs, aux médias, aux véhicules suiveurs, la salle de permanence générale, la salle de presse, les affectations hôtelières, les stations-service aptes à ravitailler une caravane toujours impatiente. Il ne fallait pas non plus négliger les positionnements des podiums d'attractions, essentiels pour les populations locales à une époque où la télévision était encore balbutiante et diffusée en noir et blanc.

Stagiaire estival sur le Tour, j'ai eu le privilège non pas de suivre mais de précéder l'épreuve à six reprises avec Élie entre 1960 et 1966, sauf en 1963 où j'étais de service à la marine nationale.

Il venait d'être nommé commissaire général du Tour en 1958, après plusieurs années à cette fonction sans en avoir le titre. Son fidèle chauffeur Morvan, un ancien coureur cycliste, pilotait une Panhard PL 17 qui était le bureau central ambulant de la course. Élie était assis à côté du conducteur et j'occupais la banquette arrière avec tous les documents officiels nécessaires à la bonne marche de l'épreuve en cas d'imprévu.
Ils n'étaient pas rares. Citons par exemple

Élie Wermelinger (à gauche), *pointant l'arrivée de l'Allemand Rudi Altig à Charleville-Mézières, à l'issue de l'étape partie de Nancy en 1966.*

ce flanc de montagne qui s'était affaissé dans le col de l'Iseran et qui imposa de changer en dernière minute l'itinéraire de la course ; ou bien une aire de ravitaillement, sur laquelle les véhicules techniques des équipes devaient venir stationner, envahie par la foule que la police locale était incapable de faire évacuer ; ou encore un village qui, de son propre chef, avait modifié le fléchage du parcours afin que le peloton le traverse, malgré des passages étroits et dangereux, au lieu d'emprunter la rocade initialement prévue. Parfois Wermelinger prenait un peu d'avance sur la course pour saluer un sénateur-maire de ses amis à qui il était fier de me présenter en tant que membre de la famille Goddet. Un jour, il fit une exception à sa mission et m'entraîna dans une petite masure au bord d'un torrent pyrénéen où un élevage de truites était installé. Il me fit promettre de ne rien dire plus tard : face à nous, un homme qui avait joué un rôle capital dans la Résistance et en qui Charles de Gaulle avait toute confiance. Nous déjeunâmes rapidement avec lui. Le téléphone sonna. C'était le Général en personne qui avait besoin de l'avis de son ami sur une situation délicate ! Élie avait vraiment un réseau exceptionnel.

Un dîner généralement succulent avec mon oncle et ses invités

Ma contribution au service de Wermelinger se prolongeait après l'arrivée de l'étape. Je devais vérifier si tout se passait bien en salle de presse. S'il manquait des lignes téléphoniques notamment, je devais immédiatement l'avertir afin qu'il alerte les PTT locales. À la fin de l'après-midi, chacun regagnait son hôtel. Morvan avait ses habitudes dans certaines villes et logeait alors chez l'habitant. Personnellement, je rejoignais l'hôtel de la direction où je partageais un dîner généralement succulent avec mon oncle et ses invités, hommes politiques, annonceurs de la caravane, agents de publicité, sportifs locaux de haut niveau. Pendant ce temps-là, Élie résumait les événements du jour et préparait l'étape du lendemain.
J'aurais dû partager une ultime journée avec lui lors de l'étape finale du Tour en 1966 – je savais déjà qu'une autre mission me serait confiée l'année suivante. Mais Wermelinger m'indiqua qu'il souhaitait préparer sur place l'arrivée au Parc des Princes. Il comptait donc sur moi pour être commissaire général par intérim en ce 14 Juillet sur les deux demi-étapes du jour : Orléans-Rambouillet et Rambouillet-Paris. Élie avait été un bon professeur. Et moi sans doute un bon élève !
En novembre 1993, j'étais aux côtés de mon oncle Jacques, sur les pentes du cimetière de Tonnerre, dans l'Yonne, en compagnie du maire de la ville, Henri Nallet, ministre de l'Agriculture, pour rendre un dernier hommage à cet homme si cultivé, si drôle, si autoritaire et si méconnu.

« ALLÔ ? ICI LA ROUTE DU TOUR… »

Bien avant la télévision, les stations de radio couvrent en direct le Tour de France. À moto ou en voiture, les reporters de la RTF, Europe n° 1, Radio-Luxembourg ou Radio-Monte-Carlo racontent les péripéties de la course et tendent leurs micros pour recueillir les commentaires des coureurs. Des millions d'auditeurs ont l'oreille collée à leur transistor pour suivre les étapes minute par minute.

1 - *Photo de famille des radio-reporters du Tour de France dans les années 1950-1960 : Claude Maurel (RMC), Jacques Forestier (Europe n° 1), Fernand Choisel (Europe n° 1), Alex Virot (Radio-Luxembourg), Robert Chapatte (RTF), André Bourillon (Radio Luxembourg), Georges Briquet (RTF).*

2 - *André Darrigade au micro de Robert Chapatte (RTF) à l'arrivée de l'étape Perpignan-Barcelone en 1957.*

3 - *Une voiture-radio informant les coureurs dans l'étape Perpignan-Marseille en 1927.*

4 - *Jean Majerus au micro de Radio-Luxembourg à l'arrivée de l'étape Paris-Lille en 1937.*

5 - *Fernand Choisel à l'arrière de la moto d'Europe n° 1 et André Marin debout dans la voiture d'Europe n° 1.*

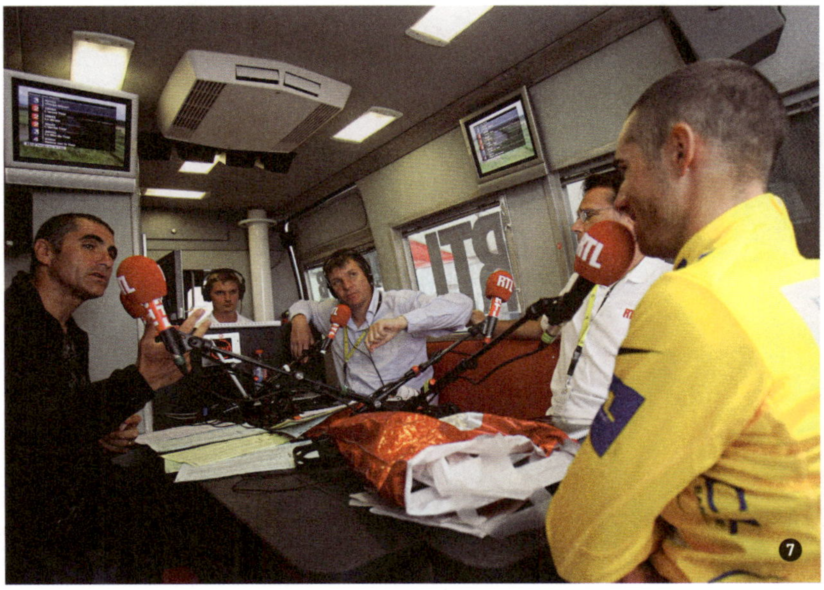

6 - *Jean-René Godart dans la voiture d'Europe n°1 sur l'étape Arras-Le Havre en 1991.*

7 - *Romain Feillu en maillot jaune au micro de Laurent Jalabert après l'arrivée de l'étape Saint-Malo-Nantes en 2008.*

8 - *Thomas Voeckler assailli par les micros des radios après sa conquête du maillot jaune, à l'arrivée de l'étape Amiens-Chartres en 2004.*

9 - *La moto-radio de RMC en 2009.*

Comment j'ai failli diriger le Tour…

JEAN BOBET

2 octobre 1977. J'ai quitté le journalisme en 1969 pour répondre à une demande de mon frère Louison Bobet. Je suis désormais directeur d'établissements de thalassothérapie. Après Quiberon, nous sommes engagés à fond dans la création de l'Institut de Biarritz. Je reçois une invitation de Jacques Goddet pour le Grand prix des nations qui se déroule à Cannes et s'achève par une victoire de Bernard Hinault. Un dîner très secret est organisé, réunissant le patron du Tour, Félix Lévitan, moi-même et aussi, à ma surprise, Louison.

La conversation ne traîne pas. Goddet attaque : « Félix et moi, nous pensons qu'il est temps de préparer notre relève. Le Tour de France est une charge de plus en plus lourde et nous avons imaginé que vous pourriez assumer cette charge. » Lévitan précise que ce projet a été soumis à Émilien Amaury qui l'a approuvé.

Surpris et flatté à la fois, je demande quelques précisions, notamment sur la date éventuelle de cette succession. L'argent n'est même pas évoqué. Entre gens de bonne compagnie, il est convenu de reprendre contact dans les jours qui suivent. Lorsque je rappelle Goddet, celui-ci tombe des nues : « Que se passe-t-il, Jean ? Louison ne vous a rien dit ? » Mon frère ne m'avait rien dit, en effet. Et le patron me révèle que, le lendemain de notre dîner, Louison lui avait expliqué que cette proposition n'était pas recevable parce qu'il avait absolument besoin de moi à ses côtés pour le lancement de l'établissement de Biarritz. Point final… hormis une sévère explication entre mon frère et moi !

Plus tard, en 1985, sollicité par Goddet afin de durcir un peu la première étape pyrénéenne, je lui propose un parcours intégrant le col méconnu du Burdincurutcheta – en français, le col de la Petite Croix de Fer, une montée de 9,6 km avec des pourcentages à plus de 11 % –, ce qu'il accepte avec enthousiasme. Enthousiasme non partagé par les coureurs le 15 juillet lorsque Hinault éparpille « façon puzzle » tout le peloton, dès l'attaque de l'ascension. Je me fais tout petit dans la voiture du patron du Tour pour éviter le regard et les invectives des dizaines de lâchés. Je me sens un peu coupable parce que – il y a prescription aujourd'hui – j'avais fourni la veille une altigraphie minutieuse à Bernard… qui avait oublié de la diffuser !

À Pau, Jacques Goddet est soulagé et ravi. Le Tour peut démarrer. Et moi, au moins, j'ai l'impression de l'avoir dirigé pendant 217 km.

Jacques Goddet avec Jean Bobet et Louison Bobet en conversation au sujet d'un passage de témoin avorté.

CHRONIQUE

LA CHEVAUCHÉE DE LUIS OCAÑA

DOMINIQUE GRIMAULT

Récit, par Dominique Grimault, de la 11e étape du Tour de France, disputée le 8 juillet 1971, vue de son poste d'ardoisier.

Je me souviens de son regard, de ses yeux noirs qui roulaient avec, parfois, de la fixité dans son expression. Il était seul, il avait gagné sa solitude, son dos était arrondi, ses jambes nerveuses…
Je me souviens d'un été léger et des chansons que j'avais fredonnées à bord de la Peugeot 404 du journal que j'avais dû utiliser au départ, à Mulhouse, non sans frayeur, car sans cesse au bord de la panne. Anquetil, Darrigade, Rivière avaient orné mes rêves en tapissant les murs de ma chambre. Aujourd'hui, j'étais invité en première ligne. Reporter et ardoisier. Quelle chance !
Je me souviens du premier dîner pris en commun avec tous les autres de *L'Équipe*, les géants, Chany, Blondin, Goddet, Clare, mon copain Jean-Jacques Vierne, et du tout premier *after* au bar de l'hôtel. Nous en étions aux verres de contact, je n'en pouvais déjà plus, quand Antoine Blondin a proposé une tournée sans dire qu'il s'agirait de la dernière. J'ai fait non de la tête, et Antoine, surpris, m'a dit : « Ah toi, tu bois seulement quand tu as soif… » Comme une leçon de vie.
Je me souviens de mon motard, Renard, plus large que haut, qui, durant 4 000 km, m'a protégé des vents et de la moindre chute. Un as !

Je me souviens de Jacques Anquetil, l'une de mes idoles d'un temps déjà passé, qui partageait la voiture d'Europe n°1 avec Robert Chapatte pour les directs en journée et qui, le soir, répondait aux questions des lecteurs de* L'Équipe. *Il était grave, élégant, un rien distant, semblant évoluer sur une autre planète que la nôtre. J'étais impressionné.

Je me souviens de Luc Varenne, célèbre journaliste belge, planté au centre de la zone de départ, au milieu de la chaussée, les yeux mi-clos, le micro ouvert, dans l'attente fébrile de son confident préféré : Eddy Merckx. Celui-ci arrivait, et Varenne tombait aussitôt en extase, je n'exagère rien. Systématiquement, derrière l'énoncé de chaque question, Merckx répondait : « Bah, écoutez… » Inépuisable, Varenne tenait l'antenne des heures et des heures.
Je me souviens que tout le peloton des coureurs, 130 au départ, des journalistes et des suiveurs de toute espèce semblait fatigué, lassé par l'outrageante domination du champion belge qui, avant ce Tour, avait remporté toutes les épreuves par étapes et encore deux grandes classiques, Milan-San Remo et Liège-Bastogne-Liège. Dans son sillage, un commando tout à son service, les Molteni : Bruyère, Spruyt, Wagtmans, Huysmans, Swerts, Van Schil, Van Springel, Stevens. Une équipe de fer dirigée par Guillaume Driessens, masque de pierre.

JE ME SOUVIENS DU « GRAND FUSIL », L'ŒIL AIGUISÉ, LE VERBE FLEURI

Je me souviens d'une première semaine de course pas mal agitée, mais maîtrisée par Merckx et les siens. Jusqu'à cette ascension du puy de Dôme qui avait vu Merckx plutôt en deçà, laissant à Luis Ocaña la victoire d'étape. Accident ? Jour sans ? À l'évidence, le Cannibale inspirait le doute quant à sa forme du moment. D'autant que, au cours de l'étape Saint-Étienne-Grenoble, Merckx vacillait encore quand, dans le col de Porte, Ocaña très en jambes attaquait. Et les représentants de la presse évoquaient déjà la fin d'un mythe, dès lors que le champion belge avait abandonné le maillot jaune à Joop Zoetemelk. Les journalistes, toutes époques confondues, vont toujours vite en besogne.
Je me souviens d'une sortie nocturne, précisément à Grenoble. Un bar ou peut-être une boîte. Il y avait Chany, Bastide et Cormier du *Parisien*, d'autres confrères encore, il y avait du bruit, de la chaleur, des fumées, des breuvages… et Raphaël Géminiani qu'on ne pouvait qu'apprécier, le Grand Fusil dont la vie était passée à fond de pédales, l'œil aiguisé, le verbe fleuri, l'anecdote sur commande, un nez comme une péninsule. Une espèce de prophète. À la cantonade, « Gem' » disait : « Demain, je vous le promets, ça va flinguer comme jamais. Il va faire exploser le peloton. Vous en aurez des choses à écrire ! » « Il », c'était Joaquim Agostinho, fort comme un Portugais, leader de l'équipe Hoover-De Gribaldy, emmenée évidemment par Géminiani. Il savait de quoi il parlait.
Je me souviens de ma première cuite. C'était cette nuit-là.

Je me souviens que, le lendemain matin, la tête lourde, j'ai enfourché la moto et me suis accroché à Renard, l'ardoise calée, et encore vierge, entre nous deux. 8 juillet. Étape Grenoble-Orcières-Merlette, 134 km sur le papier, de la légende en perspective.

Félix Lévitan a agité le drapeau du départ officiel à la sortie de Grenoble et, tout de suite, le peloton a semblé convulsé, énervé. Dès les premiers hectomètres de la côte de Laffrey, et ainsi que Géminiani l'avait promis, Agostinho démarrait. Il s'accrochait au bitume tel un rouleau compresseur. Il faisait presque peur, mâchoire serrée, tout en force et volonté ; s'accrochaient tant bien que mal à son sillage le maillot jaune, Zoetemelk, Van Impe, Ocaña et Gösta Pettersson.
Je me souviens que, dans un premier temps, Merckx n'a pas réagi, pas ou peu concerné par cette attaque si soudaine. Seulement, il faisait signe à ses *cow-boys* de la Molteni d'assurer le train afin de limiter l'écart. Je sortais l'ardoise pour la première fois de la journée. Une minute s'était creusée entre le groupe de tête et le peloton qui, déjà, s'étirait. Luis Ocaña gagnait le point chaud de Pierre-Châtel, s'octroyant 5 secondes de bonification et en même temps le maillot jaune virtuel.
Je me souviens qu'au bas du col de Noyer, tandis que le soleil tapait, que la température montait en flèche et qu'il

restait 70 km à parcourir, Ocaña accélérait encore, sans effort apparent, comme (trans)porté par une sorte d'état de grâce, tout en élégance, en « déliance », en souplesse.

JE ME SOUVIENS DU « CANNIBALE » ET DE SON MASQUE RAVAGÉ

Combien de fois ai-je tendu l'ardoise en sa direction ? La regardait-il au moins ? Au sommet de Noyer, il comptait 3' 55" d'avance sur Van Impe, Agostinho et Zoetemelk ; le groupe Merckx pointait à 5' 25" et l'incrédulité se lisait sur tous les visages des suiveurs et des spectateurs. Pour la première fois depuis quatre ans, Merckx était dominé et contraint à la défensive. Son coup de pédale était rageur, presque désespéré, à l'inverse de celui de Luis Ocaña, si soyeux et majestueux.
Je me souviens, alors que nous grimpions vers les champs de ski d'Orcières-Merlette, et que Luis Ocaña n'en finissait pas d'accentuer son avance, du masque ravagé de Merckx, de son dos voûté, de son œil perdu. Un autre que lui se serait avoué vaincu, voire aurait même songé à l'abandon. Mais lui, non. Le despote payait au prix le plus fort sa suprématie passée, pas un seul relais ne lui était accordé, il n'empêche qu'il s'accrochait. Pas question de rompre. Nous n'avons jamais eu autant d'admiration pour Eddy que ce jour-là, peut-être le pire de son immense carrière.
Je me souviens que Luis Ocaña n'a pas fléchi une seule seconde dans l'ultime ascension. Il se dressait sur ses pédales et sa chevauchée devenait fantastique. La passe d'armes entre lui et Merckx finirait dans les livres d'histoire, et Jacques Goddet affûtait son éditorial pour le journal. Il écrirait : « Rien ne sera plus comme avant. »

Je me souviens de la foule enjouée à l'arrivée d'Ocaña. En quelques kilomètres, elle s'était découvert un nouveau champion et, avec enthousiasme, elle le lui signifiait. Luis a ôté sa casquette, Maurice de Muer, son directeur sportif, lui est tombé dans les bras.

Les secondes, les minutes s'écoulaient, et Merckx luttait seul, face à lui-même, traînant dans son aspiration toute une escouade de suce-roue. Mais il trouvait encore la force et l'orgueil de sprinter pour la troisième place, à 8' 42", Lucien Van Impe s'étant intercalé entre lui et Ocaña.
Je me souviens que les écarts au classement général, au soir de cette étape, ne laissaient aucun doute sur l'issue de ce Tour et le nom de son futur vainqueur. À Orcières-Merlette, la journée de repos fut fatigante pour Ocaña sans cesse sollicité, tandis que Merckx demeurait invisible, impénétrable. Distancé de près de dix minutes, que pouvait-il encore espérer, lui, le prédateur aujourd'hui dompté, pulvérisé ?
La suite serait pourtant incroyable, dantesque même, dans l'étape Revel-Luchon, la 14e, quand, sur une route devenue patinoire, Ocaña chuta, se releva, puis retomba définitivement sous le choc de quatre coureurs, eux-mêmes emportés par le cataclysme. En quelques minutes, le ciel était tombé par terre. Merckx refusa le soir même de porter le maillot jaune en signe d'hommage pour son adversaire ; il ne voulait pas d'une tunique au rabais. Après, jusqu'à Paris, jusqu'à la Cipale, Eddy sortit le grand jeu, attaqua partout, sur tous les terrains, sans calcul, juste pour la beauté d'un sport dont il restera à jamais le roi. Ocaña reviendrait deux ans plus tard sur le Tour pour un succès tant attendu, tant espéré par tous. Et puis, bien plus tard encore, sa carrière accomplie avec des feux mal éteints, il chuterait une nouvelle fois, sauf que cette fois fut la dernière, et c'est lui qui en décida.
Je me souviens comme d'un présent de ce Tour 1971, mon premier, dont les spécialistes prétendent qu'il s'agit du plus beau de l'après-guerre. Je veux les croire.

Dominique Grimault et l'Espagnol Luis Ocaña dans l'étape Grenoble-Orcières en 1971.

4 JUILLET 1986
Plus de 200 coureurs (21 équipes de 10 coureurs) au départ du Tour pour la première fois.

27 JUILLET 1986
Greg LeMond, premier coureur américain à remporter le Tour de France.

2 JUILLET 1987
Le Polonais Lech Piasecki, premier maillot jaune en provenance d'un pays de l'Est.

26 JUILLET 1987
Dernière étape du Tour sous la direction de Jacques Goddet (82 ans), présent depuis 1933.

23 JUILLET 1989
Plus petit écart de l'histoire (8 secondes) entre le vainqueur du Tour, LeMond, et son dauphin, Fignon.

1986

LE NOUVEAU MONDE

1997

18 juillet 1992
Passage du Tour dans six pays étrangers en hommage au nouveau Traité européen.

25 juillet 1993
Le Polonais Zenon Jaskula, premier coureur des pays de l'Est sur le podium du Tour (3e).

23 juillet 1995
L'Espagnol Miguel Indurain, premier coureur à gagner cinq Tours consécutifs.

21 juillet 1996
Bjarne Riis, tombeur d'Indurain, premier Danois à remporter le Tour.

27 juillet 1997
Jan Ulrich, premier Allemand à remporter le Tour.

L'explosion de joie de l'Américain Greg LeMond, vainqueur du Tour de France en 1989, en battant Laurent Fignon de huit secondes à l'issue du contre-la-montre Versailles-Paris.

Agrigel
Coors
LIGHT
MAVIC
ADR

L'Espagnol Miguel Indurain, quintuple vainqueur du Tour de France (1991-1995), dans le prologue du Puy du Fou en 1993.

LAURENT REVEILHAC

LE NOUVEAU MONDE

À la fin des années 1980, après le départ de Jacques Goddet et de Félix Lévitan, le Tour de France fait sa révolution. Structure modernisée autour d'une nouvelle entité – Amaury Sport Organisation (ASO) –, développement du sponsoring et du marketing, omniprésence de la télévision, mais surtout mondialisation de l'épreuve qui accueille désormais des coureurs issus de la planète entière. L'Américain Greg LeMond, triple vainqueur (1986, 1989, 1990), et l'Espagnol Miguel Indurain, nouveau quintuple vainqueur (1991-1995) monopolisent le palmarès face à une concurrence éclatée.

Quand Bernard Hinault prend son premier départ du Tour de France en 1978, le peloton comporte 110 coureurs. En 1986, pour sa dernière participation, ils sont 210 ! Il faut désormais procéder au tri des candidatures entre les meilleures équipes classées par l'Union cycliste internationale et quatre formations invitées par les organisateurs. Le peloton ne comportera désormais jamais moins de 170 unités pour se fixer, en général, à 22 équipes de 9 coureurs.

On ne s'étonne plus de découvrir des concurrents de bonne qualité venus du Canada, des États-Unis, du Mexique, de Colombie, des îles Britanniques, du nord ou du centre de l'Europe. Mais aussi du Brésil ou du Pacifique... La porte ouverte aux amateurs des pays de l'Europe de l'Est n'a pas encore été empruntée – sauf, en 1990, avec l'équipe russe Alfa Lum – jusqu'à la chute du mur de Berlin, qui marque bientôt la ruée des cyclistes accourus d'au-delà du rideau de fer.

La télévision est bien sûr pour beaucoup dans le développement international du Tour, en multipliant les rêves et les ambitions. Désormais, une chaîne publique (Antenne 2) détient l'exclusivité de la diffusion en France, au prix d'un gros investissement. Suivant l'exemple de la TV italienne sur le Giro, un débat est organisé immédiatement après l'arrivée de l'étape ; puis un résumé très travaillé est proposé en début de soirée. Le Tour s'installe ainsi sur les écrans de télévision pendant trois semaines, quel que soit l'intérêt sportif, et le public, même le plus éloigné du monde sportif, est enchanté de découvrir les paysages de l'Hexagone et les visages des coureurs.

L'organisation s'est modernisée. Le Groupe Amaury a retrouvé une direction et créé une nouvelle structure, ASO, pour remplacer la Société du Tour de France, dont les responsables, Jacques Goddet et Félix Lévitan, sont invités à laisser leur place. De nouveaux contrats sont proposés aux principaux sponsors, devenus moins nombreux, afin de leur donner une meilleure visibilité en échange d'une plus forte rémunération. Le nouveau directeur du Tour est affable et compétent : Jean-Marie Leblanc a été coureur professionnel, puis journaliste à *L'Équipe*.

Une arrivée main dans la main au sommet de l'Alpe-d'Huez

Dirigée à grands coups de cymbale par Bernard Tapie, la formation La Vie Claire a propulsé Greg LeMond vers la victoire finale en 1986. L'assurance de confortables retombées économiques, notamment sur le marché américain. Bernard Hinault a compliqué la vie de son leader jusqu'au bout, prétendant servir les intérêts de l'équipe... mais Tapie a su le gérer magistralement en organisant l'arrivée main dans la main des deux champions lors de l'arrivée à l'Alpe-d'Huez. LeMond a occupé successivement les trois marches du podium dans le Tour et, à 25 ans, il semble n'avoir aucune limite, alors qu'Hinault annonce sa retraite à seulement 32 ans. Mais un accident de chasse, en avril 1987, altère la trajectoire de l'Américain pendant deux ans.

Le Tour entre alors dans une période incertaine et excitante. En 1987, l'Irlandais Stephen Roche, qui vient de s'imposer dans le Giro aux dépens de son leader italien Roberto Visentini, gagne le Tour

L'Espagnol Pedro Delgado, le Colombien Luis Herrera et Charly Mottet (de gauche à droite) *dans l'étape Valréas-Villard-de-Lans en 1987.*

au terme d'une course passionnante, après neuf changements de leader. Laurent Fignon n'est pas intervenu dans la lutte au sommet, au contraire de l'Espagnol Pedro Delgado, de Jean-François Bernard et Charly Mottet, qui ont tous revêtu le maillot jaune mais ont dû s'incliner à l'issue du dernier contre-la-montre, à Dijon-Prenois.

L'édition 1988 est moins animée, mais plus agitée. Delgado s'impose sans problème après le forfait de Roche, l'abandon de Fignon et les contre-performances de Mottet et Bernard. Sa victoire reste voilée d'un soupçon, après son contrôle antidopage positif.

L'absorption d'un produit interdit par le CIO ne l'était pas encore par l'UCI. Les différentes procédures semblent avoir été peu respectées et le souriant « mayo yaune » déclenche malgré lui une crise diplomatique entre la France et l'Espagne.

L'année suivante, Delgado saccage son début de course en loupant le départ du prologue ! puis en paniquant lors du contre-la-montre par équipes le lendemain. Bilan : sept minutes de retard sur le leader. Or, il finira 3e de l'épreuve à trois minutes et demie... Bien entendu, on retient surtout de cette édition 1989 la formidable empoignade entre Laurent Fignon, vainqueur de Milan-San Remo et du Giro, et Greg LeMond, revenu au top niveau après sa blessure, en dépit de la faiblesse de son équipe ADR. Le contre-la-montre terminé sur les Champs-Élysées, où le Français laisse filer sa victoire pour huit secondes, reste aujourd'hui encore le duel le plus intense et le plus incroyable de l'histoire du Tour !

En 1990, LeMond a de nouveau changé d'équipe, riche d'un contrat très lucratif. C'est un étrange leader, absent quasiment toute l'année, qui débarque en Europe dans une forme incertaine avec pour unique objectif le maillot jaune. On est loin d'un nouveau « cannibale » : six victoires d'étape – dont quatre contre-la-montre – en huit participations. L'Américain s'impose pourtant une troisième fois sans gagner d'étape, en revenant progressivement sur l'Italien Claudio Chiappucci, dernier bénéficiaire d'une échappée-fleuve en début d'épreuve. En 1991, une nouvelle génération, notamment de coureurs italiens, qui avaient déserté les podiums du Tour depuis Felice Gimondi en 1972, balaye la précédente. Le batailleur Chiappucci et le surpuissant Miguel Indurain provoquent, dans la grande étape pyrénéenne, l'échappée qui douchera les espoirs de LeMond, et l'Espagnol confirme son emprise lors du dernier contre-la-montre.

Une moisson de maillots jaunes en juillet sur les Champs-Élysées

Un grand talent, plus tardivement exprimé, a chassé l'autre et, cette fois, il n'y aura pas d'accident domestique pour interrompre la succession de moissons en juillet réalisée par Indurain. La méthode, pas si neuve depuis Jacques Anquetil, consiste à écraser l'opposition dans les chronos et la contrôler durant le reste de la course sans chercher à accumuler les trophées. Ce qui permet de ménager des alliances.

Outre son engagement dans les championnats nationaux et internationaux – titres de champion d'Espagne sur route, médailles d'or mondial et olympique en contre-la-montre, et trois passages au Giro pour deux victoires et une 3e place –, Indurain n'apparaît que sur de modestes courses par étapes en période de préparation. Il ne gêne donc personne, du moment qu'on lui laisse le maillot

L'Allemand Jan Ullrich, vainqueur du Tour en 1997, dans l'étape Saint-Étienne-l'Alpe-d'Huez.

jaune sur les Champs-Élysées. Les puncheurs Gianni Bugno et Chiappucci doivent par deux fois se contenter du podium. Comme les grands rouleurs suisses Tony Rominger et Alex Zülle, puis les « locomotives » arrivées de l'Est, Zenon Jaskula et Piotr Ugrumov.

La menace vient plutôt de grimpeurs spécialistes comme l'Italien Marco Pantani ou le Danois Bjarne Riis. Et, comme pour LeMond, la défaillance irrémédiable d'Indurain surviendra dans une grande étape de montagne des Pyrénées, qui devait pourtant l'amener triomphant à la porte de sa maison, à Pampelune.

Depuis 1991, l'Allemagne réunifiée dispose d'une équipe pro, Telekom, qui rassemble les talents formés principalement dans l'ex-RDA. Le pays s'est entiché de cyclisme et n'a pas tardé à devenir une nation majeure de ce sport. Il le prouve en raflant une kyrielle de maillots verts et deux éditions du Tour en 1996 et 1997, grâce à un mercenaire danois, Bjarne Riis, puis un jeune rouleur germanique, Jan Ullrich.
En donnant le coup de grâce à Miguel Indurain, Riis fait une démonstration ahurissante d'aisance dans la montagne, telle une enclume remplie d'hélium. La même réussite se refuse à lui l'année suivante et son coéquipier Ullrich emporte facilement une victoire, dont on pense alors qu'elle inaugure une longue série.
Les Français, eux, se satisfont des places sur le podium obtenues par Richard Virenque, et des grandes performances de Laurent Jalabert. Des promesses qui n'annonçaient pourtant rien de bon.

L'ÉQUIPE DU MAILLOT BLANC AU DAMIER NOIR

C'était la plus ancienne des équipes françaises, sans doute la plus glorieuse, qui équipait des coureurs professionnels depuis 1901. Peugeot a employé successivement plusieurs des premiers vainqueurs du Tour : Louis Trousselier (1905), René Pottier (1906), Lucien Petit-Breton (1907 et 1908), Philippe Thys (1913 et 1914), Firmin Lambot (1922) ; puis a accompagné après-guerre les succès des familles Danguillaume et Simon, de Ferdi Kübler, Stan Ockers, Pino Cerami, Raymond Delisle, Ferdinand Bracke, Walter Godefroot, Jean-Luc Vandenbroucke, Gilbert Duclos-Lassalle, Phil Anderson, Stephen Roche, Robert Millar...
Mais son maillot blanc au damier noir, si distinctif, n'est apparu sur le Tour qu'en 1963, un an après l'arrivée des équipes de marques. Successivement dirigée par Gaston Plaud (1962-1974), Maurice De Muer (1975-1982) et Roger Legeay (1983-1989), l'équipe Peugeot et ses divers sponsors ont célébré les victoires de Bernard Thévenet (1975 et 1977) et même celle de Roger Pingeon, quand il a gagné le Tour 1969 sous le maillot de l'équipe de France. Elle a compté aussi deux champions du monde : Tom Simpson (1965) et Eddy Merckx (1968).
En 1986, le célèbre maillot a disparu des pelotons et Peugeot s'est définitivement retiré du cyclisme professionnel trois ans plus tard, à la fin de son contrat avec l'équipe Z.

ROCHE ET ULLRICH EN FLÈCHE

Dans les années 1980, le Tour de France élargit ses horizons et accueille des coureurs venus du monde entier. Dans le sillage de l'Américain Greg LeMond, les meilleurs routiers des pays du nord et de l'est de l'Europe, mais aussi ceux d'Amérique du Sud, rejoignent le peloton et bousculent la hiérarchie. L'Irlandais Stephen Roche, le Danois Bjarne Riis, l'Allemand Jan Ullrich et le Colombien Luis Herrera en sont les meilleurs représentants.

1 - *L'Irlandais Stephen Roche et l'Espagnol Pedro Delgado, respectivement vainqueurs du Tour en 1987 et 1988, dans l'étape Dole-Saint-Gervais en 1992.*

2 - *Richard Virenque, épuisé à l'arrivée de l'étape Cluses-Morzine-Avoriaz, en 1994.*

3 - *Le Mexicain Raul Alcala et l'Irlandais Sean Kelly dans l'étape Bourg-d'Oisans-Villard-de-Lans en 1989.*

4 - *L'équipe Z de l'Américain Greg LeMond dans le contre-la-montre par équipe, lors du prologue au Futuroscope de Poitiers, en 1989.*

5 - *Le Suisse Tony Rominger et l'Espagnol Miguel Indurain dans la descente d'un col lors de l'étape Villard-de-Lans-Serre-Chevalier en 1993.*

6 - *Ronan Pensec dans l'étape Saint-Gervais-l'Alpe-d'Huez en 1990.*

7 - *Yvon Madiot, l'Américain Andrew Hampsten et le Suisse Niki Ruttimann* (de gauche à droite) *dans l'étape Briançon-l'Alpe-d'Huez en 1986.*

8 - *Jacky Durand en maillot jaune dans l'étape Perros-Guirec-Vitré en 1995.*

5 RICOH
3 RICOH
7 RICOH
4 RICOH
6 RICOH
1 RICOH
4

519 RY 73
5

6

7

CREDIT LYONNAIS
8

ET LE TOUR ENTRE DANS LE XXIe SIÈCLE...

GILBERT CHALEIL

Sous la présidence de Philippe Amaury, avec l'arrivée de Jean-Pierre Courcol, directeur général de L'Équipe, puis le départ de Jacques Goddet et Félix Lévitan du Tour de France, la Grande boucle entre dans une nouvelle ère et se projette dans le XXIe siècle. Amaury Sport Organisation (ASO) prend les affaires en main et développe une compétition qui devient le troisième plus grand événement sportif de la planète.

C'est l'histoire d'une courte période (1987-1992) qui va révolutionner la vie du Tour de France et le faire pénétrer dans le XXIe siècle, lui assurant sa véritable mondialisation sportivo-médiatique et son opulence financière. On pourrait l'appeler la « révolution par intérim » – car Jean-Pierre Courcol, alors jeune directeur général de *L'Équipe*, y joue l'intérimaire de haut vol. Sur fond de lutte de clans qui fait suite à la guerre de succession du Groupe Amaury, à l'issue de laquelle – et contre toute attente – Philippe Amaury, fils d'Émilien dit « Jupiter », a hérité du prestigieux pôle sport (presse quotidienne et organisations sportives, dont le Tour de France). Cette corbeille bien garnie ne laisse que des « miettes » (magazines, radio) à sa sœur Francine malgré le soutien de Félix Lévitan – l'avenir le confirmera.
Jacques Goddet et Lévitan n'ont pas attendu le dénouement de la succession du Groupe Amaury pour se défier.
Une rivalité qui n'a jamais cessé de s'exacerber. « J'étais, à l'époque, cantonné à la responsabilité de *L'Équipe*, se rappelle Courcol. J'observais avec curiosité cette nébuleuse composée de Pierre Skawinski, Guy Mosseri, Jean-Paul Lefèvre, le fils de Géo, encerclant Jacques Goddet d'une sorte de filet protecteur. »
La vieille garde ne lâche pas son vieux champion (80 ans en 1985), toujours codirecteur du Tour et de la Société du Tour, au même titre que Lévitan. Une société d'organisation de l'épreuve, sorte d'État dans l'État, dirigée « à l'ancienne » par deux octogénaires... dont les jours de patrons du Tour sont comptés.
Courcol vient de traverser trois années au 10 de la rue du Faubourg-Montmartre sans sortir de son « cantonnement équipien », insensible au bruit feutré des rivalités internes que le Tour abrite. Mais voilà bientôt l'écho de rumeurs beaucoup plus alarmantes. C'est alors seulement que, dépêché par Philippe Amaury, l'observateur Courcol va se muer en enquêteur, puis en exécuteur.

« Il n'est pas question de négocier puisque je le fous à la porte ! »

Les rumeurs ? D'où sont-elles parties? Comment sont-elles parvenues aux oreilles de Courcol ? Elles mettent en cause la façon dont le Tour of America, dernier avatar de la Société du Tour de France, serait géré par un certain Philippe Riquois, homme lige de Lévitan.

« En mars 1987, je n'avais pas autorité sur le Tour mais, informé de l'existence de contrats supposés cachés, je suggère à Philippe Amaury un audit sur le Tour of America. Non seulement le patron accède à cette demande, mais ce sont TOUS les contrats, révèle Courcol, qu'il tient à consulter et auditer ! »

En un temps record, le régiment des fameux contrats arrive sur le bureau de Guy Mosseri, l'administrateur du Groupe. À leur lecture, Amaury tombe des nues et se laisse aller à un emportement violent. Dans la foulée, il charge Courcol de convoquer immédiatement Lévitan, en villégiature dans son fief cannois. L'heure est venue de solder les comptes du Tour of America – entre autres – et d'une époque glorieuse de la Grande boucle.

La scène se déroule le samedi 21 mars 1987 au 10, rue du Faubourg-Montmartre, siège de la Société du Tour de France. La réunion est présidée par Philippe Amaury. Chacun est venu accompagné de son ou ses avocats. L'ambiance est tendue. Des scellés ont même été posés sur les bureaux de Lévitan et de sa fille Claudie, sa plus proche collaboratrice !

« Survient très vite une première suspension de séance, se souvient Courcol. L'avocat de Lévitan en profite pour demander à me voir afin d'envisager les conditions d'une "transaction". En clair, Félix consent à partir, mais "avec les honneurs" et contre "une petite somme". Amaury, auquel je rapporte la demande de l'avocat, s'emporte de plus belle : "Il n'est pas question de négocier, me dit-il, puisque je le fous à la porte !" »
Quelle que soit la raison qui l'y pousse ce jour-là, un acteur majeur de l'histoire du Tour quitte les lieux dans l'opprobre et le ressentiment. En même temps qu'elle s'ouvre sur son départ, une porte de la Grande boucle se referme. Le départ précipité de Lévitan prive la Société du Tour de France de celui qui, au fil des années, est devenu son « homme fort », de même qu'il marque la fin de la codirection de la course, que Goddet dirigera donc seul en juillet 1987 pour la dernière fois, assisté de Xavier Louis. Une sorte de flottement plane sur le Tour pendant trois à quatre années. La stratégie est claire : propulser l'épreuve dans le XXIe siècle. Mais sous quelle forme ? Sous quelle autorité ?
Afin d'en favoriser la mue, Amaury et Courcol se tournent vers Jean-François Naquet-Radiquet. Illustre inconnu dans les allées du cyclisme, il ne l'est pas du monde de l'agroalimentaire, dont il dirige de grands groupes – Lesieur, Gervais-Danone, Martel... C'est un manager, un vrai, le tout premier de l'histoire du Tour. Mais sa personnalité est aussi rationnelle que déroutante. Contre toute attente, il

rend son tablier trois semaines avant le départ de l'édition 1988 ! Courcol se voit donc contraint de prendre la direction de la course au vol. De sa vie professionnelle, ce sera l'un des plus mauvais souvenirs. Son accablement est porté à son comble par la révélation, cinq jours avant l'arrivée, du contrôle au probénécide, un produit masquant le dopage, de Pedro Delgado, probable vainqueur de l'épreuve.

Moins de trois jours pour transformer la gouvernance du Tour

Il faudra trois semaines pour que le classement soit entériné, laissant planer un doute immense sur la probité du coureur espagnol. Mais il faudra moins de trois jours pour que Courcol décide de transformer la gouvernance du Tour : « On a fait une connerie, mais on ne la fera pas deux fois ! La direction du Tour doit être bicéphale, s'appuyer sur deux pôles. Un pôle administratif et un pôle technique doté d'un responsable de la course. » Le premier « ticket » naît avec Jean-Pierre Carenso, fils de pub, dans le rôle du directeur général, et Jean-Marie Leblanc, l'ex-coureur et journaliste, dans celui de directeur de la course. Cependant la complémentarité entre les deux hommes n'est pas assez productive, au regard de ce que Courcol souhaite, en particulier le rôle de directeur général qui n'est, selon lui, pas assez fermement tenu. Ainsi s'achève dans une certaine déception cette période intermédiaire, d'où émerge cependant la carrure de Jean-Marie Leblanc. Le Tour n'a pas trouvé de pétrole – pas encore –, mais il a déniché un directeur.

Histoire d'achever définitivement la révolution, Courcol ne se cache pas derrière son petit doigt : « Le Tour de Lévitan ne gagnait pas d'argent et cette situation ne pouvait plus durer », plaide-t-il. En fait, il renverse l'ordre des priorités, plongeant jusque dans l'origine et l'objet de la naissance du Tour.

« Le Tour de France ne doit plus être l'artisan principal de la promotion de nos journaux, raisonne-t-il désormais, ou alors par effet indirect. Comme les Jeux olympiques ou le Mondial de football, c'est un événement que les sponsors doivent acheter pour sa notoriété, sa qualité sportive, les valeurs qu'il diffuse. Et qu'ils doivent acheter cher, selon l'exposition que le Tour leur offrira. » Tout concourra donc alors à une véritable révolution,

Jean-Pierre Courcol, patron de L'Équipe *(au centre) et Jean-Claude Killy, patron d'ASO* (à droite), *à l'arrivée de l'étape Strasbourg-Mulhouse en 1992.*

qui cependant ne négligera pas ses fondamentaux sportifs, sans quoi rien n'aurait de sens.

Passant immédiatement aux actes, malgré l'excellente relation personnelle qu'il entretient avec Jean Todt, directeur commercial de Peugeot – jusque-là équipementier automobile du Tour –, Courcol s'engage avec le constructeur Fiat. Il décroche six millions de francs sur trois ans, plus les voitures. La négociation des droits de télévision prend le même chemin. Le premier contrat, signé en 1979 avec TF1, s'élevait à 2,5 millions de francs. C'était « cadeau ». En 1985, un contrat exclusif est finalisé entre Antenne 2 et la Société du Tour de France d'un montant de trente millions de francs ! En 1992, année de sa renégociation, et malgré l'offensive de TF1, il passe à soixante millions !

La naissance d'une société de marketing de niveau mondial

Entre temps, Courcol a acheté le Paris-Dakar à Gilbert Sabine, père de Thierry Sabine, décédé en 1986 – course gérée par la société Thierry Sabine Organisation (TSO). Parallèlement, il décide la fusion de la Société du Tour de France et de TSO, sous le nom d'Amaury Sport Organisation (ASO), en septembre 1992. « Il fallait casser les modes de fonctionnement de la Société du Tour de France. Il fallait aussi un chef d'orchestre pour manager ce nouvel ensemble. » Jean-Claude Killy, rencontré à Courchevel à l'hôtel du CIO pendant les Jeux d'Albertville, accepte l'idée de s'en charger, mais souhaite être accompagné d'Alain Krzentowski, dit « KRZ », et de Jean-Claude Blanc, ceux qu'il appelle « mon équipe d'Albertville ». C'est la naissance d'une société de marketing de niveau mondial, l'époque aussi d'autres rachats, de signatures de gros contrats et d'engagements de très gros sponsors : Coca-Cola, Fiat, Crédit lyonnais, France 2, acquis précédemment, mais au contrat revalorisé par l'équipe « Killy », explique Courcol.

Courcol ouvre alors une parenthèse personnelle en quittant le Groupe Amaury pour devenir P-DG d'Air Inter. L'aventure dure deux ans avant qu'il ne revienne au bercail en qualité de président du directoire. Entre temps, Killy a formidablement développé ASO et pris son indépendance.

L'ex-champion de ski ne se sent pas redevable vis-à-vis de celui qui l'a fait venir et joue de tous ses atouts pour conserver sa liberté. Mais Philippe Amaury ne le soutient plus. « Une dernière bataille m'oppose à Killy, qui ne veut en aucun cas devoir me rendre des comptes, reprend Courcol. Amaury tranche en ma faveur et me charge d'informer Killy de la décision du propriétaire. Réponse de Killy : "Tu sais que, dans ce cas, KRZ et Jean-Claude Blanc partent avec moi." Ils sont partis tous les trois et j'ai engagé Patrice Clerc et Gilbert Yzern. » Ces derniers partiront eux aussi plus tard, tout comme Jean-Pierre Courcol, mais le Tour de France, lui, reste là et bien là, sous la direction désormais de Jean-Étienne Amaury, fils de Philippe et petit-fils d'Émilien.

Aujourd'hui, la Grande boucle reste le troisième événement sportif mondial après les Jeux olympiques et la Coupe du monde de football. Quoique altérée par le dopage, sa « marque » a un impact exceptionnel : ASO réalise un chiffre d'affaires situé entre 150 et 200 millions d'euros ! Le Tour a fait sa révolution et son « beurre », ses hommes s'entendent ou se déchirent, son histoire court les plaines et les montagnes, mais sa caravane passe...

RICHARD VIRENQUE, L'ÉCORCHÉ VIF

PHILIPPE LE GARS

Meilleur grimpeur de sa génération, Richard Virenque termine deux fois sur le podium du Tour de France (3e en 1996, 2e en 1997) et rapporte sept fois le maillot à pois rouges à Paris (1994, 1995, 1996, 1997, 1999, 2003, 2004). Écorché vif mais ambitieux, il est brisé par la tempête de l'affaire Festina, première équipe exclue de l'épreuve pour soupçon de dopage. Par la suite, il redeviendra ce héros bien français à qui tout est pardonné, comme par miracle.

Les larmes de Richard Virenque, dans un avion qui le ramenait chez lui, me sont longtemps restées en mémoire. C'était juste après son premier Tour de France en 1992. Ces larmes-là n'étaient pas celles du bonheur qu'on pouvait attendre de la part de ce jeune coureur, qui venait de porter le maillot jaune pendant une journée et surtout « son » maillot à pois pendant une semaine.
Dans ce vol d'Air Inter entre Paris-Orly et Hyères-Toulon, Virenque s'était soudainement mis à pleurer comme un enfant. Je venais juste de lui poser une question toute bête pour préparer le portrait de ce nouveau visage du cyclisme français : « Peux-tu me raconter un peu ton enfance ? » J'appris alors qu'il avait très mal vécu le divorce de ses parents et surtout qu'il était en froid avec sa maman, qui n'avait pas accepté qu'il s'installe avec Stéphanie, la future mère de ses deux premiers enfants. Du coup, au lieu de se faire une joie de retrouver toute sa famille et ses amis à l'aéroport, il angoissait terriblement à l'idée de croiser sa mère. Il savait aussi que son père, discret de nature, serait là, mais dans un coin de l'aéroport, pour ne pas prendre la lumière.
Le futur champion n'était alors qu'un jeune adulte, pas vraiment prêt à assumer cette notoriété qui lui était tombée dessus sans prévenir. Un mois plus tôt, il se préparait à passer le mois de juillet à la plage avec Stéphanie.

Les dirigeants de RMO le trouvaient encore trop tendre pour le Tour et l'avaient désigné comme remplaçant. Mais, à trois jours du départ, il avait reçu un appel de son directeur sportif, Christian Rumeau : il était attendu d'urgence à Saint-Sébastien, à la suite du forfait du Belge Michel Vermote.

Au lieu de se faire tout petit pour découvrir ce nouveau monde, le Varois voulut tout de suite occuper les premiers rangs sans se soucier de la hiérarchie. Il bougeait déjà les lignes et se moquait bien de l'image de petit caïd de la Côte d'Azur qu'il traînait depuis ses débuts pro l'année précédente. Son style « blouson de cuir perfecto » tranchait avec ce milieu trop conservateur à ses yeux.
Le matin de la 3e étape qui partait de Saint-Sébastien pour Pau, il avait voulu me rencontrer. « Tu dois bien connaître Gérard Holtz ? m'avait-il lancé. Si tu pouvais me pistonner pour qu'il m'invite à son émission, "Vélo Club", après l'étape. J'ai envie qu'on me connaisse, que je ne sois pas venu pour rien. » Mais je ne connaissais pas Holtz, c'était aussi mon premier Tour, et je ne m'imaginais pas aller voir la star de la télé pour lui « vendre » un jeune coureur inconnu du grand public. J'avais répondu tout simplement à Richard que le mieux,

Richard Virenque, sept fois vainqueur du classement de la montagne, ici avec Laurent Jalabert *(à gauche) et* Laurent Dufaux *(à droite) dans la montée vers l'Alpe-d'Huez, au terme de l'étape partie de La Plagne en 1995.*

pour se faire remarquer, serait sans doute de se glisser dans une échappée et pourquoi pas de gagner une étape.

« JE SUIS PASSÉ PAR DE TELS MOMENTS QUE JE VOIS LE MAL PARTOUT »

Une heure plus tard, dans le col de Marie-Blanque, où Christian Biville, mon pilote, s'était arrêté pour qu'on puisse voir passer le peloton, un groupe de trois coureurs venait de s'échapper : l'Espagnol Javier Murguialday, ainsi que deux coureurs de RMO, Dante Rezze et... Virenque. En passant devant moi, le jeune Varois m'avait lancé un clin d'œil plein de fierté. Avec le maillot jaune le soir même sur les épaules, puis plus tard le maillot à pois, il n'avait plus besoin du moindre piston.
La tempête de l'affaire Festina, six ans plus tard, l'avait brisé, il n'était évidemment plus le même homme. Plus méfiant, moins jovial qu'à ses débuts. Il avait finalement réussi à retrouver une équipe – les Italiens de Polti – pour relancer sa carrière et m'avait donné rendez-vous à son stage d'entraînement en Calabre pour une grande interview, la première depuis son retour. Mais je ne m'attendais pas à rencontrer un homme aussi dépressif.
Dès mes premières questions, il s'était arrêté net, m'accusant de vouloir moi aussi l'« assassiner » dans cet article. Il voulait que son avocat relise l'interview avant parution, ce que j'avais évidemment refusé. Les négociations s'étaient terminées par une incroyable crise de nerfs.
Il m'avait appelé quelques jours plus tard pour s'excuser. Il avait lu l'interview dans le journal et rien ne l'avait choqué. « Je suis passé par de tels moments sombres cet hiver que je vois le mal partout », m'avait-il avoué.
Mais le temps fit son œuvre, Richard redevint ce héros très français à qui tout avait été pardonné comme par miracle. Notre dernière interview eut lieu à l'Alpe-d'Huez, à la fin du Tour 2003. Il avait été en lice pour le maillot jaune durant cette étape, mais l'avait perdu comme prévu. Il était heureux malgré tout. Il ne savait pas encore que les organisateurs lui avaient préparé, en hommage, pour le lendemain matin au départ, un maillot collector quadrillé de jaune, de pois, de vert et de rouge.

GREG LEMOND, HUIT SECONDES POUR L'ÉTERNITÉ

JEAN-LUC GATELLIER

Greg LeMond dans une descente lors de l'étape Lourdes-Pau en 1990.

Le premier Américain vainqueur du Tour de France (1986, 1989, 1990) revient de loin. Blessé dans un accident de chasse qui a failli mettre un terme à sa carrière, il réussit un spectaculaire* comeback *et reste dans l'histoire comme le coureur qui a remporté l'épreuve par le plus petit des écarts : huit secondes face à l'infortuné Laurent Fignon.

Depuis longtemps, Lisieux accueille le premier critérium d'après-Tour. Greg LeMond y est attendu en vedette américaine au lendemain de son incroyable victoire sur les Champs-Élysées, le 23 juillet 1989. Au pied de la basilique Sainte-Thérèse, on pardonne facilement son retard au champion. Au soir de sa victoire, il a assisté à la revue du Moulin rouge avec Kathy, son épouse, puis le couple est retourné se promener sur les Champs, main dans la main, jusqu'à 3 heures du matin, en anonymes amoureux.
Il est presque 20 heures lorsque le coureur stoppe sa Mercedes devant une foule ravie. « Si un jour tu vends ta 300 E, je suis intéressé », lui avait déjà fait savoir Vincent Barteau, gâté lui aussi par ce Tour : il est le lauréat de l'étape du bicentenaire de la Révolution, le 14 juillet 1989, à Marseille. « Elle est à toi », glisse en descendant Greg à son ami. Ils se sont connus en 1983 chez Renault-Elf et ont rapidement sympathisé sur la foi d'une bonne humeur commune. L'un baragouinait quelques mots de français, l'autre était un éternel ado, rieur, au regard malicieux.
Le jour de l'arrivée de ce Tour 1989, les coureurs de l'équipe Super U, dirigée par Cyrille Guimard, sont invités chez Le Nôtre – je fais partie des journalistes qui ont été conviés.

Douchés et rhabillés, ils attendent le triomphe annoncé de leur leader, Laurent Fignon, qui porte le maillot jaune et détient le pactole allant avec. Mais, au fil du contre-la-montre entre Versailles et Paris, leurs visages deviennent livides.

« Les mecs avaient fait les comptes la veille : si je me souviens bien, on aurait touché cinquante briques chacun. Mais là, on se partageait beaucoup moins », raconte Barteau, équipier de Fignon et ami de... LeMond. D'où le cadeau de la Mercedes, en guise de dédommagement.
Au départ de ce chrono final à Versailles, Fignon possède cinquante secondes d'avance sur son rival, mais il est blessé à la selle. De plus, l'usage d'un guidon de triathlète – qu'utiliseront tous les coureurs par la suite – accorde un avantage aérodynamique certain à LeMond qui fonce à plus de 54 à l'heure en direction de la capitale. En 24,5 km, il reprend 58 secondes à son rival. Avec huit secondes seulement, le plus petit écart de l'histoire centenaire de l'épreuve, il gagne le Tour pour la deuxième fois.

Son vélo du Tour à Cluis, les clés de sa Mercedes à Barteau

Pourtant le Californien revient de très loin. Il a visité les ténèbres après avoir été canardé, involontairement, par son beau-frère lors d'une partie de chasse en 1987, moins d'un an après sa première victoire à Paris. Son *comeback* est alors loin d'être gagné. Sur le vélo, il ressemble à un zombie. Impossible pour moi d'oublier cette scène pathétique, au Trophée des grimpeurs en 1988, où il est le tout premier coureur lâché par le peloton, comme un vulgaire coureur de 3e catégorie ! Sa valeur marchande chute considérablement.
Il roule, l'année suivante, pour une petite formation belge parrainée par ADR, une société de location. Le ticket d'entrée demandé aux équipes participantes par la Société du Tour de France, devenue ASO, est de 35 000 francs. ADR n'a pas cet argent, l'entreprise est proche de la faillite. À quinze jours du départ de l'épreuve, la somme est réglée par Jean-Claude Cluis, en personne. Cet homme débonnaire est le « Monsieur Critérium » en France – à l'époque, la tournée d'après-Tour est encore fructueuse. C'est lui également qui déniche un cosponsor (Agrigel) pour 1,5 million de francs. LeMond n'oubliera jamais son geste. « Greg m'a renvoyé l'ascenseur et il l'a fait très largement, s'enthousiasme Cluis presque trente ans plus tard. Il a fait toute la tournée des critériums à des tarifs parfois sacrifiés, trente briques à Lisieux, le double ailleurs, 0 franc chez moi à Riom, 12 000 dollars à Châteaulin. »

La tournée s'achève dans une petite commune du Poitou, Vouneuil-sous-Biard. LeMond est, affirme-t-il, attendu à la Maison-Blanche à Washington par son locataire, George Bush senior. Cependant il ne revient pas sur la parole donnée.

Il participe à cette dernière exhibition, donne son vélo du Tour à Cluis, les clés de sa Mercedes à Barteau et rentre aux États-Unis. Bien plus tard, en 2015, Jean-Claude Cluis l'a sollicité en urgence pour être l'invité d'honneur du critérium de Dun-le-Palestel, une bourgade de la Creuse. Quarante-huit heures plus tard, LeMond traversait l'Atlantique en payant lui-même son billet d'avion. Il avait la réputation d'être très coriace en affaires – assez en tout cas pour traiter directement avec Bernard Tapie –, ce qui n'est pas incompatible avec l'altruisme.
Ses cheveux étaient déjà gris et son embonpoint certain lorsque le premier vainqueur américain du Tour fut largement et provisoirement dépassé par son compatriote Lance Armstrong – sept succès consécutifs de 1999 à 2005. LeMond ne cessa de dénoncer son goût pour la triche bien avant son bannissement du palmarès. Avec courage car, en représailles, Armstrong lui infligea un véritable enfer psychologique, riche en méthodes abjectes. Une fois de plus, Greg LeMond se releva.

MIGUEL INDURAIN, UN GRAND D'ESPAGNE

GUY ROGER

Seul quintuple vainqueur consécutif du Tour de France (1991-1995), l'Espagnol a toujours préféré les actes aux mots. Tranquille, discret, timide dans la vie, c'est un monstre de puissance et de détermination sur la route, au point qu'il est surnommé « L'Extraterrestre » ou « Terminator ». Sa capacité à surmonter sa souffrance sur un vélo en dit long sur le secret de sa réussite. Dans la victoire comme dans la défaite, il a toujours le même comportement, digne d'un seigneur.

Miguel Indurain, futur vainqueur du Tour 1995, ici avec Bruno Thibout pendant l'étape Saint-Étienne-Mende.

Le mieux est de commencer par la fin, par ce Tour de France 1996 qui part de Hertogenbosch, aux Pays-Bas. Miguel Indurain, victorieux des cinq précédentes éditions, a rejoint au palmarès Jacques Anquetil, Eddy Merckx et Bernard Hinault, à une coquetterie près : il est le seul à compter cinq coups gagnants d'affilée (1991,1992, 1993, 1994, 1995). Le 16 juillet, au sommet d'Hautacam, à l'endroit même où deux ans auparavant il a scellé un futur quatrième succès, il termine loin du Danois Bjarne Riis et comprend qu'il n'y aura jamais de sixième maillot jaune à Paris. Dans la victoire comme dans la défaite, Indurain a toujours eu le même comportement : digne, mesuré, bavard mais pas trop.

J'ai eu le privilège de prendre sa roue dès 1986 lors du Tour de l'Avenir, où il pesait 92 kg quand il a grimpé le col de l'Izoard pour la première fois, et de la garder jusqu'en 1996 au Tour d'Espagne, où il a accroché le dernier dossard de sa carrière. La chance aussi de le confesser tous les ans à l'approche du Tour, en sa qualité de vainqueur sortant.

Seule condition : en raison de son emploi du temps, il choisirait le lieu et l'heure. Et, invariablement, cela tombait l'avant-dernier jour du Tour des Asturies à Oviedo, dans le même hôtel, Las Truchas, dans la même salle, à la même heure, après le dîner. Un rituel en somme, peut-être même une forme de superstition.

Une seule fois, Indurain a dérogé à cette habitude et nous nous sommes retrouvés dans la maison familiale à Villava, à un jet de noyau d'olive de Pampelune. En me raccompagnant jusqu'au grand portail en fer forgé de l'entrée, ce champion, diplômé en dessin industriel et mécanique, m'a dit alors en tapotant dessus : « Celui-là, c'est moi qui l'ai fait quand j'ai gagné mon premier Tour. »

« Même sa femme ne sait pas à côté de qui elle dort ! »

Ce n'est pas faire injure à ce grand gaillard de 1,88 m de glisser ici qu'il n'a jamais été adepte des grands discours et qu'il a toujours préféré les actes aux mots. Comme la fois où il ne dispute pas le sprint à Luc Leblanc pour la victoire d'étape en haut de Hautacam, dans le Tour 1994, ponctué en aparté par ce commentaire : « *Pan para todos* » (« Du pain pour tout le monde »). Comme cette autre fois, au Mondial 1995 à Duitama (Colombie), alors qu'après une crevaison il vient de réintégrer le petit groupe d'échappés dans le final, juste au moment où Abraham Olano attaque et s'enfuit.

À Pepe Grande, directeur sportif de l'équipe d'Espagne, au bord de la crise de nerfs derrière son volant (« Qu'est-ce qu'on fait, Miguel, qu'est-ce qu'on fait ? »), il répond : « Tranquilo, Pepe ! Qu'il aille gagner ! » Et, grand seigneur, Indurain règle le sprint pour la 2e place.

Tranquille, un mot qui lui colle à la peau, à l'égal de sa timidité, de sa gentillesse. Dans le Tour 1985, le leader de la formation Reynolds s'appelle Perico Delgado et Miguel Indurain est un débutant anonyme, qui découvre le Tour. Juste avant d'aborder les Pyrénées, c'est décidé depuis le départ, il quittera la course et rentrera chez lui, en Navarre. Les photographes, Basques comme lui, profitent de l'occasion pour lui confier leurs photos. « *Hola*, je suis un coureur de Reynolds, je viens d'abandonner le Tour, explique cet inconnu à l'accueil du journal *Diario de Navarra*. On m'a donné pour vous des bobines de photos. » Incroyable !

Neuf ans plus tard, le même jeune homme, toujours aussi timide, discret, invisible au goût de certains (« Même sa femme ne sait pas à côté de qui elle dort », écrit un journaliste), compte déjà trois Tours à son palmarès. L'Espagne est folle de lui. Les parlementaires interrompent leurs sessions pour suivre les arrivées d'étapes. Sauf que, depuis le début du Tour 1994, parti de Lille, un doute s'est insinué dans l'opinion. Un mois et demi plus tôt, le géant de Navarre a connu la défaite dans le Giro qu'il avait survolé en 1992 et 1993. Sera-t-il à la hauteur du « Terminator » de Luxembourg en 1992 ou de « l'Extraterrestre » de Madine en 1993, dans ce nouveau contre-la-montre de 64 km entre Périgueux et Bergerac ?

Miguel écrase la concurrence et devient « Tyrano de Bergerac »

Ce 11 juillet 1994, à l'hôtel des Banesto, les nerfs sont à vif. À 8 heures, Indurain

Miguel Indurain en tête des échappés dans une descente lors de l'étape Moutiers-Cluses en 1994.

est descendu prendre son petit déjeuner. Dans le hall, il a croisé Joaquin Pérez de Obanos, un ami de la famille, accouru du fin fond de sa Navarre. C'est de lui que je tiens l'anecdote. Joaquin, tragiquement disparu dans un accident d'avion depuis, est agriculteur, comme les Indurain. En Navarre, les moissons approchent. Miguel, juché sur le tracteur dès l'âge de 14 ans, conduisant une moissonneuse à 17, les a faites souvent. « Tu crois que la récolte sera de bonne qualité, cette année ? demande Miguel. Comment est le grain de blé ? Et l'orge ? » Les deux amis bavardent, loin des détails techniques du parcours, des braquets, des adversaires, quand soudain Miguel lance : « Je crois qu'on va faire quelque chose aujourd'hui. » Dans la fournaise, plateau de 55 dents à l'avant, le Basque écrase la concurrence et devient « Tyrano de Bergerac » !

Avant chaque début de saison, José Miguel Echavarri et Eusebio Unzue, les managers de l'équipe, ont pris l'habitude d'envoyer leurs coureurs passer les tests d'effort à la clinique universitaire de Navarre, à Pampelune. Et, systématiquement, Miguel Indurain en fait exploser le mécanisme tant il développe de puissance. Il fallait trois jours aux techniciens pour réparer et régler à nouveau le matériel... Bien entendu, les résultats de ses tests sont exceptionnels. Mais ce qui l'est encore davantage, c'est d'avoir repassé la même batterie de tests, quinze ans après la fin de sa carrière, pour une étude scientifique sur le vieillissement cellulaire, et d'avoir obtenu « des résultats largement supérieurs à ceux de nombreux jeunes coureurs en activité », révèle le physiologiste Iñigo Mujika.

Tenter d'expliquer scientifiquement le phénomène Indurain ne livrera jamais toutes les vérités. Il en est une en revanche, moins rationnelle et plus humaine, qui en dit long sur le secret de sa réussite. Nous parlons de sa capacité à dépasser la douleur.

Je ne me souviens plus qui, de Francis Lafargue, chargé des relations publiques et traducteur d'Indurain, ou de Pepe Barruso, président du club cycliste Villavès – le premier à avoir « flairé le coup du siècle » –, m'a raconté l'histoire d'un collégien, nommé Indurain, bon coureur de 400 m, admirateur de Lee Evans – champion olympique sur la distance à Mexico en 1968. « Je gagne parce que je suis capable de supporter une douleur plus grande que les autres », a souvent répété l'athlète américain. Indurain n'a jamais oublié cette phrase. Un jour, alors qu'il était question de sa grande facilité dans les contre-la-montre, parfois même en montagne, il m'a assuré au contraire que « cela [lui] coûtait beaucoup » : « Moi, je suis allé très loin sur la route de la douleur. »

Et nous voici revenus au point de départ : Hautacam, mardi 16 juillet 1996. Sitôt franchie la ligne, à plus de deux minutes de Riis, le maillot jaune, il s'est réfugié dans le fourgon aux vitres teintées de Banesto, bientôt rejoint par José-Luis Arrieta, son fidèle équipier. C'est ce dernier, des années après, qui a raconté la scène : « Je vois Miguel en train de manger une banane en silence, déconcerté, puis qui me lance : "Dans Hautacam, j'ai vu ce que jamais je n'aurais cru voir. J'ai vu Bjarne Riis monter grand plateau, presque en sifflant, et moi à côté, en train de souffrir comme un chien, le cœur à 200." »

À Paris, Indurain bouclera son douzième Tour de France à la 11e place. Ce sera son dernier.

D'UNE RIVE À L'AUTRE

« Il suffit de passer le pont, c'est tout de suite l'aventure », chantait Georges Brassens. Ces ouvrages en bois, en pierre ou en acier, qui enjambent les canaux, les rivières et les fleuves, permettent au peloton de franchir tous les obstacles. Du petit pont de Tonnay en Charente au gigantesque pont de Normandie, les coureurs profitent de paysages magnifiques… lorsqu'ils n'ont pas le nez dans le guidon.

1 - *Louis Trousselier sur le pont de Tonnay en Charente dans l'étape Bordeaux-Nantes en 1909.*

2 - *Jean-Claude Lebaube sur un pont dans l'étape contre la montre Angers-Angers en 1963.*

3 - *Passage du peloton sur le pont de Saint-André-de-Cubzac dans l'étape Les Sables-d'Olonne-Bayonne en 1921.*

4 - *Vicenzo Bianco à pied sur une passerelle de chemin de fer dans l'étape Vannes-Les Sables-d'Olonne en 1925.*

5 - *André Leducq et Antonin Magne sur le pont de Pontoise dans l'étape Lille-Paris en 1938.*

6 - *Passage du peloton sur le pont de Normandie, six mois après son ouverture, dans l'étape Alençon-Le Havre en 1995.*

7 - *Passage du peloton sur un pont dans l'étape Limoges-Issoudun en 2009.*

8 - *Vincenzo Nibali et l'équipe Astana sur un petit pont dans l'étape Épernay-Nancy en 2014.*

9 - *Passage du peloton sur le pont enjambant la Saône près de Thoissey dans l'étape Bourg-en-Bresse-Saint-Étienne en 2014.*

10 - *Christopher Froome et le peloton sur le pont de Montignac, enjambant la Vézère, dans l'étape Périgueux-Bergerac en 2017.*

6

7

8

9

10

Jean-Pierre Courcol, patron par intérim du Tour, et Jean-Marie Leblanc, futur directeur de la course (assis), dans une salle de presse en 1988.

JEAN-PIERRE COURÇOL, LE « SIXIÈME » DIRECTEUR

GÉRARD ERNAULT

Le directeur général de* L'Équipe *de 1983 à 1993 n'a jamais été officiellement directeur du Tour de France, mais il en a porté les grands projets de restructuration et de développement, pressentant un gisement de recettes considérables pour le Groupe Amaury. Il réussit à convaincre Jean-Claude Killy, triple champion olympique devenu homme d'affaires, de prendre les rênes d'ASO. Avec lui, il propulsera la Grande boucle dans une autre dimension.

De formation sportive – numéro 4 français de tennis dans les années 1960 –, plutôt qu'universitaire – bachelier à sa troisième tentative –, fils de pub – Havas Conseil – plutôt qu'enfant de Gutenberg, Jean-Pierre Courcol s'est imposé comme un remarquable développeur de *L'Équipe* et de ses satellites quand Philippe Amaury, une fois la succession de son père Émilien assurée, lui en confia la responsabilité en 1983, après qu'il se fut rodé au *Parisien libéré.* Carrure à la John Wayne, caractère « entier » (très), dossiers travaillés au cordeau, abattage magistral, prise de décision rapide, Courcol, bien que toujours de mise élégante, faisait moins dans la dentelle que dans le réalisme.

Avec son arrivée, *L'Équipe* fut régulièrement criblé d'études, tant sur son contenu que sur son lectorat. Une première dans la presse française. Cependant le marketing des années 1988-1992 fut toujours un point de repère, une aide à l'éditorial, et non une dictature s'imposant à celui-ci. Jamais je ne vis Courcol donner au directeur adjoint, puis directeur de la rédaction, que j'étais dans ces années-là, quelque consigne et, moins encore, quelque ordre que ce soit.

Il est vrai que les effets conjugués d'une nouvelle considération portée alors au fait sportif, de la création de chaînes payantes de télévision et de la montée en régime du sport français, créaient les conditions d'un marché nouveau et d'une formidable paix des ménages.

Diffusion en hausse spectaculaire, rentrées publicitaires décuplées à proportion, sous la houlette de Louis Gillet : jamais le chiffre d'affaires ni les bénéfices n'auront connu une telle dynamique, de la fin des années 1980 jusqu'au début des années 2000.
Je suis d'autant plus à l'aise pour attester de la qualité d'un pareil management que, partie sur les chapeaux de roue, notre relation finit par rouler sur la jante, après avoir fait quelques étincelles pour des motifs tout à fait accessoires ici.
À l'origine, le Tour de France ne relevait pas de la circonscription de Jean-Pierre Courcol. Mais, assez vite, Philippe Amaury lui confia le soin de s'y intéresser, puis carrément de s'y investir. On achève bien les anciens... Ce fut le cas du tandem Goddet / Lévitan par les soins du jeune manager, sur ordre du patron du Groupe Amaury. Après un Tour de France 1988 exécrable à ses yeux dans sa gestion sportive, Courcol nous avertit, Noël Couëdel, alors directeur de la rédaction, et moi-même, qu'il allait nommer un nouveau duo à la tête de l'épreuve, Jean-Pierre Carenzo et Jean-Marie Leblanc. Rédacteur en chef de la rubrique cyclisme, je connaissais ce

Philippe Bouvatier, victime d'une erreur d'aiguillage, perd l'étape arrivant à Guzet-neige, en 1988, au grand dam de Jean-Pierre Courcol.

dernier depuis 1967, du temps où nous faisions nos classes à *La Voix du Nord*. Naturellement, il me revint, pour le compte de *L'Équipe*, de dresser le portrait de celui appelé à devenir bientôt le seul directeur du Tour. Et quel directeur !

Un champion olympique à la tête d'ASO, quelle prise de guerre !

Mais, comme pour *L'Équipe*, Courcol nourrissait pour le Tour de France de grands projets de restructuration et de développement. Il soupçonnait, ici, un gisement de recettes considérables pour le Groupe Amaury. Le Tour, ce serait du pétrole. Il lui faudrait un « développeur » de Tour, comme lui-même le devenait de *L'Équipe*, et son choix se porta sur Jean-Claude Killy, alors coprésident des Jeux d'Albertville. Je garde parfaitement le souvenir du jour où Courcol m'apprit qu'il venait d'engager le triple champion olympique. C'était le 22 février 1992, veille de la cérémonie de clôture des Jeux, à l'occasion de la fête que donnait *L'Équipe* en l'honneur de Michel Clare, collaborateur relevant du canal historique du journal, par ailleurs très attaché à Killy depuis toujours, et vice versa.

« J'ai convaincu Jean-Claude de venir chez nous, me dit-il après avoir plusieurs fois tourné autour du pot. Mais, s'il te plaît, tu la boucles. La nouvelle ne sera rendue publique qu'au printemps. »

Killy, quelle prise de guerre ! Dans ces instants de jubilation frémissait le visage de notre John Wayne et l'on décelait chez lui comme une envie enfantine de célébrer le coup qu'il venait de réussir plus facilement que ce maudit baccalauréat. Ce qu'il nous invita à faire avec Noël Couëdel et Paul Roussel, son beau-frère, futur directeur général de *L'Équipe*, également dans la confidence. Je ne me souviens plus où il nous entraîna, sinon que nous roulions sur la neige et que la voiture chassait sérieusement de l'arrière, tout en ayant le bon goût de demeurer sur la route.
On peut d'ailleurs noter que Courcol n'a pratiquement pas commis d'embardées dans sa carrière. Mais, puisqu'il était un homme assez radical, la première fut la dernière.
Alors qu'il était devenu, au début des années 2000, le numéro 1 d'Amaury, le rachat désastreux du Futuroscope de Poitiers – dans un but de diversification du groupe, dont le périmètre sportif était devenu trop étroit selon lui – lui coûta, paraît-il, trente millions d'euros en même temps que son poste. Courcol avait eu le Futuroscope plus gros que le ventre !
Courcol n'a jamais de fait dirigé le Tour de France. Mais sa juste vision du potentiel de l'événement, son implication majeure dans sa transformation ont propulsé la Grande boucle dans une autre dimension, sportive et financière. Le Tour a compté cinq directeurs – ou codirecteur – de plein vent et de grand soleil : Henri Desgrange, Jacques Goddet, Félix Lévitan, Jean-Marie Leblanc et Christian Prudhomme. Une manière de sixième directeur, celui de l'ombre, pourrait bien se nommer Jean-Pierre Courcol.

JEAN-CLAUDE KILLY, UN MANAGER À LA TÊTE D'ASO

ALAIN LUNZENFICHTER

Triple champion olympique de ski alpin à Grenoble en 1968, organisateur des JO d'hiver d'Albertville en 1992, l'athlète devenu homme d'affaires devient en 1993 président d'ASO, la nouvelle société chargée de gérer le Tour de France. Appelé à la rescousse par Jean-Pierre Courcol, il impulse et accompagne la révolution qui projette l'épreuve vers le XXIe siècle, notamment en développant sa commercialisation et sa médiatisation.

Jean-Claude Killy avec Bernard Hinault dans l'étape Montpellier-Carpentras en 1994.

Les Jeux olympiques d'Albertville en février 1992 sont un succès. Jean-Claude Killy, qui a obtenu tous les honneurs durant sa carrière, est au sommet de son art. Triple champion olympique de ski alpin à Grenoble en 1968, il a réussi une reconversion fructueuse, lui assurant l'aisance financière, et obtenu l'Oscar pour l'exportation avec sa société de vêtements de sport, Veleda-Killy, en 1982. Il a surtout organisé les JO d'hiver et reçu de Juan Antonio Samaranch, président du CIO, l'ordre d'or olympique. Basé à Cologny dans la banlieue de Genève, il aspire à un repos bien mérité. Il a 49 ans et sans doute le besoin de souffler un peu. Mais Jean-Pierre Courcol, P-DG du Groupe Amaury, ancien international de tennis de la même génération que lui, ne l'entend pas de cette oreille. Il veut changer le fonctionnement du Tour de France, qui a besoin de renouveau, et désire profiter de l'auréole olympique de Killy pour l'attirer à la tête d'ASO qu'il vient de créer et qui chapeaute la Grande boucle. Jean-Claude accepte le job mais n'arrive pas seul à Issy-les-Moulineaux, qui est alors le siège d'ASO. Il impose Alain Krzentowski, dit « KRZ », avec lequel il avait lancé sa marque de vêtements et travaillé sur Albertville, mais aussi Jean-Claude Blanc, qui a été directeur du marketing des JO. Il recrute également Jean-Paul Pierrat dans un rôle organisationnel.

Avec son équipe, Killy remet à plat toute l'organisation du Tour et des autres épreuves d'ASO. À l'époque, il me disait : « Pour progresser, il faut qu'ASO grossisse et sorte du carcan de nos frontières pour accéder à une position planétaire. »

Chacun a son domaine : KRZ s'occupe des finances et des droits, Blanc du terrain et Jean-Claude use de son aura pour ouvrir les portes du Nouveau Monde. Ensuite les collaborateurs doivent s'engouffrer dans ces portes pour parachever les projets. « D'ailleurs, précise Jean-Marie Leblanc, durant toute la période qu'il a passée parmi nous, je n'ai eu qu'à me féliciter de l'état de nos relations. Il était président d'ASO, j'étais responsable du Tour. Il me faisait confiance. Il n'était pas interventionniste. »

UNE SOCIÉTÉ LUCRATIVE GRÂCE AUX DROITS TÉLÉVISUELS ET AU MARKETING

Au cours de son mandat à la tête d'ASO, Killy a pesé à deux reprises : la première lorsque les directeurs sportifs se liguèrent contre le Tour. Ils voulaient toucher plus d'argent, avoir un regard sur le nombre de coureurs dans chaque équipe, être intéressés aux droits de télévision. Jean-Claude est venu en personne à Bruxelles pour éteindre le feu. « Il est intervenu une autre fois lorsque, sans le consulter, j'avais fait acheter une nouvelle tribune pour les commentateurs qui coûtait cher. Il m'a sonné les cloches, ajoute Leblanc, et il avait raison. »

Bien sûr, le Tour reste le must, mais Killy a agi tous azimuts. Il me demande « si c'est bon d'acheter le marathon de Paris et le meeting de Paris ? » Je lui réponds que « le premier a plus d'avenir ».

Il achète les deux épreuves avant de revendre le meeting quelques années plus tard. En 1998, il récupère également Liège-Bastogne-Liège, la Flèche wallonne et bien d'autres compétitions hors cyclisme. Les achats se multiplient, les droits de télévision suivent une courbe ascendante et le nombre de pays intéressés par le Tour augmente sensiblement.
Après le Tour 1998, ébranlé par l'affaire Festina, Killy, membre du CIO depuis 1995, se rend à Lausanne : « Je suis allé voir le président Samaranch pour lui demander son avis mais aussi de l'aide », me confie-t-il lors d'un de nos nombreux entretiens. Le dirigeant espagnol est réceptif à la demande du triple champion olympique qu'il a longtemps considéré comme son digne successeur. Le CIO, réuni début février 1999, met au point la déclaration de Lausanne sur le dopage dans le sport et décide la création de l'Agence mondiale antidopage (AMA), opérationnelle dès les JO de Sydney en 2000.
C'est sur cette action que la relation entre Killy et le Groupe Amaury prend fin. Il considère sa mission accomplie. Il a fait d'ASO, grâce au marketing et surtout aux droits télévisuels, une société aux retombées lucratives. Il retourne à ses premières amours, les sports d'hiver, et sera président de la commission de coordination des Jeux de Turin en 2006, puis de ceux de Sotchi en 2014.

Guy Sitruk, communicant de sponsor

GUY SITRUK

Journaliste à L'Équipe, il s'est offert une parenthèse de trois ans pour assurer la communication du Crédit lyonnais sur le Tour de France, de 1991 à 1993. Au départ de l'étape, il est chargé de superviser la mise en place du Village, de veiller à la bonne distribution de la presse, d'accueillir les collaborateurs et les invités de la banque, d'accompagner les VIP. À l'arrivée de l'étape, il prépare le temps fort de la journée : la remise du maillot jaune par les hôtesses sur le podium.

N'en déplaise à ceux qui pensent que, dans la communication, on ne brasse que du vent, j'avais une vie de dingue quand j'étais sponsor. J'en ai fait l'expérience sur mes trois Tours pour le Crédit lyonnais, de 1991 à 1993. À la différence des journalistes suiveurs qui collent à la course, les sponsors précèdent de deux heures le peloton. Ils en sont les « signes avant-coureurs », pour reprendre un mot d'Antoine Blondin. L'autre différence entre l'emploi du temps d'un communicant et celui d'un journaliste sur le Tour, c'est le réveil plus matinal.

Avec mes collègues, j'avais l'obligation d'être au Village départ une heure avant son ouverture, afin d'en superviser sa mise en place. Et notamment de s'assurer que les quotidiens du jour nous avaient bien été livrés…

Ça, c'est une idée de Jacqueline Chabridon à la fin des années 1980 pour rendre incontournable l'espace du Crédit lyonnais au Village. Directrice de la communication de la banque, après une belle carrière dans le journalisme politique, elle était venue en observation et avait remarqué deux choses : d'abord que les villes accueillant le Tour étaient souvent en manque de journaux, du fait de l'événement ; ensuite que le souci des journalistes accrédités, chaque matin, était de pouvoir se procurer la presse avant le départ de l'étape. Elle avait donc imaginé de leur offrir *L'Équipe* et *Le Parisien*. Chaque matin, deux gros paquets de journaux étaient livrés dans la gare la plus proche. Un prestataire les récupérait et les répartissait dans des pochons aux noms des journalistes, qui en prenaient livraison au Village départ. Par la suite, j'y ai fait ajouter la presse quotidienne régionale et les grands journaux étrangers – un bonus tombé en désuétude avec Internet.

UN BEAU GÂTEAU ET 28 BOUGIES POUR L'ANNIVERSAIRE D'INDURAIN

Après, je faisais du relationnel jusqu'au départ, accueillant ex-confrères et invités, collaborateurs et bons clients des agences régionales, ou VIP. Des patrons des grosses entreprises clientes de la banque, venus de Paris en avion privé, pour avoir le privilège de suivre l'étape dans une voiture de direction.
Puis sonnait l'heure de prendre la route, trente minutes avant que les coureurs ne s'élancent. La caravane du Tour est un serpent de véhicules s'étirant sur plusieurs kilomètres. Sous peine de me retrouver englué dans le flot de voitures suiveuses, il me fallait partir plus tôt pour pouvoir rouler plus vite. Là, gros avantage : je me mettais en « pilotage automatique » pour le trajet, ayant la chance de partager une voiture avec Jean-Michel, un collègue préférant prendre le volant. Être présent tôt à l'arrivée permet de préparer le temps fort de la journée : la remise du maillot jaune par les hôtesses. S'assurer qu'elles sont arrivées à bon port et ont eu leur plateau-repas, que le mobil-home dans lequel elles vont s'habiller et se maquiller n'est pas loin du podium.
Seule fois où nous nous sommes arrêtés : le 16 juillet 1993, jour des 28 ans de Miguel Indurain, qui avait la quasi-certitude de recevoir un nouveau maillot jaune à Marseille. En traversant la ville, nous avons cherché une pâtisserie pouvant nous fournir un beau gâteau et vingt-huit bougies. Sur le podium, nos hôtesses l'ont offert à l'Espagnol, ému.

L'expression « faire le buzz » n'existait pas encore, mais nous avions réussi notre coup, en arrachant un sourire à un champion admirable, mais qui nous offrait le plus souvent un visage hermétique. Pourquoi ? Parce que le sponsor d'Indurain était Banesto, banque espagnole concurrente du Crédit lyonnais, et que même sous la canicule, ce cher Miguel, bien conseillé, grimpait sur le podium avec son maillot Banesto… à manches longues.

Même paré de la tunique d'or du leader, on distinguait avant tout le logo Banesto sur ses avant-bras !
Après le podium, nous allions partager une coupe de champagne avec nos VIP dans leur caravane climatisée. Puis nous rentrions à notre hôtel pour récupérer, avant l'étape du lendemain.
Le reste de l'année, en dehors du casting des hôtesses, était moins passionnant ou plutôt très « technique », rythmé notamment par les négociations du contrat liant l'entreprise au Tour, avec des journées de *brainstorming* pour éplucher la moindre clause. Ma vie de sponsor aura eu un avantage : à un moment charnière de ma vie d'homme, la quarantaine, j'ai pu prendre du recul sur mon métier de journaliste… pour y revenir avec encore plus de passion après cette parenthèse de trois ans.

LE BAL DES CÉLÉBRITÉS

Depuis plus d'un siècle, le Tour de France attire les personnalités de tous horizons. Hommes politiques, chanteurs, acteurs, réalisateurs, sportifs se pressent sur le parcours de la course, au départ ou à l'arrivée des étapes, pour profiter du spectacle et de la notoriété de l'événement. Ils sont le plus souvent invités par les organisateurs, les sponsors ou les médias qui les accueillent dans leurs voitures.

1

2

3

4

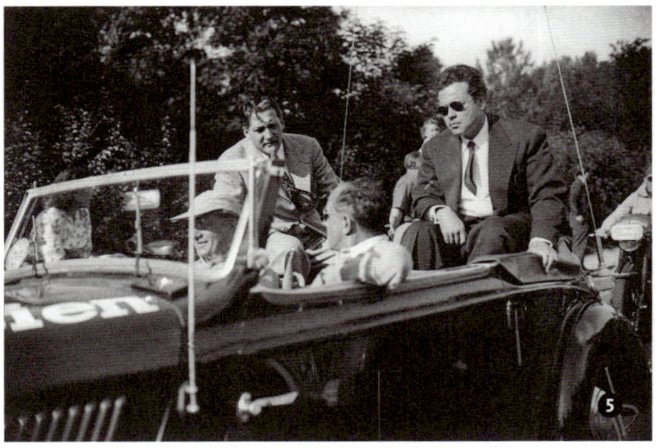
5

6

1 - *Joséphine Baker avec l'équipe de France, avant le départ de l'étape Paris-Lille en 1933.*

2 - *Charles Trenet sur le vélo de Charly Gaul, sous le regard de Marcel Enzer, au départ de l'étape Toulouse-Béziers en 1958.*

3 - *Bourvil au départ de l'étape Paris-Trouville en 1948.*

4 - *Line Renaud avec Jacques Marinelli à l'arrivée de l'étape Colmar-Nancy en 1949.*

5 - *Orson Welles dans la voiture de Jacques Goddet au départ de l'étape Paris-Metz en 1950.*

6 - *Ray « Sugar » Robinson avec Gino Bartali, avant le départ de l'étape Brive-Agen en 1951.*

7 - *Alain Delon avec Stephen Roche, sous le regard de Philippe Séguin, avant le départ de l'étape Épinal-Troyes en 1987.*

8 - *Alberto Contador, entouré par Cameron Diaz et Tom Cruise à l'arrivée de l'étape Salies-de-Béarn-Bordeaux en 2010.*

9 - *Claude Lelouch, caméra en main pour filmer le Tour, accompagné par Gérard Lanvin et Charles Gérard sur l'étape Puy-en-Velay-Millau en 1990.*

10 - *Michel Polnareff, Albert de Monaco, Philippe Gosselin et Philippe Bas avec Christian Prudhomme, patron du Tour, au départ de l'étape Saint-Lô-Cherbourg en 2016.*

11 - *Clovis Cornillac, Laurent Jalabert et Bernard Hinault sur le tournage du film* La Grande boucle *en 2012.*

Ces demoiselles au maillot jaune

GUY SITRUK

Depuis la fin des années 1980, de charmantes demoiselles remettent le bouquet de fleurs au vainqueur de l'étape et les différents maillots distinctifs du Tour de France – jaune, vert, blanc, à pois. Ce qu'on sait moins, c'est la manière dont elles arrivent jusqu'au podium. Je suis en mesure de vous le révéler, étant passé « de l'autre côté du miroir » lors du mercato de l'hiver 1991. Quittant la rédaction de *L'Équipe*, je suis alors entré au Crédit lyonnais, sponsor principal du Tour, la « banque du maillot jaune ».
Axe majeur de la communication : le podium protocolaire où, chaque jour, quatre jolies jeunes femmes « bien sous tous rapports » et sous toutes leurs formes, âgées de 25 à 35 ans environ, pomponnées, parfumées, tout de jaune vêtues, offrent au leader du classement général un maillot de la même couleur et un gros lion en peluche, symbole de la banque.

Nous nous sommes d'abord contentés de confier à une agence de mannequins le soin de nous dénicher ces quatre jeunes femmes. Et puis, un jour, lors d'une réunion de *brainstorming*, l'un de nous a lancé une idée : « Et si on faisait un casting pour choisir nos miss ? » Éclat de rire général. Et puis, à la réflexion, nous nous sommes dit que l'idée n'était pas si sotte.
C'est ainsi que, pour occuper quelques-unes de nos longues journées d'hiver sans Tour de France, nous avons reçu une cinquantaine de jeunes femmes proposées par des agences spécialisées et auxquelles nous avions indiqué, au préalable, nos critères de présélection : du charme plutôt que de la beauté pure, et surtout un esprit vif plutôt que des diplômes.
Nous savions pertinemment que, sur les étapes de plaine longues comme un jour sans bidon d'eau fraîche, les journalistes en mal de sujets magazines auraient l'idée géniale d'interviewer nos Miss. Il fallait donc éviter que l'une d'entre elles réponde : « Hinault, connais pas ! », au risque de ridiculiser la banque, peut-être même de faire dégringoler son cours en Bourse...

Thomas Voeckler en maillot jaune sur le podium, à l'arrivée de l'étape Aurillac-Carmaux en 2011.

CARMAUX
TARN
le TOUR de FRANCE 2011
france 2
LCL BANQUE
EUROPCAR
VENDÉE
TARN
RÉGION
MIDI-PYRÉNÉES

LE TOUR, MON DÉSAMOUR

CHRISTIAN MONTAIGNAC

Impressions de Christian Montaignac sur l'évolution du Tour de France depuis sa « révolution » économique de 1987.

Entre tous les titres suscités par le vieux manège de juillet, je préférerai toujours le « Tour d'enfance » au « Tour de souffrance ». Il est cette ritournelle qui nous titille avant le premier vélo, puis cette grande chansonnette qui se déplace comme Trenet de poudre, notre tasse d'été, notre madeleine à nous. Cela commence comme un air de vacances aux accents d'école buissonnière où s'envole Coppi et se poursuit de Bobet en Koblet, nos jaunes amis à jamais. On se retrouve très près du grand-père sur le bas-côté avec cette sensation douce et bouleversante du temps, comme le peloton, qui va passer, qui passe, qui est passé. Des songes bleutés, ceux que nous laisse la découverte de *Miroir Sprint* et du *Miroir des sports*, commencent à nous porter, des images sont collées, des coureurs de plomb multicolores – ah ! le maillot suisse – avancés sur le parquet. Longtemps après, braquet changé dans l'aventure d'un métier, on grimpe à Paris en attendant Goddet, l'élégant timonier, le suiveur le mieux placé, jusqu'au moment où il vous dit un jour de prix : « Mon vieux Christian, vous êtes prêt pour faire le Tour. » Et l'on s'en repart les yeux mouillés.

Arrive ce moment sacré où l'on se retrouve dans la superbe auto, assis, gêné, à se souvenir de son propre regard quand ces véhicules fascinants, arrogants, nous frôlaient, nous ignoraient. On a juste changé d'émerveillement sans se séparer de l'enfant et, surtout, de son stylo plein d'une encre sympathique qu'il fait bon vider.

Et le soir, à l'étape, on profite des mots qui passent, « salut Pierre, à toi Michel, bonjour maître Jacques », on déguste le verbe si haut porté d'un magicien, Antoine, qui sait remettre ça et noter combien l'amphétamine invite à l'enflé-ta-mine.
Une quinzaine de Tours comme ça, de l'autre côté du miroir, de l'écran, à côtoyer mes géants, à les questionner, au temps où Luis Ocaña, en son destin tragique, voulait tuer celui qu'il appelait « l'autre », l'impassible et insatiable Eddy Merckx. À tutoyer Danguillaume et Foucachon, valeureux coursiers dont les gueules de travers dans l'effort ressuscitaient les Brambilla d'hier et autres Garrigou d'avant-hier. C'était encore un Tour à visages humains, les photos en témoignent où l'on reconnaît au premier regard son favori, c'est Gem que j'aime, et c'est Bobet mon préféré. Enfer et damnation, le voici, à présent, casqué, lunetté, profilé, customisé.

UN MOT PAR-CI, FORMATÉ ET RÉPÉTÉ, UN SELFIE PAR-LÀ, SOURIEZ...

La société ambulante, si elle se veut moins celle des chargeurs réunis, est devenue anonyme. Les chouchous avancent masqués, les grimpeurs ne sont plus qu'un chapelet impossible à égrener, les expressions et les impressions se fondent, se confondent. Et les sprints d'arrivée ? Un essaim de coléoptères. Les paysages sont restés, les visages se sont effacés. L'identité et le champion que l'on reconnaît ne sont plus ce qu'ils étaient. Pinot et Bardet peuvent mettre pied à terre et se promener loin de leurs quartiers, ils ne seront pas dérangés. Démare et Bouhanni aussi, Darrigade c'est fini. Pendant ce temps, Poulidor vend toujours sa bonne bouille et la mythologie d'Anquetil enflamme les récits. Le Tour a changé de popularité, de familiarité, sinon de proximité, le consommateur est roi qui s'approche du podium pour profiter de la promotion.
Un mot par-ci, formaté et répété, un selfie par-là, souriez, vous êtes épinglé.
Pendant ce temps, la technologie ne cesse de rayonner, cadence, fréquence, puissance, faites chauffer les potentiomètres, tout est inscrit sur le petit écran, il suffit d'éviter le rouge, de lire les données et de ne pas laisser filer l'aiguille dans la boîte à gants. Surtout ne pas brûler les contrôles du rendement. Gloire aux grotesques oreillettes fixées aux nouveaux téléguidés. Les machines à pédaler déboulent, clonées.

La caravane passe, les aigris restent, si vous voulez j'en suis. Et pourtant, je n'apprécie guère les gens qui répètent « C'était mieux avant », c'est le signe restrictif de toutes les époques. Mais alors, pourquoi nier ce même engouement qui happe les foules sur les côtés de la route enchantée ? Parce que.

Parce que ce désamour est une grande affaire de cœur gâchée par le rituel robotisé. Les bataillons convaincus du principe de précaution et de l'ordre de protection ont décidé d'imposer le casque et les grégaires y ont ajouté le port de la casquette sur le podium. Il suffirait, camarades, d'un peu de liberté arrachée pour que revienne le goût de l'épopée échevelée où l'on vous reconnaîtrait trait pour trait. Et peut-être que d'autres Koblet veilleraient à se peigner après l'arrivée.
À part ça, roulez vieillesse, que dirait l'enfant d'autrefois à l'auteur de ces lignes ? « Tu n'es qu'un vieux con ! »
Pardon, monsieur Goddet, pardon.

Christian Montaignac (à droite) *avec Eddy Merckx, après l'arrivée de l'étape Aurillac-Puy-de-Dôme en 1975, lors de laquelle le Belge fut frappé par un spectateur !*

11 juillet 1998
Premier grand départ du Tour à partir d'une île, à Dublin (Irlande).

17 juillet 1998
Exclusion de l'équipe Festina du Tour pour dopage organisé.

3 juillet 1999
Aucun ancien vainqueur au départ de ce Tour, remporté par l'Américain Lance Armstrong.

29 juillet 2001
Même podium que l'année précédente (Armstrong / Ulrich / Beloki) pour la première fois depuis 1979.

1998
LE FLÉAU DU DOPAGE
2010

27 JUILLET 2003
Lance Armstrong, quintuple vainqueur du Tour, égalant le record d'Anquetil, Merckx, Hinault et Indurain.

24 JUILLET 2005
Septième victoire consécutive d'Armstrong, record absolu du Tour de France.

23 AOÛT 2005
Révélation par *L'Équipe*, preuves à l'appui, qu'Armstrong était positif à l'EPO lors du Tour 1999.

27 JUILLET 2006
Déclassement pour dopage de l'Américain Floyd Landis au profit de l'Espagnol Oscar Pereiro, quatre jours après sa victoire.

25 JUILLET 2007
Exclusion par sa propre équipe du Danois Michaël Rasmussen, maillot jaune, soupçonné de dopage.

Le peloton groupé, emmené par le Belge Frederik Willems, dans l'étape Figeac-Toulouse en 2008.

L'Espagnol Alberto Contador, double vainqueur du Tour de France en 2007 et 2009, ici dans l'étape Cahors-Angoulême en 2007.

LAURENT REVEILHAC

LE FLÉAU DU DOPAGE

Le fléau du dopage, révélé enfin au grand jour à la fin du xxe siècle, provoque le scandale et chamboule le Tour de France pendant plus d'une décennie. De 1999 à 2010, les classements sont systématiquement bouleversés par les exclusions et les sanctions. En douze ans, neuf victoires sont annulées, les sept de Lance Amstrong, puis celles de Floyd Landis et d'Alberto Contador. Les Français, eux, se contentent de ramasser les miettes. Mais le public ne se détourne pas du spectacle.

Dans la caravane du Tour, il y avait depuis le début de l'épreuve un passager clandestin : le dopage. La fin du xxe siècle a placé l'intrus sur le devant de la scène. L'arrivée de traitements lourds, qui étaient réservés aux maladies graves, a fait prendre des risques insensés aux coureurs téméraires ou dociles. Les valeurs sportives en ont été définitivement bafouées et les résultats y ont perdu leur crédibilité. Il fallait bien que cela survienne un jour.

L'année 1998 fait se télescoper la Coupe du monde de football, accueillie par la France, et le Tour, qui a attendu la fin de la fête pour partir d'Irlande. Très vite éclate un feu d'artifice de révélations retentissantes sur des trafics illégaux.

Il concerne d'abord les leaders de l'équipe Festina : le Suisse Alex Zülle, double vainqueur de la Vuelta, et l'idole Richard Virenque – 3e, puis 2e des Tours précédents. Les organisateurs, les officiels ou les contrôleurs n'y sont pour rien : ce sont des institutions extérieures – la police, la justice, la presse – qui ont secoué le peloton, faisant tomber une ribambelle de seringues, de fioles et de poches suspectes.
S'ensuivent la mise en cause, l'exclusion ou le retrait de coureurs, voire d'équipes entières – Festina, TVM, Once, Banesto, Kelme, Vitalicio, Riso Scoti. De nombreux concurrents nient l'évidence et réclament qu'on les laisse tranquilles, déclenchant manifestations et grèves, mais l'incendie se généralise. L'épreuve se poursuit portant cahin-caha jusqu'à son terme à Paris, grâce aux efforts de Jean-Marie Leblanc, le directeur de la course. Et à ceux de Marco Pantani qui ranime un peu l'enthousiasme avec des performances qu'on qualifiera d'étourdissantes... Sur 188 partants, seuls 96 coureurs ont rejoint l'arrivée.

Floyd Landis, le héros du Tour 2006, n'était qu'un diablotin

Le psychodrame vécu par le Tour de France en 1998 provoque une refonte majeure du cyclisme professionnel, incapable de s'opposer à la tourmente. Même si le Tour a failli s'arrêter dans le scandale, il se voit paradoxalement renforcé après une pénible purge pendant plus d'une décennie. Le prix ainsi payé est exorbitant. De 1999 jusqu'en 2010, tous les classements seront systématiquement bouleversés par l'effet plus ou moins tardif des sanctions.
En douze années, pas moins de neuf victoires finales sont annulées : les sept de l'Américain Lance Armstrong de 1999 à 2005, qui resteront sans vainqueur, puis celles de son compatriote Floyd Landis en 2006 et de l'Espagnol Alberto Contador en 2010 ! Les succès du Danois Bjarne Riis en 1996, de l'Allemand Jan Ullrich en 1997, puis de l'Italien Marco Pantani en 1998 réchappent de justesse aux effets de la grande lessive.

Partie en guerre contre l'organisateur, l'Union cycliste internationale se convainc elle aussi qu'il faut accepter la nouvelle donne, laisser une partie de son pouvoir aux instances de l'antidopage et la plus grande part à ASO, devenue au fil du temps propriétaire de la majorité des épreuves phares du calendrier.

L'immense audience mondiale provoquée par les succès d'Armstrong reste définitivement acquise au Tour, bien après la chute de l'idole. Car, surprise immense, le public ne se détourne pas du spectacle. Les critères imposés par l'Américain et son entourage

Lance Armstrong avec Hein Verbruggen, patron de l'Union cycliste internationale, à l'arrivée de l'étape les Deux-Alpes-la Plagne en 2002.

dans la conduite victorieuse d'une saison sont devenus la norme et restent en vigueur aujourd'hui : créer une équipe ultradominante en recrutant à prix d'or un maximum de rivaux potentiels – l'Espagnol Roberto Heras, l'Italien Paolo Savoldelli – et de spécialistes confirmés – les Américains George Hincapie, Tyler Hamilton, Floyd Landis, le Russe Viatcheslav Ekimov ; s'entraîner à l'écart ; délaisser les succès d'étapes mineures, les classements annexes et les autres épreuves du calendrier pour ne pas susciter d'union hostile ; ne négliger aucun détail dans la préparation ; et surtout un seul objectif par an, le seul qui compte dans une saison ultra concentrée, le maillot jaune !

Des courses verrouillées par des armadas de mercenaires

Quand Landis tente d'utiliser des ingrédients analogues, un an après la première retraite de son ancien mentor, il y brûle sa carrière dans son déclassement tonitruant du Tour 2006. Traité en héros à l'issue de sa chevauchée renversante vers Morzine-Avoriaz, puis de son triomphe sur le podium des Champs-Élysées, il devient un démon quatre jours après. On s'apercevra plus tard qu'il n'était en fait qu'un diablotin. Après plus d'an de procédures, la victoire de ce Tour revient au final à Oscar Pereiro, coureur espagnol assez quelconque, principal bénéficiaire d'une échappée bidon et rescapé miraculeux de contrôles plutôt suspects.
Pour ressortir par le haut de cette période noire, on ne voit surgir que Marco Pantani. Quelle que soit la perplexité suscitée par sa carrière – deux exclusions du Giro en vue de l'arrivée, dont l'une avec le maillot rose sur le dos – et son destin funeste, le flamboyant Italien laisse une empreinte profonde dans les souvenirs du peloton et du public. Sa combativité et son talent intrinsèque font du « Pirate » l'archétype du grimpeur moderne, capable comme les grands anciens de renverser le sort de la course dans une bataille au long cours. Il prouve aux coureurs frileux qu'il reste encore possible de dynamiter les courses verrouillées par des armadas de mercenaires.
Durant la même période, les coureurs français disparaissent de la tête du peloton lors des trois grands Tours et dans les « classiques ». Ils doivent se contenter de miettes de gloire occasionnelles avec le port temporaire du maillot jaune, quelques victoires d'étape ou le gain du maillot à pois. Mais le business n'a jamais été aussi rentable pour les organisateurs, sponsors, publicitaires, diffuseurs TV et personnels d'encadrement…

Le principal protagoniste de l'après-Armstrong est Alberto Contador. Vainqueur de sept grands Tours (France en 2007 et 2009, Italie en 2008 et 2015, Espagne en 2008, 2012 et 2014), il est privé de deux victoires supplémentaires sur la Grande boucle (2010) et le Giro (2011), ce qui l'empêche de dépasser Jacques Anquetil et ses huit succès.

Son panache et son caractère complet lui permettent de redonner de l'excitation à la course, sans tabler seulement sur une domination dans les contre-la-montre et un contrôle de la fin des étapes de montagne.
En dépit d'un exploit réalisé à l'Alpe-d'Huez pour s'emparer du

Carlos Sastre, vainqueur du Tour en 2008, dans le contre-la-montre Cérilly-Saint-Amand-Montrond.

maillot jaune, le succès obtenu par l'Espagnol Carlos Sastre en 2008 soulève moins d'intérêt. Ce grimpeur discret est pourtant monté sur sept podiums dans les grands Tours, ce qui n'est pas une bagatelle. Il pâtit néanmoins des sulfureuses réputations du cyclisme espagnol et de son manager danois Bjarne Riis dans l'équipe CSC.

De son côté, le Luxembourgeois Andy Schleck déçoit. Cornaqué par son frère aîné Frank, il est pétri de talent : trois fois « meilleur jeune » du Tour – record d'Ullrich égalé – et 2e du Tour en 2009 derrière Contador. Il fait étalage de toute sa classe lors d'un affrontement majestueux avec le champion espagnol dans le Tour 2010, qui éclipse le retour manqué d'Armstrong – 3e du Tour 2009 mais seulement 23e en 2010, à près de 40 minutes, avant sa radiation définitive du palmarès. Schleck finit par être crédité de la victoire finale après le déclassement de Contador. Il termine encore 2e du Tour en 2011, battu dans le contre-la-montre décisif par l'Australien Cadel Evans. Mais, au moment où elle semblait pouvoir le mener au sommet, sa carrière se délite, entre blessures et renoncements, jusqu'à une retraite anticipée à la fin de la saison 2014, à seulement 29 ans.

LES NOUVEAUX VENUS PASSENT AU VERT

Depuis 1953, le maillot vert du classement par points honore le coureur le plus régulier à l'arrivée des étapes, généralement un grand sprinteur. Derrière la Belgique (19) et la France (9), c'est l'Allemagne qui compte le plus grand nombre de victoires (8). Après les succès en éclaireur de Rudi Altig (1962) et d'Olaf Ludwig (1990), les six succès d'Erik Zabel (1996-2001) constituent le record individuel. Autant que la première victoire sur le Tour de Jan Ullrich en 1997, sous le même maillot de la Telekom, il a consacré l'arrivée de l'Allemagne dans le concert des grandes nations du cyclisme.
Le même chemin a été emprunté par d'autres pays parvenus au plus haut niveau. L'Australie, avec Robbie McEwen (2002, 2004, 2006), Baden Cooke (2003) et Michael Matthews (2017) ; la Slovaquie, grâce à Peter Sagan (5 maillots verts entre 2012 et 2016) ; mais aussi l'Irlande, grâce à Sean Kelly (quatre succès en 1982, 1983, 1985 et 1989), l'Ouzbékistan (Djamolidine Abdoujaparov en 1991, 1993 et 1994), ou la Norvège (Thor Hushovd en 2005 et 2009).
L'arrivée récente de la Grande-Bretagne au sommet du Tour a aussi été saluée par le maillot vert de Mark Cavendish (2011), recordman des victoires d'étapes sur la Grande boucle (30, entre 2008 et 2016).

PANTANI ET SASTRE ENTRE LES GOUTTES

Avant et après les Tours maudits (1999-2005) qui n'auront pas de vainqueur, quelques coureurs étrangers sont passés entre les gouttes des contrôles antidopage. Marco Pantani, Carlos Sastre et Mario Cipollini, entre autres, tirent leur épingle du jeu. En revanche, c'est une mauvaise période pour les Français, malgré les performances notables de Jean-Patrick Nazon, Jacky Durand, Thomas Voeckler ou Sylvain Chavanel.

1

2

3

4

1 - *L'Italien Marco Pantani en maillot jaune, vainqueur du Tour en 1998, dans la roue de l'Allemand Jan Ullrich lors de l'étape Vizille-Albertville.*

2 - *Le Belge Axel Merckx, fils d'Eddy, dans l'étape Luchon-plateau de Beille en 1998.*

3 - *L'Espagnol Carlos Sastre, vainqueur du Tour en 2008, dans l'étape Toulouse-Ax Trois Domaines en 2003.*

4 - *L'Italien Mario Cipollini vainqueur au sprint de l'étape Cholet-Châteauroux en 1998.*

5 - *Victoire au sprint de Jean-Patrick Nazon sur les Champs-Élysées devant les Australiens Baden Cooke et Robbie McEwen dans l'étape Ville d'Avray-Paris en 2003.*

6 - *Jacky Durand dans l'étape Avesnes-sur-Helpe-Thionville en 1999.*

7 - *Thomas Voeckler en maillot jaune (à droite) avec le Tchèque Pavel Padrnos sur l'étape Valréas-Villard-de-Lans en 2004.*

8 - *Christophe Moreau, l'Allemand Jan Ullrich, le Danois Michael Rasmussen et l'Italien Paolo Savoldelli dans l'étape Courchevel-Briançon en 2005.*

9 - *Sylvain Chavanel avant sa victoire dans l'étape Roanne-Montlucon en 2008, ici en compagnie de Jérémy Roy.*

5

6

7

8

9

LE FEUILLETON MORBIDE DU DOPAGE

MICHEL DALLONI

Ce qu'on a longtemps appelé le* doping *ne date pas d'hier dans le monde du sport. La mort de Tom Simpson sur les pentes du mont Ventoux en 1967 et l'affaire Festina en 1998, entre autres, en témoignent. Le fléau fait « exploser » le Tour de France qui mettra une décennie à s'en remettre. Une admirable enquête de Damien Ressiot, journaliste à* L'Équipe*, dénonce le « mensonge Armstrong » en août 2005, point culminant de scandales à répétition qui ont failli tuer la Grande boucle. Les contrôles antidopage tentent désormais de dissuader et d'attraper les fraudeurs.

L'Équipe, le Tour de France et le dopage, c'est un ménage à trois, dont la vie trépidante ressemble à une collection de bulletins météo équatoriaux : avis de tempête, grand bleu, typhon, calme plat, tornade, embellies, orages diluviens, soleil radieux, coup de tabac, azur profond, bourrasques d'enfer, ciel de paradis. Belle lurette que ça dure... Au moins depuis juillet 1947. Cet été-là, la Grande boucle déroule à nouveau ses lacets qu'elle a heureusement défaits au terme de l'édition 1939 pour ne pas se livrer, pieds et poings liés, à l'occupant nazi. C'est dire que le temps de l'innocence est passé. D'autant plus que l'alerte a été donnée dès 1924 par Albert Londres, envoyé spécial ébahi du *Petit Parisien*, devant qui les frères Henri et Francis Pélissier ont vidé leur musette au zinc du Café de la gGare à Coutances – voir le chapitre 3, p. 88.

Le doping n'est donc pas une découverte. Pas plus au début des années 1920, celles de* L'Auto*, qu'à la fin des années 1940, celles de* L'Équipe*. Mais il est au cyclisme de la renaissance ce que la baïonnette est à l'ère atomique : un relief, un accessoire, une broutille. Un élément du folklore.

Il n'y a toujours pas de contrôles, pas vraiment de règlements et donc pas de coupables, ni de complices. La presse est trop concentrée sur la course, ses héros et sa légende pour renifler les effluves médicamenteux, qui doivent plus à l'éther qu'au menthol.

En 1948, cependant, à la faveur d'un édito en forme d'hommage à Gino Bartali, vainqueur de l'épreuve dix ans après son premier succès, Jacques Goddet dépiaute les secrets de la longévité de l'inoxydable Toscan : « Sacrifice total au repos en chambre ; alimentation raisonnable ; peu de boisson ; pas de dopage abusif. » Eh oui, tout est question de dosage. Sinon... Sinon, on tombe. Au propre comme au figuré. Prenons Jean Malléjac. Grimpeur finistérien. Deuxième du Tour de France 1953, derrière Louison Bobet. En 1955, on le retrouve évanoui sur les flancs du Ventoux, qui pimente la 11e étape. « Les yeux révulsés », souligne Georges Duthen, un des envoyés spéciaux de *L'Équipe*. « Son teint cireux, ses traits tirés accentuaient sa maigreur. Il fallut lui desserrer les mâchoires pour essayer de le faire boire », décrit-il. Amphétamines. Scandale. Pleines pages et gros titres dans *L'Équipe*. « La lutte contre le *doping* ne sera menée à bonne fin que lorsque les directeurs sportifs en auront compris la nécessité [...]. Il ne faut pas hésiter à disqualifier à vie ceux qui, par ces pratiques, risquent de "se détruire", et leurs complices », sermonne Georges Duthen.

Al Capone avec une panoplie de chimiste et un cynisme hors catégorie

C'est le début officiel d'un feuilleton morbide, dont *L'Équipe* racontera à peu près tous les épisodes. Notamment celui de l'érythropoïétine, la tristement célèbre EPO, une hormone de synthèse, qui transforme les ânes en pur-sang, devenue le lait maternel de toute une génération de cyclistes. En mai 1990, quelques semaines après le docteur Jean-Pierre de Mondenard dans les colonnes du *Figaro*, Philippe Brunel, à *L'Équipe*, constate et prévient : « L'EPO est un poison mortel,

FOOTBALL
MONACO : PAS DE BÊTISE
LENS, OM : OBJECTIF UEFA
(Pages 6 et 7)

TENNIS
SHARAPOVA NUMÉRO 1 MONDIALE

L'ÉQUIPE
LE QUOTIDIEN DU SPORT ET DE L'AUTOMOBILE
0,80 €

LE MENSONGE ARMSTRONG

« L'Équipe » s'est procuré les résultats d'analyses scientifiques du Laboratoire national antidopage de Châtenay-Malabry, recoupés par une série de documents officiels. Une enquête exclusive qui démontre que Lance Armstrong a utilisé de l'EPO lors de son premier Tour de France victorieux, en 1999, contrairement à ce qu'il a toujours dit. (Pages 2 à 4)

N'ALLUMEZ PAS LA TÉLÉ SANS REGARDER TMC.
En direct du stade Louis II
20:35 AS MONACO BETIS SEVILLE
CE SOIR EN DIRECT
TMC MONTE CARLO
Ce soir sur TMC, Monaco joue sa qualification en Ligue des Champions
Commentaires : Michel HIDALGO et Claude BELLEI.

Le scoop à la une de L'Équipe *du mardi 23 août 2005 qui révèle l'affaire Armstrong.*

car elle augmente la densité du sang. Celui-ci devient épais comme du sirop. Il se dépose sur les parois des artères et finit par les obstruer, provoquant l'embolie. » Chimie, décès, corruption, trahisons, aveux, reniements, alibis, descentes de police, prévarication, falsification, procès : le « grand huit » de l'infamie est ouvert. Parfois, on touche au tragique : la mort du Britannique Tom Simpson, sur les pentes du Ventoux encore, le 13 juillet 1967. Parfois, c'est du grand-guignol : l'utilisation par le Belge Michel Pollentier, alors maillot jaune, d'un appareillage destiné à falsifier *in situ* le contrôle urinaire, le 16 juillet 1978. Parfois, le cocasse est de sortie : la mini-grève du peloton entre Bordeaux et Bayonne, à Gradignan (Gironde), le 29 juin 1966, protestant contre les deux premiers contrôles antidopage organisés aux termes de la loi n° 65-412 du 1er juin 1965, tendant à la répression de l'usage des stimulants à l'occasion des compétitions sportives. Parfois, on tutoie l'invraisemblable : le contrôle positif du maillot jaune espagnol Pedro Delgado aux stéroïdes anabolisants, le 19 juillet 1988, néanmoins déclaré vainqueur à Paris pour cause de lacune dans les listes de produits interdits !

Conférence de presse de Laurent Brochard, Richard Virenque et Laurent Dufaux dans la tourmente de l'affaire Festina en 1998.

Parfois, c'est le naufrage : l'affaire Festina, en juillet 1998, avec son lot de rebondissements plus catastrophiques les uns que les autres, ses terribles conséquences et sa morale douteuse : mieux vaut un bon bouc émissaire (Richard Virenque) qu'un mauvais vainqueur (Marco Pantani) !

Parfois, on enchaîne tout à la fois : affaires Landis (2006), Vinokourov et Rasmussen (2007), Ricco (2008), Contador (2010), Schleck (2012).

Et Lance Armstrong ? Justement... Le plus fort de tous. Le plus suspect aussi. « Al Capone » avec une panoplie de petit chimiste et un cynisme hors catégorie. Je gagne donc je suis. La preuve : j'ai vaincu le cancer. On est prié de croire au miracle. Sublime, forcément sublime. Des questions ? Non ? Tant mieux, sinon je vous écrabouille, compris ? Beaucoup s'écrasent. Certains ferment les yeux. D'autres en croquent. La plupart souffrent sans mot dire. Du coup, notre ami américain emporte sept Tours de France d'affilée. Record absolu. Au passage, il signe quelques-uns des plus beaux exploits de l'histoire du cyclisme. Trop beau pour être vrai. D'ailleurs, c'était faux. Damien Ressiot, impitoyable investigateur du service « Tous sports-Institutions » de *L'Équipe*, l'établira dans une admirable enquête en deux volets en forme de scoop mondial, publiée les 23 et 24 août 2005 : Lance Armstrong est un tricheur.

Le scoop le plus fameux de l'histoire de *L'Équipe*

Avant de devenir un sujet de réprobation, Lance Armstrong est donc un magnifique sujet de journalisme. Sept années durant, il nous a poussés dans nos retranchements éditoriaux. Il nous a fallu décortiquer ses performances. Il nous a fallu comprendre les méthodes de dopage et assimiler les posologies. Il nous a fallu décrypter les réglementations et les ordonnances. Il nous a fallu muscler sans cesse nos réseaux d'informateurs et défaire ceux des corrupteurs. Il nous a fallu dépasser nos propres doutes pour nous hisser au niveau de notre sujet. Il nous a fallu continuer à aimer le sport et à croire en ses champions. Il nous a fallu continuer à exercer notre métier.
Le travail de Damien Ressiot est un chef-d'œuvre. Exemple de rigueur, puisque cette série de papiers n'a fait l'objet d'aucun droit de réponse, d'aucune plainte, d'aucun procès, d'aucune condamnation par la justice. Démonstration d'indépendance puisque la SNC *L'Équipe* et Amaury Sport Organisation, société organisatrice du Tour, ont le même actionnaire. Je suis certain que ce scoop, le plus fameux de l'histoire du quotidien sportif, a rendu un fier service au Tour de France, au cyclisme et au sport dans son ensemble. Nous avons scié la branche sur laquelle les dopés et leurs zélateurs, confortablement assis, nous invitaient à les rejoindre. Cet élagage était nécessaire sous peine de mort lente.

C'est difficile à écrire – et à avaler –, mais Armstrong, malgré lui, nous a rendus meilleurs. Il l'a payé. Seulement voilà : après quatre années de retraite, il est revenu courir le Tour de France en 2009 et 2010, plus arrogant et pervers que jamais. En toute impunité. Tapis rouge, petits fours et livre d'or. Allez comprendre...

Quelques années plus tard, cerné par les enquêtes, le Texan avalait le chapeau que des thuriféraires lui avaient ostensiblement tiré lors de son retour. C'était le 17 janvier 2013. En direct sur OWN, la chaîne de télévision américaine de la présentatrice-vedette Oprah Winfrey. Des aveux en bonne et due forme. Larmoyants. Dégoûtants. Mais ces piteuses confessions d'un enfant du cycle n'auront surpris que ceux qui n'avaient pas acheté *L'Équipe* du 23 août 2005 où « Le mensonge Armstrong » était révélé par Damien Ressiot. Tant pis pour eux parce que, cette fois, la Grande boucle était bouclée.

« TOM SIMPSON EST MORT SOUS MES YEUX »

JEAN CORMIER

Le 13 juillet 1967, dans l'ascension du mont Ventoux, sous un soleil de plomb, le Britannique s'effondre soudain sur le bord de la route. Déshydraté, imbibé d'alcool mais aussi dopé aux amphétamines, il est transporté par hélicoptère à l'hôpital d'Avignon où il meurt en fin d'après-midi. Jean Cormier, alors journaliste au **Parisien libéré*****, a vécu en direct cette tragédie du Tour de France.***

Tour de France 1967, 13e étape Marseille-Carpentras. « Jean, vous ramasserez les morts aujourd'hui ! » Par cette phrase du jargon vélocipédique pour indiquer les coureurs à la traîne, Georges Duthen, chef de la rubrique des sports du *Parisien libéré* et ancien de *L'Équipe*, m'a proposé, au matin de ce 13 juillet fatidique, de faire la course en queue de peloton. Ainsi, avec Pierre Toret, journaliste qui fera carrière à la télé, Roger Krieger, dit « Krikri », photographe à *L'Équipe* et notre « papa coq », le dévoué pilote Pochet, dit « la Poche », nous partons pour randonner en douceur vers les premières pentes du mont Ventoux.

Fait rarissime, nous sautons le sacro-saint repas de la mi-journée que nous avions pris l'habitude d'honorer dans une gargote plus ou moins avenante. Sur cette étape, c'est Krikri qui conduit, nous rappelant que le journaliste peut toujours demander à un témoin de lui donner les informations qui lui manquent, mais pas le photographe : il se trouve dans l'évidente obligation d'être présent sur l'événement.

Parlant anglais, j'avais régulièrement échangé avec Tom Simpson, personnage haut en couleur – il a été champion du monde en 1965 –, débordant d'humour. En cette année de retour aux équipes nationales, il est naturellement le leader de l'équipe d'Angleterre et nous discutions autant de rugby que de vélo.

Alors que la cloche appelle les coursiers à s'amalgamer pour s'élancer dans leur 13e étape, je lui demande : « Tu es loin au classement général (7e à 8' 20"), tu crois que tu as encore une chance de gagner le Tour ? »

Et, tout de go, le gentleman du peloton me sert : « Suis-moi, tu verras que ce soir je me serai rapproché de Roger Pingeon en tête du classement. Oui, ce Tour, je veux, je peux encore le gagner, j'y crois. » Cela semble quand même peu probable, mais la classe est là, la volonté tout autant, allez savoir avec semblable personnage.

Journée déjà particulière pour moi où la décapotable de « papa Pochet » ne fera pas route, comme elle en a pris l'habitude, au coude-à-coude avec la moto de Jean-Jacques Simmler, bizuth du Tour tout comme moi, et promu ardoisier. Pendant qu'il assume sa mission – présenter leurs écarts aux coursiers –, notre décapotable rouge se cale sagement dans les roues du camion-balai. Elle avance au rythme des déjà largués, avec Krieger à cheval sur la portière, prêt à bondir en cas d'abandon d'un chef de file.

Ce que j'ai alors vécu est si incroyable qu'un demi-siècle plus tard, je m'en souviens comme si c'était hier. Jusqu'au Chalet-Reynard, dans les premières rampes du Ventoux, calme presque plat : les cadors sont aux avant-postes, Simpson en fait partie, nous précise Radio Tour. Puis le décor lunaire éclate en pleine lumière. Un drame se noue...

Rendus fous par les rayons de l'astre qui enlèvent toute lucidité

Plus la route se cabre et s'approche du sommet, plus le cagnard cogne. Il faut s'hydrater coûte que coûte, boire pour lui résister. Très vite, plus d'eau, plus de mains secourables pour tendre une bouteille, un bidon salvateur. Les coursiers s'en prennent alors aux bouteilles des derniers pique-niqueurs. Flacons d'alcool compris. Krieger « met en boîte » ces coureurs qui engloutissent au goulot des fioles d'apéritif, et aussi du cognac. Simpson est de ces hommes rendus fous par les rayons de l'astre qui leur enlèvent toute lucidité. On le voit en danger, là, quelques mètres devant nous. Les autres s'en tireront, pas lui !

Casquette à l'envers, visage dévasté par le rictus de la souffrance, Simpson a de plus en plus besoin de toute la largeur de l'asphalte pour avancer. Une première fois, alors qu'il tangue devant nous, il chute sur les cailloux blancs du mont Pelé. Des spectateurs, chauds comme la braise, l'aident à se remettre en selle et le poussent. Énorme connerie ! De la folie furieuse !

À deux km du sommet, il retombe sur la caillasse du côté droit de la route. Je me précipite pour aider à l'allonger sur ce lit de pierres brûlantes. Une femme, qui s'avère être infirmière, lui fait le bouche-à-bouche. Je retourne à la voiture chercher un coussin afin qu'elle épargne ses genoux. Je constate que les yeux bleus de Tom sont devenus noirs.

Alors que je me prépare à relayer l'aide-soignante à bout de souffle et que Krieger mitraille toujours, l'hélicoptère de la gendarmerie dépose le docteur Dumas, surnommé par Antoine Blondin « Amphétamine Dada ». Dans la poussière soulevée par les curieux, qui sont écartés par les gendarmes, le volumineux et chaleureux toubib enfonce une grosse aiguille dans la jugulaire de Simpson avant de lui poser un cathéter pour permettre au sang vicié de se libérer. L'hélico s'envole avec le corps inanimé de Tom vers l'hôpital d'Avignon, où sa mort sera annoncée à 17 h 20.

Félix Lévitan, codirecteur du Tour, se précipite vers moi à l'arrivée : « Jean, ce soir vous n'écrivez pas, vous m'accompagnez à la morgue de l'hôpital d'Avignon. Vous traduirez pour sa femme. » Ainsi ai-je découvert ce qu'il y avait dans la poche du cuissard de l'infortuné Simpson ! Des produits dont je préfère occulter le nom. L'autopsie conclura sèchement : amphétamines et alcool ! C'est un terrible concours de circonstances qui a coûté la vie à Tom : une insolation et le mélange de produits dopants avec l'alcool, des flacons empruntés aux spectateurs.

Mort du Britannique Tom Simpson, victime du dopage, sur les pentes du mont Ventoux dans l'étape Marseille-Carpentras en 1967.

Un demi-siècle après, la publication du présent ouvrage m'a soufflé : « Lâche-toi. » Et je me suis décidé à ouvrir les guillemets. Tom Simpson n'est pas mort pour rien. Le Tour 1968 sera celui du ravitaillement « en eau fraîche » qui évitera les scènes aussi surréalistes que celles dont nous avons été témoins. Simpson a confié « de là-haut » sa femme à son ami et coéquipier Barry Hoban, afin que la roue continue de tourner dans le bon sens, vers l'avant ! Et la stèle fixée sur le flanc du Ventoux, le monstre qui a eu ta peau, Tom, reçoit toujours des preuves d'affection et de respect.

ARMSTRONG *AVANT* L'AFFAIRE « *LUCKY LUKE*, C'EST PLUS IMPORTANT QUE *L'ÉQUIPE* ! »

CHRISTOPHE WYRZYKOWSKI

La première partie de la carrière de Lance Armstrong est celle d'un jeune cycliste américain ambitieux qui remporte sa première étape dans le Tour et devient champion du monde dès 1993. Il n'enrichit guère son palmarès par la suite jusqu'à son cancer déclaré en 1996, qui le met hors course pendant trois ans. Son grand retour sera fracassant mais s'achèvera dans l'opprobre et le scandale. Ses sept victoires successives dans l'épreuve (1999-2005) seront annulées pour cause de dopage.

Lance Armstrong avec son maillot de champion du monde dans l'étape Lourdes-Luz Ardiden en 1994.

Barcelone 1992. Les Jeux olympiques. Le 2 août. Avec ma double casquette, celle de *L'Équipe* et celle de la télévision polonaise (TVP), la veille de la course sur route, je vais voir les coureurs de mon pays pour prendre la température. Et glaner quelques renseignements sur leurs rivaux, surtout ceux que l'Europe cycliste ne connaît pas encore, les Américains et les Australiens. Eddy Borysewicz, grand gourou du cyclisme US, un Polonais installé aux États-Unis, maîtrise trop bien le sujet pour raconter des bêtises. « Les Américains pensent que la médaille d'or est déjà réservée et qu'il faudra courir pour l'argent. Le gars s'appelle Lance Armstrong et bientôt il sera parmi les tout meilleurs chez les pros... »
À Barcelone, Armstrong ne fait rien de particulier. Mais une semaine après les JO, tout fier d'avoir en poche son premier contrat professionnel chez Motorola, il se présente au départ de la Classique de Saint-Sébastien. Beaucoup d'ambition. Peut-être trop. Cinq heures plus tard, il termine 111e et dernier, à 27 minutes du vainqueur, le Mexicain Raul Alcala, et à 11 minutes de l'avant-dernier. Ce véritable chemin de croix, il ne l'a jamais oublié. Il me confiera bien plus tard : « J'étais bousculé, poussé, on crachait devant mon vélo, on m'insultait, on me rigolait au nez, les spectateurs qui rentraient à la maison n'en avaient rien à foutre du *gringo*. C'est là que je me suis dit : "Je vais revenir pour gagner cette course." » Et il terminera 2e de la Classique en 1994 avant de la remporter un an plus tard.

« *CHRIS, KURWA*, J'AI GAGNÉ ! »

C'est en juillet 1993 que je le rencontre pour la première fois. Le 11 juillet à Verdun. C'est là qu'Armstrong remporte sa première étape dans le Tour. Le soir, je me rends à l'hôtel des Motorola pour l'interviewer. Hennie Kuiper, alors porte-parole de l'équipe américaine, me prévient : « Attention, il est en colère contre ton journal, alors... » Je frappe à la porte. Pas de réponse. Pourtant, j'entends la télévision allumée. Ce n'est qu'à la troisième tentative que la porte s'ouvre : « Ne me dérangez pas, je regarde des dessins animés, *Lucky Luke* ou *Pluto* sont plus importants que vos questions ! Hennie m'a dit que vous alliez venir, c'est bien que vous soyez là, car je suis très remonté. *L'Équipe* est un très mauvais journal. Vous ne connaissez rien au vélo. Il y a quatre jours, nous avons terminé sur le podium l'étape contre la montre par équipes derrière GB-MG et Once. C'est fabuleux ! Et je n'ai rien vu dans votre journal. Ni photo, ni article, rien... »
Je n'ai pas le temps de lui expliquer que la troisième place ne mérite pas toujours une photo à la une.

Il se précipite vers moi et regarde le carton d'accréditation qui pend à mon cou. En voyant mon nom, il rigole : « Et, en plus, vous êtes polonais, comme Borysewicz, les frères Bek et Szozda. Oui, oui, les entraîneurs polonais sont proches du cyclisme américain. Et je parle un peu votre langue... »

Lance Armstrong avec Emma O'Reilly, sa masseuse, à l'arrivée de l'étape Le Grand-Bornand-Sestrières en 1999. L'une des premières à révéler le dopage de l'Américain.

Parler, c'est beaucoup dire, mais quelques gros mots sortent : le plus correct et le plus employé était *kurwa* – prononcez *kourva*, « putain » en polonais. Bref, notre première rencontre se termine beaucoup mieux qu'elle n'a commencé.

Au sein de la rubrique cyclisme de *L'Équipe*, je suis donc chargé de suivre Armstrong. Je couvre ses courses, je récupère des infos. Et c'est ainsi que je le retrouve aux championnats du monde à Oslo, en 1993. La météo est affreuse, pluie, froid, route glissante, le roi Harald V sous un parapluie. Miguel Indurain et Olaf Ludwig ne parviennent pas à contrer Lance qui décroche le titre mondial. À la conférence de presse à l'hôtel de ville d'Oslo, dans la salle pleine à craquer, il m'aperçoit, brandit le poing et crie : « Chris, *kurwa*, j'ai gagné ! » En une seconde, je deviens très populaire parmi mes confrères, dont beaucoup me prennent pour un Américain ou un Polono-Américain.

J'essaie de reprendre contact mais son portable ne répond plus

En 1994, Armstrong ne remporte pas la moindre course importante, mais n'en est pas perturbé pour autant. Chouchouté par Jim Ochowicz, le manager de Motorola, et par Bill Stapleton, son agent, il s'installe en Italie au bord du lac de Côme dans une villa somptueuse, avec mini-téléphérique privé en guise d'accès à sa propriété, un très grand jardin et une petite plage à sa disposition. Il y mène une vie joyeuse, entouré de jolies filles, dont une très belle cycliste hollandaise. L'histoire ne dure pas longtemps et Kristin, sa future épouse et mère de ses trois enfants, prend la place.

En juillet 1994, Lance participe à son deuxième Tour, où il abandonne sans briller. Il revient à Côme après chaque course disputée en Europe, souvent accompagné par des amis cyclistes, tels Frankie Andreu ou Steve Bauer, qui logeaient chez lui. À la fin du Tour, il me propose de lui rendre visite.

Et c'est ainsi qu'en août, avec mon épouse et ma fille cadette Klara, âgée alors de 10 ans, nous faisons étape à Côme lors de notre périple italien. Klara nage avec Lance dans le lac, Frankie et Steve sont là aussi. Et puis Armstrong me demande si ça nous intéresse de revenir passer quinze jours chez lui, car il doit partir aux États-Unis et ne veut pas laisser la maison abandonnée. Mais il doit finalement changer ses plans et nous ne sommes jamais retournés au lac de Côme.

En 1996, la nouvelle de son cancer tombe. J'essaie à maintes reprises de reprendre contact avec lui. Mais son portable ne répond plus. Je lui envoie une lettre mais, pour toute réponse, j'ai droit à une carte postale signée par Bill Stapleton, qui est toujours son agent. « Lance vous remercie et vous transmet ses meilleures pensées. » C'est tout. Visiblement, Armstrong ne veut plus entretenir de contacts comme avant sa maladie. J'ai tout de même droit à son bonjour que mes confrères de la rubrique me transmettent. À *L'Équipe*, je suis transféré à la rubrique olympique et je ne me suis plus jamais occupé de vélo.

Trois ans plus tard, Lance fait son grand retour et la série de ses étonnantes victoires commence. Mais c'est une autre histoire…

L'ÉVÉNEMENT

ARMSTRONG *APRÈS* L'AFFAIRE UN ŒIL BLEU EN GUISE DE REVOLVER

GILLES SIMON

Après trois ans de fausse retraite pour faire oublier les accusations de dopage, révélées par* L'Équipe*, qu'il continue à nier, l'Américain revient sur le Tour de France en 2009 mais sans succès. Il finit par passer aux aveux en 2013 et perd ses sept victoires usurpées dans la Grande boucle. Lui qui morigénait les cyniques et les sceptiques du haut du podium des Champs-Élysées, en juillet 2005, a vieilli. Plus faillible, il devient aussi plus humain.

Lance Armstrong, c'est d'abord un regard. Ce rayon bleu banquise qui vous transperce et vous glace à la fois. Ce regard dont il se sert comme d'un revolver. Lorsqu'il le braque sur vous, c'est comme si vous entendiez le déclic du chien qu'on arme... Ce regard, il en jouera toute sa vie. À bon et à mauvais escient. Lorsqu'il lui faut affronter le verdict des médecins, qui lui diagnostiquent un cancer des testicules en 1996. Quand il balaie les doutes sur sa métamorphose physique, née de l'épreuve de la maladie et de la découverte de l'EPO, et sa transformation en coureur de grands tours. Lorsqu'il annexe sept Tours de France (1999-2005) en assommant la concurrence et assujettissant le peloton. Sur la Grande boucle, Armstrong écrase tout, piétine tout : les palmarès, les adversaires, les institutions, la presse. Mais dans un brouillard de suspicion qui rend flous le personnage et ses résultats.

C'est* L'Équipe *qui, en premier, lève un coin du voile en août 2005, lorsque Damien Ressiot révèle qu'un échantillon de 1999, retesté avec la nouvelle méthode de détection de l'EPO, est positif – sans conséquence disciplinaire cependant, puisque les règles ne permettent pas alors d'effectuer des analyses a posteriori.

Lance Armstrong en spectateur sur le Tour 2015.

Il faudra attendre encore sept ans, une fausse retraite (2005-2008) et un retour à la compétition inachevé (2009-2010) pour que l'Agence antidopage américaine (l'Usada) le fasse tomber en 2012 sur une accumulation de témoignages de ses anciens équipiers.
Déchu de ses titres, le Texan passe enfin à confesse en janvier 2013 à la télévision américaine. Trop tard. Plus que sa domination sportive, c'est l'arrogance de ses années dorées que l'opinion lui fait payer. Quant à la révélation de ses méthodes de dopage, elle constitue presque une déception par leur relative banalité.

UN *COMEBACK* QUI FAIT BEAUCOUP DE VAGUES DANS LES MÉDIAS

Notre première rencontre a pour cadre un parking poussiéreux des environs d'Adélaïde, en Australie, juste avant son retour à la compétition en janvier 2009. Nous sommes quelques voitures de journalistes à emboîter le pas du petit peloton de son équipe Astana, qui quitte l'hôtel au petit matin pour un entraînement dans les collines déjà harassées de chaleur. Toutes les équipes résident dans le même établissement luxueux du centre-ville. Mais pas Armstrong qui fuit micros et caméras et a trouvé refuge chez un ami. Chaque matin, il donne rendez-vous à ses équipiers dans un endroit différent.
Ce jour-là, on observe donc à distance le petit manège des Astana et Armstrong qui salue ses *boys*, un à un, distribuant les bons mots et les tapes dans le dos comme un croupier les as de pique. Puis il lève la tête et se dirige vers moi, sans hésiter. « Hello, tu es Gilles ! lance-t-il en me tendant la main. On se voit demain. » On a effectivement rendez-vous le lendemain, la veille du départ du Tour Down Under, mais Armstrong ne m'a jamais vu. Jamais. Seulement, il s'est renseigné et probablement procuré une photo, de façon à se montrer à son avantage. Toujours cette obsession de tout maîtriser. Ou d'en donner l'impression.
Cette course est la première épreuve de vélo que je couvre pour *L'Équipe*. Je viens d'être nommé responsable de la rubrique cyclisme et mon arrivée

Lance Armstrong au milieu de ses coéquipiers sous le regard d'Alberto Contador (à gauche), *avant le départ de l'étape Bourg-Saint-Maurice-Le Grand-Bornand en 2009.*

coïncide avec le retour d'Armstrong. Un *comeback* qui fait beaucoup de vagues dans les médias.

À l'une des premières réunions de rubrique, je demande qui veut bien s'attacher aux pas de l'Américain. Silence sidéral. Armstrong, en 2009, c'est le retour du maudit, des années de plomb. Il a empoisonné l'existence des journalistes de* L'Équipe *pendant de longues années et personne n'a la moindre envie de se colleter de nouveau au Texan.

Il faut donc que je m'y colle, à la fois intimidé par l'ampleur de la tâche et fasciné par l'objet journalistique qu'il représente.
Pour lui, dont le seul but est de regagner le Tour de France, *L'Équipe* – qui appartient au même groupe qu'ASO, son organisateur – est incontournable. Le journal est la porte d'entrée médiatique du Tour. Les tractations pour obtenir une interview en tête à tête ont pourtant été longues et compliquées. Armstrong sait se faire désirer. Le rendez-vous a finalement lieu dans sa chambre de l'hôtel qu'il a rallié la veille du départ de la course et il essaie de se montrer aussi chaleureux qu'il le peut. Même ses yeux bleus ne trahissent pas de lassitude sous le feu roulant des questions portant sur ses pratiques illicites qu'il continue obstinément à nier. L'interview terminée, il prolonge la conversation, posant à son tour quelques questions tout en préparant son matériel pour le lendemain. Au passage, il me fait soupeser ses nouvelles chaussures, fier d'avoir gagné quelques dizaines de grammes sur ses concurrents. L'obsession du détail, toujours...

Sept maillots jaunes paressent sur un mur dans son *poolhouse*

Toute la suite de notre relation de travail reposera sur ces deux piliers : séduction et intimidation. Mais j'ai un avantage sur mes prédécesseurs. Malgré tous ses efforts, Armstrong n'est pas redevenu le champion intouchable du tournant du millénaire. Il ne remportera plus le Tour et perdra son bras de fer avec Alberto Contador, son coéquipier. Le Lance Armstrong qui morigénait les cyniques et les sceptiques du haut du podium des Champs-Élysées, en juillet 2005, a vieilli. Plus faillible, il est aussi plus humain.
Je rencontre Armstrong à plusieurs reprises après la fin de sa carrière. En décembre 2013, avec Benoît Hopquin, du journal *Le Monde*, nous organisons une interview et une rencontre croisées avec Christophe Bassons à Paris. C'est peu de temps après ses aveux et c'est la première fois que je le vois baisser sa garde. Lorsque je lui propose un reportage sur sa nouvelle vie, il souffle : « Ma vie, aujourd'hui, n'a aucun intérêt... » Je le revois chez lui, à Austin, trois ans plus tard. Je passe dans le coin à l'occasion d'un reportage pour *L'Équipe Magazine* et je le contacte pour solliciter une interview. Il refuse la proposition, mais accepte de partager un déjeuner après sa sortie de vélo quasi quotidienne. À la condition que je n'écrive rien. Cette fois, il n'est plus question du Tour. Enfin presque. Parce qu'il ne résiste pas au plaisir de me montrer les sept maillots jaunes accrochés au mur de son *poolhouse*. « Ceux-là, s'ils les veulent, ils devront venir les chercher » – ses sept victoires dans le Tour lui ont été retirées par l'Union cycliste internationale après ses aveux de dopage –, me glisse-t-il en glaçant son propos de son regard banquise. Armstrong sera toujours Armstrong.

Laurent Jalabert devant Miguel Martinez dans l'étape les Deux-Alpes-la Plagne en 2002.

LAURENT JALABERT À FLEUR DE PEAU

PHILIPPE LE GARS

Coureur complet, « Jaja » affiche un palmarès appréciable : Tour d'Espagne (1995), champion de France (1998), numéro 1 mondial pour l'UCI (1995, 1996, 1997, 1999), vainqueur du classement par points (1992, 1995) et de la montagne (2001, 2002) sur le Tour de France. Mais, exilé en Espagne dans l'équipe Once, il a souvent souffert des humeurs de son patron et du manque de reconnaissance du public français. Son départ pour la formation CSC-Tiscali en 2001 fut une libération.

Laurent Jalabert a longtemps entretenu des rapports compliqués avec la presse française, et plus particulièrement *L'Équipe*. Son exil en Espagne dans l'équipe Once, après l'arrêt de la formation Toshiba en 1991, avait été, sportivement parlant, un gros coup, mais dans le même temps son actualité allait rester trop dépendante des humeurs de son patron, le volcanique Manolo Saiz. Ce dernier n'avait de cesse de s'opposer aux organisateurs du Tour de France, via des interviews agressives, où il ne se gênait jamais pour mettre en porte à faux son leader français, en le présentant comme un porte-drapeau du cyclisme espagnol. Une rumeur avait même couru selon laquelle Saiz cherchait à lui faire obtenir la nationalité espagnole !

Jalabert sembla régulièrement prisonnier de cette image autoritaire, dont il mit beaucoup de temps à se défaire. À cette époque, il y avait chez lui une certaine méfiance vis-à-vis des nouvelles têtes de journalistes, dont je faisais partie en ce début des années 1990. Il y avait d'abord eu une interview lors de la Ruta del Sol en Andalousie, où il m'avait reçu dans sa chambre durant le massage.

J'avais senti chez lui beaucoup de réserve à accepter de se confier, de se raconter plus profondément au-delà des performances sportives. Il avait visiblement du mal à sortir du canevas qu'imposait Manolo Saiz à tous ses coureurs.

Sa terrible chute à Armentières sur le Tour en 1994 est à l'origine des premiers signes de reconnaissance de la part du public français, qui n'avait d'yeux que pour Richard Virenque. J'avais été désigné pour le suivre à l'hôpital de Lille où, en me faisant passer pour un membre de sa famille, j'avais retrouvé Sylvie, sa femme, dans le couloir juste devant la porte de sa chambre. Elle s'était alors longtemps confiée jusqu'au moment où Saiz était apparu. Les traits tirés, l'Espagnol n'était plus le même, il était tout simplement redevenu un être humain normal avec ses angoisses. Mais, derrière le mur, Jalabert, défiguré, pensait déjà à son retour. Et plus rien ne serait comme avant.

C'est sur Paris-Nice en 1999, grâce à Pascal Ridel, un ami commun, mécanicien dans l'équipe Gan, que j'eus ma première vraie discussion avec le champion.

Au bar d'un hôtel Ibis, il s'était enfin lâché, osant même émettre les premières critiques à l'encontre de Manolo Saiz. Jalabert commençait à s'émanciper, à comprendre aussi à quel point ne pas courir en France aussi souvent qu'il le souhaitait commençait à lui peser lourdement.

Laurent Jalabert dans la roue de l'Allemand Jan Ullrich dans l'étape Luchon-plateau de Beille en 1998.

Le Tour 1998, qu'il avait dû quitter à Aix-les-Bains au bout d'une énième polémique insufflée par son patron, qui s'était gargarisé d'un doigt d'honneur fait à la France, avait laissé des traces. Ses coups de gueule à répétition, ses bras de fer avec les organisateurs de l'épreuve avaient lassé Laurent. Deux ans plus tard, en 2001, il choisit de quitter enfin l'équipe Once pour rejoindre Bjarne Riis dans la formation CSC-Tiscali. Ce fut comme une libération, un nouvel homme était alors apparu, plus ouvert, plus joyeux. Une nouvelle confiance s'était aussi instaurée, basée sur de vrais rapports humains, sans faux-semblants.

Cadeau pour ma fille, un petit paquet avec deux maillots

Cette sensibilité à fleur de peau m'a frappé juste avant le départ du Tour 2002. Quelques jours auparavant, les médecins avaient diagnostiqué une leucémie chez ma fille âgée alors de 9 ans. C'est dans une chambre de l'hôpital Saint-Louis à Paris que j'avais donc suivi l'épreuve avec, à mes côtés, mon enfant malade, entre deux séances de chimiothérapie. Tous les jours, les collègues du journal m'appelaient pour prendre des nouvelles, mais il y avait aussi les coureurs qui me passaient des messages régulièrement. Laurent était l'un des plus assidus, parfois au téléphone le soir après l'étape. Il semblait plus préoccupé par l'état de santé de ma fille que par le déroulement du dernier Tour de sa carrière !

La veille de l'arrivée à Paris, il m'avait demandé comme une faveur. « J'ai vraiment envie de quelque chose, mais je n'ose pas te le demander, m'avait-il confié au téléphone. Je voudrais rencontrer ta fille lundi après l'arrivée. »

Elle venait de sortir pour la première fois de l'hôpital Saint-Louis et elle était justement à la maison. Laurent avait un cadeau pour elle, un petit paquet avec deux maillots, celui à pois rouges du meilleur grimpeur qu'il avait porté sur le podium des Champs-Élysées, et le vert, celui du classement aux points qu'il avait porté au lendemain du prologue remporté par Lance Armstrong au Luxembourg. C'était même le dernier maillot vert qu'il porta sur le Tour.

Je n'ai jamais su qui était le plus impressionné des deux, ma fille ou Laurent, quand il était apparu sur le pas de la porte. De sa chambre d'hôpital, elle l'avait suivi durant tout le Tour et Laurent était là devant elle, ne sachant pas quels mots utiliser. Ses deux filles aînées avaient presque le même âge que la mienne et ce n'était plus le coureur qui était là, mais le père de famille, inquiet évidemment que ça puisse aussi arriver à l'une d'entre elles.

L'année suivante, Laurent accepta d'être le consultant de *L'Équipe* durant le Tour, en parallèle de ses activités pour France Télévisions. Après avoir passé la journée sur une moto, il nous retrouvait en salle de presse pour analyser avec Frédérique Galametz, la chef de la rubrique cyclisme, l'étape du jour dans une chronique quotidienne à paraître le lendemain. Le soir à l'hôtel, les dîners traînaient en longueur. Il y déroulait enfin toutes les ficelles de sa carrière avec une lucidité et une clairvoyance incroyables.

ALBERTO CONTADOR ENVERS ET CONTRE TOUS

MANUEL MARTINEZ

Double vainqueur du Tour de France (2007, 2009), mais privé d'une troisième victoire pour cause de dopage (2010), l'Espagnol a également accroché deux Giro et trois Vuelta à son tableau de chasse. Pourtant, malgré son panache inégalable qui a soulevé les foules, il est ostracisé par sa propre équipe en 2009, victime de l'ego surdimensionné de Lance Armstrong, puis conspué par le public en 2011.

En ce 10 septembre 2017, sur la place de Las Cibeles, lieu emblématique de Madrid où le Real a pris pour habitude de venir fêter ses titres nationaux ou européens, Alberto Contador est devenu le héros de tout un pays. Il n'a pourtant pas gagné le Tour d'Espagne, la dernière course de sa carrière. Tout juste a-t-il pu arracher une victoire symbolique au sommet de l'Angliru la veille, ce qui n'est pas un mince exploit. Mais, pendant trois semaines, il a soulevé les foules et, par son panache inégalable, redonné vie à la course. Au point, presque, de faire oublier que le Britannique Chris Froome en a été le grand vainqueur, parvenant ainsi à remporter le Tour de France et la Vuelta la même année et rejoignant sur les tablettes Jacques Anquetil et Bernard Hinault.

La nuit est tombée sur la capitale espagnole et Contador est en phase avec cette liesse qu'il a su générer. À l'écart du tumulte, je lui demande ce qu'il retient de ses quatorze années passées chez les pros. « L'accueil qui m'a été réservé sur ce Tour d'Espagne, dans mon pays, restera à jamais gravé dans ma mémoire, me répond-il. Je suis fier d'avoir gagné trois Tours de France, trois Giro et trois Vuelta. »

Volontairement, comme une provocation, Contador a ajouté le Tour 2010 et le Giro 2011 qui ne figurent plus à son palmarès depuis son affaire de dopage au Clenbutérol... Il est tard et Alberto semble heureux. En cette soirée d'adieux, je n'ai pas le cœur à entamer le débat contradictoire que l'on a déjà eu l'occasion d'aborder lors d'autres interviews.

L'enfant de Pinto, cité dortoir située dans la banlieue sud de Madrid, n'a cessé de clamer son innocence. Il a toujours considéré que la sanction de deux ans de suspension, infligée par le Tribunal arbitral du sport (TAS), dont il n'a purgé que six mois de manière rétroactive, n'aura été qu'une vaste fumisterie et une véritable injustice.

D'ailleurs, cet événement, révélé à l'issue du Tour 2010 mais dont le dossier ne fut réglé qu'en février 2012 à Lausanne, a marqué une fracture profonde chez lui. Contador s'est renfermé sur lui-même, fuyant la foule, les médias, se réfugiant auprès de sa famille, de Fran, son frère et agent, de Jacinto Vidarte, son chef de presse, et de quelques amis de toujours. Le départ du Tour 2011 en Vendée, qu'il fut autorisé à disputer alors que les recours se succédaient, fut pour lui un véritable calvaire. Conspué par le public vendéen dans les arènes du Puy du Fou, lors de la présentation des équipes, il ne fut pas loin de tout plaquer. Ce jour-là, j'avais croisé son frère Fran, les yeux gonflés de tristesse. « J'avais un mauvais pressentiment, me dit-il. Je savais que les choses n'allaient pas bien se passer. » La veille, le frangin avait demandé à Bjarne Riis, le directeur sportif, d'exempter son cadet du grand cérémonial d'ouverture. L'organisation avait refusé.

« TU NE VAS PAS ME CASSER LES C... LONGTEMPS, *PISTOLERO* ! »

Toutefois, son succès sur le Tour 2009 reste mon souvenir le plus marquant. Au départ de Monaco, il est le leader de la formation Astana, mais Lance Armstrong, après trois ans d'absence, est sorti de sa retraite. L'Américain est officiellement là pour aider l'Espagnol à remporter l'épreuve. Pourtant, l'ego surdimensionné du Texan prend vite le pas sur la stratégie sportive de l'équipe. Sur le terrain, il ne va pas hésiter à jouer sa carte personnelle, tout en comprenant très vite qu'il ne pourra pas prendre le dessus sur son jeune leader.

Alberto Contador et son frère à l'arrivée de l'étape Annecy-Annecy en 2009.

Dès lors, Armstrong met en place un plan machiavélique de déstabilisation. Le soir à l'hôtel, loin des regards, il organise un véritable travail de sape et arrive à isoler Contador de ses coéquipiers et de l'ensemble du staff. Même Sergio Paulinho, son compagnon de chambre, lui tourne le dos !

Fran et Jacinto Vidarte n'ont pas été accrédités par l'équipe Astana et ne logent pas dans les mêmes hôtels. Avec mon collègue Philippe Le Gars, je suis au jour le jour la situation. Armstrong ne voit pas d'un très bon œil notre présence quotidienne. Un soir, le bras droit de Johan Bruyneel, las de certains articles, tente même de nous faire virer de l'établissement.

À l'issue de l'étape d'Arcalis, en Andorre, Armstrong monte dans le bus et se dirige vers Contador : « Tu ne vas pas me casser les c... longtemps, *pistolero* ! » le menace-t-il. Alberto encaisse. Au matin du dernier contre-la-montre à Annecy, il s'aperçoit que l'Américain a réquisitionné l'ensemble des véhicules de l'équipe pour aller chercher famille et amis à l'aéroport. Il lui faudra passer un coup de fil à son frère afin qu'il vienne le chercher pour se rendre au départ.

Au soir de ce chrono qu'il a finalement remporté, je n'ai pas décelé de bonheur particulier dans le regard de Contador, pourtant vainqueur de son deuxième Tour, après celui de 2007. À peine le soulagement d'en avoir terminé avec trois semaines de harcèlement moral.

UN PETIT TOUR À MOSCOU

LEV ROSSOSHIK

En juillet 1995, le peloton de la Grande boucle a débarqué dans la capitale russe pour disputer un critérium sur un circuit autour de la cathédrale Saint-Basile. Pour l'anecdote, cette course d'un jour a été remportée par Miguel Indurain, qui venait de gagner son cinquième Tour consécutif à Paris.

À la fin de mon premier Tour de France en 1993, j'avais interviewé Jean-Marie Leblanc et, à ma question de savoir si la course pourrait un jour venir à Moscou, il m'avait lancé : « Difficile, mais pourquoi ne pas commencer par une découverte ? 1995 et le cinquantenaire de la Libération seraient une bonne occasion : un prestigieux critérium dans le centre de la capitale russe avec les champions du Tour, une semaine après l'arrivée à Paris. »
L'idée fit son chemin de part et d'autre et, un an plus tard, Leblanc me confia en tête à tête à la fin du Tour qu'une course d'un jour en circuit dans la capitale russe pourrait être envisageable, avec la participation des meilleurs coureurs de l'époque : Indurain, Rominger, Ugrumov, Armstrong, Ekimov... Le projet avait douze mois pour aboutir.
De fait, dès l'automne 1994, les premières troupes d'Amaury Sport Organisation sont arrivées à Moscou avec leur directeur général pour des discussions techniques, notamment concernant le passage du circuit sur la place Rouge, à laquelle les Français accordaient beaucoup d'importance en termes d'image. Nicolas Gorelov, le directeur technique local, n'y tenait pas trop en raison du revêtement pavé, mais un compromis fut trouvé pour un passage autour de la cathédrale Saint-Basile. Et on signa un protocole d'accord.
Le soir du 28 juillet 1995, un vol spécial d'Air France atterrit à l'aéroport de Cheremetievo avec tous les participants de cette première : coureurs, organisateurs, managers, mécaniciens, invités spéciaux, journalistes français, belges, espagnols et italiens. Les voitures officielles de l'organisation, des Fiat rouges, avaient traversé l'Europe et étaient déjà sur place, de même que les motos « information » et « sécurité » avec leurs pilotes habituels.

Une voiture de L'Équipe *sur la place Rouge à Moscou.*

Le départ de la course – 22 tours de 5 300 m – était planifié pour l'après-midi et, même si l'épreuve avait peu à voir avec une étape du Tour, tout l'environnement de la Grande boucle était là, notamment le Village qui apportait une touche animée sur la place Saint-Basile.

C'est là qu'eurent lieu la présentation des coureurs sur le podium et la signature de départ, avant que le coup de pistolet ne soit donné par le maire de Moscou.
Lorsque le peloton entama son dernier tour, il semblait évident que le vainqueur figurait parmi les cinq coureurs du groupe de tête qui était constitué des deux Viatcheslav russes, Ekimov et Bobrik, du Belge Peter De Clerck, de l'Américain Lance Armstong et de l'Espagnol Miguel Indurain, splendide dans son maillot jaune en accord avec les coupoles dorées du Kremlin.
Partis dans le dernier tour, les échappés se départagèrent dans la rue Loubianka, où Indurain se montra le plus opportuniste et fila seul vers l'arrivée. Tout ressemblait alors au Tour de France : podium, fleurs, champagne, maillot jaune sur les épaules du roi Miguel... À cette seule différence que le succès populaire ne pouvait pas être le même qu'à Paris. D'une part parce que la culture du Tour n'était pas encore profondément ancrée chez les Moscovites. D'autre part parce qu'une bonne partie des habitants avait préféré profiter du week-end ensoleillé pour aller se reposer dans les datchas, à la campagne. Une tradition aussi forte que les Alpes ou les Pyrénées pour les Français...

(traduction de Natalia Neverova)

LES FEMMES AUSSI

Le Tour de France est un spectacle populaire qui rassemble et fascine les femmes et hommes de toutes générations. Contrairement à la plupart des autres compétitions sportives, les spectatrices y sont aussi nombreuses que les spectateurs au bord des routes. Admiratrices discrètes ou supportrices enthousiastes des champions, elles participent à la fête sans complexe dans la joie et la bonne humeur.

1 - *Des admiratrices en quête d'autographes auprès de René Vietto avant l'étape Béziers-Montpellier en 1939.*

2 - *Une photographe de charme pour le peloton dans l'étape Monaco-Hyères en 1964.*

3 - *Le salut aux coureurs de deux spectatrices dans l'étape Aix-les-Bains-Lyon en 1965.*

4 - *Une supportrice passe une bouteille à Roger De Vlaeminck dans l'étape Clermont-Ferrand-Saint-Étienne en 1971.*

5 - Séance d'arrosage du peloton par deux naïades dans l'étape Clermont-Ferrand-Chalon-sur- Saône en 1988.

6 - Des spectatrices hollandaises enthousiastes au passage des coureurs dans l'étape Bourg-de-Péage-Mende en 2010.

7 - Des spectatrices photographes dans l'étape Dole-Les Rousses en 2017.

8 - Une supportrice anglaise déchaînée dans l'étape Narbonne-Nîmes en 2008.

9 - Les passagères d'une 2CV encourageant le peloton dans l'étape Olonne-sur-Mer-Redon en 2011.

JEAN-MARIE LEBLANC, TROIS VIES EN UNE

JACQUES AUGENDRE

Successivement coureur professionnel, journaliste à L'Équipe et directeur du Tour de France, il est un patron idéal pour la Grande boucle, le seul qui ait connu la course de l'intérieur. De 1989 à 2006, Jean-Marie Leblanc accompagne avec autorité et diplomatie la grande mutation de l'épreuve, à l'heure de la mondialisation, de la médiatisation et de la commercialisation. Ambitieux sans être arriviste, méthodique sans être vétilleux, il affronte les affaires de dopage et sauve le Tour de ses démons.

Jean-Marie Leblanc est un enfant de la Libération, un Chouan et un Ch'ti. Il a vu le jour au cœur du Bocage vendéen, très précisément à Nueuil-les-Aubiers, près de Bressuire (Deux-Sèvres), le 20 juillet 1944, pendant la bataille de Normandie. Mais il a grandi dans le Nord, à Fontaine-au-Bois et à Landrecies. L'Avesnois est le pays de ses racines, la région qu'il affectionne entre toutes. C'est à Landrecies, qu'il a poursuivi ses études, donné ses premiers coups de pédales et connu Nadine, son épouse. De longue date, Jean-Marie s'imaginait en coureur vêtu d'un maillot violet, sa couleur préférée, celle de l'équipe Mercier dirigée par Antonin Magne, ce modèle de probité dont il apprécie la devise : « La gloire n'est jamais où la vertu n'est pas. » Un petit livre de la Bibliothèque verte, *Champion cycliste* par Louison Bobet, allait transcender sa vocation. Et c'est sur un vélo Louison Bobet qu'il a remporté ses premières victoires. Ce jeune homme de bonne famille, ambitieux sans être arriviste, méthodique sans être vétilleux et curieux au sens le plus noble du terme, offre l'exemple d'un programme-étude réussi. Bachelier et leader du Vélo Club de Landrecies, il remporte le championnat de France universitaire en 1964, l'année du fameux duel Anquetil-Poulidor sur les flancs au puy de Dôme. On lui prédit un avenir brillant. Il effectue un parcours époustouflant et incomparable. Enrôlé par Maurice De Muer, directeur sportif de l'équipe Pelforth-Sauvage Lejeune, il passe professionnel en 1966 et incarne aussitôt le parfait intellectuel du peloton, tout comme Jean Bobet, son prédécesseur. Ils se sont d'ailleurs retrouvés côte à côte aux commandes de *Vélo Star*, la revue de l'Amicale du cyclisme.

Leblanc participe au Tour de France à deux reprises, en 1968 et en 1970. Pour ses grands débuts dans la Grande boucle, il appartient à l'équipe de France B, celle de Lucien Aimar et de Charly Grosskost. Deux ans plus tard, il porte le maillot Bic. Ses équipiers s'appellent Luis Ocaña, Jan Jansen, de nouveau Grosskost, mais aussi ses copains nordistes Alain et Sylvain Vasseur.

De ces deux expériences dans la plus grande épreuve cycliste du monde, il garde une image forte : l'accident de Poulidor, renversé par une moto sur la route d'Albi. Leblanc invoque cet instant dramatique avec émotion : « Raymond était gravement blessé. Il avait le visage en sang et il m'a inspiré de la compassion. Bien qu'il fût un adversaire, j'ai tenu à lui donner un petit coup de main, j'ai roulé pour lui, car ce nouveau coup du sort trop cruel m'a bouleversé. Sans cette chute, Poupou aurait gagné le Tour ! » Le concernant, le néophyte du peloton avait acquis une certitude : « Le Tour de France a fait de moi un vrai coureur. »

Jean-Marie Leblanc, directeur du Tour de 1989 à 2006, en grande conversation avec Miguel Indurain, sous le regard de Philippe Amaury, dans l'étape Tarbes-Pau en 1995.

LA VOIX DU NORD, ANTICHAMBRE DE *L'ÉQUIPE*… ET DU TOUR

Le journaliste lillois René Penez lui posa un jour cette question : « Quel métier voulez-vous faire plus tard ? » Jean-Marie répondit spontanément : « Le vôtre ! » Nous étions en 1964. Il avait 20 ans. Sa décision était prise. Émile Parmentier, chef du service des sports de *La Voix du Nord*, lui donna sa chance et René Deruyk, le spécialiste du cyclisme, activa sa formation. Comment n'auraient-ils pas été séduits par ce candidat enthousiaste qui proclamait : « Le journalisme sportif est un journalisme social. Il favorise le contact » ? Son itinéraire s'inscrit dans une logique rigoureuse. Pour ce fervent cyclophile, *La Voix du Nord* aura été l'antichambre de *L'Équipe* et *L'Équipe* l'antichambre du Tour de France. Il pouvait revendiquer le mérite – encore une similitude avec Jean Bobet – d'être un brillant journaliste de plume et un commentateur de talent sur les ondes.

Il anime Radio Tour et sa place dans la voiture de direction, au côté de Jacques Goddet, lui révèle le vrai visage de ce patron aux multiples facettes, exigeant, impulsif, spirituel, charmeur, que tout le monde, à L'Équipe, appelait Monsieur Jacques.

La décision de lui confier la direction du Tour en tandem avec Jean-Pierre Carenso – un choix suggéré par Noël Couëdel et approuvé par Jacques Goddet – fut sans doute la meilleure idée de Jean-Pierre Courcol. Jean-Marie le Nordiste et Jean-Pierre l'Azuréen n'ont pas le même accent, mais ils parlaient le même langage. Ils ont incarné l'autorité souriante et ils ont donné un style nouveau au Tour, dont le rayonnement universel s'est amplifié. Aux grandes priorités – le respect des fondateurs, l'image et la condition du coureur –, Leblanc associa des innovations qui participent du devoir de mémoire. Très attaché à la portée culturelle du Tour, il se délecta d'adresser des clins d'œil à l'histoire. On pense à la commémoration du bicentenaire de la Révolution française, matérialisée par une prime de 17 890 francs au kilomètre 1 789 – à Martres-Tolosane, au cours de l'étape Luchon-Blagnac en 1989 –, ou au pèlerinage sur les hauts lieux

Jean-Marie Leblanc, coureur professionnel, devant Eddy Merckx lors de l'étape La Rochelle-Angers en 1970.

de la bataille de Normandie en 1994, pour le 50e anniversaire du débarquement allié.
Mais le Tour vit avec son temps et s'aligne sur l'actualité. Leblanc a inauguré le tunnel sous la Manche ; il a aussi visité les parcs d'attractions qui, comme le Tour, font partie de la fête. Il se dit fier également du Tour 1992, une édition d'expression européenne qui traversa cinq pays limitrophes et les Pays-Bas. Il s'identifiait ainsi à l'année de l'Europe.

Agressé et insulté par des spectateurs, au bord de l'hystérie

Journaliste, dans la lignée de Desgrange, Goddet et Lévitan, Leblanc est le seul directeur du Tour qui ait partagé l'ambiance du peloton et qui ait vécu l'événement « de l'intérieur ». Un privilège unique qui lui confère un avantage considérable sur ses aînés. Ce « triptyque » exemplaire lui inspire une réflexion qui tient à la fois du vécu et du sermon : « Le coureur ne pense qu'à lui, le journaliste pense d'abord au lecteur, l'organisateur doit penser à tout le monde. » Sa triple expérience de la Grande boucle lui a fourni les leviers nécessaires pour surmonter, en 1998, la consternante affaire Festina qui aura marqué un sommet du dopage hyper-dimensionné. Il ne manquait pas d'atouts : la parfaite connaissance du sujet, le réalisme, la diplomatie et, de surcroît, une expérience de cycliste qui faciliterait le dialogue avec les représentants du peloton. Il parvint ainsi à sauver le Tour contre l'avis des esprits chagrins qui réclamaient la suspension de la course.
Après avoir prononcé l'exclusion de l'équipe Festina, cet homme de bonne volonté a traversé d'autres zones de turbulences. Agressé et insulté par des spectateurs au bord de l'hystérie, des supporters... et des supportrices inconditionnelles de Richard Virenque, il a su garder son sang-froid.

Cependant, Leblanc a été meurtri par ces débordements scandaleux. « J'ai ressenti cette hostilité comme une profonde injustice, nous confiait-il à l'époque. Pourquoi tant de haine ? Que pouvait-on me reprocher ? » Rien, évidemment. D'ailleurs, Goddet approuva son action en soulignant sa rectitude et son souci de l'éthique.

Leblanc a raconté les grandes étapes de son itinéraire incomparable, ses joies nombreuses fort heureusement – et ses peines – la chute mortelle de Fabio Casartelli en 1995 – dans un ouvrage de référence, *Le Tour de ma vie* (Solar, 2007), qui s'ouvre sur cette citation de Louis Pauwels en parfaite situation : « Si la misère est de n'avoir qu'une vie, mettons-y au moins quelques existences. » Et Christophe Penot lui a consacré un livre d'entretiens, intitulé *Jean-Marie Leblanc, gardien du Tour de France*

Jean-Marie Leblanc, journaliste, avec Raymond Poulidor à l'arrivée de l'étape Tulle-puy de Dôme en 1976.

(Cristel, 2000), qui brosse un portrait ciselé de son personnage : un humaniste chaleureux, féru de littérature, adorateur de Victor Hugo, mélomane et pèlerin de Compostelle. L'ancien collégien de Landrecies, qui rejoignait chaque dimanche l'harmonie municipale, a même réalisé son rêve en créant un orchestre style Nouvelle-Orléans, le Tour Jazz-Band. Il joue de la clarinette et Philippe Sudres du saxophone.
En 1990, alors que je m'apprête à prendre ma retraite, Leblanc m'ouvre les portes d'ASO en me proposant d'entrer au service documentation du Tour de France : « Un secteur que je voudrais élargir, me dit-il. Je ne te demande pas seulement de compléter nos archives. J'aimerais que tu apportes des idées et que tu entretiennes la mémoire du cyclisme. »

« La stèle en hommage à Goddet s'élèvera au sommet du Tourmalet »

J'accepte avec enthousiasme. Un enthousiasme comparable au sien lorsqu'il s'installa dans le fauteuil directorial à Issy-les-Moulineaux. Première réalisation : *Le Panorama d'un siècle*. À partir de la brochure composée par Claude Sudres, j'ai rédigé à l'intention des suiveurs un manuel privilégiant l'anecdote et la petite histoire. Mon activité allait malheureusement s'accroître dans de tristes circonstances. Après la mort d'Élie Wermelinger, l'auteur du guide touristique qu'on appelait « Le Petit Wermelinger », Jean-Marie me convoque : « Je compte sur toi pour assurer la continuité. » En réalité, le guide touristique nouvelle version fut une œuvre collective, à laquelle participèrent Janine Valentini, codirectrice du magazine *Le Cycle*, surnommée « Madame Vélo », Serge Laget, journaliste-historien de *L'Équipe*, et Agnès Gougeat, un « Wermelinger » au féminin. Deux ans plus tard, en 1996, le monde du cyclisme apprenait avec stupeur le décès de Pierre Chany qui signait le livre officiel du Tour. Jean-Marie me demanda de prendre la relève. C'est ainsi que je suis reparti, non pas pour un tour, mais pour dix Tours de France !

Un jour, Leblanc aborde devant moi un sujet qui le préoccupe : « Jacques Goddet a toujours bon pied, bon œil mais, compte tenu de son âge, plus de 90 ans, nous devons nous préoccuper de la stèle qui perpétuera sa mémoire. Le monument pour Henri Desgrange a été érigé sur les pentes du Galibier. Le souvenir de Goddet doit s'inscrire dans la même dimension. Tu y réfléchis ? »

Je fonce dans l'escalier – comme l'aurait fait Goddet qui ne prenait jamais l'ascenseur – et frappe à la porte de Monsieur Jacques, qui avait conservé un bureau à Issy-les-Moulineaux. Me voici devant mon ancien patron qui m'a licencié trente ans plus tôt… mais qui ne m'en veut pas ! Il m'accueille très cordialement.
— Bonjour, mon vieux, quoi de neuf ?
— Je prépare un livre sur le Tour et je souhaite vous poser une question : quel est votre podium des cols ?
Il n'hésite pas une seconde : « Le Galibier, l'Izoard et le Tourmalet. » Je note qu'il n'a mentionné ni le mont Ventoux, ni l'Alpe-d'Huez. Message aussitôt transmis à Leblanc qui tranche : « La stèle s'élèvera donc au sommet du col du Tourmalet. » Réalisée par le sculpteur Roger Joncourt, elle fut inaugurée le 28 juin 2001, six mois après la disparition de ce grand patron de presse qui personnifiait LE journaliste sportif du XXe siècle et LE patron du Tour de France. Peu avant Noël, Jean-Marie Leblanc avait prononcé son oraison funèbre dans la cour des Invalides.

Louis Gillet, le champion de la publicité

LOUIS GILLET

***Le patron de la régie publicitaire de L'Équipe a dirigé pendant plus de trente ans les plus belles opérations de relations publiques du monde grâce au Tour de France. En invitant les dirigeants des agences, des centrales d'achat et des annonceurs à partager une étape de l'épreuve avec les coureurs et la caravane, il a charmé des clients fidèles ou nouveaux, décroché des contrats et développé le chiffre d'affaires de l'entreprise.* Business is business…**

Quand on me branche sur le Tour de France, j'ai les yeux qui brillent comme ceux d'un enfant. J'ai été patron de la régie publicitaire de *L'Équipe*, dont dépendait 25 % des recettes de l'entreprise. C'est un métier de séduction et de pragmatisme pour inciter les agences de pub, les centrales d'achat d'espace et les annonceurs à investir dans les médias.
Un client n'est jamais acquis. Et, pour l'envoûter sur la durée, rien de mieux que de l'inviter sur des événements sportifs. Plus l'événement est prestigieux, moins le client vous oubliera dans ses futurs plans média. Coupe du monde de football, Jeux olympiques, rugby à Twickenham, tennis à Roland-Garros, Formule 1 à Monza, football au Camp Nou … J'ai sillonné la planète sport en accompagnant la planète VIP du business de la publicité. J'ai presque tout vu, tout fait… même arbitré plus de cent matchs internationaux de hockey sur gazon sur toute la planète !
Mais, sur l'échelle de Richter des émotions sportives, je n'ai jamais fait mieux qu'une journée dans une voiture pour suivre le Tour de France. Y a-t-il plus grands frissons ? Je ne crois pas et pourtant, à la base, je ne suis pas un dingue de vélo. Mon premier souvenir, quand j'étais môme, ce fut au pont Boutiron à côté de Vichy en 1956, quand j'ai vu passer Roger Hassenforder avec 18 minutes d'avance. Je suis plutôt tennis ou football.

Le deal avec ASO est simple : en échange d'une visibilité quotidienne pour les partenaires des maillots distinctifs, les organisateurs mettent à disposition de la régie une voiture avec chauffeur – souvent un ancien coureur – pour chaque jour de course. C'est parti !

Tout commence au petit matin à l'aéroport du Bourget. À 7 h 30, on donne rendez-vous aux deux clients élus. On ne peut pas inviter tout le monde. On privilégie les grands patrons. Mais il faut que nos invités vibrent avec nous. S'il n'y a pas de passion, on ne les réinvite pas. Un des avions du Tour décolle pour le lieu du départ de l'étape. On accroche sa ceinture une première fois. L'aventure commence. Parfois, après l'atterrissage, c'est un transfert en hélicoptère, puis en voiture, pour atteindre le lieu de culte du jour : le Village Départ. Arrivés sur site, la magie commence à opérer. On croise les champions d'aujourd'hui et d'hier, les grands anciens jamais à court d'anecdotes. Et les coureurs qui vont, tout à l'heure, sur le bitume et les lacets se disputer le graal d'une victoire. C'est un sport magique pour les publicitaires… puisque les équipes portent des noms de marque. Le départ est donné. La voiture et son pilote prennent un peu d'avance. On vit la course grâce au chauffeur qui a suivi une dizaine de Grandes boucles et qui sent bien les coups. Savoir quand s'arrêter pour un petit brunch de luxe avec foie gras, champagne et un bon bordeaux. Discuter sur le bas-côté avec les spectateurs, près d'un motard de la gendarmerie qui fait une pause. Savoir quand repartir avec l'aide de Radio Tour pour ne rien rater de l'étape.

AU PIED DU COL, ON ÉTAIT VERTS COMME UN MAILLOT DE SPRINTER

Afin d'encore mieux en profiter, le bonus de la journée est un petit *trip* en hélicoptère pour survoler la course et la France. À ce moment-là, le client est redevenu un enfant. Mais le paradis peut devenir l'espace d'un instant un cauchemar. Une fin d'après-midi, après avoir vécu la mythique montée de l'Alpe-d'Huez, les conditions atmosphériques n'étaient pas idéales. Malgré l'orage, on avait quand même décidé de descendre en hélicoptère. Avec moi, il y avait un des plus gros patrons de la pub parisienne, qui avait une phobie des engins volants ! Un calvaire. Arrivés au pied du col, on était verts comme un maillot de sprinter.
On comprend mieux pourquoi il faut encore une fois bien boucler sa ceinture de sécurité et comment le pilote de la voiture, qui déboule à 90 km/h dans les descentes de cols, est capable de faire les derniers kilomètres à fond, avec la dextérité d'un Sébastien Loeb. Peu avant la ligne, on est éjectés de la voiture et, le temps de reprendre ses esprits, on franchit des rivières de câbles électriques puis on se retrouve dans l'espace VIP, au-dessus de la ligne d'arrivée, un verre de champagne à la main. La journée est réglée comme du papier à musique. Un tel moment n'a pas de prix, mais il faut tout de même revenir au bercail, direction Le Bourget, et boucler une dernière fois sa ceinture.
Créé en 1903, le Tour a toujours eu des objectifs commerciaux. D'abord pour développer les ventes de *L'Auto*, puis de *L'Équipe*, pendant l'été, et pour capter les annonceurs qui sont impliqués dans la Grande boucle. Une aubaine pour le Tour, car le marché publicitaire a plutôt tendance à rester un peu au point mort en juillet. Pendant des décennies, juillet a été le mois record de ventes, avant que, assez récemment, l'effet conjugué des affaires de dopage sur le Tour et de la reprise de la saison de football fasse d'août le pic de diffusion du journal. Alors on a utilisé à fond notre dispositif de pub qui permet d'afficher la marque et son champion, dès le lendemain matin, sur une pleine page. Il m'est même arrivé de préparer le soir même l'annonce avec le responsable de la marque. Le client voit ainsi en direct son coureur franchir la ligne en tête et, à 6 h le lendemain matin, sa page de pub dans tous les kiosques de France !

EN DIRECT À LA TÉLÉVISION

Pendant des décennies, le public n'a pu suivre l'épopée du Tour de France que par les comptes rendus de la presse écrite, puis par les commentaires de la radio. En 1958, pour la première fois, l'étape Pau-Luchon est retransmise en direct sur le petit écran. La présence des caméras, qui permettent de suivre les péripéties de la course minute par minute, est une véritable révolution qui popularise définitivement l'épreuve.

1 - *Fausto Coppi filmé par Cinésport dans l'étape Luchon-Toulouse en 1949.*

2 - *Une caméra embarquée dans une voiture pour filmer le peloton dans l'étape Levallois-Liévin en 1986.*

3 - *Abdelkader Zaaf dans l'objectif d'un caméraman dressé sur une moto lors de l'étape Gand-Le Tréport en 1951.*

4 - *Federico Bahamontes dans le col de Peyresourde lors de la première étape télévisée en direct, Pau-Luchon, en 1958.*

5 - *Bernard Hinault interviewé par Jacques Chancel dans l'étape Orcières-Merlette-l'Alpe-d'Huez en 1982.*

6 - *Un exercice acrobatique habituel pour les cameramen de la télévision dans l'étape Gap-Valence en 1996.*

7 - *Un écran géant pour le public au-dessus du camion de France Télévisions dans l'étape Orthez-Gourette en 2007.*

8 - *Un studio mobile pour les commentateurs Laurent Jalabert, Thierry Adam et Jean-Paul Ollivier à l'arrivée de l'étape Liège-Serang en 2012.*

9 - *Un plateau de télévision aménagé pour interviewer Chris Froome à l'arrivée de l'étape Anvers-Huy en 2015.*

10 - *Un hélicoptère de France Télévisions au-dessus du peloton lors de l'étape Toulouse-Bagnères-de-Bigorre en 2008.*

PAUSE PIPI DE LA VOITURE-BALAI

RAINER KALB

En 2004, je suis journaliste indépendant, spécialiste de football, mais comme j'ai choisi d'habiter en France, l'agence allemande de sport SID a l'idée « géniale » de m'envoyer couvrir le Tour de France. L'étape la plus décontractée est celle que je suis dans la voiture-balai entre Carcassonne et Nîmes, le 18 juillet. Autrefois, cette voiture arborait un balai et une pelle accrochés à l'arrière. Mais cette coutume a été abandonnée : « Chaque nuit, ils étaient volés ! » m'explique Alain Lavignac, commissaire de la course. Ah, ces collectionneurs de souvenirs ! De nos jours, la voiture-balai est un moderne minibus Volkswagen à neuf places avec un immense coffre. C'est là que sont rangés les valises et les sacs du chauffeur, Alain Daniel, et des six commissaires à moto qui surveillent le bon déroulement de la course. Sur le tableau de bord sont collées des étiquettes nominatives qui servent à l'identification du coureur. Elles doivent être remises au commissaire en cas d'abandon. Le seul à être monté, lors de cette édition, dans la voiture-balai pendant les quatorze premières étapes est l'Australien Bradley McGee. Les autres ont préféré échapper à la honte en empruntant les voitures de leur équipe...

Pour passer le temps, Lavignac lance des bonbons aux enfants le long de la route, mais il n'y en a pas suffisamment. C'est un dimanche en plein été, les touristes sont nombreux car il y a du vent et il fait froid sur les plages de la Méditerranée. Bref, ce sont 400 000 spectateurs qui longent le parcours. Le chauffeur klaxonne à tout moment, ce qui ne fait qu'augmenter les applaudissements : la voiture-balai, c'est la fin de la caravane du Tour et chacun tient à lui exprimer sa reconnaissance une dernière fois. Tension au kilomètre 117. Une voiture de presse hollandaise double dangereusement juste avant un virage et emprunte un chemin de terre derrière les spectateurs pour rejoindre une autre route. Le commissaire Lavignac prend acte de la situation : « Conduite dangereuse. » Dans le meilleur des cas, un avertissement ; dans le pire, retrait de l'accréditation pour une journée. Les autorités du Tour sont très sévères.

Quand les passagers de la voiture-balai sont pris d'un besoin naturel, Daniel s'arrête. Et comme personne n'est autorisé à doubler la voiture-balai, les trois gendarmes à moto stoppent la circulation. Une pause naturelle sous protection policière : il y a des premières à tout !

Ah oui, au fait, durant tout l'après-midi, on a vaguement aperçu les coureurs une seule fois : à la sortie d'une vallée, ils filaient au loin pour remonter la colline dans une grande courbe...

La voiture-balai lors de l'étape Dijon-Reims en 1991.

VOITURE
BALAI
TELMA
IVECO
FIAT
1433 ST 92

QUAND L'ETA LAISSE PASSER LE TOUR...

HENRI GARCIA

Le départ du Tour de France à Saint-Sébastien, en juillet 1992, est une immense fête populaire qui durera trois jours. C'est l'aboutissement de longues négociations souterraines avec le mouvement indépendantiste basque. Depuis longtemps, face à la violence et à la peur, le cyclisme était interdit de séjour dans la région. Il revient avec faste, profitant d'une trêve des attentats et anticipe la fin d'une lutte armée qui a endeuillé l'Espagne pendant des décennies.

L'ETA accepte que le Tour prenne son départ à Saint-Sébastien. En ce temps-là, depuis des années, la Vuelta n'osait plus s'aventurer sur les routes du Pays basque espagnol. Euskadi Ta Askatasuna (« Pays basque et liberté »), sous son sigle historique ETA, étendait sa tragique chape de peur bien au-delà du Guipuzkoa, de la Biscaye et de l'Avala... jusqu'en France. Née en 1959 pour combattre le franquisme, elle poursuivait, avec férocité, au-delà de la disparition du Caudillo, sa revendication armée pour l'indépendance d'Euskadi. Pour comprendre cet état de fait, il faut savoir que, depuis la nuit des temps, on y parle le basque – l'*euskara* –, idiome que l'on ne peut rattacher à aucune autre langue. Cette région, avec la Catalogne, autre bastion indépendantiste, vit naître et prospérer l'industrie au XIXe siècle. C'est ainsi que Bilbao et Barcelone furent les citadelles du mouvement ouvrier en Espagne. Ces deux foyers de la prospérité devinrent, avec Madrid, les grands soutiens du camp républicain pendant la guerre civile de 1936-1939. Le sommet de cette période tragique se situe à Guernica, capitale spirituelle du Pays basque, lorsque le 26 avril 1937, la petite cité proche de Bilbao fut rasée par 44 bombardiers allemands de la légion Condor et 13 avions de l'aviation légionnaire italienne. Cet atroce massacre contre une population civile fut immortalisé par le chef-d'œuvre de Picasso. Sous le coup de l'émotion, le génial Pablo peignit un immense et tragique tableau, qui prit place, moins de trois mois plus tard, au pavillon de l'Espagne républicaine lors l'Exposition universelle de 1937, à Paris.

Pour marquer l'immense popularité du cyclisme au Pays basque, la Vuelta, en vingt-quatre éditions de 1955 à 1978, a célébré dix-huit arrivées en Euskadi, treize à Bilbao et cinq à Saint-Sébastien, sans compter quatre départs de Bilbao et un de Saint-Sébastien. Mais, en raison de la montée vertigineuse de la guerre ouverte de l'ETA envers le pouvoir espagnol, marquée par l'impôt révolutionnaire, de multiples attentats et l'exécution de nombreux opposants, la présence de la Vuelta sur les routes proches de Guernica était devenue impossible. Pourtant l'*aficion* pour le cyclisme restait immense dans cette région.

LE CONTRAT SIGNÉ PAR JEAN-MARIE LEBLANC AU RIVER CAFÉ

Comment imaginer dans ce contexte que, pour combler ce vide douloureux, le Tour de France parviendrait à reprendre le départ, le 4 juillet 1992, à Saint-Sébastien et établirait ses quartiers dans ce haut-lieu touristique international pendant trois jours ? Il faut dire que la Grande boucle était extrêmement populaire au Pays basque grâce aux exploits des enfants de l'Euskal Herria – de Jesus Loroño à Miguel Indurain, en passant par Joseba Beloki, Marino Lejarreta, Abraham Olano, Domingo Perurena et tant d'autres. Ce coup d'éclat fut, en fait, préparé pendant des mois par le nouveau maire de la ville, Odon Elorza, et sa municipalité socialiste élue en 1991 contre tous les partis de la mouvance basque. Ce jeune alcalde, au crâne rasé à la Yul Brynner, s'était imposé comme une figure marquante du Parti socialiste basque. Il allait d'ailleurs conserver la mairie de Saint-Sébastien pendant deux décennies. De longues négociations souterraines avaient été menées par son camp, notamment avec Herri Batasuna, parti interdit à cause de ses liens avec l'ETA. Cette décision eut un retentissement international. Clin d'œil de l'histoire, elle fut prise en même temps qu'était signé l'acte de naissance de l'Union européenne, célébration qui allait conduire, cette année-là, les organisateurs à faire passer le Tour parmi six nations de la vieille Europe.

Le contrat historique fut scellé par Jean-Marie Leblanc, héritier de Jacques Goddet à la tête du Tour de France, et Odon Elorza, au River Café, le restaurant-péniche amarré devant de siège de *L'Équipe*, à Issy-les-Moulineaux. À ce repas assistait Miguel Indurain, le Navarrais de Villaba – la Navarre est l'une des sept provinces de l'Euskal Herria, dont la devise est : « Les sept n'en font qu'une » –, qui venait de remporter le premier de ses cinq Tours d'affilée. Il y avait aussi deux personnalités basques assurément proches de l'ETA.

J'étais invité à ces agapes au nom de la direction de *L'Équipe*, mais probablement aussi pour entretenir une bonne part de la conversation avec Indurain et Elorza grâce à ma pratique honorable de la langue de Miguel de Cervantès et de Julio Iglesias. Cela me valut d'être le voisin de table d'Indurain et de lui traduire l'essentiel des négociations.

Je pus également converser avec les compagnons discrets d'Elorza. Ils me convainquirent de leur passion pour le cyclisme en général et de leur admiration pour le jeune phénomène Indurain, devenu une icône mondiale. Le résultat sur le terrain fut stupéfiant.

Le peloton du Tour au Pays basque dans l'étape Saint-Sébastien-Saint-Sébastien en 1992.

UN PROLOGUE, LE LONG DE LA MYTHIQUE PLAGE DORÉE DE LA CONCHA

Ainsi, le 4 juillet 1992, le Tour partit du pied du mont Urgull, sur le boulevard, près de l'*ayuntamiento* (« mairie ») et du quartier la *Parte Vieja*, qui connaît la plus forte concentration universelle de bar à tapas. Il commença par un prologue inhabituel de 8 km contre la montre dans le cœur historique du Guipuzcoa, et notamment le long de la mythique plage dorée de la Concha. Le lendemain eut lieu une étape de 194,5 km à travers les paysages montagneux du Pays basque, avec une montée finale du Jaiskibel. Enfin il s'acheva par une étape de 255 km, traversant Euskadi et Navarre, pour arriver à Pau, où l'on conserve le souvenir des droits des rois de France sur l'ancien royaume de Navarre.

Les conditions de l'accord imposaient qu'il n'y eût aucune manifestation indépendantiste ni de slogans scandés. En échange, l'ETA obtint l'affichage de banderoles favorables à l'indépendance sur le parcours et une floraison des drapeaux basques, le fameux *ikurrina*, qu'on a l'habitude de voir fleurir sur les routes du Tour et spécialement dans les cols pyrénéens. Jusqu'à la veille du départ, les militants de l'ETA manifestèrent leur virulence par des explosions, des incendies et l'habituelle guérilla des rues, communément appelée *calle boroka*. Mais le jour où le Tour prit possession de la cité, le soleil se leva et la trêve du cyclisme-roi s'imposa. Ce fut un succès populaire étourdissant. Une foule compacte se massait pour acclamer les géants de la route dans une ferveur festive tout ibérique.

Il y avait au départ, derrière Miguel Indurain, vêtu du maillot jaune de dernier vainqueur du Tour, une concentration exceptionnelle d'étoiles du cyclisme – champions du monde, vainqueurs du Tour ou porteurs du maillot jaune. Que l'on en juge : Laurent Fignon, Pedro Delgado, Stephen Roche, Greg LeMond, Sean Kelly, Gianni Bugno, Laurent Jalabert, Jean-François Bernard, Claudio Chiappucci et Richard Virenque, entre autres. Indurain triompha dans le prologue. Il annonçait ainsi son nouveau sacre sur les Champs-Élysées et le prolongement d'un règne de cinq ans. Fidèle à l'esprit d'ouverture du Tour, concrétisé à Saint-Sébastien, ASO, qui prit le contrôle du Tour d'Espagne en 2008, décida que l'édition 2017 de la Vuelta partirait de Nîmes.

Le départ du Tour à Saint-Sébastien en 1992 avait un instant stoppé la lutte sanglante de l'ETA, qui paraissait sans fin. Avec lui, la paix avait, au moins un instant, retrouvé place. Quelques années plus tard, la Vuelta allait revenir sur les routes d'un pays meurtri et l'ETA consentit à faire taire les armes en 2010. Enfin, avec solennité, le 8 avril 2017, elle accepta de révéler ses nombreuses caches d'armes. Cette heureuse issue avait pris corps au départ du Tour de France 1992, un beau jour ensoleillé de juillet au Pays basque.

24 juillet 2011
L'Australien Cadel Evans, premier vainqueur du Tour en provenance de l'hémisphère Sud.

6 février 2012
Déclassement de Contador au profit du Luxembourgeois Andy Schleck à l'issue du Tour 2010.

22 juillet 2012
Bradley Wiggins, premier Britannique à s'imposer dans le Tour.

22 octobre 2012
Lance Armstrong déchu par l'UCI de tous ses titres depuis 1998, dont ses sept Tours de France.

29 juin 2013
Départ de la 100e édition du Tour en Corse, seul département jamais visité auparavant.

2011
LE ROYAUME ROULE CARROSSE
2018

23 JUILLET 2014
Deux Français sur le podium, Jean-Claude Perraud et Thibault Pinot, derrière l'Italien Vincenzo Nibali.

25 JUILLET 2015
Victoire en solitaire de Pinot à l'Alpe d'Huez à la veille de l'arrivée à Paris.

4 JUILLET 2017
Exclusion du Tour du Slovaque Peter Sagan après un sprint tumultueux remporté par Arnaud Démare à Vittel.

23 JUILLET 2017
Quatrième victoire du Britannique Christopher Froome dans le Tour de France.

Le Gallois Geraint Thomas, vainqueur du Tour 2018 et l'Anglais Christopher Froome, quadruple vainqueur de l'épreuve (2013, 2015, 2016, 2017) dans l'étape Millau-Carcassonne.

#PassOnPlastic
#PassOnPlastic
sky

Romain Bardet, vainqueur de l'étape Pau-Peyragudes et 3e du Tour de France en 2017.

LAURENT REVEILHAC

LE ROYAUME ROULE CARROSSE

Sorti de ces années noires, le Tour de France retrouve des couleurs depuis 2011. Au cours des sept années suivantes, une nouvelle génération de coureurs prend le pouvoir, essentiellement issus de l'équipe britannique Sky omniprésente et invulnérable. Cadel Evans (2011), Bradley Wiggins (2012), Christopher Froome (2013, 2015, 2016, 2017) et Geraint Thomas (2018) trustent les maillots jaunes à Paris. Les Colombiens restent à l'affût et les Français sortent enfin la tête de l'eau grâce à Jean-Christophe Péraud, Thibaud Pinot et Romain Bardet.

Une nouvelle page de l'histoire du Tour s'ouvre enfin. Le dopage s'est fait plus discret et n'exerce plus désormais ses ravages sur le palmarès.

En 2011, la victoire de l'Australien Cadel Evans donne le la. Âgé de 34 ans, il est resté jusque-là dans l'ombre, étouffé par les excès de rivaux survitaminés – huit places parmi les cinq premiers d'un grand Tour, mais une seule victoire. De l'avis majoritaire, il est l'incarnation d'un cyclisme « propre ». Excellent en contre-la-montre et dans la montagne, il illustre aussi l'arrivée des nouveaux talents venus du cyclocross ou du VTT, capables de produire des efforts de haute intensité plus longs et plus efficaces.

C'est aussi le retour des grimpeurs colombiens, devenus plus complets et plus habiles en course. Nairo Quintana monte sur trois podiums des Champs-Élysées et les places d'honneur obtenues par Rigoberto Uran et Esteban Chaves laissent penser qu'une première victoire colombienne sur le Tour est devenue infiniment probable, sinon imminente.

Mais l'événement majeur de cette période reste l'irruption de l'équipe Sky. Cette armada bâtie en laboratoire a été constituée, en 2010, par la Fédération britannique de cyclisme, avec l'appui déterminant du magnat des médias Rupert Murdoch.

Le Britannique Mark Cavendish, recordman du nombre de victoires d'étape (30) dans le Tour, ici vainqueur au sprint de l'étape Montélimar-Villars-les-Dombes, en 2016.

Il s'agit d'abord d'exploiter l'élan donné à l'équipe olympique des pistards, qui écrasent la concurrence lors des Jeux olympiques de 2012, à Londres. Avec l'aide d'un budget énorme, évalué entre 10 millions d'euros en 2010 et 37 millions en 2017, la formation dirigée par David Brailsford s'investit dans la préparation technique et physique, dans la recherche technologique et dans le perfectionnement du suivi médical. Le tout couronné par le recrutement de coureurs solides, uniquement dévolus à la victoire sur le Tour, sommet du calendrier cycliste. Des recettes déjà appliquées en leur temps par Lance Armstrong et son directeur sportif Johan Bruyneel.

L'Australien Cadel Evans, vainqueur du Tour en 2011, dans l'étape Modane-L'Alpe d'Huez en 2011.

Des démarrages dévastateurs pour un gabarit d'échalas

Les leçons des tourmentes passées ont été retenues et un effort considérable est effectué pour assurer aux suspicieux qu'il s'agit bien d'un cyclisme irréprochable. Le groupe Sky, omniprésent dans l'audiovisuel anglo-saxon, semble avoir toutes les garanties pour n'être jamais victime de l'opprobre qui avait découragé d'autres sponsors majeurs. Comme la chaîne de télévision américaine Discovery**,** entraînée dans les turpitudes d'Armstrong. C'est la première fois qu'un géant des médias produit lui-même les succès sportifs qu'il diffuse et en engrange autant de bénéfices.
Cette équipe invulnérable présente comme première figure de proue le multi-médaillé Bradley Wiggins, double champion olympique de poursuite individuelle, devenu sur le tard un routier accompli. Après sa troisième place sur la Grande boucle en 2009, obtenue à l'âge de 29 ans à la suite du déclassement d'Armstrong, il a décidé de s'imposer sur le Tour 2012, à 32 ans. Il est aidé dans ce défi par son coéquipier Christopher Froome, né au Kenya, 2e de la Vuelta en 2011, devant son leader et à seulement treize secondes du vainqueur, l'Espagnol Juan José Cobo.
À 27 ans, Froome est tout près de voler la vedette à Wiggins dans les arrivées pentues du Tour en 2012. On croit un instant voir resurgir le duel fratricide entre Bernard Hinault et Greg LeMond en 1985 et 1986. Mais les deux Britanniques réussissent leur coup, en repoussant loin l'Italien Vincenzo Nibali, pourtant vainqueur de la Vuelta en 2010 et monté sur le podium du Giro en 2010 et 2011.

Les performances de Wiggins et Froome pendant les contre-la-montre, dont ils sont de véritables spécialistes, étonnent moins que la révélation de leur talent dans la montagne. Ils courent bizarrement, paraissent empruntés dans les descentes, sont souvent pris dans les embarras de course et tombent parfois.

Mais leur équipe est talentueuse, notamment grâce à Mark Cavendish, Britannique né à l'île de Man, aux Australiens Richie Porte et Michael Rogers, et surtout elle reste soudée. Ce premier triomphe britannique sur le Tour n'est pas une simple curiosité, il représente un vrai séisme !
L'année suivante, Wiggins a lâché l'affaire pour profiter de l'immense popularité acquise dans son pays après son titre olympique du contre-la-montre en 2012. Intronisé leader chez les Sky, Froome domine sans discussion l'édition 2013. Il creuse l'écart dans les contre-la-montre et s'impose au sommet du mont Ventoux. Le jeune Colombien Quintana, lui, se révèle : il termine 2e au classement général et meilleur grimpeur.
Froome provoque souvent l'amusement avec ses allures inhabituelles et son talent pour la communication et le désamorçage des polémiques. Mais aussi la stupéfaction par une fréquence de pédalage très élevée, plus encore que celle d'Armstrong ! Elle lui permet d'effectuer des démarrages dévastateurs au plus fort des pentes, avec une puissance que ne laisse pas soupçonner son gabarit d'échalas.

Maître de toutes les situations face aux coups de Trafalgar

Au début de l'édition 2014, son inexpérience lui coûte une chute et un abandon sur les pavés du Nord en début d'épreuve. L'occasion pour Nibali d'ajouter le Tour à son palmarès, qui comporte déjà le Giro et la Vuelta. L'Italien rejoint ainsi Jacques Anquetil, Felice Gimondi, Eddy Merckx, Bernard Hinault et Alberto Contador dans le camp des triples vainqueurs des trois grands Tours. Sans toujours bénéficier d'une équipe hors normes, il mérite une place privilégiée dans le respect des suiveurs, tant il représente un cyclisme éternel, pratiqué sur tous les terrains tout au long de la saison.

L'Italien Vincenzo Nibali, vainqueur du Tour en 2014, ici devant le Polonais Michal Kwiatkowski, le Danois Jakob Fuglsang et le Belge Sep Vanmarcke sur le secteur pavé du Pont Thibault à Ennevelin, dans l'étape Ypres-Arenberg en 2014.

Mais le titre de champion de son époque demeure attribué à Froome, quadruple vainqueur de la Grande boucle. Le Britannique donne l'impression d'être le dernier étage d'une fusée surpuissante, mise savamment au point par David Brailsford, avec de solides propulseurs dont le talent semble équivalent au sien.

Indiscutable vainqueur des trois éditions suivantes, même s'il ne crée pas des écarts très importants, Froome décourage non seulement ses adversaires mais aussi ses propres lieutenants (Porte, Landa) partis chercher fortune ailleurs. Pourtant, alors qu'il vient de s'imposer à la Vuelta (2017) puis au Giro (2018), il cale de manière inattendue dans le Tour suivant. L'âge peut-être, mais surtout un contrôle « anormal » au Subutanol (un produit contre l'asthme) dont il sera finalement blanchi mais qui lui vaudra d'essuyer tout au long de l'édition 2018 l'hostilité du public. Le Gallois Geraint Thomas, son coéquipier, ancien pistard de grand talent comme Wiggins naguère, récupère en douceur l'héritage. Il bénéficie de l'appui du très jeune colombien Egar Bernal, qui semble déjà désigné pour prolonger l'impitoyable règne des Sky, toujours dominateurs dans la tempête.
Dernier ingrédient de la course, qu'on n'osait plus espérer : la participation des coureurs français à la lutte pour la victoire finale ! La 2e place obtenue en 2014, à la surprise générale, par Jean-Christophe Péraud, devant Thibaut Pinot, marque le retour sur le podium des tricolores. Et Romain Bardet se mêle crânement à la lutte en 2016 (2e) et 2017 (3e). Bien que défaillant en 2018, il semble le mieux placé pour devenir le successeur si longtemps attendu de Bernard Hinault, dernier Français vainqueur du Tour, en 1985.

QUOI DE NEUF ?

Le Tour de France a toujours donné le ton dans l'organisation de la course ou l'utilisation de nouveaux matériels. Sur le plan de la compétition, le contre-la-montre par équipes y a fait son retour, tout comme le chrono individuel en montagne et les bonifications à l'arrivée des étapes de plaine. Ces dernières s'étendent aux sprints intermédiaires et pourraient dans l'avenir concerner aussi les étapes de montagne afin d'améliorer l'animation de la course. Il faut se souvenir que Romain Bardet n'a sauvé sa 3e place sur le podium 2017 que pour une petite seconde d'avance sur l'Espagnol Mikel Landa. Par souci de sécurité, la réduction des équipes à huit coureurs vise à limiter le nombre d'accidents dans le peloton, qui emprunte de plus en plus souvent des routes secondaires, étroites et sinueuses. L'autorisation des freins à disque reste à l'étude, car ils peuvent entraîner de graves blessures quand des chutes collectives se produisent.

PETER SAGAN EN ROUE LIBRE

Depuis 2011, le grand spectacle du Tour a repris ses droits sans toutefois évacuer tous les soupçons. Les champions et leurs fidèles coéquipiers offrent chaque année des images somptueuses de leur épopée. Échappées, contre-attaques, ascensions, descentes, sprints, contre-la-montre se succèdent dans des paysages qui font aussi le charme de cette course pas comme les autres. Des images que la photographie immortalise.

1 - *Le Slovaque Peter Sagan vainqueur au sprint de l'étape Liège-Seraing en 2012.*

2 - *Julian Alaphilippe, vainqueur de l'étape Carcassonne-Bagnères-de-Luchon et du classement de la montagne du Tour 2018.*

3 - *L'Espagnol Joaquim Rodriguez, Christopher Froome et Tony Gallopin dans l'ascension de la côte d'Huy dans l'étape Anvers-Huy en 2015.*

4 - *L'équipe AG2R La Mondiale avec le Luxembourgeois Ben Gastauer, Cyril Gautier, le Biélorusse Vasil Kiryienka, Romain Bardet et Alexis Vuillermoz dans l'étape Briançon-Izoard en 2017.*

5 - *Passage du peloton à Beulotte-Saint-Laurent dans l'étape Vittel-la Planche des Belles Filles en 2017.*

6 - *Maxime Monfort devant le Luxembourgeois Andy Schleck, le Kazakh Maxim Iglinskiy, Nicolas Roche, le Belge Dries Devenyns et le Russe Egor Silin dans l'étape Pinerolo-Galibier-Serre-Chevalier en 2011.*

7 - *Arrivée au sprint de l'étape Saumur-Limoges en 2016.*

8 - *Sylvain Chavanel, Arnaud Demare et le Portugais Nelson Oliveira dans l'étape Le Touquet-Paris-Plage-Villeneuve-d'Ascq-Lille en 2014.*

9 - *Geraint Thomas, vainqueur au sommet de L'Alpe d'Huez et futur vainqueur du Tour 2018.*

sky
5

LEOPARD
TREK
6

Vittel
Vittel
Vittel
7

SCOTT
IAM
FDJ
8

Vittel
LCL
sky
50
9

ET LE TOUR ET LA TÉLÉ S'AIMENT D'AMOUR TENDRE…

ALAIN CHERMANN

Avant la Deuxième Guerre mondiale, le Tour de France reste invisible pour le grand public, sauf pour les spectateurs au bord des routes. Au début des années 1950, avec l'arrivée des caméras qui filment la course et permettent la diffusion des images en différé, puis en direct sur le petit écran, la Grande boucle devient le spectacle itinérant le plus populaire au monde. Aujourd'hui, un à deux milliards de téléspectateurs suivent les étapes. Et, au-delà de la compétition, la télévision raconte la géographie et l'histoire de France.

J'assiste pour la première fois en famille au passage du Tour de France à Louveciennes en banlieue parisienne, le 20 juillet 1947. C'est la 21ᵉ et dernière étape de cette édition de renaissance de la course. Jean Robic conduit la contre-attaque qui va lui permettre de détrôner l'Italien Gianluca Brambilla et de remporter l'épreuve. Je n'ai pas encore 7 ans. Mais je viens d'en prendre pour 70 ans d'une passion qui ne m'a guère quitté. De ce jour, je ne garde qu'une réminiscence confuse du passage de la caravane publicitaire et des coureurs, du brouhaha de la course et du silence qui retombe aussitôt derrière elle.

En tout cas, je n'ai aucun souvenir d'un photographe et encore moins d'un cameraman en action, bref rien de ce qui deviendra plus tard la raison même de mon métier : chroniqueur de télévision. Et, précisément, chroniqueur de télévision sur le Tour de France.

Certes, depuis 1903, les temps ont bien changé, les moyens de communication – presse, radio, cinéma – se sont développés. Le Tour a été porteur de cette évolution et porté lui-même par elle et de plus en plus livré à la curiosité et la connaissance du plus grand nombre. Mais ce n'est rien à côté de ce que la télévision va faire de lui plus tard, bien plus tard : le feuilleton vivant, sur petit écran, d'un sport, d'un été et d'un pays.
En 1947, je suis encore comme un petit spectateur des premiers âges quand le Tour va par les chemins de France, « à la sauvette », et n'est pas filmé intégralement par les caméras des télévisions mondiales pour des centaines de millions de téléspectateurs.

À bord d'une Jeep, deux reporters armés de caméras 16 mm

Par la suite, dans mon enfance, je revois passer le Tour plusieurs fois, notamment au début des années 1950 quand j'habite Nogent-sur-Marne, tout près de Fontenay-sous-Bois, où réside Louison Bobet que je vais voir s'entraîner le jeudi. C'est à cette occasion que je découvre aussi l'existence d'un autre voisin banlieusard, un certain Robert Chapatte, encore coureur, mais bientôt la « voix » du Tour à la télévision, dont je deviens le confrère et le « critique ».
Je ne prétends pas que je suis devenu journaliste de sport, et plus précisément chroniqueur de télévision, du fait d'une double rencontre d'enfance – celle du Tour et de celui qui en deviendra l'emblème télévisuel. Mais cela a sans doute joué quand il s'est agi de me chercher un métier, après avoir passé deux années dans une revue technique de cinéma, puis effectué mes obligations militaires au service d'information de l'armée.

J'assume la responsabilité de la rubrique télévision de L'Équipe pendant plus d'une trentaine d'années, du milieu de l'année 1968 à la fin des années 1990, et suis une dizaine de Tours, dans une période charnière du développement de la mise en scène de l'épreuve et de la progression de ses droits TV.

Excepté la première arrivée en direct, en 1948, grâce au talent de Pierre Sabbagh pour le bon plaisir de 2 000 à 3 000 téléspectateurs, la présence du Tour s'est longtemps résumée sur le petit écran à une séquence de deux à trois minutes, proposée le lendemain de l'étape, juste avant le journal de midi. À bord d'une Jeep, deux reporters, armés de caméras 16 mm, couvrent la course et les pellicules partent aussitôt par le train dans la soirée, depuis la ville-étape vers Paris. Le lendemain matin, Jacques Anjubault en assure le montage et Georges de Caunes le commentaire. À compter du milieu des années 1950, l'Eurovision propose dès le soir même le résumé de l'étape du jour. La couverture du Tour ne cesse dès lors de progresser. La principale révolution advient, en 1958, avec la première retransmission en direct d'une étape de montagne, le passage au sommet du col de l'Aubisque, filmé avec quatre caméras de 35 mm et diffusé par un relais aérien.
Comment alors ne pas mentionner nos pionniers ? Gilbert Larriaga, d'abord. Arrivé sur le Tour en 1953, il ne le quittera qu'en 1981. Nombre d'avancées techniques sur la retransmission de la course doivent beaucoup à cet ancien reporter de guerre – Deuxième Guerre mondiale, guerre de Corée, conflit israélo-palestinien –, de procès retentissants – affaire Dominici – ou de cérémonies fastueuses – couronnement de la reine Elizabeth II. Il est notamment le premier fervent des gros plans.

L'hélicoptère de France Télévisions survole le peloton dans l'étape Laissac Severac l'Église-Le Puy-en-Velay en 2017.

« Big Léon » écarte la foule pour laisser passer son équipage

Jacques Bernardini, lui, est l'un des principaux responsables de la production, qui supervise la mise en place de l'ensemble de la retransmission et accompagne le dispositif jusqu'à l'arrivée à Paris. Il travaille évidemment en étroite collaboration avec Larriaga, puis ses successeurs, notamment Pierre Badel et Régis Forissier. Badel est le spécialiste du résumé filmé et des grandes fresques qui mettent en scène le véritable feuilleton du Tour.

Forissier apporte, lui, la dimension Tour de* la *France, dont s'enorgueillit désormais France Télévisions. Il est le premier à parcourir les routes du parcours, dès que l'itinéraire en est révélé à l'automne, muni d'un carnet à dessin, afin de repérer les sites et les monuments sur lesquels il diffusera des reportages commentés par Jean-Paul Ollivier.

La réalisation actuelle du Tour, confiée à Jean-Maurice Ooghe, a perfectionné le dispositif, en particulier grâce à l'utilisation de drones.
Au rang des commentateurs, c'est un plaisir de fréquenter mes confrères, les Jean-Michel Leulliot, Richard Diot, Daniel Pautrat, Bernard Giroux, plus tard Gérard Holtz et « Paulo la science », jusqu'à Patrick Chêne. Et, bien entendu, Robert Chapatte, qui n'a pas son pareil pour livrer un commentaire à la fois simple et savant, au ton vif mais non hystérique, « interprétant » l'image sans être redondant. Un modèle du genre.
Je n'en dirai pas autant de ma relation avec ce diable de Léon Zitrone, laquelle connaît quelques démêlés, amorcés dès 1963 à propos d'hippisme et prolongés sur le Tour à différentes reprises. Je préfère ne me souvenir que du « Big Léon » – c'est son surnom – côtoyé à Valence-d'Agen, un matin de 1978. Nous nous trouvons dans la salle de presse, aménagée dans une école, lorsque circule la décision des coureurs de faire grève. Dans l'instant, Zitrone se lance à la recherche de son motard pour rejoindre la ligne de départ de l'étape, distante seulement de quelques centaines de mètres. Le spectacle est grandiose, sur cette petite route de village, d'un « Big Léon » faisant de grands gestes des bras pour que la foule s'écarte et laisse passer son majestueux équipage.
Aujourd'hui, c'est devant mon écran de télévision que je regarde les étapes du Tour de France. J'imagine les cinq motos « images », les deux motos « son », les deux hélicoptères, les deux avions-relais et les drones. Je laisse courir mon imagination vers 1947 aussi. C'est le jour et la nuit.
Le Tour et la télévision, quelle épopée !

LE TOUR DE LA FRANCE

La course, en elle-même, a-t-elle été transformée par sa retransmission progressive à la télévision ?

L'interrogation a commencé de poindre voilà une cinquantaine d'années, quand les derniers km des étapes furent systématiquement retransmis et proposèrent une autre « animation » de l'épreuve. Jacques Goddet lui-même penchait plus ou moins en faveur de cette thèse... et n'y trouvait pas à redire. Maintenant que toutes les étapes sont diffusées en intégralité – reprenant une suggestion émise dès les années 1990 par Bernard Dolet dans les colonnes de *L'Équipe* –, il semble qu'il n'y ait plus lieu de penser ainsi.
La course est placée entièrement sous le regard de la télévision, comme un match de football ou de rugby. La télévision ne la modifie pas. Ce qu'elle a modifié, ou ce qu'elle lui a apporté, c'est la perception globale et immédiate d'elle-même, de son environnement, son décor, son ambiance, autrefois dispersés et décalés dans le temps dans la presse écrite. La course, souvent vue d'en haut, parfois mouvante comme une chenille, semble se tortiller, voire se dissoudre, dans des espaces et des architectures bien plus importants qu'elle, à bien des égards. Ainsi le Tour raconte mieux que jamais la géographie et l'histoire de France.
Par cette volonté de diffuser le Tour de *la* France, la télévision a rempli une mission capitale au service d'elle-même, de l'événement sportif et de notre pays aussi, sans doute.

G.E.

ROMAIN BARDET, OBJECTIF MAILLOT JAUNE

JEAN-LUC GATELLIER

Après avoir disputé six Tours de France avec une remarquable permanence au plus haut niveau (2e en 2016, 3e en 2017), ce perfectionniste vise désormais la victoire finale aux Champs-Elysées. A seulement 23 ans, il affiche une exigence impressionnante, avec la volonté de réduire la part du hasard. Son refus obstiné de la défaite confirme ses ambitions.

Généralement, les sportifs prétendent ne jamais lire les journaux, souvent ce n'est pas la vérité. Romain Bardet, lui, revendique le contraire. « Comme je suis un passionné de vélo, chaque matin avant le départ, je lis ce que vous avez écrit, me confiait-il au départ du Tour en 2014. Vos analyses m'intéressent, j'ai envie d'avoir d'autres expertises – que celles de mon environnement cycliste – pour rester connecté au Tour. »
Enfant, *L'Équipe* constituait sa lecture quotidienne durant les trois semaines de la Grande boucle. « Il arrivait qu'on l'achète chacun de notre côté, sourit son père Philippe, et on se retrouvait avec deux exemplaires ! » Au lendemain de ses podiums, la 22e étape du Tour est toujours pour Romain Bardet l'occasion d'une visite de quelques heures au siège du quotidien sportif, à Boulogne-Billancourt.
Le Tour, Bardet l'a déjà couru à six reprises consécutivement, avec une remarquable permanence au haut niveau. Il possède ce fond et ce mental exceptionnels pour s'accorder aux exigences de cette épreuve. La petite histoire retiendra qu'à sa première participation un arrêt malvenu – pour un besoin pourtant naturel sur une route venteuse du Cher, vrai nid à bordures – le priva du top 10 à Paris.

La grande histoire le situe, elle, à deux reprises sur le podium, auprès de Chris Froome – deux accessits à la suite, ce n'était pas arrivé pour un coureur français depuis Richard Virenque en 1996 et 1997 – et lauréat de trois étapes de montagne différentes.

En 2015, à Saint-Jean-de-Maurienne, il montre sa capacité de réaction après un échec dans les Pyrénées. En 2016, à Saint-Gervais, il réveille le Tour anesthésié par l'équipe Sky. En 2017, à Peyragudes, il s'impose « à la pédale » devant le gratin du peloton.
Il est tentant de comparer ce titulaire d'un master en management à un brillant entrepreneur, ceux qui nous épatent en créant leur start-up alors qu'ils sont encore à l'école. Malgré son jeune âge, Bardet ne s'est pas contenté des moyens sommaires, mis à sa disposition à son arrivée dans la formation AG2R La Mondiale. L'axiome de sa vie, c'est la recherche de la perfection, son moteur l'insatisfaction permanente, à l'opposé des authentiques rêveurs. « Enfant, je n'ai jamais rêvé ma vie d'adulte », confie-t-il.

Romain Bardet devant Christopher Froome dans l'étape La Mure-Serre-Chevalier en 2017.

COMME SHERLOCK HOLMES DANS « L'OBSERVATION DES RIENS »

S'il n'y a pas de grande entreprise qui ne débute par un rêve, Romain n'endosse pas la paternité du slogan du Tour 2017 choisi par son équipe : « Croire en nos rêves. » Il préfère faire inscrire ces mots – en anglais – sur le tube horizontal du cadre de son vélo : « Prends le risque ou perds la chance. » Bardet le prend autant que possible dans un cyclisme de plus en plus cadenassé.
Une maturité si précoce vous porte rapidement à une grande exigence. À seulement 23 ans, Bardet commence à révolutionner le fonctionnement de l'équipe sur le modèle anglo-saxon de la formation Sky. En 2014, l'Auvergnat se lance, seul, avec ses propres deniers et sa quête du savoir, dans l'expérience de l'altitude, « car tous les grands coureurs y font un séjour ». Son viatique : « J'expérimente ce que j'apprends. » Il potasse des livres universitaires sur le sujet. L'aventure commence par un stage en Sierra Nevada, dans le sud de l'Espagne, avec son père Philippe, ancien coureur de niveau régional, qui le suit à l'entraînement et le masse le soir. La petite affaire familiale prospère : dès l'année suivante, la démarche personnelle devient projet collectif. Chez AG2R La Mondiale, on saisit vite l'impériosité de suivre ce jeune chef et grandir avec lui... sinon il s'en ira.
« Un bon leader, dévoile Bardet, c'est quelqu'un qui sait mettre son groupe en confiance par son attitude, pas seulement par ses résultats. Mais aussi par son envie de s'améliorer et donc de se montrer à la hauteur des objectifs qu'il s'est fixés. »
Servie par un engagement total, son imagination débordante mais ordonnée bâtit des plans d'avenir ambitieux : à l'horizon, le maillot jaune. Romain fait engager un entraîneur, Jean-Baptiste Quiclet, rapidement nommé à la tête d'une structure constituée d'experts dans les domaines de l'entraînement, du matériel, de l'altitude. Il collabore également avec un préparateur physique, un nutritionniste, ou encore un ergonome...

Il a deux idées à la seconde sans renoncer à une méthodologie claire. Il n'est jamais dans la croyance, au contraire, il faut toujours convaincre son intelligence. Il n'admet pas ses propres fléchissements, refuse la défaite.

Toujours avec cette volonté de réduire la part du hasard, Bardet est un peu comme Sherlock Holmes, engagé dans l'« observation des riens » pour trouver la solution. Il doit sa réussite à un travail incessant. Il y a plus doué que lui. On envie tous le dépositaire du talent pur mais, appréciez la nuance, on admire le travailleur acharné.

THIBAUT PINOT, UN BONHEUR PROVISOIRE

GILLES COMTE

Longtemps benjamin du Tour de France, il porte en lui les promesses d'un avenir radieux. Sa 3e place sur le podium et son maillot de meilleur jeune en 2014, puis sa victoire à l'Alpe-d'Huez en 2015, laissent penser qu'il est un grand espoir de la nouvelle génération française. Mais sa phobie des descentes de cols le traumatise et le handicape. Ce n'est que le prélude de sa relation contrariée avec la Grande boucle.

Le hall de l'hôtel était minuscule, l'établissement lui-même triste à pleurer, l'attente interminable. Et d'ailleurs, qu'attendions-nous ? On nous avait prévenus : Thibaut Pinot ne parlerait pas. Le seul autre confrère présent était reparti, découragé par l'atmosphère des lieux. J'étais de toute façon coincé. L'étape du jour nous avait conduits au sommet d'Ax Trois Domaines et le moyen le plus rapide de rejoindre l'hôtel de l'équipe FDJ avait été d'emprunter le télésiège qui descendait à Ax-les-Thermes. Le zèle avait ses limites : il me fallait désormais attendre mes camarades de *L'Équipe*, restés là-haut dans ce qui faisait office de salle de presse.

C'était le 6 juillet 2013. Un samedi. Thibaut Pinot avait vécu une journée noire. J'étais parti pour vivre la mienne. Comment en étais-je arrivé là ? À attendre quelqu'un qui ne viendrait pas. À l'attendre lui, justement lui, qui avait fait la une de* L'Équipe *un an plus tôt avec ce titre évocateur : « Pinot gagnera-t-il le Tour ? »

Jamais je n'aurais dû être assis sur cette chaise aussi raide qu'un prie-Dieu. J'aurais dû me retrouver au contraire dans l'effervescence d'une aire d'arrivée, comme l'année précédente, à m'imprégner du bonheur du benjamin du Tour, vainqueur de l'étape suisse de Porrentruy, au lendemain de sa montée bravache de la Planche des Belles Filles, pratiquement dans son jardin. Argument dont il s'était d'ailleurs servi pour vaincre les réticences d'un Marc Madiot, soucieux de le préserver encore un peu des exigences de la plus grande course du monde.
Jamais je n'aurais dû être exposé aux courants d'air d'un hôtel sans confort, mais l'être à tous les vents d'une arrivée en altitude, comme en 2012, quand le grimpeur de 22 ans avait crânement suivi le maillot jaune Bradley Wiggins et son équipier Chris Froome vers Peyragudes. Pinot avait été le seul à soutenir le rythme et, au final, sa 10e place à Paris était amplement méritée.
Le 6 juillet 2013, je n'aurais donc pas dû être là, à me laisser envahir par le stress d'un papier qu'il faudrait bien, à un moment ou un autre, commencer à écrire. Faute de mieux, l'article s'en tiendrait aux faits : un blocage dans la descente du col de Pailhères et un passif de six minutes à l'arrivée. « Faut le laisser tranquille, il se les bouffe déjà ! » avait lancé à la volée Marc Madiot. Ça faisait toujours une réaction à glisser dans l'article, mais c'était maigre...

Thibaut Pinot, vainqueur en solitaire de l'étape Belfort-Porrentruy en 2012.

UN FLOT DE MOTS COMME QUAND ON EN A GROS SUR LE COEUR

Jusqu'au moment où mon téléphone a vibré. Un message. C'était Thibaut ! Brave gamin, dont je suivais depuis longtemps les résultats, d'où mon affection particulière : « Attends-moi, je viens te voir après le repas. » La suite n'avait été qu'un flot monocorde de mots prononcés comme quand on en a gros sur le cœur. « Je suis tellement déçu que je ne sais pas si je vais m'en remettre. J'ai peur de la vitesse comme d'autres ont la phobie des araignées ou des serpents. Je ne sais plus quoi faire, j'ai l'impression que jamais je ne m'en sortirai. »
Chez les juniors, Thibaut Pinot était rentré à pleine vitesse dans un îlot directionnel, faute d'une vue dégagée pour l'anticiper, ce qui lui avait valu d'être plâtré des deux bras !

Ce traumatisme encombrait toujours son esprit quand, en aveugle, il épousait la trajectoire des autres dans des descentes de cols qui ressemblaient à un exercice de trompe-la-mort. Dix jours plus tard, le Franc-Comtois quittait le Tour, gagné par une angine qui ne semblait pas étrangère à son état psychique.

Quatre ans ont passé. Et il semble désormais que l'épisode de 2013 n'était que le prélude à une relation contrariée avec le Tour. Thibaut Pinot pense parfois qu'il n'aime pas cette épreuve. Je pense plutôt qu'il l'aime tellement qu'il croit ne pas l'aimer suffisamment. Ses deux dernières participations (2016, 2017) se sont soldées par un abandon, dont le plus récent à la suite d'un Tour d'Italie convaincant où il s'est battu jusqu'au dernier jour pour une place sur le podium, occupé finalement par le Néerlandais Tom Dumoulin, le Colombien Nairo Quintana et l'Italien Vincenzo Nibali, avec qui il a traité d'égal à égal en montagne.
Est-ce le Tour qui le rejette ou bien lui qui rejette le Tour ? En creux de ce rapport tumultueux persistent tous ces indices qui font croire, malgré tout, à une victoire possible : sa 3e place finale et son maillot de meilleur jeune en 2014, sa victoire à l'Alpe-d'Huez en 2015, qui avait laissé transparaître de belles ressources mentales après un début de Tour calamiteux, marqué par des ennuis mécaniques sur les pavés du Nord. Il y aura d'autres moments à vivre dans son sillage. Ailleurs, j'espère, que dans le hall désert d'un hôtel sans âme.

Christopher Froome en maillot jaune devant le Colombien Rigoberto Uran et l'Italien Fabio Aru dans l'étape Nantua-Chambéry en 2017.

CHRISTOPHER FROOME, L'INSOUMIS

GILLES SIMON

Le coureur britannique originaire du Kenya est le dernier en date des rois du Tour de France. Battu en 2018, il reste à une longueur des quintuples vainqueurs de l'épreuve, Jacques Anquetil, Eddy Merkx, Bernard Hinault et Miguel Indurain. Il n'est guère populaire auprès du public français, surtout depuis son contrôle « anormal » en 2017, et reste une sorte d'Ovni dans la galaxie cycliste.

Faut-il être britannique pour comprendre Christopher Froome ? Le public français n'y voit souvent qu'un jouet mécanique entre les mains de la toute-puissante équipe Sky, une petite tête posée de travers sur deux aiguilles à tricoter, un sourire un peu benêt et cette petite voix toujours aimable qui sourit aux caméras.
L'amateur de cyclisme a besoin d'épopée et d'esthétique. Un champion doit souffrir en beauté, pas en dodelinant de la tête et en récitant sa table des « watts », le nez sur son capteur de puissance. Il y a une fracture certaine entre l'œuvre de Froome et la perception de l'athlète en France. Voilà un champion qui loge presque sur le même palier que Jacques Anquetil, Eddy Merckx, Bernard Hinault et Miguel Indurain, les quatre quintuples vainqueurs du Tour de France, mais qui habite trois étages plus bas en termes de popularité ! Il y a deux raisons principales à ce déficit : l'image de la formation Sky et l'histoire personnelle de « Chris » Froome.
Longtemps chasse gardée de la vieille Europe, le cyclisme a vu débarquer tour à tour les grimpeurs colombiens, les conquérants américains ou australiens et enfin les pionniers africains.
Mais aucune greffe n'a eu autant de conséquences sur l'évolution de ce sport que l'arrivée de l'équipe britannique dans le World Tour en 2010. À bien y regarder pourtant, l'équipe Sky n'a pas révolutionné le vélo. Mais elle y a apporté cette obsession du détail, cet « esprit Formule 1 » qui a raidi une discipline où le foutraque épousait si souvent la fantaisie.

L'image de Sky, des gains marginaux, de la haute technicité, de la robotisation, est un masque qui escamote les véritables traits de Chris Froome. L'homme disparaît derrière son avatar. Pourtant, il suffit de l'avoir un peu fréquenté pour saisir toute l'humanité du personnage, sa sensibilité et sa gentillesse naturelle.

Et puis « Froomey » ne s'est pas laissé couler dans le moule sans se débattre. Il y eut d'abord ce bras de fer avec Bradley Wiggins, lorsque le Kenyan a montré à tout le monde qu'il aurait pu lui-même gagner le Tour de France en 2012 et qu'il ne l'abandonnait à son leader désigné que sous la contrainte. Ensuite, tous ces petits signes qui ne trompent pas sur la nature de la relation entre la formation Sky et son champion. Lorsque Froome a décidé d'utiliser un plateau ovoïde, il a bravé les intérêts financiers de son équipe, liée à Shimano, le plus gros équipementier

Christopher Froome dans la tourmente avec le Colombien Nairo Quintana et l'Irlandais Daniel Martin dans l'étape Viella-Ordino-Arcalis en 2016.

du vélo. Et quand Sky a été rattrapée par une enquête parlementaire, après la découverte de livraisons de produits suspects lors de la saison 2011, il s'est fait tirer l'oreille pour afficher publiquement son soutien à Dave Brailsford, le patron de l'équipe.

« Quand je roulais, j'avais une dégaine d'oiseau mazouté »

L'équipe Sky est à la fois la force et la fragilité de Froome. Il rejoint ses commanditaires dans cette exigence qui a toujours fait de lui un stakhanoviste de l'entraînement, même lorsqu'il avalait la poussière des sentiers kényans sur son VTT. Mais la recherche permanente du gain marginal l'expose aussi en première ligne sur la frontière parfois ténue entre l'amélioration de la performance et le dopage.
Froome reste une sorte d'ovni dans la galaxie cycliste. Élevé au Kenya, le naturalisé britannique a dû forcer les portes l'une après l'autre. À 21 ans, il n'avait disputé qu'une seule course en Europe, le championnat du monde de Salzbourg en Espoirs et en mode « voleur de poules » : l'échalas de Nairobi avait dû dérober les codes d'accès à un compte Internet pour soumettre sa candidature à l'Union cycliste internationale, en cachette de sa propre Fédération et se transformer en dirigeant-entraîneur-coureur et même en délégation kényane à lui tout seul. Il n'était encore qu'un talent mal dégrossi. « Je ne tenais pas mon guidon correctement, raconte-t-il. Quand je roulais, j'avais une dégaine d'oiseau mazouté. »

Froome a dû tout apprendre seul ou presque. « La seule compétition que je n'ai jamais regardée à la télé, expliquait-il, c'est le Tour de France. » En 2012, lors du prologue à Liège, il avait oublié de retirer le coton imbibé de camphre qu'il se fourrait dans les narines à l'échauffement.

Quelques mois plus tard, j'étais venu le chercher à l'issue de la présentation du Tour 2013 au Palais des Congrès. Direction le siège de *L'Équipe* pour une interview à l'occasion de sa victoire au Vélo d'Or, le trophée décerné par *Vélo Magazine*. Au milieu des embouteillages, on discutait tranquillement. Le soir même, il devait s'envoler à Tokyo pour disputer le critérium de Saitama.
« Cela te fera une victoire de plus cette année, lui glissai-je.
— Ah, je ne crois pas, on m'a dit que c'était plat et il y a beaucoup de bons sprinteurs, répondit-il.
— Alors, on a oublié de te dire que c'était toi qui allais gagner... »

A 27 ans, « Froomey » avait gagné son premier Tour de France mais ne savait toujours rien des critériums et de leurs règles non écrites. Depuis, le quadruple vainqueur du Tour a retenu bien des leçons. S'il a toujours l'air d'un oiseau mazouté sur son vélo, il s'est forgé un vrai sens de la course et du panache, n'en déplaise à ceux qui persistent à ne voir en lui qu'un robot. Dans des conditions difficiles, il a dû passer la main en 2018 à son lieutenant Geraint Thomas et paraît désormais plus loin de gagner son cinquième Tour que l'inverse.
Mais il y a aujourd'hui longtemps que Petit « Froomey » est devenu grand.

DE VILLE EN VILLE

Toutes les villes et tous les villages de France rêvent d'accueillir le Tour pour fêter les départs et les arrivées des étapes, ou simplement apercevoir les coureurs traverser leurs rues et leurs places. Les grandes métropoles, y compris européennes, se battent pour convaincre les organisateurs de leur confier ce cadeau.

1 - *À Montpellier, Nicolas Frantz le long du tramway dans l'étape Perpignan-Marseille en 1927.*

2 - *À Sarreguemines dans l'étape Strasbourg-Metz en 1922.*

3 - *À Marseille, le peloton sur le Vieux-Port au départ de l'étape en direction de Montpellier en 1947.*

4- *À Albi, les coureurs vers le départ de l'étape en direction de Béziers en 1953.*

5 - *À Bayeux, le peloton dans une rue du centre-ville lors de l'étape Caen-Cherbourg en 1928.*

6 - *À Châlons-en-Champagne, le passage du peloton dans l'étape Épernay-Metz en 2012.*

7 - *À Aix-la-Chapelle, les coureurs dans le centre-ville lors de l'étape Düsseldorf-Liège en 2017.*

8 - *À Pau, le peloton au départ en direction de Cauterets en 2015.*

9 - *À Vannes, l'équipe de la Française des Jeux pendant le contre-la-montre vers Plumelec en 2015.*

10 - *À Strasbourg, les coureurs au pied de la cathédrale au départ de l'étape en direction de Mulhouse en 1992.*

CHRISTIAN PRUDHOMME, LE PROFIL DE L'EMPLOI

PHILIPPE BOUVET

Directeur du Tour de France depuis 2007, l'ancien journaliste d'Europe 1, puis directeur des sports de France Télévisions, accepte la proposition de Jean-Marie Leblanc de prendre sa succession. Cartes en main, Christian Prudhomme « joue » chaque année avec les territoires pour dessiner le parcours de l'épreuve et bouscule les schémas, trop stéréotypés, du cyclisme moderne. Il a ainsi renouvelé la course par petites touches, notamment en réduisant les étapes contre la montre.

Devant ce petit garçon collé aux barrières sur une quelconque ligne de départ, émerveillé par le spectacle du Tour de France, Christian Prudhomme n'y résiste pas. Il le soustrait quelques instants à son père, le glisse à travers le toit ouvrant pour l'installer dans le cockpit de la voiture rouge directoriale et l'initie au tableau de bord des commandes de Radio Tour. Quelques semaines plus tard, il recevra ce petit mot : « Merci de m'avoir montré les boutons... »
Prudhomme est aux manettes du Tour depuis le départ de Londres, en 2007. Il n'a pas oublié qu'il fut aussi ce petit garçon que la passion du Tour n'a plus quitté. C'est le sens qu'il veut donner à l'opération lancée dans les écoles des villes-étapes où certaines classes, du CM2 à la 5e, sont soumises à la « dictée du Tour », un exercice qui consolide la compréhension du participe passé tout autant qu'il sensibilise au passage de la Grande boucle.
Chez lui, l'indéfectible passion vient de loin. « J'ai les résultats du Tour 1936 écrits de la main de mon père sur des fiches en carton... » Il naît en 1960, et le Tour scande les journées d'été de sa jeunesse. « À 10-12 ans, j'allais chercher *L'Équipe* chez Godet, ça ne s'invente pas, mais avec un seul d, précise-t-il. C'était le libraire de la rue du Dessous-des-berges à Paris (XIIIe). Je commençais par le papier de Pierre Chany, mais je ne lisais pas tous les articles parce que je voulais qu'il m'en reste jusqu'au générique de l'Eurovision. Et le dernier jour du Tour était vraiment pour moi le plus triste de l'année. »

Nourri aux flashes de Jean-Paul Brouchon sur France Inter, de Fernand Choisel sur Europe no 1, de Guy Kédia sur RTL, élevé aussi aux accents de Luc Varenne sur la RTBF pour les classiques belges, Prudhomme rêve de commenter le cyclisme.

Il commence sur La Cinq, chaîne de télévision qui retransmet, à l'occasion du championnat du monde de Chambéry, en 1989, la première course jamais diffusée en intégralité. Plus tard, c'est au micro d'Europe 1 qu'il commente le Tour (1995-1996), avant de succéder à Patrick Chêne sur France Télévisions (2001-2003), dont il devient même directeur des sports. « Je suis clairement venu au journalisme par le Tour, assure- t-il. J'aurais bien commenté pendant vingt ans, sauf que Jean-Marie Leblanc m'a fait une autre proposition ! »

Christian Prudhomme, directeur du Tour depuis 2007, lors de la présentation de l'édition 2018.

DANS LA LIGNÉE DES JOURNALISTES DEVENUS PATRONS DE LA COURSE

« C'était un excellent commentateur et je l'avais croisé un jour sur un Grand Prix de Denain, où il était venu pour son plaisir et parfaire sa culture professionnelle, se souvient Leblanc, qui commence dès 2001 à envisager sa propre succession. Je me suis aperçu que, décidément, il aimait non seulement le vélo et les coureurs, mais aussi la France, les territoires, les gens. » Il a le profil de l'emploi, même si « quand on voit mon nom à la suite de Desgrange, Goddet, Lévitan ou Leblanc, on a toujours un peu de mal à y croire », concède-t-il, alors qu'il s'inscrit dans la lignée des journalistes devenus patrons du Tour.

De ses deux années (2005-2006) passées en apprentissage sous l'aile de son mentor, avec lequel il partage un bon coup de fourchette et le goût de la convivialité, Prudhomme apprend l'essentiel.

« Jean-Marie n'a jamais fait un seul petit déjeuner, déjeuner ou dîner avec des élus sans m'y convier. Parce que c'est la base. Pour qu'une course cycliste puisse être organisée, il faut que des élus disent oui. Et chaque année, nous avons besoin que l'on nous dise "oui" 70 fois afin que toutes nos épreuves aient lieu. »
Prudhomme « joue » avec les territoires pour dessiner son Tour de France. Cartes en main, avec la complicité de Thierry Gouvenou, responsable sportif, il cherche la solution à son jeu de construction. Sur la grande carte Michelin accrochée au mur de son bureau, des pions aimantés sont dispersés sur l'Hexagone. Plus ou moins à l'emporte-pièce désormais, par précaution vis-à-vis du prochain visiteur, car un jour Marc Madiot avait deviné : « Mais c'est le prochain Tour ! »
Prudhomme s'efforce surtout de brouiller les schémas du cyclisme moderne trop stéréotypé. On lui reproche de rogner sur la part des contre-la-montre, mais il s'y voit contraint à cause des écarts qui ont vite fait d'être rédhibitoires pour le suspense : « Le chrono reste l'épreuve de vérité, mais deux minutes d'aujourd'hui, c'est beaucoup plus que deux minutes des années 1970. » On le sent en revanche un peu interloqué mais assez convaincu, au fond, lorsque en tête à tête pour une interview

Christian Prudhomme, au départ de l'étape Mont Saint-Michel-Utah Beach en 2016.

dans *L'Équipe*, on lui fait remarquer que les pourcentages des cols n'entament pas le muscle des coureurs comme par le passé, en raison des braquets qui sont utilisés. « C'est vrai que le coureur devait d'abord vaincre la pente et que l'on n'a plus trop cette impression aujourd'hui », reconnaît-il.
Quand il visite la France, même en famille, l'arrière-pensée du tracé du Tour n'est jamais bien loin. Il est pourtant bel et bien en mission lorsqu'on se trouve à sa table au Bourg-d'Oisans dans les mois qui précèdent le Tour 2013 de la 100e édition. Par le plus grand des hasards, la télévision diffuse une rétrospective du Tour 2003, commenté dix ans plus tôt par... Christian Prudhomme, que le patron du restaurant n'a pas encore reconnu : « Il est bon le monsieur qui commente, dit-il en toute naïveté. Je crois qu'il est devenu directeur du Tour ! Comment il s'appelle déjà ? Ah oui, Jean-René Godard ! »

« Ramener le Tour au puy de Dôme, ce serait énorme ! »

Blague à part, chaque automne, il convie quelques journalistes privilégiés à la gare de Lyon ou de l'Est pour une destination inconnue. Il leur réserve la primeur et la surprise de ses trouvailles pour l'édition à venir. Ainsi, il n'y a pas encore de goudron, juste un pré, lorsqu'on gravit à ses côtés les 20 % du mur final de la Planche des Belles Filles, montée devenue incontournable dans les Vosges. On reste également soufflé par les télégéniques lacets de Montvernier qu'il nous fait explorer en Maurienne.

Le Tour n'avait jamais franchi le col du Grand Colombier avant 2012, jusqu'à ce qu'on arpente grâce à lui ses terribles pentes, sur le balcon du Jura. Comme quoi, il est encore possible d'apporter de la nouveauté sur le parcours au XXIe siècle, tout en continuant de vénérer les grands classiques du XXe...

« Ce dont je suis le plus fier, c'est d'avoir réussi à casser le moule de la zone technique du Tour – l'immense surface nécessaire pour accueillir l'infrastructure –, de sorte que si un lieu s'avère magnifique pour le sport, on puisse y aller. » De ce point de vue, le plus beau reste l'arrivée en haut du Galibier en 2011. « Nous nous étions arrêtés avec Eddy Merckx, Bernard Thévenet et Bernard Hinault sur l'Izoard devant la stèle en hommage à Louison Bobet et Fausto Coppi. Nous remontons en voiture et j'entends qu'Andy Schleck vient d'attaquer à 60 km de l'arrivée ! Cette étape, on travaillait depuis des années dessus. » Une juste récompense à son audace et un retour à l'épopée du Tour.
Son rêve ultime ? « Ramener le Tour au puy de Dôme, ce serait énorme... » Et quand on lui demande une définition de cet événement qui « est beaucoup plus que du sport et fait rayonner la France », il remue trois ou quatre mots : « Sourires, champions, épopée, oui, sourires. C'est un vrai moment de bonheur collectif. »

JACQUES AUGENDRE, GARDIEN DE LA MÉMOIRE

JEAN-LUC GATTELIER

Jacques Augendre et son pilote Michel Martin sur l'étape Tours-Paris en 1955.

Au cours de sa très longue carrière de journaliste de plus d'un demi-siècle, Jacques Augendre a couvert 55 Tours de France, record du monde des médias. Il a donc côtoyé tous les champions depuis la fin de la Deuxième Guerre mondiale. Devenu historien de la Grande boucle depuis sa retraite, il continue d'écrire sur le cyclisme au nom d'une passion inaltérable, car « l'écriture me garde en vie », confie le nonagénaire.

Ce matin-là, chez lui à Franconville (Val-d'Oise), où il vit depuis les culottes courtes – à l'exception des années de guerre passées dans les Deux-Sèvres à l'adolescence –, Jacques Augendre m'accueille avec son habituelle bienveillance, la qualité qui le caractérise le mieux. Nicole, son épouse, est présente, bien sûr ; le tandem est extrêmement complice, uni comme des spécialistes non pas des Six mais des sept jours. Dans leur appartement, je ne suis pas surpris de croiser de nombreux invités. Jacques a fait venir Jean Robic, Marcel Dussault, Louison Bobet, Jacques Anquetil, Roger Rivière, André Darrigade, Joop Zoetemelk, Bernard Thévenet, Bernard Hinault… Dans ce beau séjour, il n'y a que du beau monde, des palmarès, des maillots jaunes, des victoires, des échappées au long cours, des sprints sur piste cendrée.

Jacques me parle aussi de Maurice Garin et d'Eugène Christophe, et je pense : « C'est fou, ces pionniers du Tour avaient été pour lui des légendes vivantes ! » Le jeune journaliste était alors au printemps et ses glorieux interlocuteurs en hiver, la saison dans laquelle il est entré à son tour.

Avec une fougue et des convictions qui sont autant de leçons de journalisme et de leçons de vie, car Jacques continue d'écrire sur le cyclisme au nom d'une passion inaltérable. Vous le retrouverez – si ce n'est déjà fait – à plusieurs reprises à l'intérieur du livre que vous tenez entre vos mains, racontant les champions qu'il a côtoyés durant un demi-siècle.

Il décrit l'écriture parfois comme une souffrance : « Tu sais, j'ai refait quatre fois le papier sur Louison Bobet ! »

Cette exigence lui semble malgré tout nécessaire, pour la conservation de l'intellect, la vivacité de l'esprit, « car l'écriture me garde en vie », confesse-t-il. À chacune de nos rencontres, je suis toujours impressionné par la qualité de sa mémoire. La justesse de son analyse ne s'accommode pas de choix par facilité ou convenance. Lors d'une élection organisée par *L'Équipe* pour désigner le plus beau Tour de l'histoire, Jacques n'a pas voté pour l'édition de 1964, pourtant plébiscitée. « Pour moi, un Tour qui ne récompense pas le meilleur et le plus méritant – Raymond Poulidor, battu par la malchance plus que par Anquetil – ne peut pas être le plus beau. » Et, tant pis pour la célèbre photo du puy de Dôme, son Tour préféré, c'est celui de 1951, remporté par Hugo Koblet.

« Tiens, je te donne un scoop parce que tu es sympa ! »

J'aurais voulu que Jacques me parle plus d'Augendre que d'Anquetil – mon « Maître Jacques » à moi –, mais à y songer, un homme ayant refusé à deux reprises la Légion d'honneur peut-il raisonnablement se mettre en avant ? Quand on l'y encourage, cela donne ce témoignage touchant : « Si l'on me demandait de me définir, je dirais que je suis – ou j'ai été – un journaliste passionné et sentimental, passionné par les contacts humains, l'écriture et ce sujet formidable, incomparable, qui s'appelle le Tour de France. J'ai couru un peu dans ma jeunesse – finaliste du Premier Pas Dunlop en 1943… La souffrance sur le vélo, je connais. Et j'ai toujours souffert en assistant au spectacle poignant d'un coureur en grande difficulté. J'ai très mal vécu les défaites injustes, le sort des champions frustrés. »

À ses yeux, Poulidor a réussi l'exploit de connaître des défaites injustes sans devenir un champion frustré.

« Pour Raymond, j'ai éprouvé un véritable coup de cœur. Une seule phrase de lui peut justifier cette empathie. Après sa chute – renversé par une moto – dans le Tour 1968 qu'il avait gagné à 90 %, il a déclaré : "Tout compte fait, j'ai eu de la chance. Je devrais être mort" ! Avec Poupou, la bouteille est toujours à moitié pleine. Jamais à moitié vide. »

Cinquante ans plus tard, Jacques se défend d'être « poulidoriste ». Classez-le uniquement dans la catégorie des gens qui aiment les gens, admirent, défendent et valorisent les athlètes. Lors de son premier Tour, en 1949, il remplit une rubrique intitulée avec gravité « Les drames de l'arrière ». Puis il passe « Dans la roue des régionaux ». Les interviews commençaient parfois sur sa moto avant même l'arrivée de l'étape. « T'as vu, Jacques, j'ai crevé deux fois aujourd'hui », entendait-il.

La complicité, la relation de confiance. « Tiens, je te donne un scoop parce que tu es sympa », lui confie un jour Léon Le Calvez, directeur technique de l'équipe de l'Ouest, qui lui révèle que Jean Robic portait un bidon plombé pour lester son poids plume dans les descentes de cols.

Jacques Augendre a ainsi suivi 55 Tours de France – record du monde des médias ! –, les derniers, à l'aube du XXIe siècle, comme historien de la Grande boucle, un rôle aux petits oignons mitonné par son ami Jean-Marie Leblanc. Il dit devoir sa dernière joie à *L'Équipe*, qui l'invita à suivre une étape du 100e Tour, sa 1 193e étape personnelle, « presque quatre ans de ma vie », pour une « pige » amicale, un article publié le 12 juillet 2013 et intitulé « Devoir de vacances ». Il y cite Jacques Goddet : « La passion ne prend pas de retraite. »

Damien Ressiot, « Monsieur Antidopage »

JEAN-FRANÇOIS RENAULT

Journaliste à* France Football, *puis à* L'Équipe *pendant quinze ans, Damien Ressiot se spécialise dans les affaires de dopage à la fin des années 1990. Il commence à enquêter, à tisser sa toile, à travailler dans l'ombre sur ce sujet brûlant. Le 23 août 2005, sous le titre « Le mensonge Armstrong »,* L'Équipe *publie son scoop mondial qui accable l'Américain.

Juillet 2017. Düsseldorf. Départ du Tour. Avec son accréditation autour du cou, Damien Ressiot se promène au milieu des bus des équipes. Normal, direz-vous, un journaliste est à l'affût d'une information, d'une rencontre, d'un échange avec un coureur ou un directeur sportif. Oui, mais Damien n'est plus journaliste. Depuis le 1er octobre 2015, il est devenu directeur des contrôles à l'Agence française de lutte contre le dopage (AFLD).
Comment et pourquoi a-t-il bifurqué aussi drastiquement ? Spécialiste du football, d'abord à *France Football,* notamment lors de l'affaire VA-OM, puis à *L'Équipe* durant une quinzaine d'années, il bascule à la fin des années 1990. Premières affaires de dopage dans le football, et puis surtout l'affaire Festina sur le Tour en 1998. Le quotidien sportif est désarmé devant l'arrivée au grand jour de ce mal récurrent, plus ou moins caché jusque-là.

Alors directeur de la rédaction, Jérôme Bureau fait le tour des rubriques, cherchant un volontaire pour s'occuper du sujet. Ressiot lève la main. Il devient le Monsieur Dopage du journal. Cet ancien étudiant en sociologie et en ethnologie trouve là enfin un domaine à sa mesure.

Il reçoit le feu vert pour se former et passe le diplôme universitaire Dopage à Montpellier, auprès du professeur Michel Audran. Il avoue sans ambages : « Avoir un peu de distance et traiter de sujets qui ne sont pas les plus simples et valorisants, cela ne me dérange pas du tout. Je n'ai pas besoin d'embrasser un sportif pour exister. »
Alors Ressiot commence à enquêter, à tisser sa toile, à travailler dans l'ombre. Ses premières révélations portent sur l'équipe Cofidis, les 9 et 10 avril 2004, et provoquent des perquisitions… jusque dans les locaux de *L'Équipe*. Dans cette affaire, huit ans plus tard, le 28 juin 2012, la Cour européenne des droits de l'homme a déclaré, à l'unanimité, qu'il y a eu violation par la France du principe de la protection des sources d'information des journalistes, prévu par l'article 10 de la Convention européenne. Cette décision s'appelle l'« Arrêt Ressiot et autres contre France ».

« JE N'AI JAMAIS MIS D'AFFECTIF, NI JAMAIS ÉTÉ UN CHEVALIER BLANC »

Mais surtout Damien s'attaque à l'icône Lance Armstrong. Pendant plusieurs mois, il recoupe deux sources d'information. Il compare les numéros d'échantillons urinaires positifs à l'EPO prélevés sur le Tour en 1999, utilisés à des fins de recherche par le Laboratoire national de Châtenay-Malabry, avec les échantillons de Lance Armstrong prélevés durant la même compétition. Six numéros concordent et permettent de conclure que l'Américain a très probablement suivi un protocole de dopage à l'EPO sur ce Tour, le premier qu'il a remporté. La seconde série d'échantillons, Damien la déniche à Aigle, en Suisse, au siège même de l'Union cycliste internationale.

Et c'est le scoop du 23 août 2005 à la une de* L'Équipe, *« Le mensonge Armstrong », révélant que l'Américain était dopé. Les médias du monde entier reprennent l'information. Beaucoup d'observateurs s'en doutaient, mais Damien est le premier à en apporter les preuves. La descente aux enfers d'Armstrong commence…

Ressiot explique : « Son côté sale type avec les journalistes a été mon ressort. Il m'a défié de faire le match avec lui. Je suis allé au bout. Il a cherché à me rencontrer mais j'ai refusé, car c'était du marketing. Aujourd'hui, ça ne me poserait aucun souci. Je lui taperais sur l'épaule en lui disant : "Je t'ai coincé !" »
Alors, en 2014, Damien a posé son stylo. Il a quitté le journal, où il a gardé de solides amitiés, pour intégrer l'Office central de lutte contre les atteintes à l'environnement et à la santé publique (Oclaesp) dans un rôle qu'on pourrait qualifier de « gendarme ». Il voulait être sur le terrain, il a été servi : « C'est terrible, un vrai problème de santé publique. Des gens ont des laboratoires clandestins dans leur baraque. Certains ont des activités professionnelles normales et multiplient leur salaire par deux ou trois en "dealant" des produits dopants quand ils rentrent du travail. J'ai vu des chambres d'enfant blindées de stéroïdes, qui dégagent une odeur d'égouts pestilentielle. »
À l'AFLD, il organise les contrôles avec son équipe, notamment sur le Tour de France. « Je sais pourquoi je travaille là-dedans : parce que les sportifs sont des gens fragiles, simplement des hommes. Mais je n'ai jamais mis d'affectif et je n'ai jamais été un chevalier blanc, ça me permet de ne pas être aigri. Si tu pars en croisade pour éradiquer le dopage, tu te crames. Le but est de réguler la triche à un niveau acceptable », admet-il.
Il n'exclut pas de retrouver sa carte de presse un jour. Entre temps, il aimerait former ses anciens confrères, car il lit ou entend sur le sujet « pas mal d'âneries »…

COUP DE BALAI

L'arrivée du camion-balai, ou de la voiture-balai, marque la fin du passage de l'étape du Tour. La fête est finie pour le public, mais surtout pour les coureurs, contraints à l'abandon, qui n'ont plus que leurs beaux yeux pour pleurer. Il ne leur reste qu'à monter dans ce véhicule, devenu le cimetière de leurs illusions. Même de grands champions comme Charly Gaul ou Yvon Madiot n'y échappent pas…

1 - *Le Belge Pino Cerami à la dérive dans l'étape Val-d'Isère-Chamonix en 1963.*

2 - *Le Luxembourgeois Charly Gaul souffrant après son abandon en 1957.*

3 - *Jean Robic sous la menace dans l'étape Annecy-Chalon-sur-Saône en 1959.*

4 - *Les Suisses Léo Ambert et Ferdi Kugler dans l'étape Grenoble-Briançon en 1947.*

5 - *La voiture-balai du Tour dans l'étape Limoux-Foix en 2012.*

6 - *Yvon Madiot après son abandon dans l'étape Gap-l'Alpe-d'Huez en 1991.*

7 - *L'Italien Dario Cataldo après sa chute dans l'étape Eymet-Pau en 2017.*

8 - *L'Italien Mario Cipollini dans l'étape Marennes-Bordeaux en 1997.*

9 - *L'Allemand Andreas Kloden, désespéré après son abandon dans l'étape Pau-Lourdes en 2011.*

Desgrange, souvenir souvenir

Daniel Pautrat

Créé en 1947, le Souvenir Henri-Desgrange récompense chaque année le coureur passé premier au col du Galibier, où une stèle a été érigée en mémoire du fondateur du Tour de France. Quand telle ou telle édition de l'épreuve évite ce grand col mythique, c'est au coureur franchissant en tête le col le plus élevé du parcours qu'est décerné ce prix – à l'exception du Tourmalet réservé, depuis 2001, au Souvenir Jacques-Goddet. Mais le souvenir que je veux évoquer ici est plus personnel.

C'est une tombe à l'abandon au fond du cimetière de Grimaud (Var), où je suis le seul à déposer des chrysanthèmes… jaunes à la Toussaint. Henri Desgrange est oublié aujourd'hui. Le père fondateur du Tour de France a fini sa vie dans ce joli village de Provence, sur la colline du golf de Beauvallon qui domine le golfe de Saint-Tropez.
Ma maison de vacances est toute proche, à mi-distance entre la villa de Robert Chapatte et la Villa Mia de Desgrange. Je suis plongé chaque jour dans l'histoire du Tour, d'autant plus que je me baigne sur la fameuse plage où le peloton a fait trempette en 1950, ce qui remplit de rage Jacques Goddet et le fit renoncer aux routes du bord de mer pendant quarante ans !
À 57 ans, Desgrange achète cette villa palladienne de 900 m^2, entouré d'un parc de deux hectares, le 19 octobre 1922, pour y recevoir sa maîtresse… Puis, il s'y retire définitivement quand, malade, en 1936, il doit abandonner la direction du Tour après la 2e étape et passer le relais à Goddet. Et c'est là qu'il s'est éteint le 16 août 1940, à 75 ans.

CHRONIQUE

UN SUIVEUR INTERMITTENT

DENIS LALANNE

Le Tour de France 1949, le premier que Denis Lalanne a suivi pour L'Équipe. *Ici, Fausto Coppi dans l'étape Briançon-Aoste.*

Souvenirs, par Denis Lalanne, de ses trois participations au Tour, en 1949, 1960 et 1990.

Pierre Chany se faisait fort de me remettre sur un vélo. Mais ce n'était pas gagné ! J'avais trop souvenir d'un enfer vécu sur les routes du Béarn ou de Bigorre pour ramener six œufs à la maison, et le plus souvent rien du tout, au temps de l'occupation allemande. Pourtant, je ne pense jamais au gamin que j'étais, nourri à la lecture quotidienne de *L'Auto,* sans que surgisse la silhouette ailée de René Vietto dans quelque Izoard d'avant-guerre, puis celle d'Émile Idée, image même de la facilité et du succès au cœur des années de pénitence pour le commun des sportifs français.

C'est dire le bonheur de retrouver mon René Vietto et mon Émile Idée encore en selle lors de ma première expérience de suiveur du Tour de France. C'était en 1949, cette année où le Tour s'offrait la coquetterie d'une pointe jusqu'à Saint-Sébastien. Je troussais alors mes premiers articles pour le compte d'une vaillante gazette tarbaise et, pour plus d'éclat, je les signais du nom de mon ami René Valmy, notre Jesse Owens national. Avec un troisième larron, Fernand Quinternet, nous avions postulé au titre de notre feuille de chou et, à notre vive surprise, nous avions été agréés au nombre des suiveurs officiels pour les trois étapes pyrénéennes.

Je n'oublierai jamais cet instant où M. Élie Wermelinger nous attendait à la frontière d'Irun pour nous remettre en personne les plaques réglementaires et nous aider lui-même à les installer sur notre petite Simca, toute rougissante de fierté. C'était surréaliste. Ce personnage considérable mettait les mains dans le cambouis par complaisance pour trois Pieds nickelés du coin.

Car, bien sûr, volant en mains, nous étions sans aucune expérience de ce pandémonium consistant à dévaler le Tourmalet à tombeau ouvert dans la roue d'un Coppi et d'un Bartali. Au-delà de cette douce folie, la figure de M. Wermelinger restera pour moi le symbole du professionnalisme et de la courtoisie qui s'attachaient à l'organisation d'une épreuve chérie, elle-même la garantie d'un temps de paix à peu près revenu.

René Vietto, l'inoubliable, n'apportait plus à l'équipe de France que son expérience de grimpeur, sa fraîcheur en la matière étant reprise par Apo Lazaridès ou Édouard Fachleitner. Quant à Émile Idée, dans l'équipe de l'Île-de-France, par une victoire d'étape à Nîmes, il ne ressuscitait que l'avatar d'un champion sans doute trop gâté de nature pour souffrir les mille morts d'un vainqueur du Tour. Quoique ! Quand on a vu un Fausto Coppi, cette année-là, remporter l'épreuve avec

42 minutes d'écart sur Fiorenzo Magni, 6e, après avoir compté une demi-heure de retard sur le même coureur à l'attaque des Pyrénées, on aurait le droit de parler de victoire dans un fauteuil plutôt que d'un calvaire ! De telles différences seront inimaginables au siècle suivant et, avec lui, une autre façon, peut-être, de vivre le Tour et d'en raconter l'histoire.

UN COUREUR ÉNIGMATIQUE QUI ME VALUT MA PETITE PART DE SUCCÈS

L'étape Saint-Sébastien-Pau avait d'ailleurs donné le ton des envolées coutumières en ce temps-là et qui savaient aller jusqu'au bout. Magni, maillot jaune, l'avait gagnée au sprint, laissant le suivant, Raphaël Géminiani, à 18' 13". Je n'y avais vu qu'un foisonnement de maillots multicolores confondus dans la griserie d'un baptême du feu, mais j'avais également l'angoisse de causer la panique dans le peloton par quelque gaucherie au volant. À l'arrivée à Pau, ville-étape par tradition, où maintes fois par le passé, à travers la vitrine d'un hôtel, j'avais mangé des yeux les coureurs attablés pour leur repas du soir, je dus m'avouer que mes deux héros, Vietto et Idée, avaient été aux abonnés absents dans la bataille du jour. Il me faudrait attendre l'étape suivante, Pau-Luchon, pour voir ce cher Vietto sauver bravement les apparences en finissant à sept minutes de Jean Robic – j'ai envie de dire : sept minutes seulement.

En attendant, je devais me frotter les yeux car je vivais en vrai le rêve du gamin pour qui Jacques Goddet, Georges Briquet, Gaston Bénac et compagnie, debout dans leurs chars multicolores, n'étaient pas moins qu'Antonin Magne ou Roger Lapébie d'authentiques géants de la route.

De cette « première » entre Saint-Sébastien et Pau, il me restera surtout l'image du jeune Louison Bobet, contraint à l'abandon par un anthrax horriblement mal placé. C'est lui que Bartali, vainqueur du Tour précédent, a désigné comme un futur seigneur de la Grande boucle. Effectivement...
Bobet, trois fois vainqueur de l'épreuve, je vais le retrouver lors de ma deuxième incursion sur le Tour en 1960, venant lui-même de tirer sa révérence au peloton pour s'ajouter, à l'occasion, au monde turbulent des suiveurs. Il y eut d'exquises soirées en sa compagnie, avec son frère Jean, et puis Géminiani, deux ou trois autres retraités en renom, tous contraints de signer des autographes partout où nous allions dîner. Comme j'étais le seul que les admirateurs ne reconnaissaient pas, Louison prenait soin de me présenter sous le nom d'un coureur énigmatique qui me valait cependant ma petite part de succès. Plus tard, au cours de semblables sorties, je prendrai du grade et je serai Franco Bitossi.
Mes relations avec Louison garderont toujours cette jovialité et, cela, jusqu'à ce dîner chez lui, peu de jours avant sa mort, en 1983 à Biarritz, soirée au cours de laquelle je fis dans sa vitrine personnelle une découverte qui le laissa pantois. Il y avait là une médaille commémorant sa fameuse victoire au championnat du monde 1954, mais il ne s'était jamais avisé qu'il exposait en réalité la médaille du 2e... à croire que celui-ci, le Suisse Shaer, de son côté, n'avait jamais remarqué qu'il détenait indûment la médaille du vainqueur !

ANTOINE BLONDIN EN GRANDE QUERELLE AVEC UNE CORBEILLE À PAPIER

Onze ans ont passé depuis mon premier Tour en Simca. Cette fois, en 1960, je suis de la maison, je veux dire celle du Faubourg-Montmartre qui nous parle encore des papiers griffonnés à l'encre et téléphonés aux sténos. Je suis toujours aussi perdu en matière de cyclisme de compétition, de stratégie d'équipe, bien que devenu un familier du cher Élie Wermelinger dans les étages et les couloirs du journal. Je vais partager une voiture de *L'Équipe* avec le dessinateur Dero, avec Frère, notre chef des transmissions, ou bien avec Fernand Albaret, qui pondait des échos à la demande, mais on comprendra que le grand luxe à mes yeux était un pilote rompu à toutes les acrobaties de rigueur. Mieux encore, le rêve, ce sera de sauter sur une moto pour traverser à l'approche de l'Aubisque ou du Tourmalet les lieux qui me parlaient, ceux-là, du junior que j'avais été. Reconnu au passage par quelque copain de lycée ou de rugby, je pouvais faire mienne la délicieuse confession d'Antoine Blondin à sa première expérience de suiveur du Tour : « Mon seul regret est de ne pas m'être vu passer. »
La légende du Tour a conservé pieusement maintes anecdotes à propos d'Antoine rendu à l'étape et au supplice de la page blanche. La plus fameuse est celle de l'encrier vidé au goulot sous le regard horrifié de Jean Bobet. Pour ma part, je le vois encore en grande querelle avec une corbeille à papier, ustensile ici considéré comme le cimetière de tant de chefs-d'œuvre, victimes de crevaison dans le col du Paragraphe.
C'était un soir à Millau. Le lendemain, je ne sais par quel hasard, au kilomètre 55 de l'étape Millau-Avignon, vers l'heure de midi ce fameux jour-là, 10 juillet 1960, notre voiture se trouvait dans le sillage même de Roger Rivière, grand favori de la course, lancé là dans la descente du col du Perjuret, à la poursuite de Nencini, son rival italien.

Pour ma part, j'admirais la dextérité de notre chauffeur se disposant à épouser un magnifique virage à gauche, lorsque Dero ou Frère, je ne sais plus lequel, poussa un véritable cri d'effroi. Devant nous, plus de Roger Rivière ! Il avait pris tout droit son envol vers le ravin et, colonne vertébrale brisée, le calvaire que sera le restant de sa courte vie.

Plus compétent que moi saura dire si ce pédaleur hors catégorie, le premier à franchir la barre des 47 km dans l'heure, a réellement payé là pour usage de quelque funeste médecine. On pense à Louison Bobet interpellant l'hôtesse en quittant l'hôtel : « Un café bien serré, s'il vous plaît, la patronne. Juste pour faire le départ ! » Toujours est-il que le téléphone arabe provoqua instantanément sur les lieux de l'accident un regroupement de tout ce qui, à l'avant comme à l'arrière de la course, pouvait avoir intérêt à son juste déroulement. L'émotion avait frappé de mort l'aventure tout entière, ses héros, ses responsables, tous sauf un, probablement plus affecté que quiconque mais que je n'avais jamais vu si supérieur aux déconvenues, si jupitérien, lorsque je l'interrogeai, le soir à Avignon. J'ai nommé le grand patron, Jacques Goddet : « La course est la plus grande, me dit-il. Le Tour continue. *The show must go on.* »

Pierre Chany (à droite), *le plus fidèle compagnon de Denis Lalanne sur la route du Tour.*

CYCLISME ET RUGBY ONT EN COMMUN UN PARFAIT MÉPRIS POUR LES BOBOS

Si l'on me demandait ce que cyclisme et rugby peuvent avoir en commun, je penserais donc à un parfait mépris pour les bobos, un dépassement de soi jusqu'à l'extrême douleur. C'est ainsi que cyclisme et rugby invitent pareillement au lyrisme et à l'épopée. Je penserais aussi à un esprit d'équipe, une stratégie en course qui, pour le coup, me dépasse. Mais j'oublierais peut-être le principal : une humeur, une truculence qui expliquent en vérité tout le reste.

C'est ce que j'ai pu vérifier trente ans plus tard, à ma troisième incursion sur le Tour, cette fois dans une voiture qui était un royal carrosse, en compagnie de l'éminent Pierre Chany et, pour plus de luxe encore, un chauffeur qui n'était autre que Raphaël Géminiani ! J'ai bien vite ressenti en la société de mes deux Auvergnats une jubilation empruntée, ou tout comme, à nos longues virées quinzistes à l'autre bout du monde. Pierre et Gem' totalisaient 82 Tours de France à eux deux, mais la question était de savoir lequel avait fait l'autre. Ces deux cliniciens de la course pouvaient me dévoiler les secrets de la petite reine, souveraine condamnée à disparaître à la fin d'un siècle pour régner de plus belle au siècle suivant, non seulement sur les imaginations et les cœurs, mais encore sur un réseau tout neuf de pistes cyclables, défi si plaisant à la maladie du progrès et du stress.

Cher Pierre, cher Gem', je n'ai pas oublié ces leçons apprises entre deux éclats de rire, deux tartarinades, dans la parfaite intimité de cette voiture où j'aurais pu facilement passer pour l'intrus, l'imposteur de service, sans votre sens tout auvergnat de l'hospitalité. Car j'en étais encore à m'étonner des bagatelles de la course.

Au spectacle offert sur le toit des voitures techniques par les vélos fixés à l'envers, leurs roues tournoyant vers le ciel au gré des soubresauts, j'étais tout entier zieutant notre petite reine dans cette partie de jambes en l'air. Merci, cher Pierre, cher Gem', de m'avoir rendu plus attentif aux manœuvres du peloton.

C'est à regret, cette année-là, que j'ai quitté ce Tour avant la fin, pour un motif qui paraîtra peut-être futile à certains : c'était le temps venu du British Open de golf en Écosse. Futile ? Tel n'était pas le sentiment de Chany, qui était un homme plein de curiosité et d'un goût sûr, fervent des aventures de plein vent. « Un jour, me dit-il, il faudra que je vienne avec toi. J'ai très envie de découvrir le vrai golf sur ses terres. » Mais ça ne s'est jamais fait, de même que Pierre ne m'a jamais remis sur un vélo. La « sorcière aux dents vertes », cette vieille fournisseuse de la voiture-balai, ne lui en a pas laissé le temps. Je me souviens qu'il me disait aussi : « Le Tour peut s'arrêter, je n'en mourrai pas », s'empressant d'ajouter : « Mais l'inverse est également vrai. »

ÉPILOGUE

Jacques Anquetil et André Darrigade vérifient leur paquetage avant le départ du Tour 1958.

ANTOINE BLONDIN : « LE TOUR M'A TOUT DONNÉ »

PHILIPPE BRUNEL

***Interview d'Antoine Blondin, recueillie par Philippe Brunel à la fin des années 1980 dans* Vélo Magazine.**

Il y avait des textes de Giraudoux sur l'athlétisme, de Cocteau sur la boxe, de Camus sur le football de l'Algérie française. Puis, il y eut Blondin, l'honneur d'une profession qu'il avait embrassée par mégarde. Nous, ça nous flattait de le compter parmi nous. C'était de surcroît un charmant compagnon, un peu bohème, qui se plaisait en marge de sa condition, lui qui venait de ces beaux quartiers qui se dressent en façade de la Seine, au débouché du quai Voltaire et de la rue du Bac. On l'appelait Antoine et l'on disait Blondin. Il y avait l'ami, le complice et l'écrivain, celui qui sacrifiait son œuvre au journalisme de plein vent, celui qui suivait le Tour autant par amitié que pour échapper aux impatiences réitérées de son éditeur. Du sport, il en parlait très bien, comme personne avant lui et, verre en main, nous buvions ses paroles dans l'ivresse partagée des troisièmes mi-temps. « À quoi bon s'enfermer, disait-il, quand l'écriture nous enferme déjà ! »

De 1954 à 1982, il aura légué près de 630 chroniques à *L'Équipe*, en retrait du milieu littéraire, surpris qu'il puisse préférer le maillot jaune à l'habit vert du Quai de Conti, une gloire vagabonde à une situation assise. À contre-jour des conventions.
Loin du cénacle parisien où il faisait étape, certains soirs de hasard, du côté de Saint-Germain, le temps de confesser à ses amis lettrés les dernières certitudes qu'un Anquetil ou un Hinault, venaient de lui ôter. « J'aimerais que, dans ce monde, il fasse un peu plus chaud », disait-il. C'est cette chaleur, cette poésie de comptoir, cette fraternité sans appel qu'il venait chercher dans la fréquentation des journalistes de sport, « les forçats du Larousse » comme il nous surnommait, par référence aux forçats de la route. Pour nous tous, Blondin, c'était surtout un style. Et un expert en calembours. À l'arrivée d'une étape insipide, il eut cette formule : « Et le Belge Godefroot devança Van Ryckeghem d'une demi-langueur. » De Simpson, mort dans le Ventoux, il avait dit : « Il est mort au soleil où il cherchait à se faire une place. »
À *L'Équipe*, il avait fait école, Goddet, lui-même, était sous influence. Ses chroniques nous obligeaient à soigner la forme, à

Antoine Blondin, le chroniqueur le plus fidèle du Tour dans les colonnes de L'Équipe.

rehausser notre exigence, et à savoir entre deux mots choisir le moindre.

— Antoine Blondin, vous avez dit un jour : « Le Tour m'a tout donné. » C'était sérieux ?
— Très sérieux. Il m'a permis d'ignorer la souffrance physique, de l'accepter pour le moins. J'ai eu pas mal d'emmerdements dans ma vie. Pendant la guerre, j'ai passé deux ans en Allemagne qui furent pénibles au quotidien. Mais, toutes proportions gardées, cela n'était rien par rapport à ce qu'endure un coureur du Tour.

— Qu'attendiez-vous du Tour de France ?
— Tout, excepté qu'il m'enrichisse. En 1955, je suis passé à *L'Équipe* chercher mon salaire. Le caissier a fait ses comptes et m'a dit : « Eh bien, voilà, monsieur Blondin, vous nous devez 5 000 francs ! » J'avais tout claqué pendant le Tour... Plus sérieusement, j'attendais qu'il m'introduise dans une certaine forme de compagnonnage.

— Et le Tour s'est ensuite associé à l'idée de retrouvailles ?

— Essentiellement. J'y retrouvais chaque année 1 500 amis, de Jacques Goddet au dernier poseur de ficelles. On déjeunait, on dînait, on redéjeunait ensemble, en oubliant la fatigue. Elle ne retombait sur nos épaules qu'après l'arrivée. On fait des Tours en dormant très peu.

— Le Tour ne favorise-t-il pas le récit et, par conséquent, ne se prête-t-il pas plus facilement qu'un autre événement à la plume d'un écrivain ?
— C'est certain, car dans le Tour il y a tout. Un décor qui change alors que les stades se ressemblent énormément. Les personnages changent aussi et collent avec ce décor. Ainsi, Poulidor, très bon

Antoine Blondin avec André Darrigade sous l'œil de Michel Clare avant le départ de l'étape Lille-Rouen en 1956.

grimpeur, était pratiquement incapable de monter le Galibier. Dans ce col, on ne sait pourquoi, il n'avançait pas. Le Galibier lui travaillait le cerveau. Bobet était un coureur des Alpes et, s'il ne coinçait pas dans les Pyrénées, il y marchait un peu moins. C'était psychique, je pense.

— Comment expliquer que de nombreux écrivains, qui aimaient le sport, n'aient pas su écrire ou s'y soient refusés ?
— Ils aimaient le sport, ils en parlaient mais ils préparaient trop leur papier. Parce qu'ils avaient la trouille. Moi aussi d'ailleurs, mais j'ai eu plus de courage, et j'ai fait des chroniques, parfois en vers, en les improvisant totalement.

— Vous avez écrit 630 chroniques pour* L'Équipe*. Cette activité ne vous-a-t-elle pas ralenti dans votre travail de romancier ?
— Je n'en sais rien. Je crois que tout m'a toujours empêché d'écrire. [*Là, Blondin sourit.*] En 1958, je me souviens avoir sauté le Tour pour écrire un roman, du moins en avais-je l'intention. Car, en définitive, j'avais tellement le cafard que j'ai passé mon temps à lire le journal et à écouter la radio. Et je n'ai fait ni le Tour ni le roman…

« Les meilleurs papiers sont ceux qu'on n'écrit pas »

— Aviez-vous le sentiment de faire du journalisme ?
— Du journalisme, avec un petit effort dans la façon, et dans un relatif confort au début, car nous travaillions dans nos chambres d'hôtel. Par la suite, nous avons rejoint l'immense salle de presse où je me plaçais toujours dans le voisinage des confères flamands, car je ne comprenais pas un mot de ce qu'ils pouvaient dire et ne risquais pas d'être distrait ! J'étais, comment dire, un petit tout seul dans un grand ensemble.

— Vous aviez la même exigence pour votre travail de journaliste que pour celui d'écrivain. Autrement dit, Blondin, en passant du roman à la chronique, de la littérature au journalisme, restait-il Blondin ?
— Certainement, à tel point, je vous l'ai dit, que j'étais mort de trouille. J'étais pris de nausées, en voyant le panneau des vingt derniers km, et me trouvais parfois à la limite de vomir dix km plus loin. Le moment d'écrire approchait et cela m'effrayait. Car je ne préparais pas mes articles, alors que le genre dans lequel je me complaisais aurait pu me le permettre. Mais si *L'Équipe* faisait semblant de prendre un écrivain, c'était pour qu'il fasse un travail…

— … D'écrivain ?
— Et qu'il évite le préfabriqué.

— Les journalistes prétendent que les meilleurs papiers sont ceux qu'on n'écrit pas. Quel sujet auriez-vous aimé traiter ?

Je n'en vois pas, car, à l'intérieur du Tour et de L'Équipe, j'avais ma propre liberté. Il m'est arrivé d'écrire un article sur Hemingway, le soir de sa mort et, le lendemain, je récidivais avec Céline qui venait lui aussi de disparaître. Ce fut moins facile, car les rapports de Céline avec le sport n'étaient pas évidents, mais on m'accordait cette liberté. Et j'en usais modérément.

— Quel événement vous a plus spécialement marqué ?
— La mort de Simpson. Ce fut terrible parce qu'il est mort dans nos bras. Il était 6e à ce moment-là. [*Blondin est surpris.*] Je m'aperçois que j'ai de la mémoire avec le Tour. Il était 6e, vous pouvez vérifier. Il me reste des tas de choses complètement inutiles comme ça. On s'est interrogé pour savoir s'il aurait pu être sauvé, mais c'était notre désir à nous plus qu'une réalité.

— Vous avez passé un nombre d'heures incalculable en voiture où la vie s'organisait à quatre. Était-ce parfois difficile ?
— Jamais. La voiture, ce fut longtemps quelque chose de sacré. Cette vie-là fut exquise.

— J'imagine qu'entre vous, vous utilisez des codes…
— Nous évoquions des souvenirs pendant les huit premières étapes. On se rappelait comme on s'était bien amusés l'année précédente, puis on faisait des projets pour les Tours suivants.

— Et dans ces projets, la notion de fête était primordiale…
— Bien sûr. Il faut dire qu'autrefois c'était extravagant. Nous vivions 24 fois le 14 Juillet, et quand nous décidions de nous coucher de bonne heure, une fois sur deux cette résolution était vite oubliée. On tombait chez des hôteliers pour qui le Tour était leur fête annuelle et nous nous sentions obligés de ne pas les décevoir.

« Disons que nous laissions libre cours à nos extravagances… »

— Un jour, vous avez dû quitter le Tour. On imagine que ça n'a pas été sans mal.
— Autrefois, on faisait vivre le Tour à des vedettes de cinéma, à des joueurs de football ou de rugby. Dalida a suivi deux étapes, déguisée en garçon ! Tout cela serait de nos jours mal accepté. Le Tour est devenu une chose trop sérieuse. Mais, au fur et à mesure que son départ approche, je me prends à l'imaginer.

— Vous donnez l'impression que le Tour vous abandonne…
— C'est parfois mon sentiment.

— Et l'image que vous en aviez ?

— Je vous l'ai dit. J'ai vu évoluer le Tour et devenir, pour ceux qui y participent, une chose très personnelle. On ne fait plus « le » Tour mais « son » Tour. Avant, on partageait, les journalistes étaient des spectateurs actifs. Ils déconnaient parfois, ce qui ne les empêchait pas d'être sérieux.

Antoine Blondin avec Bernard Kroutchtein et Marcel Hansenne durant l'étape Narbonne-Aix-les-Thermes en 1955.

Maintenant les gens s'isolent et je lui trouve quelque chose d'humain. J'ai même eu l'impression qu'il dérangeait parfois, qu'il empêchait les Français d'aller à la plage librement.

— Déconner, cela signifiait quoi ?
— Disons que nous laissions libre cours à nos extravagances… Je me souviens qu'un soir nous avons déménagé plusieurs chambres pour dormir ensemble, Chany, Augendre et moi. Le lendemain matin, Goddet nous attendait à la réception. Nous nous sentions miteux. Devant l'hôtelier, il nous réprimanda tout en nous adressant un clin d'œil complice. Et quand nous fûmes, un soir, incapables d'écrire, nous trouvâmes des copains journalistes pour le faire à notre place ! Nous nous aimions beaucoup. Je ne sais pas si c'est encore vrai.

— La course ne fut jamais accessoire ?
— Jamais, mais le Tour est un tout. La course ne pouvait pas se passer de la caravane, le coureur du journaliste, et inversement. On avait l'air de rigolos parfois, mais il nous arrivait de parler du Tour jusqu'à 4 h du matin. Du Tour et pas d'autre chose. Car la vie du suiveur marche avec les souvenirs.

— Le Tour vous abandonne, mais si c'était l'enthousiasme qui vous fuyait ? Y avez-vous songé ?
[*Il réfléchit longuement.*] Ce n'est pas en moi que ça s'est passé. J'ai l'impression que dans l'état actuel des choses, le Tour crée du quotidien, que tout s'arrête dès l'arrivée franchie, qu'on ne partage plus rien. Bref, que le Tour ne ressemble finalement plus à celui que j'ai connu, quand Jacques Anquetil venait boire un verre de champagne, sur le coup de minuit.

DANS LE SILLAGE DE WLADIMIRO PANIZZA

DIDIER BRAUN

Récit par Didier Braun de sa participation improvisée, comme accompagnateur du coureur italien Wladimiro Panizza, lors du contre-la-montre Versailles-Paris, le 19 juillet 1970.

Comme tout un chacun, j'avais fait du Tour de France un jeu de billes, dans le sable de Berck. Comme tout le monde, j'avais plusieurs fois vu passer le peloton, annoncé par Kléber-Colombes. Et, comme la plupart, je n'aurais jamais la chance de l'escorter tout un Tour durant. Alors, ce 19 juillet 1970 fut un grand jour. Mon père avait été invité à suivre la dernière étape, un Versailles-Paris contre-la-montre, depuis la cendrée du stade Montbauron jusqu'au ciment de la Cipale.

Nous croyions passer la journée en suiveurs voyeurs, nous étions désignés suiveurs actifs d'un des 101 rescapés. Notre expertise en la matière paraissait nous autoriser à n'accompagner qu'un mal classé. Or, voilà qu'avec notre accréditation et notre bon d'essence, on nous remit le panneau à attacher à la calandre de la Renault 8 familiale, sur lequel était écrit le nom de Panizza !

Wladimiro Panizza, 14e du Tour 1969, pointait cette fois-ci à la 18e place du classement général, juste derrière Lucien Aimar. Membre de la Salvarani, il devait faire le maximum pour sauvegarder la première place par équipe, menacée par la KAS.

Chez les Braun, nous nous sommes toujours méfiés des bénévoles, indispensables mais à la compétence technique souvent douteuse. Mon père, professionnel du foot, se retrouvait soudain dans la peau d'un bénévole du vélo. Sa crainte était de gêner l'Italien dans l'accomplissement de son métier.

Son trac s'accrut quand le petit coureur au poil sombre vint nous mettre entre les mains une roue avant et une roue arrière, avant de se rendre sur la ligne de départ, nous lâchant un *Ciao* somme toute confiant.

Un ami du football, André Darracq, nous accompagnait. Plus bricoleur que nous, il fut désigné mécano, mon père prenant le volant au titre de directeur sportif et moi suivant le parcours sur la carte, une tâche parfaitement inutile ici. Nous voilà partis pour 54 km à travers le sud de la banlieue parisienne, par les bois et les pentes serpentant près de la Bièvre, avant de rejoindre Longjumeau, Orly, puis Vincennes.

L'Italien Wladimiro Panizza dans l'étape Saint-Lary-de-Soulan-Pau en 1976.

Avec notre R8, nous n'aurions jamais pu suivre Eddy Merckx

D'emblée, tout nous impressionna : les foules qu'il fallait fendre, ce virage à droite, en sortant de Versailles, que le mur des spectateurs nous masquait, et ce petit bonhomme, devant nous, qui ne descendait jamais sous les 40 km à l'heure. Dans les descentes, Panizza nous lâchait carrément. Il n'amusait pas la galerie et, du côté de Choisy, il rejoignit Johny Schleck, parti deux minutes plus tôt, avant que Lucien Aimar nous rattrape à son tour.

Pendant les derniers kilomètres, la Renault 8 vert bouteille fit donc la course avec les deux 404 de Sonolor et de Bic. Au volant de l'une, Maurice De Muer, au volant de l'autre, Jean Stablinski, et Jack Braun à leurs côtés, pilotant une bagnole standard qui n'était même pas une Gordini.

C'était comme si l'entraîneur des cadets de Sarcelles faisait le match avec Albert Batteux !

Eh bien, croyez-moi sur parole, ou reportez-vous à *L'Équipe* du lendemain : si Braun fut battu par Stablinski de 55 secondes, il laissa De Muer à 1' 1". Quand nous arrivâmes à la Cipale et que Panizza vint reprendre ses deux roues, auxquelles nous n'avions heureusement pas touché, nous eûmes à peine le temps de le féliciter. Nous étions encore abasourdis par ce spectacle de 75 minutes et 47 secondes lorsque nous entendîmes le speaker officiel donner le temps du vainqueur du jour et du Tour : Eddy Merckx nous avait mis 6 minutes et 6 secondes dans la vue. Avec notre R8, nous n'aurions jamais pu le suivre...

LE TOUR, LE FOOT ET NOUS...

JACQUES FERRAN

***Évocation, par Jacques Ferran, de sa découverte du Tour de France depuis l'intérieur de la caravane, les 9 et 10 juillet 1963, dans un article paru le même mois dans* France Football.**

Je viens d'avoir l'occasion de suivre deux étapes du Tour de France. De Grenoble à Val-d'Isère et de Val-d'Isère à Chamonix, je me suis donc mêlé à la plus grande course cycliste du monde.
Quand on pénètre, pendant deux jours, dans la caravane du Tour et quand cela arrive, plus spécialement, en montagne, on a le sentiment de faire une grande découverte. Découverte d'un sport ou, plus exactement, d'un monde. Un monde ayant ses lois, ses mœurs, ses coutumes. Un monde clos, ordonné et tranquillement heureux de vivre ainsi à l'abri de ses habitudes. Un monde étrangement solidaire et uni.

Vu de l'extérieur, le Tour m'apparaissait comme assez désuet et peu compréhensible. Vu du dedans, il est solide, grave, déterminé. Rien de comparable à ce qui existe dans d'autres sports. On peut parfaitement parler de football et d'athlétisme en demeurant sur les gradins d'un stade, au milieu de la foule. Le Tour, lui, restera toujours un système et une terre inconnus pour celui qui n'est pas admis dans sa familiarité.

C'est pourquoi le journaliste du Tour n'est pas un spectateur, c'est un complice. Et, de la course, il n'a pas une vision extérieure, sereine, détachée, objective. Il vit, passionnément, au cœur de la course, il en écoute les battements, il en subit les avatars.
De ce fait, il n'apparaît pas choquant que le Tour soit dirigé par des journalistes, comme Jacques Goddet ou Félix Lévitan. Nul n'admettrait qu'un journal organisât le Championnat de France ni qu'un rédacteur fût arbitre de football. Vous sentez combien ce cumul pourrait être désastreux en ce qui concerne un sport aussi distant, aussi froidement organisé que le football. Le cyclisme, lui, associe intimement la presse et la course et les rend inséparables. En dirigeant l'une, on dirige l'autre. Le cyclisme est une invention de journalistes à laquelle ils tiennent comme à leur enfant.

J'avais le sentiment d'entrer sur le terrain pendant un match

Je voudrais décrire l'extraordinaire organisation interne de la caravane ambulante. Il faut l'avoir habitée. Ce n'est, au premier abord, que confusion, désordre, mouvement incohérent et effrayant : une danse folle de coureurs, de motos et d'automobiles. Dès le départ de « ma » première étape, dans les faubourgs de Grenoble, on sut qu'un coureur venait de tomber. Aussitôt, d'une volée de motos et voitures immobilisées, jaillirent des photographes, des reporters, des suiveurs. Sur cinquante mètres de route, ce fut un affolant charivari de bruits, d'agitation et de couleurs. Cela avait l'apparence de la pagaille. Mais, pour ainsi dire souterrainement, courait l'habitude de la discipline et de la cohérence. Très vite, dès que Jean Stablinski fut remis en selle, tout s'apaisa soudain et s'ordonna comme dans un ballet.

Vue de loin, cette caravane conserve un ordre immuable, comme la mer, vue d'avion, semble immobile. Mais de près, de l'intérieur, c'est un grouillement incessant, un va-et-vient continuel. Nul ne s'oppose à ce que votre voiture avance et recule dans la caravane : un léger coup de klaxon et on vous laisse passer.

Vous pouvez même doubler le peloton, sauf lorsqu'une échappée se dessine et que Jacques Goddet arbore un drapeau rouge. J'ai pénétré ainsi au creux du peloton peu avant Aoste. J'avais un peu le sentiment d'entrer sur un terrain de football pendant un match. Anquetil bavardait gravement avec un de ses coéquipiers. Des coureurs mangeaient des bananes, d'autres se coiffaient. La plupart paraissaient perdus dans leurs pensées. C'était insolite et passionnant comme d'être admis dans ce qu'il y a de plus secret au monde : sur une scène, pendant une représentation, ou dans une classe, pendant un cours !
Le long corps vivant et changeant de la caravane en marche est uni par le fil secret de Radio Tour. Sur une longueur d'onde spéciale, les deux voitures de la direction diffusent régulièrement des renseignements sur la course que reçoivent toutes les voitures suiveuses. C'est un immense progrès, puisque, par ce moyen, on est averti du moindre incident de la course au moment même où il se produit. Radio Tour crée une complicité et comme une chaleur secrète entre tous les suiveurs. Elle est comme le sang d'un organisme – ce qui relie et qui vivifie.

C'est comme si on regardait Pelé dribbler par-dessus son épaule...

Quand la bataille fait rage, quand le peloton est disloqué et que les coureurs sont éparpillés sur plusieurs kilomètres, alors, il y a cent façons de vivre la course. Alors qu'un journaliste de football, fixé à son siège, n'a pas le choix, chaque journaliste du Tour invente sa manière de le suivre et regarde la course à sa façon. On peut, par exemple, quand les coureurs sont disséminés pendant l'ascension d'un col, se laisser glisser au fond de la course et la remonter peu à peu. Rien ni personne ne vous en empêche. On dépasse les hommes lâchés, un à un, en les regardant longuement se déhancher et grimacer. C'est un peu comme si on regardait Pelé dribbler, par-dessus son épaule.

C'est de cette manière que j'ai gravi le col de la Croix-de-Fer et que je me suis attardé, par exemple, auprès de Pino Cerami, le « doyen » de la course, qui montait péniblement. Il allait, à 42 ans, les tempes blanchies, l'air sérieux, très loin des hommes de tête. Il n'avait rien à espérer, personne ne s'intéressait à lui, mais il marchait encore parce qu'il était venu pour ça.

En même temps que le sien, dix, vingt, cinquante autres petits « drames » de la course se déroulaient. Mais on ne pouvait pas les apercevoir tous et j'avais, par hasard, celui-là devant les yeux. Le Tour est ainsi composé de mille événements au milieu desquels

Jacques Ferran a suivi le duel entre Jacques Anquetil et Federico Bahamontes lors de l'étape Val d'Isère-Chamonix, le 10 juillet 1963.

chaque journaliste choisit sa ration ou en hérite.
On peut également, dans les cols, dépasser les coureurs de tête et, d'en haut, les regarder monter en arrêtant sa voiture partout où la vue est dégagée. C'est ainsi que j'ai pu assister, des lacets supérieurs de l'admirable Grand-Saint-Bernard, à l'échappée de Bahamontes et à la résistance passionnée de ses poursuivants. C'est alors un prodigieux spectacle auquel la nature contribue autant que le sport. Cela est essentiel dans le cyclisme. Il ne s'agit pas d'un sport enfermé et, pour ainsi dire, mis en vitrine comme le nôtre, mais d'un sport fondu avec le paysage, avec la nature, avec la vie. Les spectateurs eux-mêmes ont l'air de faire partie du décor.

… ET SI KOPA, EN PLEIN MATCH, DEMANDAIT PAR RADIO LE DROIT DE TIRER

Il faudrait encore parler du Tour en tant que sport pur et se demander, entre autres, ce qui différencie le coureur cycliste du footballeur ; comparer leur technique, leurs efforts, leurs souffrances. Je ne peux ici qu'ébaucher cette comparaison. Le cyclisme est un sport individuel, mais qui obéit à des règles collectives, à des tactiques très complexes. Le football est un sport collectif qui laisse, en fin de compte, à l'individu un rôle considérable.
Je conserve une image précise du cyclisme sport collectif. Dès le début de l'étape Val-d'Isère-Chamonix, Gilbert Desmet, ex-maillot jaune, fut victime d'une défaillance, perdit une minute sur le peloton et fut rejoint, à l'arrière, par deux de ses coéquipiers, Daniel Doom et Yvo Molenaers, qui furent dépêchés à ses côtés pour essayer de le « ramener ». Mais, malgré tous leurs efforts, ils n'y arrivèrent pas et, finalement, quand leur retard devint insurmontable, ils durent abandonner en même temps que lui, sombrer dans le même naufrage. Deux coureurs, qui rêvaient peut-être d'arriver au Parc des Princes, devaient ainsi se sacrifier complètement, sans récrimination. Connaît-on, en sport, exemple plus significatif de la solidarité entre équipiers ?
Ajoutez, à ces manifestations spectaculaires, les mille astuces de la stratégie de la course : participation à l'échappée, faux et vrai train…

Le cyclisme est un tissu déconcertant où les exploits individuels sont la broderie et la course d'équipe la trame. Mais, en fin de compte, là comme dans les autres sports, et comme dans tous les domaines de la vie, tout s'efface, à un moment donné, devant le pouvoir d'une personnalité, devant l'exception et la grâce. Qu'elle ait nom Anquetil ou Pelé.

L'aide morale, matérielle et technique est plus importante, en cyclisme, que partout ailleurs. Lorsqu'un coureur, en pleine course, sent le besoin d'être secouru, il lève le bras et aussitôt Radio Tour appelle : « Saint-Raphaël, Gitane ou Carpano (les marques des équipes) au peloton ! » On voit aussitôt se précipiter la voiture indiquée vers le coureur et lui donner une roue ou un conseil. C'est un peu comme si, en plein match, Kopa réclamait, par radio, le droit de tirer ou d'avoir une chaussure neuve – celle de sa marque de préférence !
L'effort purement physique, la résistance, la souffrance ont plus d'importance que dans un sport d'équipe. L'essentiel, me semble-t-il, est de doser cet effort et de conserver toujours certaines réserves comme un automobiliste doit rester maître de sa vitesse. Car une défaillance, même courte, peut être irrémédiable. Un footballeur fatigué brusquement peut « tricher » et cacher son désarroi. Un coureur cycliste est condamné.
Pourtant le coureur cycliste n'est pas tout d'une pièce ni tout terrain. Il existe une spécialisation extrêmement poussée, même si elle est naturelle, et entre un sprinter comme Rik Van Looy, un grimpeur comme Federico Bahamontes, un rouleur comme Jacques Anquetil, un descendeur comme Henri Anglade, il existe autant de nuances qu'entre un défenseur comme Jean Wendling, un demi comme Bonnel, un ailier comme Paul Chillan et un avant-centre comme Yvon Douis. Le meilleur coureur est-il le plus complet ou le plus spécialisé ? Il me semble que c'est le plus fort dans une spécialité, à condition qu'il ne soit faible dans aucune. N'est-ce pas aussi la vérité en football ?

L'AUTO, L'ÉQUIPE, LA ROUTE ENCHANTÉE

Depuis 1903, L'Auto *puis* L'Équipe *ont inventé, organisé, animé et raconté le Tour de France. Ce compagnonnage inédit dans l'histoire du sport a reposé sur des hommes qui ont consacré l'essentiel de leur carrière professionnelle à cette épreuve cycliste pas comme les autres. La saga de la Grande boucle leur doit sa gloire et sa légende.*

1 - *Les voitures suiveuses, au premier plan celle de L'Auto, dans l'étape Dunkerque-Paris en 1921.*

2 - *Robert Legros, un des photographes de L'Équipe qui a disputé le plus de Tours de France, en 1961.*

3 - *Les photographes et les motards de L'Équipe en 1956 : Bernard Faille et son pilote Marcel Moreau, Maurice Vert, Philippe About, Jacques Boislème et Jean Frobert.*

4 - *Robert Perrier, journaliste à L'Auto, avec sa machine à écrire sur le capot de sa voiture, lors de l'étape Charleville-Dunkerque en 1927.*

5 - *Transport des pellicules photos par avion pour le siège du journal en 1947.*

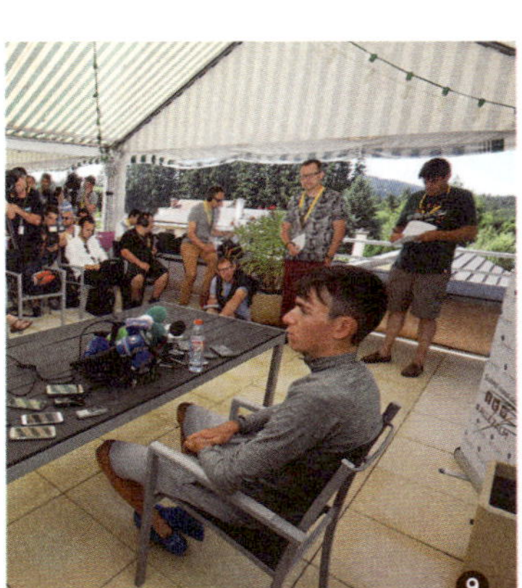

6 - *L'équipe de* L'Équipe *avant le Tour 1959. Au premier rang, Michel Clare, Jacques Goddet, Jacques Marchand, Claude Muller ; au deuxième rang, Roger Krieger, Jacques Boislème, Pierre Courtois, Robert Silva, Fernand Albaret, Michel Thierry, Robert Déro ; et au troisième rang : Robert Legros, Aimé Dartus Jean Bobet, Antoine Blondin, Pierre Chany.*

7 - *L'Américain Greg LeMond passe devant le siège de* L'Équipe, *à Issy-les-Moulineaux, au cours de l'étape Versailles-Paris en 1989.*

8 - *Les photographes de* L'Équipe *Jean-Claude Pichon* (dans la voiture) *et Alain Landrain* (sur la moto derrière le pilote Jacques Garcia) *lors de l'étape Strasbourg-Épinal en 1985.*

9 - *Conférence de presse de Romain Bardet, avec Jean-Luc Gatellier, lors d'une étape de repos sur le Tour 2017.*

10 - *Le photographe Denys Clément choisit les clichés, devant le camion labo, qui vont être expédiés au siège du journal à l'issue de l'étape Dinard-Rennes, en 1989.*

MON ONCLE JACQUES GODDET

MICHEL GODDET

Souvenirs, privés ou professionnels, de Michel Goddet concernant Jacques Goddet, frère cadet de son père Maurice.

Quand il me fut demandé d'évoquer pour cet ouvrage le souvenir de Jacques Goddet, le frère cadet de mon père Maurice – « Vous êtes certainement la personne qui a été la plus proche de votre oncle, depuis votre naissance en 1940 jusqu'à la mort de votre oncle en 2000. Vous avez vécu auprès de lui des moments uniques et parfois intimes. Il serait passionnant de nous raconter ce que vous avez vécu et qui n'a jamais été écrit à propos de Jacques Goddet » –, j'ai jugé difficile de refuser cette invitation. Malgré les nombreux écrits déjà publiés sur lui et les souvenirs qu'il tint lui-même à rassembler au fil des 526 pages de son livre *L'Équipée belle*.

L'HOMME PRIVÉ

Je ne me souviens pas de ma première rencontre avec mon oncle Jacques. Mes parents ne m'en ont jamais parlé. C'est par le plus grand des hasards qu'un jour, alors que j'approchais des 70 ans, Cécile Ibane, qui fut une talentueuse réalisatrice de télévision, m'apprit qu'elle avait été l'assistante de mon oncle, quand *L'Auto* s'était replié à Lyon au début de la guerre de 39-45, et qu'elle se souvenait très bien du bébé que j'étais alors et que mes parents, vivant dans le Midi, étaient venus un jour présenter à mon oncle.
Par la suite, Jacques Goddet, s'étant séparé de sa première épouse, occupa une petite pièce dans l'appartement de mes parents au Parc des Princes durant plusieurs mois. Il rentrait tous les soirs du journal vers 20 heures avant de sortir dîner en ville après s'être changé. Nous aimions parler ensemble au moins une dizaine de minutes. Il était très élégant. Je pouvais m'en rendre compte puisque j'assistais chaque soir à sa mise en forme vestimentaire avant de sortir dans Paris. Mais son élégance relevait beaucoup plus du raffinement que du luxe ostentatoire.
Mes parents laissèrent bientôt les clefs de cet appartement à mon oncle qui allait se marier avec la chanteuse Odette Étienne. Tous deux achetèrent à Saint-Tropez un mas qui avait appartenu à un chanteur très proche de la famille, Freddy Maguenat. Admirablement située près de la chapelle Sainte-Anne, dominant le village, cette ferme allait être petit à petit transformée en villa tropézienne et décorée avec beaucoup de goût par sa seconde femme. Ce fut un cadre idéal pour recevoir des chefs d'entreprise, annonceurs de *L'Équipe* et du Tour de France, ou de grands dirigeants sportifs. Je me souviens notamment de Joao Havelange, alors président de la FIFA, séjournant avec son épouse à Parlo Soulet – c'était le nom de cette propriété tropézienne – durant plusieurs jours.

Jacques Goddet était un sportif accompli. Il faisait au moins une demi-heure de gymnastique tous les matins. Il ne prenait presque jamais un ascenseur, préférant monter les escaliers. Il aimait skier, jouer au tennis, rouler à vélo. À Saint-Tropez, il faisait chaque jour plusieurs milles de ski nautique derrière son cabin-cruiser, le Lekip !

Il surveillait son alimentation. Ce qui ne l'empêchait pas d'inviter au moins une fois par an sa famille dans un restaurant trois étoiles. Il aimait les bons vins mais n'hésitait pas à « couper » le deuxième verre de volnay ou de Château Giscours qu'il pouvait déguster avec de l'eau.
La vie continuait. Gisèle avait remplacé Odette à ses côtés. J'étais toujours aussi gentiment accueilli au Parc des Princes et à Saint-Tropez. Où un cabanon m'avait été alloué pour que je puisse à la fois être indépendant et profiter de ses proches. Jacques Goddet aimait bien Saint-Tropez que son père Victor avait découvert vers 1910, en allant passer quelques jours de vacances chez Henri Desgrange à Beauvallon. Mon oncle se laissa même convaincre de se présenter aux élections municipales par quelques édiles tropéziens. Le compétiteur qu'il était fut battu et cela l'affecta, lui qui, en politique, limitait son engagement à sa fidélité au général de Gaulle et à ses successeurs, notamment Jacques Chirac, dont il était assez proche, et qui le décora de la grand-croix de la Légion d'honneur à l'Élysée en présence de toute sa famille.
Je me trouvais à New York en conférence quand on m'annonça, le 15 décembre 2000, que mon oncle venait de mourir à Paris. Je pus prendre un avion le soir même. Mais il me fut impossible d'organiser son inhumation dans notre caveau familial de Saint-Maur-des-Fossés où reposent son père Victor et son frère Maurice. Sa quatrième femme, Rosine, avait déjà décidé d'enterrer Jacques Goddet dans son propre caveau familial.

LE JOURNALISTE

De ma petite enfance, je me rappelle souvent mes visites au journal *L'Équipe* avec mon père, que j'accompagnais d'abord dans le bureau de mon oncle, avant de passer de longs moments avec Roger Roux, le directeur technique du journal. Roger s'évertuait à me montrer comment le quotidien était fabriqué par les linotypistes et les « pageux », puis tenait à me familiariser avec les odeurs de plomb et d'encre d'imprimerie dès l'âge de 5 ans, en vue d'un destin inéluctable au sein du journal. Mon oncle n'était sans doute pas étranger à cette mise en condition...
Jacques Goddet aimait presque tous les sports. Bien entendu

Michel Goddet, encore gamin avec sa visière L'Équipe, *remet le bouquet du vainqueur à Fausto Coppi après l'arrivée de l'étape Nancy-Paris en 1949.*

d'abord le vélo sur route, mais aussi sur piste, quand le Parc des Princes et le Vel' d'Hiv' organisaient des réunions le dimanche. Les matchs du Tournoi des cinq nations faisaient aussi sa joie : il ne manquait pas un rendez-vous à Twickenham, Murrayfield, l'Arms Park et Lansdowne Road. Il ne ratait jamais non plus un Roland-Garros. Chaque année, *L'Équipe* avait un stand aux 24 Heures du Mans et y accueillait des annonceurs. Mon oncle allait suivre les Tours de France automobiles, notamment avec sa Ferrari 2+2 où j'avais parfois ma place. Je le vis rarement sur des Grands Prix de formule 1. Quand il habitait au Parc des Princes, il vint souvent assister aux matchs du Racing ou de Reims, qui jouait à Paris ses matchs de prestige. L'athlétisme ne l'intéressait que pendant les Jeux olympiques, mais il avait accordé un rôle important à Marcel Hansenne, vedette du 800 m, au sein du journal.

L'un des sports qu'il préférait était sans doute la boxe. Quand il y avait une réunion au Vel' d'Hiv', le lundi soir, il passait me prendre chez moi et nous allions assister aux combats du premier rang. Nous jugions chacun les boxeurs après chaque round et comparions nos notes à la fin de chaque match. J'étais assez fier lorsque je m'approchais de ses totaux. Cette passion pour la boxe symbolise assez bien l'esprit de compétition qui était le sien.

Un jour, il me prit entre quatre yeux pour me dire : « Je compte sur toi pour poursuivre l'œuvre familiale au sein de notre groupe. Un jour, je devrai passer la main et je souhaite que tu me succèdes. » Lourde responsabilité pour le presque adolescent que j'étais ! Mon oncle commença par m'offrir une petite machine à écrire portable Olivetti, celle que tous les journalistes utilisaient. Une preuve de sa détermination.

Pour ma part, je réussis à intégrer l'Essec et je multipliais les stages durant les vacances : Nouvelles Messageries de la presse parisienne (NMPP), agences de publicité, notamment chez Marcel Bleustein et chez Michel Etevenon, Tour de France, *L'Équipe* et enfin à New York : Time-Life, *New York Times* et l'Agence France-Presse (AFP), auprès du grand reporter François Peroux qui m'apprit à traiter l'information.

Mais après mon service militaire, le paysage du groupe familial avait changé. La ville de Paris, ayant repris la gestion du Parc des Princes, allait ériger un nouveau stade à la place du Vélodrome. Le Vel' d'Hiv', devenu moins rentable, avait été démoli. Et *L'Équipe*, à la suite de mauvais investissements dans une imprimerie techniquement dépassée, était passé sous le contrôle d'Émilien Amaury. La prophétie de mon oncle ne tenait plus.

Jacques Goddet m'offrit néanmoins une première situation dans le Groupe L'Équipe. Je découvris qu'il avait une autre famille : ses collaborateurs – c'est ainsi que mon oncle appelait tous ceux qui travaillaient à ses côtés – et, en plus des quatre femmes qu'il avait successivement épousées, une autre dame – sans aucune relation intime –, sa secrétaire Denise Sauviat, dont le dévouement n'avait pas de limites. Cette seconde famille de mon oncle m'accueillit chaleureusement, mais j'étais d'une autre génération que la plupart des journalistes et cadres du Faubourg-Montmartre et j'avais un peu mauvaise conscience à leur imposer mes convictions personnelles. Puis les réformes que je voyais nécessaires pour mettre le groupe familial au goût du jour s'avéraient impossibles à réaliser dans le cadre du Groupe Amaury. Je me suis donc résolu à m'éloigner de mon oncle et à me diriger vers une carrière dans la publicité.

Jacques Goddet dans sa voiture directoriale en conversation avec René Vietto dans l'étape La Rochelle-Bordeaux en 1949.

Plusieurs années plus tard, mon oncle m'invita à dîner. Il m'annonça qu'il allait prendre sa retraite et quitter *L'Équipe*. Il me dit qu'il pouvait me pousser pour prendre sa place. J'eus l'impression qu'il n'avait pas oublié la promesse faite il y a quelques décennies. Mais il était trop tard pour revenir en arrière. J'étais en train de bâtir un empire mondial d'agences de communication et je ne pouvais abandonner ce projet. Malgré le lien très fort qui nous avait toujours unis, nous avions raté la filiation que mon oncle envisageait.

Le directeur du Tour

En 1947, l'année de la reprise du Tour de France, j'étais en vacances sur la Côte d'Azur avec mes parents et nous avions décidé d'aller voir passer la course lors de l'étape Digne-Nice, dans le col de Braus, un peu avant Nice. Il était prévu que mon père saute dans la voiture de mon oncle et rejoigne Nice en sa compagnie. J'étais très excité à l'idée de voir passer mon favori, René Vietto qui, comme moi, avait un vélo de marque Urago, le fabricant niçois. L'Hotchkiss décapotable du directeur de la course s'immobilisa devant nous.

Mon père sauta à bord. La voiture allait repartir quand mon oncle me vit et dit : « Et lui ? » Il m'empoigna et je me retrouvai assis à côté du chauffeur sur le siège avant, quand l'Hotchkiss s'élança vers le stade du Ray, longeant bientôt le Paillon à toute vitesse. J'avais 6 ans et demi et je suivais le Tour de France !

En 1948, nous vîmes passer le Tour à Beauvallon devant la Villa Mia qui fut la demeure d'Henri Desgrange sur le golfe de Saint-Tropez. En 1949, mon père avait été victime d'une légère fracture du crâne au cours d'une chute à vélo à Longchamp, ce qui nous immobilisa au Parc des Princes, où nous habitions sous les tribunes principales. Nous assistâmes à l'arrivée victorieuse de Fausto Coppi au Parc. Mon oncle me demanda de remettre au *campionissimo* le bouquet de la victoire.
Le Tour de France représentait pour Jacques Goddet l'élément majeur de sa vie. Il avait hérité d'Henri Desgrange, mais cet héritage n'avait pas été automatique. Sans l'aide financière, politique et loyale d'Émilien Amaury et du *Parisien libéré*, à qui il voua une reconnaissance éternelle, mon oncle Jacques n'aurait certainement pas réussi à relancer le Tour de France en 1947.
J'ai suivi attentivement à ses côtés les vingt premières années de cette renaissance, car la Grande boucle occupait toujours l'essentiel des conversations familiales. Ce fut une époque inimaginable aujourd'hui. La France manquait de tout, il y avait encore des restrictions, des tickets alimentaires, un manque d'essence, les villes en partie détruites... Rien n'était simple.
Il fallut attendre les victoires de Louison Bobet pour que les médias et la classe politique donnent enfin au Tour ses lettres de noblesse. C'était la star dont le Tour avait besoin et que Jacques Goddet, qui admirait chez Louison à la fois la qualité sportive et l'élégance, appelait de ses vœux.
L'aspect sociologique du Tour de France était tout aussi important et mon oncle en avait totalement conscience. Un corps expéditionnaire de quelques centaines d'hommes allait investir l'une après l'autre les principales villes de France, il lui fallait un chef crédible et responsable : Jacques Goddet en prit le profil, poussant même la symbolique à s'habiller en colonel de l'armée des Indes, dans une tenue qui évoquait aussi le général Leclerc et la 2e DB.
Jacques veillait sur toute la caravane avec attention. Aucune personne contribuant au succès du Tour ne lui était indifférente. Il invitait chaque soir à sa table de grands patrons, annonceurs sur le Tour, sans jamais oublier le responsable de tel ou tel publicitaire sur la caravane du Tour. Il tenait à directement souder les rapports entre lui et tous les membres de la caravane.

Un jour, il me parla des écrits de Jules César, constatant combien son récit avait contribué à donner une image positive de chaque épisode de la guerre des Gaules. Mon oncle décida de bâtir la légende de ses Tours, à la manière du consul romain !

Pendant l'épreuve, il s'efforçait d'écrire chaque après-midi un article qui mettait en relief les exploits du jour, ou qui atténuerait l'ennui d'une étape sans exploit notoire. Il ne fallait pas que le Tour engendre la monotonie ! Cet exercice quotidien était particulièrement difficile quand un drame surgissait, comme l'irrémédiable chute de Roger Rivière ou la mort de Tom Simpson, qui affectèrent énormément mon oncle, ou quand les étapes se succédaient de manière assez monocorde. Jacques Goddet admirait Jacques Anquetil, mais le Normand, si dominateur, ne rendait pas ses exercices épistolaires faciles. Une semaine après l'arrivée du Tour, la famille se retrouvait à Saint-Tropez en vacances, et nous avions l'habitude de commenter ensemble le Tour qui venait de s'achever. Cela me permit de constater à quel point les articles quotidiens de Jacques sur le Tour constituaient des exploits remarquables que j'aurais été incapable de réaliser.
Mon père, Maurice Goddet, vint prêter main-forte à mon oncle sur la course pour s'occuper des invités d'honneur les plus importants qui venaient suivre une étape. Sa culture générale et vélocipédique, en particulier, enchantait ses hôtes. J'ai moi-même passé six ans à remplir des tâches diverses sur le Tour aux côtés de mon oncle. Mais l'homme au casque colonial était bien seul face à ce monument gigantesque et aux risques qu'il courait durant chaque mois de juillet. Ce personnage, au costume si particulier que la France admirait tant, était avec sa petite reine le garant de la tranquillité de la République. Il en était parfaitement conscient.

« J'AI VÉNÉRÉ JACQUES ANQUETIL »

MICHEL JAZY

Remise de la Légion d'honneur à Michel Jazy et Jacques Anquetil au Palais de l'Élysée en 1966.

Évocation par l'athlète Michel Jazy de son amitié avec Jacques Anquetil tout au long de leurs carrières parallèles.

La photographie qui illustre un article – je préfère dire un hommage –, sur laquelle je tiens compagnie à Jacques Anquetil, a été prise le 6 novembre 1966 sur le perron du palais de l'Élysée. Et, plus de cinquante ans après, je dois bien l'avouer, je ne la regarde pas sans éprouver encore une forte émotion. Le général de Gaulle, que je respecte tant, Jacques aussi, je le sais, vient de nous remettre la Légion d'honneur, de même qu'à Alain Calmat, Jocelyn Delecour, Michel Crauste et Guy Périllat. De leur côté, Jean-Claude Killy et Roger Bambuck, entre autres, sont décorés de l'ordre national du Mérite.
C'est aussi la première fois, fait étonnant, que je rencontre Anquetil. Nous aurons fait course ensemble dans le cœur des Français pendant près de dix ans sans avoir l'occasion de nous croiser. Nos disciplines, nos saisons, ne se marient pas. Et le sport n'est pas encore un seul monde, comme il l'est devenu, où tous les champions se côtoient, s'apprécient, voire fraternisent. Mais Jacques, alors, c'est comme si je l'avais toujours connu.

Il m'impressionne. Et même il me fascine. Quel jeune apprenti champion ne l'aurait pas été par la grâce qui a présidé à sa victoire dans le Grand Prix des nations en 1953, à l'âge de 19 ans ! Je suis ce jeune athlète de 17 ans qui désire être l'Anquetil de sa discipline, le demi-fond en athlétisme.

Je vais me donner totalement à cet objectif, en vue duquel Jacques Goddet et *L'Équipe* – sur la recommandation de Robert Parienté – voudront bien m'aider, en m'accordant un emploi de linotypiste – travailler sur une linotype, machine à composer et à fondre les caractères d'imprimerie par lignes – à mi-temps au journal de 1958 à 1960. C'est cette dernière année, où je deviens vice-champion olympique du 1 500 m aux Jeux olympiques de Rome, à l'âge de 24 ans, qui marque en fait mes débuts dans la course aux titres et aux records, de même que dans la popularité.
Ainsi que je l'ai raconté dans l'ouvrage *L'Équipe raconte L'Équipe*, débarqué de mon Nord natal à Paris quelques années auparavant, il m'arrive, comme nombre de Parisiens, de me précipiter au 10, rue du Faubourg-Montmartre, siège de *L'Équipe*, pour prendre connaissance du résultat de l'étape du jour sur le tableau lumineux fixé sur la façade du journal. C'est par le quotidien sportif que je suis Jacques Anquetil pendant toute la première partie de sa carrière, la radio et la télévision complétant mon éducation par la suite. C'est par le quotidien sportif, il me le dira plus tard, qu'il suit la mienne, jusqu'à ma collaboration à *L'Équipe* qu'il n'ignore pas.

JUSQUE DANS L'EXTRÊME SOUFFRANCE, JACQUES GARDE DU STYLE

Trois Tours de Jacques me parlent plus que d'autres : 1957, 1961, 1964. 1957, c'est le premier, celui où l'on attend sa facilité et ses 23 ans au virage. Il « pioche » parfois en montagne, mais il gagne quatre étapes et je pense que l'on va « prendre de l'Anquetil » pour longtemps, comme j'aimerais, dans un rêve, que l'on « prenne du Jazy ». 1961, c'est celui où il porte le maillot jaune de bout en bout. Il se promène. Mais il trouve le moyen de se faire siffler par le public du Parc des Princes sur le podium d'arrivée. J'en suis gêné. Jacques a-t-il « tué la course », comme certains commentateurs le déplorent, y compris Jacques Goddet ? Ces sifflets, personnellement, je ne les apprécie pas. Siffler les vainqueurs et les riches, c'est bien français.... 1964, c'est le puy de Dôme. Lé-gen-dai-re. Jusque dans l'extrême souffrance, Jacques garde du style. Un style trompeur pour l'adversaire. Et je crois bien que, ce jour-là, ce jour grandiose, Raymond Poulidor s'en est trouvé abusé.
Il a donc fallu attendre le 6 novembre 1966 pour que je fasse la connaissance de Jacques Anquetil. Mais, par la suite, nous avons rattrapé le temps perdu, jusqu'à devenir proches. Un jour, sur la toute fin de sa carrière, nous parlons dopage, alors que le fléau frappe de façon insidieuse tous les sports.

Jacques est assez franc pour reconnaître que, concernant le cyclisme, personne pratiquement, et depuis longtemps, ne peut y échapper. Il me retourne la question et je lui dis, en jurant sur la tête de ma fille, qu'il n'est pas question que je touche aux produits interdits !

Je suis venu à Rouen, en novembre 1987, soutenir l'organisation locale d'un 20 km sur route, alors que Jacques se trouve hospitalisé en raison du cancer qui va l'emporter. Apprenant sur place que son état a soudain empiré, je l'appelle depuis les locaux de *Paris-Normandie*. Je tiens absolument à me rendre à son chevet. Au téléphone, il a une voix claire et sûre et il me répond, très gêné de son refus, avec un calme impressionnant : « Excuse-moi, Michel, c'est vraiment impossible de nous voir, je le regrette. Je règle en ce moment les problèmes de succession avec le notaire et l'avocat. Demain, tu sais, je ne serai plus là ! » Je suis effondré. Et je réalise très fort, à ce moment-là, à quel point Jacques Anquetil, champion incomparable, véritable « immortel » du cyclisme, a compté pour moi. Sincèrement, je l'ai vénéré.

EDDY DE FALZ-FEIN,

LE TOUR DÈS 1922

EDDY DE FALZ-FEIN

Souvenirs d'Eddy de Falz-Fein (106 ans), doyen de l'association des Anciens de* L'Équipe*, ancien correspondant de* L'Auto *à Berlin dans les années 1930.

Lorsque le 28 avril 1914, le tsar Nicolas II prit dans ses bras le jeune Edward de Falz-Fein, lors de sa visite de la propriété familiale, grande comme quatre départements français en Ukraine, il ne pouvait s'imaginer qu'une vingtaine d'années plus tard, ce jeune aristocrate russe d'à peine un an et demi deviendrait un rédacteur francophone du quotidien sportif *L'Auto*. C'est pourtant ce qu'il advint.

En 1917, ma famille dut quitter notre propriété, donnée à mes ancêtres par Catherine II, pour être administrée plus sérieusement que par des nobles russes, plus enclins à faire la fête qu'à gérer et mettre en valeur un tel domaine. Les bolchéviques, arrivés au pouvoir, ne voyaient pas les choses de la même façon. Mon père, ma mère, ma sœur et moi dûmes nous exiler et nous nous retrouvâmes à Berlin. Mon père mourut en 1919 et, n'ayant pas écrit de testament, la villa familiale niçoise, Les Palmiers, considérée alors comme la plus belle villa de la Côte d'Azur avec sa façade de 100 m de long à proximité de la Promenade des Anglais, devint pour moitié la propriété de la ville de Nice, conformément à la loi de l'époque. Après de longues démarches administratives, ma mère toucha un pécule qui lui permit de racheter une maison moins spacieuse à Nice.

Et me voici en 1922, à l'âge de 10 ans, élève apprenant le français et très vite passionné de vélo. Pour arriver à posséder une bicyclette, je me mis à collectionner des bons découpés sur des emballages de lait Nestlé, allant même jusqu'à faire les poubelles de mon quartier. Arrivé en tête des collectionneurs, je reçus le vélo promis au vainqueur.

Le Tour de France devint très vite pour moi l'événement le plus important de l'année et je me souviens de l'avenue de la Victoire, à Nice, où j'allais tous les jours chercher le journal du soir,* L'Éclaireur*, pour y lire les résultats de l'étape. Il y avait une telle cohue que le journal affichait les résultats sur un grand panneau, accroché au mur de son immeuble.

Je me souviens notamment du sacrifice de Charles Pélissier qui passa une roue de son vélo à André Leducq dans la descente du col du Galibier en 1930. Tous deux ne faisaient pas partie de la même équipe et l'affaire fit grand bruit. Un peu plus tard, je devins très proche de Leducq que j'avais connu avec le comédien Albert Préjean. Celui-ci possédait une très belle villa au cap Ferrat et nous allions souvent nous baigner sur la plage de Passable. Leducq était tombé amoureux de ma sœur Thaia et venait souvent à Nice.

Eddy de Falz-Fein (à gauche) *avec Adolf Heeb, un coureur du Liechtenstein engagé dans l'équipe suisse du Tour de l'Avenir en 1962.*

JE LISAIS *L'AUTO* TOUS LES JOURS, DE LA PREMIÈRE À LA DERNIÈRE LIGNE

Il y avait trois coureurs azuréens dont je suivais attentivement les exploits : Amenck, qui avait une boutique cycliste à Nice, François Urago, qui allait devenir constructeur de cycles, et le Cannois René Vietto. Je suis devenu très copain avec Amenck, à qui j'allais souvent donner un coup de main pour monter des vélos de course dans son atelier. Il m'en fabriqua un sur mesure qui allait me permettre d'être très performant en compétition. Mon français devenait presque parfait. Je le parlais sans accent et me perfectionnais en lisant *L'Auto* tous les jours de la première à la dernière ligne. Après de brillantes études à l'école d'horticulture d'Antibes, j'intégrai l'école d'agriculture du Neubourg en Normandie et me retrouvai membre de la section cycliste du PUC, présidée par René Raillet. En 1932, Vietto m'inscrivit au départ du Grand Prix de *L'Auto* des scolaires et universitaires. Personne ne vérifia ma nationalité et Jacques Goddet fut fort surpris de constater que le vainqueur de l'année était russe !

Le lendemain de l'épreuve, comme c'était la tradition, Raillet vint présenter le vainqueur à *L'Auto*. Je fus d'abord déconcerté par l'état de délabrement de l'entrée de l'immeuble du journal, devenu ma bible au fil du temps, puis ensuite émerveillé par l'aménagement intérieur des locaux.

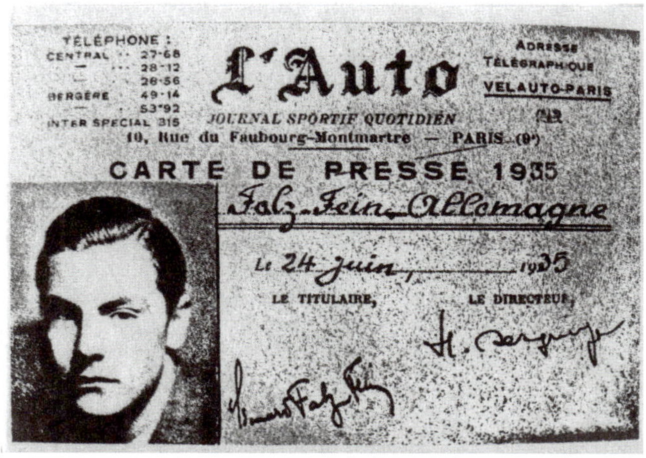

Carte de presse d'Eddy de Falz-Fein, journaliste à L'Auto, *en 1935.*

Jacques Goddet, jeune rédacteur en chef de 27 ans, qui revenait des Jeux olympiques de Los Angeles, où il avait été le seul envoyé spécial de la presse française, tint lui-même à me recevoir, curieux de rencontrer un étudiant russe ayant remporté une course universitaire en France.

Quand il s'aperçut que je parlais cinq langues – le russe, l'allemand, le français, l'anglais, l'italien… et même le « nissard » –, que j'avais une certaine éducation et que je connaissais parfaitement non seulement le vélo, mais aussi tous les autres sports, Goddet eut une idée : « Notre correspondant à Berlin, Armand Laas, se fait vieux et nous devons songer à le remplacer. Seriez-vous intéressé pour devenir l'envoyé spécial permanent de *L'Auto* à Berlin ? Avec les Jeux olympiques de 1936, il va y avoir avant, pendant et après les Jeux une actualité importante, dont notre quotidien devra se faire l'écho. Je ne vous demande pas une réponse immédiate. Prenez quelques jours de réflexion et revenez me voir. » Écrire dans *L'Auto* ! Ma réponse fut immédiate et positive. Je ne garantissais pas le résultat de ma décision, mais j'étais d'accord pour essayer. J'abandonnerais mes études horticoles. Je ne reprendrais jamais les destinées du domaine familial en Ukraine que les bolchéviques n'étaient d'ailleurs pas près d'abandonner… Je deviendrais journaliste sportif en français, une langue que je n'avais commencé à pratiquer que dix ans auparavant !

La section cycliste du PUC était très active et nous nous trouvions une centaine chaque dimanche matin porte de Saint-Cloud pour une randonnée cycliste en Île-de-France, souvent conclue par une course. Il y avait aussi des épreuves par handicap avec des célébrités parisiennes, parfois à Montlhéry. Cela me permit de rencontrer des personnalités souvent très connues du Tout-Paris, comme André Leducq, Georges Speicher, Charles Pélissier et Albert Préjean, chez qui j'allais souvent déjeuner dans sa villa qui faisait face au Parc des Princes. Maurice Chevalier et René Koval faisaient aussi partie de mes connaissances. Durant l'été 1933, je rejoignis Berlin avec mon vélo et j'y logeai chez mon oncle qui y possédait un immeuble pouvant m'héberger.

J'AI EU UNE ACTIVITÉ IMPORTANTE AU CIO ET PARTICIPÉ À SEIZE JO

Je téléphonais régulièrement mes papiers au journal. Henri Desgrange m'avait fait une lettre qui m'ouvrait toutes les portes, notamment sportives, de la capitale allemande. André François-Poncet, l'ambassadeur de France à Berlin, lecteur quotidien de *L'Auto*, m'avait authentifié comme étant un journaliste français, ce qui me simplifiait la vie. J'étais officiellement « accrédité ». Je revenais souvent en France revoir mes amis.

En 1938, Jacques Goddet me demanda d'accueillir à Berlin son frère aîné Maurice, administrateur de *L'Auto*, avec sa femme, l'actrice Meg Lemonnier, qui venait tourner le film *Ma sœur de lait* avec Henri Garat aux studios de la UFA. Me voici donc à la gare de Berlin avec mon vélo pour accueillir Meg et Maurice qui allaient devenir des amis pour la vie. J'avais suivi quotidiennement les Tours de France depuis la fin des années 1920 mais je n'avais jamais suivi d'étape. Ce rêve se réalisa en 1938 quand Maurice Goddet m'invita à suivre dans sa voiture l'étape Belfort-Strasbourg. Maurice en profita sans doute pour aller rendre visite à Molsheim à son ami Jean Bugatti, avec lequel il partageait l'amour des belles et rapides voitures.

En septembre 1939, j'eus le pressentiment que la situation d'un Français d'origine russe ne serait bientôt pas des plus tranquilles à Berlin et je pris la petite Renault Juva 4, exposée au Salon automobile de Berlin au début de l'année et rachetée à bon prix, pour retrouver ma mère à Nice.

L'Auto avait compris que les nouvelles qui viendraient de Berlin ne seraient dorénavant plus seulement sportives… À Nice, circuler alors avec une voiture immatriculée en Allemagne n'était pas spécialement apprécié et je finis par vendre mon auto au préfet de police de la ville qui cherchait une Juva 4 pour sa fille. J'allais rester quelque temps à Nice avant de rejoindre à vélo, depuis Monte-Carlo, avec mon ami le pilote automobile Louis Chiron, Rudolf Caracciola à Lugano, le grand champion automobile allemand naturalisé suisse. Rudolf avait une superbe villa sur les bords du lac mais pas de jardinier. Je lui ai aménagé son jardin et suis devenu l'ami de plusieurs pilotes de grands prix. Avant la fin de la guerre, le prince de Liechtenstein m'ouvrit les portes de son pays où je me suis installé, où j'ai fait fortune et où je me suis retiré des affaires jusqu'à aujourd'hui, à 106 ans !

J'ai eu une activité importante auprès du Comité international olympique en participant à seize JO. En février 2017, le président Thomas Bach m'a remis la dix-septième médaille d'or Pierre-de-Coubertin, en remerciements de mon implication pour la cause olympique.

J'ai aussi conservé des liens très forts avec le Tour de France. En 1962 et 1964, j'ai réussi à faire engager le cycliste liechtensteinois Adolf Heep dans l'équipe suisse du Tour de l'Avenir. Il termina 6e puis 12e de ces Tours et gagna le Grand Prix de la montagne en 1962. J'ai aussi été très proche de Ferdi Kubler, dont j'ai suivi les exploits. Enfin, j'ai organisé la venue sur le Tour du prince Hans-Adam II de Liechtenstein, qui a suivi une étape dans les Pyrénées avec Maurice Goddet et qui en garde un souvenir exceptionnel.

J'ai demandé à ma fille Ludmila de consigner par écrit ces quelques souvenirs d'un passionné de vélo, devenu rédacteur au sein du journal *L'Auto* avant la guerre et témoin extraordinaire du Tour de France. Une histoire pas ordinaire !

Propos recueillis par Michel Goddet et Ludmila, fille d'Eddy de Falz-Fein.

CRÉDITS PHOTOGRAPHIQUES

Toutes les photos appartiennent
***à L'Équipe* / Presse-Sports,**
sauf **p. 8 et 9** : Richard Dugovic ; et **p. 14 16 26 29 39 59** : Serge Laget.

PHOTOGRAPHES

Jean-Christian Biville
Sébastien Boué
Patrick Boutroux
Stéphane Cabaret
Denys Clément
Michel Deschamps
Richard Dugovic
Bruno Fablet
Franck Faugère
Jean-Louis Fel
Étienne Garnier
Roland Gota
Roger Krieger
Alain Landrain
Robert Legros
Stéphane Mantey
Mao
Alain de Martignac
Fred Mons
Gilles Montgermont
Bernard Papon
Jean-Claude Pichon
Pascal Pochard
Jean-Marc Pochat
Jérôme Prévost
Christian Rochard
Pascal Rondeau
Yuzuru Sunada

REMERCIEMENTS

Cet ouvrage est l'œuvre d'une « rédaction d'un jour », composée de collaborateurs actuels et anciens de *L'Équipe*, dont les âges s'échelonnent de 46 ans à 106 ans !
À un titre ou à un autre, tous les membres de l'association Les Anciens de *L'Équipe* ont participé à sa réalisation. Qu'ils en soient vivement remerciés, en particulier Jacques Marchand, son président d'honneur, disparu en chemin, ainsi que les membres de son comité exécutif : Gilbert Chaleil, Olivier Hellard, Michel Naït Challal, Alain Landrain et Jean-Marie Lorant.
Cette gratitude s'adresse, naturellement, à l'ensemble des contributrices et contributeurs non adhérents de l'association, le plus souvent en raison de la persistance de leur activité dans le journal.
Sans oublier l'agence Presse Sports et Clara Martin, de même que le service des archives et Thierry Clémenceau.
Merci enfin à notre éditeur, Roman Perrusset, et Julie Avendano.

Dépot légal : octobre 2018
N° d'édition : 57861/1 - N° d'impression : 201808.1635
Imprimé en France par Loire Offset Titoulet à Saint -Etienne